世界山岳
名著選 1

世界山岳
名著選 1

알프스에서 카프카스로

알버트 머메리

오정환 옮김

秀文出版社

머 리 말

등산가가 조만간에 '저술광(著述狂)'이 되어야 하는 것은 운명이 명하는 일이다. 미약한 인간이 신과 싸운다는 것은 소용없는 짓이므로 나는 그 명령에 굴복했다. 내게 그에 걸맞는 보상이 할당되었다. 광대한 설원을 돌아다니는 기쁨과 톱니 같은 능선을 기어오르는 기쁨, 또 어느 카프카스 계곡의 원시림 사이를 곤두박질하여 내려오는 기쁨은 추억으로 아무리 희귀한 구조물을 쌓아 봐야 이에는 도저히 견줄 수 없는 일이다. 지난 날의 사건들을 하나로 꿰어 웃음과 공포와 무모한 고투와 먼 옛날에 쟁취한 거친 승리 등을 한데 엮으면, 많은 겨울밤이 알프스에서 맞은 저녁놀의 찬란한 색채로 물들고, 잘 시험된 우정의 기반(羈絆)은 더욱 공고히 짜여져서 심지어 그 무모하고 피로를 모르는 행운의 청춘으로, 풀의 사면도 암석도 그밖에 인생의 해악도 분란을 일으킬 술책을 찾지 못한 그 시절로 어느 정도 더 가까이 나를 데려다 주는 것이었다.

내가 늘어 놓는 험악한 암봉과 빙탑에 관한 이야기와 휘몰아치는 폭풍우와 완벽한 날씨에 관한 이야기 사이사이에서 과학, 지형학(地形學) 또는 어떤 종류의 학문에 대한 그 어떤 기여도 발견되지 않을 것을 두려워한다. 사실을 말하면, 나는 경위의(經緯儀)에 대해서 아주 막연한 것밖에 아는 것이 없고, 평판측량(平板測量)에 이르러서는 그 이름만 들어도 혐오증이 난다. 오로지 나와 함께 생각하는 사람들과, 등산을 순수한 유희로 간주하는 사람들에게 이 책을 보낸다. 이 책장들이 무언가 아련한 잔광(殘光)과도 같이 햇빛이 빛나는 휴가의 기쁨과 흥겨움을 반영해 준다면 그 궁극의 사명은 이루어진 것이 될 것이며, 그 긍지는 저자를 대단히 의기양양하게 만들어 줄 것이다.

그림과 사진을 자유로이 쓰게 해 준 내 친구들에게 진심으로 감사를 드린다. 실로 나는 그들에게 진 은의(恩義)를 이루 표현할 수가 없다.

A. F. 머메리

알프스에서 카프카스로

머메리 부인의 서문

1894년은 이 책을 쓴 저자의 생애에서 가장 중요한 해였습니다. 그 1년의 경과를 통해서 온갖 생명력이 하나의 커다란 노력을 기울여, 무언가 외부를 향한 표현을 하려고 스스로 결집하는 것처럼 여겨졌습니다.

마침 그 무렵, 경제학의 여러 문제가 남편의 마음에 매우 깊은 매혹을 느끼게 하고 있었으므로, 일상의 일은 되도록 빠른 기회에 그만두고 경제학의 여러 문제에 관한 연구에 몸을 바칠 결심을 하고 있었습니다. 복잡한 여러 문제와 이미 밀접하게 씨름하고 있었던 셈이지요.

이 책을 쓴 것은 그해 겨울이었으며, 집필의 전 기간을 통해서 오랜 현안이었던 히말라야 원정의 상세한 계획을 세우고, 또 그 준비를 시작하고 있었습니다. 그 어떤 환하게 밝은 미래의 환영이 그때 눈 앞에 펼쳐진 것입니다. 희망의 실현을 조용한 마음으로 기다리고 있었지만, 그 희망의 달성을 되도록 가까운 장래에 체험하려고 진정 열심이었습니다.

남편의 사회생활과 가정생활에 관해서 쓰자면 아마도 많을 것입니다. 실제로 그 생활면에서 개성이 매우 강하게 나타나고 있었습니다. 또 높은 산 속에서처럼 '밟은 자국'을 따라 걸어가는 것을 절대로 하지 못한 것도 이 생활에서였습니다. 사회와 사회의 인습적인 습속에 남편은 거의 관심이 없었습니다. 결코 금욕주의자는 아니었지만, 한가한 시간에는 특히 책과 지도에 둘러싸여 있기를 좋아했습니다. 지금도 지도 위에 그어진 온갖 선들이 계획하고 있던 여행과 등산을 입증해 줍니다. 언젠가 장래에 그것을 실행하고 싶었던 것이지요.

남편이 매우 경의를 표하고 존경한 친구이자 조언자였던 ▲더글러스 W.프레시필드 씨는 1895년 12월, 산악회 회원들에게 다음과 같이 전하고 계십니다.

"나는 그때까지 머메리와 함께 산에 오른 적이 없었는데, 그가 나에게 히말라야행을 같이 하지 않겠느냐고 물었다. 이것은 나에 대한 그의 최대의 경의표시의 하나라고 생각했다."

"나는 여러 해 전부터 그와 서신을 주고 받았다. 머리타임 알프스, 알제리아, 그밖의 장소에서 봄에 산을 걸을 때는 대개 나와 같이 가 주었다."

"그 사람됨을 얼마간 나도 알고 있었다. 누구나 그를 좋아하고 신뢰했듯이, 나도 그를 무척 좋아하고 신뢰하고 있었다. 그는 두려움을 모르는 훌륭한 등산가였다. 그뿐 아니라 독창적이고, 굳건하고, 날카로운 지성의 소유자였다."

▲ 더글러스 W. 프레시필드(Douglas W. Freshfield, 1845−1934). 1893년부터 1895년까지 영국산악회 회장. 1914년부터 1919년까지 왕립지리협회 회장. 「이탈리아 알프스(Italian Alps, 1875)」, 「카프카스 탐험 (The Exploration of the Caucasus, 2 Vols, 1896)」, 「설선(雪線) 아래서(Below the Snowline, 1923)」등의 명저가 있다.

"그는 이야기를 시작하면, 저서에서도 그랬지만 자기의 기분이나 단정(斷定)에 사람들이 공명하거나 말거나 상관없이 활기 찬 열성으로 솔직하게 말함으로써 상대편을 자기 이야기 속으로 마구 끌고 들어갔다."

"그는 자극적인 동료였다."

"그의 뜻하지 않은 죽음은 산악회의 가슴 아픈 손실이다."

남편이 종이 뭉치를 하나 책상 위에 던지면서, 출판을 하기 위해 자기의 등산체험기를 쓰겠다는 의향을 밝힌 것은, 어느 겨울 밤이었습니다. 그로부터 그렁저렁 14년이 흘렀습니다.

등산의 기록을 해두는 데 남편은 언제나 주의가 모자라고 무관심했습니다. 메모만 하더라도 대개는 매우 불충분하게 적어 놓았습니다. 겨우 두세 가지 자질구레한 사항으로 되어있는 일이 아주 흔했습니다. 그것도 호텔의 계산서 뒤에다 끄적거려 놓는다든지 자기 명함 뒤에 갈겨 써 놓은 것이었습니다. 이같이 기억해 둘 일들은 아마도 어디 높은 지점에서 야영하며 하룻밤을 보내는 동안에 간단히 적어 놓을 수 있었던 것이지요. 얼룩이 지고 더러워지고 하여 늘 판독하는 데 애를 먹었습니다. 그러나 강력한 기억력의 힘을 빌어서, 또 목적에 대한 여느 때의 그 끈질김으로 메모를 긁어 모으고 확대 증보하여 문학의 형태로 정리했습니다. 그리하여 1895년 6월, 「알프스에서 카프카스로」라는 제목으로 출판하게 된 것입니다.

이 책을 위해 자료를 맞추어 보고 정리하면서 보낸 시간은 정말로 행복한 것이었습니다. 지난날의 등반에 대한 회상은 다시 앞으로의 여행과 모험을 향한 억누를 수 없는 욕구를 전에 없이 날카롭게 남편의 마음에 싹트게 해주었습니다. 높은 산들에 대한 강렬한 매혹을 다시 느낀 남편의 마음에, 등산에 대한 해묵은 열렬한 애정이 되살아난 것입니다.

「알프스에서 카프카스로」는 처음에 저자로서는 친한 친구들과 한정된 수의 일부 등산가들이 재미로 읽어 주고, 서로의 소식이나 전하는 것이 되었으면 하는 생각으로 기획된 것이었습니다. 그런데 짧은 시간에 많은 일반 독자들의 손에도 들어가게 되어 그 결과 자연히 초판은 금방 매진되고, 재판이 발간되자 친절한 축하 편지가 각 방면에서 잇달아 날아 들어왔습니다. 그러나 애석하게도 자기 책이 호평으로 받아들여지고 있다는 인식은 끝내 남편에게 도달하지 못하는 운명이 되고 말았습니다.

책이 출판된 지 한 주일쯤 지났을 때, 남편은 ▲헤이스팅즈 씨 및 노먼 콜리 박사와 함께 인도 여행을 떠났습니다. 일행의 종국적인 목적은 낭가 파르바트의 등반이었습니다. 그때까지 남편은 몇 번이나 히말라야 원정을 준비했고 또 계획도 세웠습니다만, 이번에는 실현이 될 것 같다고 여겨지는 순간마다 예기찮은 사정으로 늘 그 노력이 좌절되곤 했습니다.

▲ 헤이스팅즈(Geoffrey Hastings). 머메리와 함께 '가이드리스 클라이밍'을 한 등산가로 주목을 받는다. 노먼 콜리 박사(Dr. Norman Collie)와 함께 머메리의 산 친구. 「히말라야 등반기 (Climbing on the Himalaya and Other Mountain Ranges, 1902)」의 저서가 있다.

　일년 또 이년이 지나갔지만 그 계획을 실행할 수 있는 기회는 오지 않았습니다. 등산 계절이 돌아오면, 남편은 몇 번이나 알프스로 돌아갔고, 후년에는 또 카프카스를 두 번 찾았습니다. 그런 낯익은 산에서는 속박없는 즐거움을 즐길 수는 있었지만, 위대한 히말라야의 봉우리들을 직접 바라보고 싶은 지울 수 없는 욕망은 채워지지 않았습니다. 그러나 그 희망과 야심이 실현될 때가 반드시 온다는 생각은 결코 버리지 않았습니다.

　1895년 6월 20일, 고대하던 기회가 찾아왔습니다. 남편은 동료들과 함께 배편으로 봄베이로 떠나갔습니다. 일행은 더없이 원기왕성하게 출발했습니다. 남편은 그때를 이렇게 쓰고 있습니다.

　"내 평생의 야심이 지금 내 수중에 쥐어져 있다.―이제 걱정할 필요는 없다. 제1회 카프카스 원정에 비하면, 이번 원정은 조금도 두려운 것이 아니다."

　남편이 내게 보낸 편지의 약간을 발췌하여 이 책에 공개하기는 하지만 나로서는 너무 많은 말을 하고 싶지 않다는 것과, 적당히 해두고 싶다는 것을 매우 깊이 느끼고 있습니다. 이렇게 공개하는 것은 어디까지나 이것으로 하여 이 책에 대한 흥미가 조금이라도 높아졌으면 하는, 그리고 남편이 돌아오면 이번 원정에 대해서 무언가 듣고 싶어한 분들에게 남편 자신의 붓으로 얼마간의 경험이라든지, 혹은 또 낭가 파르바트에 대한 첫 시등(試登) 전야에 남편의 마음을 설레게 한 회망이나 공포의 그 무엇인가라도 읽어 주셨으면 하는 바람 때문입니다.

이 발췌는 남편의 편지에서 따낸 극히 작은 단편의 일부에 지나지 않으며, 인도 여행 동안 내게 보내온 것들입니다. 대개 매우 심한 곤란 속에서 씌어진 것들이고, 물론 그 중 어느 것도 공개한다는 생각은 조금도 하지 않았던 것들입니다.

울라르 호(湖)에서, 1895년 7월 10일

라왈핀디에서 바라무라까지 마차를 타고 가는 동안 우리는 굉장히 유쾌한 기분을 만끽했습니다. 통가라는 나직이 생긴 기묘한 이륜 마차인데 매우 기분 좋은 용수철이 달려 있습니다. 첫 80킬로미터는 5, 6킬로미터마다 릴레이식으로 말을 바꾸어 무서운 속력으로 달렸습니다.

무리에서 젤룸 계곡으로 내려갔는데 2, 3킬로미터를 3분에 내달았습니다. 말은 격노한 것처럼 전속력으로 달렸습니다.

무리에 도착하자마자 계절풍이 시작되어 행정은 도무지 진척되지 않았습니다. 비는 두툼한 천같이 되어 쏟아져 내리고, 흙과 그밖의 것들이 엄청나게 씻겨서 도로에 밀어닥치고, 다리도 하나 부서졌군요.

많은 쿨리들이 일해준 덕분에 우리의 통가 마차는 그대로 끌려서 건너갈 수 있었지만, 그 때문에 속도를 완전히 잃고 말았습니다. 무리에서는 장군을 방문했지요. 대단히 반가워 해 주십디다.

우리에게는 구르카 병을 두 사람 붙여주게 되어 있습니다. 아보타바드와 치라스의 주재 사령관들에게는 우리가 원하는 것은 무엇이든 해주라는 명령이 내려가 있을 것입니다.

총독은 우리가 간다는 뜻을 주재 행정관들에게 이미 전해 놓았을 줄 압니다. 우리의 행차는 마치 임금님의 그것처럼 될 것 같군요!

바라무라 근처에서 ▲브루스 소령을 만났지요.

소령은 아보타바드에서 바라무라까지(200km), 우리에게 망아지와 종자(從者)와 요리사 그리고 그밖의 것들을 마련해 주려고 일부러 찾아온 것이라오.

망아지 12마리, 요리사 1명, 쿨리 감독자 1명을 우리에게 구해 주고, 쌀, 밀가루 같은 것을 이것 저것 사 주었습니다.

마침 그는 우리보다 먼저 떠나야 하게 되어서 연대를 끌고 막 돌아가려 하고 있습니다.

나는 지금 일종의 곤돌라를 타고 대단히 아름다운 호수 위를 미끄러지고 있다오. 호수는 전체가 수련으로 덮여서 노랗게 반짝반짝 떨며 빛나는 대평원처럼 보입니다. 먼 곳도 아름답습니다. 늘어선 나무들, 보기 좋게 생긴 산들, 그리고 아득히 먼 곳에는 눈 덮인 봉우리들 하며.

백조와 제비가 쉴 새 없이 날아 다니고 있습니다. 우리가 반드시 이곳을 다시 방문하여 둘이서 함께 이 호수를 돌아봐

▲ 브루스 소령(나중에 대장) (Charles G. Bruce). 에베레스트 제2차(1922년), 제3차(1924년) 원정대장.

야 할것 같군요.

스케치를 한다면 내 눈에 띈 것은 죄다 그려 넣어야 합니다. 거대한 원경, 푸른 산들, 검게 엉긴 수목 덩어리, 구름의 층, 이 모든 것 중에서 무엇보다도 바다와 같이 펼쳐진 수련.

우리는 더없이 좋은 건강 상태에 있습니다. 매우 즐거운 기분을 느끼게 될 것 같군요.

말 한 필이 하루에 6페니, 성인 한 사람을 월 20파운드에 고용할 수 있으니 아무것도 부족하다고 할 것이 없습니다.

배에는 경쟁 상대의 상인 두 사람이 타고 있었습니다. ▲바스맥주에서 헌트리 파머의 비스킷에 이르기까지, 우유 통조림에서 영국제 밀가루에 이르기까지, 무엇이나 어디든지 보내줍니다.

상인 한 사람은 아스토르에 있는 사람과 스카르두에 있는 또 한 사람에게 주문하여 나를 위해 루피 화(貨)는 무제한으로, 그리고 신선한 야채, 과일, 그밖에 무엇이나 내가 원하는 것을 공급시켜주겠다고 우겨댑니다. 지불은 내가 돌아올 때 하면 된답니다. 모든 사람들이 우리를 도우려고 일부러 수고를 하고 있다오.

등산의 어려움에 대해서는 아직 아무것도 심각한 것에 부딪치지 않았습니다. 공기가 희박한 것이 방해가 될는지는 모르지만, 어쨌거나 그것으로 해를 입는 일은 없을 것입니다.

▲ 바스 (Bass). 영국의 한 양조회사의 이름.

8월에 들어서면 훨씬 좋은 날씨를 크게 기대할 수 있을지도 모르니까, 아스토르에 도착한 뒤 3주일쯤 돌아다니면서 여기저기 정찰을 할까하며 오히려 그것을 기대하고 있습니다.

현재는 보통의 스위스 날씨보다 훨씬 좋지만 낭가로 떠나는 날씨로는 기대하고 있는 것만큼 좋지는 않습니다.

타신, 1895년 7월 17일

우리는 목적하는 봉우리의 기슭에 막 도착했습니다. 여행은 길었지만 매우 호사스러운 것이었으며, 천막과 짐을 모두 이곳에 운반시켰습니다. 포터의 하루 삯이 4페니인데, 반드시 일인분의 짐으로 제한할 필요도 없습니다.

요리사는 아주 훌륭한 사람을 구해서 참으로 근사한 음식을 먹여줍니다.

그밖의 사람들이 오늘 우리 옷을 빨아 주고 있습니다. 하기야 결과가 바라는 대로 될는지 알 수 없지만……

샨두르 고개(치트랄 고지) 너머로 대포 2문을 운반하고 있던 사람을 우연히 만났습니다. 그는 자기들의 장소에서 우리에게 식사를 대접하고, 캠핑을 시키고, 우리를 위로하려고 포를 구경시켜 주곤 했습니다. 하루 이틀 후, 그가 우리를 찾아올 것 같은 생각이 듭니다.

우리가 먼저 할 일은, 양호한 건강 상태를 유지하는 일인 것 같습니다. 내일은 5천5백~5천8백미터의 봉우리로 떠날 생각입니다. 이 근처에는 산이 지천으로 있는데 대개는 눈 속이라 힘이 드는 산입니다. 그러나 호흡을 가다듬는 데는 결코 나쁘지 않습니다.

낭가에서는 등산 기술상의 심각한 곤란은 아무것도 없을 것 같소. 봉우리에는 예상한 것만큼 심한 빙하는 걸려있지 않습니다. 등반은 주로 인내의 문제가 아닐까 하는 생각을 하고 있습니다.

우리의 건강은 아주 좋습니다. 그러나 당연히 발이 일을 잘 해주어야 하는데 제대로 해주지 못합니다. 그래서 우리는 3주일 동안 줄곧 걷는 데만 열중해야 하오.

그래서 오늘부터 한 달쯤(8월 17일) 지나서, 어쩌면 2, 3일 더 늦어질지 모르지만 전보를 치겠소. 그렇게 알고 계시오.

우리의 원정은 지방 당국에는 전부 통고가 가 있으며, 우리가 원하는 방법으로 우리를 도와주라는 지시도 내려가 있습니다. 따라서 우리는 충분히 보급을 받고 신세를 지고 있다는 것을 상상할 수 있을 것입니다.

아스토르에는 내가 상상한 것보다 훨씬 많은 영국인이 있습니다―길기트에도 부주재관(스튜어트 대령) 밑에 우체국원이 두 사람 있습니다. 어디를 가나 비슷합니다.

부인들은 마음 내키는 대로 여기저기 여행을 하고 있습니다. 그러나 상상할 수 있겠지만, 무척 많은 사람들을 거느리고 다닙니다.

우리의 큼직한 캠프는 수양버들 아래 세워져 있습니다.

뒤쪽에는 조금 떨어져서 조그만 냇물이 흐르고, 급류의 기

늙을 따라 5, 6킬로미터를 빈틈없이 펼쳐 나간 꽤 편편한 목
초지가 있습니다.

만일 여행의 고생 없이 이곳에 실려오기만 한다면, 한없이
좋아할 수 있는 곳입니다.

우리 일은 걱정하지 마시오. 아무런 곤란도 당하지 않을 것
입니다.

우리는 루팔의 분류에 다리를 놓고, 어제 한바탕 잔치를 벌
였습니다. 나이 많은 사람들은 기묘한 복장에 명랑한 얼굴들
을 하고 있어서 유쾌한 광경이었습니다. 그 가운데 한 사람은,
그 뒤 나의 무거운 상자를 짊어지고 험한 퇴석(堆石)을 올라
와 빙하 끝을 건너서 여기까지 갖다주었습니다. 그런 것은 아
무렇지도 않다는 표정으로 말입니다!

이 근처에는 뻐꾸기와 종다리가 있습니다. 마치 고향에 있
는 기분이오.

1895년 7월 26일

이곳 캠프 생활은 즐겁기가 그지 없습니다. 온갖 사치를 누
릴 수 있으니까요. 남자들은 부지런히 심부름을 해주고 언제
나 짐꾼 노릇을 해준답니다.

지금까지 우리는 조그만 암봉에서 제법 그럴 듯한 등반을
했소.

마제노 고개(원주민들이 지나다니는 고개)를 넘어 ▲디아마
라이 계곡(사람은 살지 않지만 매우 아름다움)으로 들어갔지

요. 장려한 수목(대부분이 자작나무와 소나무), 찔레나무덤불, 엄청나게 많은 꽃과 무성한 잡초.

하루를 쉬고 무척 긴 고개에서 돌아왔습니다. 고개에서는 한두 군데 약간 재미있는 암벽 등반을 할 수 있었습니다. 그러나 운이 나쁘게도 산의 연속이 좋지 않은 쪽으로 나가는 바람에 식량의 여유가 없어져서 하는 수 없이 다시 마제노 고개를 넘어 암벽 등반을 그만두지 않으면 안 되었습니다.

우리는 종일 4천5백미터에서 5천5백미터에 올랐습니다. 데이지 같은 신선함이 느껴지더군요. 그러니까 공기가 희박해서 심한 방해를 받는 일은 없을 것 같소.

낭가 파르바트 등반의 절대로 안전한 루트를 발견했습니다. 쉬운 빙하지요. 쿨리들도 우리의 캠프를 운반해 올릴 수 있습니다. 거기서 더 나아가면 넓은 눈과 정상까지 곧장 올라가 있는 바위 능선.

어제 브루스가 올라왔습니다. 무척 기분이 좋아 보이더군요. 두 사람의 구르카 병을 데리고 왔는데 록하트 장군이 우리에게 붙여준 사람들입니다. 그래서 우리 캠프는 대가족이 되었습니다.

우리는 하나 하나 좋은 고개를 지나서 디아마라이 계곡으로 나아갈 예정입니다. 그런 다음 낭가에 대한 행동을 개시하겠습니다. 등정에 대해서는 상당한 확신을 느끼고 있습니다. 당

▲ 디아마라이(the Diamarai). 일반적으로는 디아미라이(Diamirai).

신은 조금도 염려할 필요가 없소.

이곳 날씨는 스위스 식으로 본다면, 거의 갠 날씨입니다. 다만 사흘에 하루는 오후 1시 가까이에 구름과 눈의 비말(飛沫)이 낭가 파르바트 위에 생겨서, 이럴 턱이 없는데 하고 브루스는 말하고 있습니다. 실제 문제로 구름은 매우 엷고, 계속해서 끼더라도 시간이 극히 짧으므로 우리들에게는 아주 하찮은 것입니다. 정말 그것은 편리한 양산 구실을 해줍니다.

태양은 우리가 익숙해진 것에 비하면 좀 더운 편이지만, 모자를 둘—하나를 쓰고 그 위에 또 하나를 쓰고는(이곳에서의 새로운 고안)—쓰고 그 사이에 눈 덩어리를 넣으면 금방 시원해집니다. 이따금 물방울이 등으로 흘러내려 여간 상쾌한 기분이 아니랍니다.

나는 생전 처음이라고 할 만큼 건강 상태가 좋소. 걱정할 필요는 손톱만큼도 없소.

이렇게 좋은 사람들과 함께 있은 적도 없고, 이 이상 쉬운 땅에 올라와 본 적도 없습니다. 동시에 개인적인 즐거움도 이 이상의 것은 있을 수 없을 것이오. 이 편지가 집에 도착하기 전에 전보가 먼저 도착할 것으로 나는 기대하고 있습니다.

낭가 파르바트에 오르거나 오르지 않거나, 아무튼 여행은 대단히 보람이 있습니다.

1895년 8월 4일

공기가 희박해진 것이 틀림없습니다. 끊임없이 가벼운 고통을 느낍니다. 태양과도 어느 정도 관계가 있는 것 같군요.

이곳에 오는 도중 6천2백미터 고지에 도달했는데, 아직은 이렇다 할 일은 한 것이 없소.

브루스와 구르카 병 한 사람이 우리와 동행해 주었소. 우리는 직접 그 계곡(낭가의 북서, 디아마라이)으로 들어가는 고개로 나아가려 했는데, 능선에 붙어보니 그것은 주맥인 루팔쪽으로 내려가고 있습디다.

그 결과 둘째 밤을 캠프에서 보내게 되었고(식량이 매우 모자랐습니다), 마제노 고개를 넘어 조그만 마을로 들어갔습니다. 마을에서 염소 한 마리와 많은 밀크를 입수했고, 또 다행히도 쿨리 한 사람을 만났소.

그는 디아마라이 계곡으로 가다가 병이 난 것인데, 더 운이 좋았던 것은 그가 큼직한 밀가루 부대를 지고 있었다는 것입니다. 구르카 병이 그것으로 맛있는 부꾸미를 구워주어 성찬을 들 수 있었지요.

다음날 아침 이른 새벽에 출발하여, 5천미터의 작은 고개를 넘어 디아마라이 계곡으로 들어갔다오.

내리막길에 들어섰을 때, 안내하는 사냥꾼이 큼직한 깡통에 든 구수한 밀크를 따고 부꾸미 자루를 끌러 주었습니다. 이 사람은 매우 쾌활한 늙은이로 우리를 여간 잘 돌봐주지 않소.

내일 나는 낭가 파르바트 자체의 정찰을 떠날 작정입니다.

상당히 좋은 바위(부서져 있기는 하지만) 능선이 있는데, 두 빙하 사이를 위쪽으로 뻗어나가 있소. 치라스의 포터들에게도 아주 쉬울 것으로 생각됩니다.

　만약 쉽다면, 능선의 정상 5천5백미터 정도에 캠프를 칠 참이라오.

　그 지점에서 두 사람의 구르카 병과 함께 마지막 피크의 바로 밑인 6천7백미터에 캠프를 올릴 수 있소. 마지막 피크의 이쪽은 쉬운 바위랍니다.

　우리 캠프는 매우 호화로워서, 편편한 쟁반과 깊은 쟁반, 나이프, 포크, 텐트가 네 동, 요리사, 식량을 공급해 주는 본다촌의 촌장 대리, 잡역 쿨리가 세 사람. 그리고 사냥꾼과 촌장은 보조 캠프를 만들기도 하고 더워서 못 입으면 윗도리를 들고 가 주는 등 온갖 일을 다 해 주고 있답니다.

　게다가 또 염소가 네 마리, 소가 두 마리, 고기로 먹을 양떼에다 스튜를 만들어 먹을 마른 살구도 있구요. 대마(大黃)가 아무데서나 야생으로 자라고 있으며, 요리를 해 먹어보면 여간 맛있지 않습니다. 사과와 석류가 내일 도착하게 되어 있답니다.

　구르카 병은 캠프에 있을 때는 시종 역할을 해줍니다. 우리는 내주(지금부터 한 주일 후)에 본격적인 낭가 파르바트 공격을 개시할 예정입니다. 그러기 위해서는 4일이 필요하오.

　그리고 6천7백미터 남짓한 조그만 봉우리가 하나 있는데, 이것은 아주 쉬우므로 먼저 이것부터 하게 될 것 같습니다. 우리는 아직도 트레이닝을 더 하고 싶습니다.

　공기는 정말 형편없습니다.

정청(政廳) 당국에서는 우체부를 한 사람 배치해주어 우편물이 배달됩니다. 아스토르에 있는 길기트의 부주재관은 우리와 연락을 유지하여 뉴스를 보내주고 있습니다.

카간을 거쳐서 돌아오는 경우에는 통로 일부에 거의 인가가 없으므로, 당국에서는 바부사르 고개를 경유할 때 호위를 붙여 주겠다고 합니다.

하지만 우리는 아마도 스리나가르를 지나게 될 것 같소.

브루스는 내일 떠납니다. 등반은 내가 기대하고 있는 것처럼 빨리는 해낼 수 없을 것이오. 그것은 명백하므로, 만일 공격을 연기하게 되면 당신에게 전보를 쳐 달라고 부탁하겠소.

암만 해도 한 달 더 트레이닝을 하게 될 것 같습니다.

아직 우리는 충분히 높은 곳에 캠프를 치지 않았습니다. 그러나 여느 때의 착오를 범하지는 않겠소.

제발 너무 신경을 쓰지 말아 주기 바랍니다. 이 지옥의 퇴석에서 우리는 아직 그 어떤 종류의 위험도(다만 한 사람이 복사뼈를 삐었을 뿐) 만나지 않았습니다.

정말 열심히 오른다 하더라도, 봉우리들은 너무나 크고 너무나 높습니다. 폭풍우는 이 지방에 전혀 없습니다. 그런 징후도 없고, 폭풍우의 그림자도 없답니다.

능선에는 휘몰아치는 눈도 없고, 뇌운(雷雲)도 없고, 신설(新雪)도 없소. (다만 조금 눈이 부서져 흩어질 뿐이오.)

우리는 당연히 정상에 오를 것입니다. 그것은 다만 호흡을 고르게 하기 위한 트레이닝을 쉴 새 없이 하느냐 않느냐의 문제에 지나지 않으니까요.

우리는 정말 즐거운 시간을 보내고 있습니다. 설령 낭가 파르바트에 실패한다 하더라도 이 거대한 봉우리들을 보고, 훈자와 러시아 국경 저편에 있는 위대한 산들을 바라보았으니 후회는 조금도 없소.

낭가 파르바트는 까기 힘든 매우 단단한 견과(堅果) 같다는 느낌이 듭니다. 루트는 아주 쉬운데 캠프를 설치하기가 무척 어렵소. 확실히 공기의 지배를 받는가 보오.

불행히도 날씨가 몹시 악화되고 말았습니다. 가을을 향해 가라앉을 때까지 한 주일 남짓 기다려야 할 것 같습니다.

콜리와 나는 건강 상태가 그만입니다. 헤이스팅즈 씨는 상한 복사뼈로 아직도 고생하고 있답니다.

며칠 지나면 만사가 좋아질 것입니다.

봉우리들에 빙 둘러싸여 있기 때문에 매우 들뜬 기분이지만, 등산에 관한 한 알프스에서 익히 알고 있듯이 전혀 그런 기분이 아니라오.

이런 공기로는 하루에 9백 내자 1천2백미터밖에 나아가지 못합니다. 짐을 진 쿨리들이 그 이상 나아가지 못한다는 뜻입니다.

구르카 병 한 사람은 제1급입니다. 또 한 사람은 잘 오르기는 하는데 짐을 별로 지지 못합니다.

두 사람 다 오르는 기술은 스위스의 보통 가이드급에 도달해 있으며 또 더없이 착실합니다.

짐의 일부는 도중(4,900m)까지 올려놓았는데, 쿨리들이 상부 빙하가 시작되는 4천4백미터 이상은 아무리 해도 올라가려고 하지 않아, 그보다 더 높은 곳에 짐을 올리는 일은 끝없이 계속되는 작업이오. 그러나 등행에는 좋은 파티가 있고, 우리도 전보다 좋은 트레이닝을 하게 되니까 만사를 잘 해볼 생각이라오.

우리의 종국적인 성공에 대해서 나는 지금 약간 염려를 하고 있습니다. 그러나 낭가 파르바트의 정상에 당신과 더불어 오르도록 노력을 기울일 것이오.

공기는 정말 골칫거리고, 태양은 그보다 더 나쁘다고 해도 될 정도입니다. 오전 10시가 지나면, 인간으로부터 어김없이 모든 힘을 빼앗아 갑니다.

콜리와 나는 이제 낭가 파르바트를 5천2백미터 오른 지점에 초콜릿 5킬로그램, 헌트리 파머 비스킷 6깡통(2파운드 들이), 브랜드 표 수프와 엑스 등등을 지고 가서 방수 냅색에 넣어 두었소.

내주 초에 다시 한번 원정을 해서 이 보물을 약 6천미터 위쪽, 쉽고 긴 바위 능선 꼭대기로 옮겨놓을 작정이오.

그 다음 세번째 원정으로 그것을 약 7천미터의 마지막 피크 아래까지 반드시 올려놓아야 합니다.

아무튼, 우리는 길을 알고 있소—정말 잘 알고 있답니다.

정상을 차지할 기회는 아무래도 이제 희망이 없어 보이는군요.

콜리는 마음이 덜 내키는 것 같고, 헤이스팅즈 선배는 완전히 겁을 먹게 되었습니다. 그래서 나와 구르카 병 두 사람이 뒤에 남아 있는 것입니다.

두 사람의 구르카 병은 제1급 등산가이고 좋은 사람들이지만, 영국산악회의 진짜 회원들한테서 얻는 도움을 그들에게 기대할 수는 없습니다.

어쨌거나 나는 곧 귀환 길에 오릅니다. 낭가 파르바트에 대해서 실망할 것은 없소.

나는 제1급 등반을 몇 번 했습니다. 알프스와 카프카스와는 비교도 안 되는 절벽과 빙탑도 보았답니다.

이쪽 낭가는 약 3천7백미터의 바위와 얼음으로, 마터호른과 몽블랑을 한 쌍으로 하여 하나 쌓아 올리고 또 쌓아 올린 것과 맞먹을 만큼 곤란하답니다.

라가비르(구르카 병)가 중요한 순간에 병이 나지만 않았어도 상상입니다만, 정상까지 올라갈 수 있었을 것이오. 나는 그 사람을 부축하여 내려와야 했소.

5천5백미터 이상 올라가면 틀림없이 공기의 영향을 받는 답니다.

내일 구르카 병과 함께 높은 고개를 하나 넘어 라키오트 계곡으로 갑니다. 헤이스팅즈와 콜리는 쿨리에 식량을 지워서 우회하여 갔소.

낭가 파르바트의 북서쪽이 쉬우면 우리는 아직도 낭가 파르바트를 함락시킬 수 있을지도 모릅니다. 그러나 이 편지가 도착하기 전에 전보를 받아 보게 될 것이오.

이 편지에는 날짜가 적혀 있지 않습니다. 그러나 8월 23일에 쓴 것이 틀림없습니다.

남편과 두 구르카 병의 모습이 마지막으로 보인 것은, 8월 24일이었습니다.

M. 머메리

제1장 마터호른 —츠무트 능선

열다섯 살때, ▲비아 말라의 험한 암봉과 ▲테오듈 고개의
눈은 내 가슴 속에 정열을 불러 일으켜, 이것이 세월과 더불
어 자라서 내 인생과 사상의 형성에 적잖은 영향을 주었다.
그 정열은 마치 ▲상도(上都)의 전설 같은 불가사의가 도처에
널려 있는 듯한 동화 같은 아름다운 경지 속으로 나를 끌고
들어가 기쁘거나 슬플 때 의지할 수 있는 친구를 사귀게 해
주었다. 그것은 벌레도 먹지 않고, 녹도 슬지 않으며, 질병이
나 노령에도 썩지 않는 보물 같은 추억으로 내 마음을 가득
채워 주었다. 거뭇거뭇한 솔밭 그림자 위에 우뚝 솟은 거대한
흰 봉우리들에 대한 나의 소년다운 기쁨은 역마차가 디오자츠
의 골짜기 사이로 덜커덕거리며 굴러갈 때라든지, 마터호른이
발 투르낭슈의 나뭇잎 위로 우뚝 솟아오를 때 지금도 깨어나

▲ 비아 말라(Via Mala). 스위스 남동부에 있는 라인강 지류의 계곡 회랑
　(回廊). 약 490미터로 치솟은 암벽으로 유명하다.
▲ 테오듈 고개(the Théodule). 마터호른 남쪽 이탈리아와 스위스의 국경에
　있으며, 옛부터 마터호른의 전망지로서 알려져 있다.
▲ 상도(上都, Xanadu). 중국 열하성의 고도로서 후빌라이가 이궁(離宮)을
　세웠다는 곳. 콜러리지의 시 「쿠블라 칸 Kubla Khan (S. T. Coleridge :
　1816)」에 읊어져 있다.

그 위대한 산을 처음 본 것을 나는 마치 어제의 일처럼 기억한다. 그것은 어느 **9월**의 장엄하고도 적막한 달빛 속에서 빛나고 있었으며 가을밤의 정적 속에서 바로 신비의 화신인 양, 낙석에 깎인 바위 비탈에 옛 전설과 더불어 사는 신령들에게 걸맞는 거처인 양 여겨졌다. 그 순간부터 나는 그 위대한 봉우리의 가장 경건한 숭배자의 한 사람이 되었으며, 먼 지평선 위에 그 우람한 바위가 모습을 드러낼 때면 언제나 마음에서 우러나는 더 없이 큰 기쁨으로 그 출현을 찬양한다. 비록 체르마트가 저속해지고 싸구려 여행객과 천박한 유행이 득실거려도 나를 그 아래 비탈에서 완전히 쫓아버리지는 못한다. 나는 여전히 리펠베르크의 소나무 사이로 가만히 그 모습을 바라보거나 아니면 들꽃이 수놓은 스타펠 알프의 아름다운 목초지 위에 치솟은 그 거대한 산괴를 지켜보기 좋아한다. 그러나 옛날 그 무렵(1871)에는, 그것이 반은 거쳤다고는 하나 아직도 근접하기 어려운 후광에 둘러싸여 있었고 서로 얽힌 소나무 가지 사이로 혹은 산들바람이 불어 지나가는 산허리의 목장에서 그 모습을 바라보며 어느 날엔가 나도 저 얼어붙은 절벽을 기어올라간 몇 안 되는 영광스러운 사람들 속에 낄 수 있으리라고는 감히 바랄 수도 없었다. 그러나 그 3년 후, 등산이 유행하여 사람들이 몰려들게 되고 그 초기의 인파에 휩쓸려서 나도 오랫동안 동경해 온 그 정상에 서게 되었던 것이다.

그 순간부터 그 봉우리에 대한 나의 관심은 사그라졌어야했다. 품위있는 등산가는 결코 같은 등반을 되풀이하지 않는다

등산객들(페늘 씨의 스케치)

는 것을 나는 잘 안다. 등산가의 목적은 정상에 도달하는 것
이고 한번 그 목적이 이루어지면 그의 작업은 끝나는 것이며,
그러면 그는 속된 안일 속에 편안히 쉬고 있어야 한다는 것을
나는 잘 알고 있다. 이 문제에 대한 참된 신념은 지난 해 내
가 몬테 로자 호텔에서 한방에 묵은 말쑥하게 생긴 사람이 한
말에서 결정(結晶)을 이루어 눈부시게 빛나고 있다. "나는 아
이거에 오르기 위해 그린델발트로 가야 했습니다. 정말 소름
이 끼치도록 싫었지만, ▲오버란트를 끝내 버리고 싶었거든요.
거기에는 이제 다시 안 갑니다!"

　내 자신을 말하면, 내 성격에 한심한 약점이 있다는 것을

▲ 오버란트(Oberland). 스위스 남서부의 산맥. 알프스 중서부인 베르네 알
　프스(Bernese Alps) 의 별칭.

체르마트 사람들의 옷차림(페늘 씨의 스케치)

솔직히 고백한다. 어느 봉우리에 올라가기 무섭게 그것은 금방 내 친구가 되어 설령 '신선한 숲과 새로운 목장'을 찾는 것이 즐거운 일일지는 모르나, 내 마음 속 깊숙한 곳에서는 내가 그 주름살 하나하나를 잘 알고 있는 암봉 하나하나가 환희와 웃음소리와 옛 친구들에 대한 추억을 되살려 주는 그 산비탈을 그리워하는 것이다. 이 무서운 약점으로 나는 마터호른의 정상을 일곱 번이나 밟았다. 켜든 성냥불이 한들거리지도 않을 바람 한 점 없는 대기 속에 아내와 함께 정상에 앉아 있고, 천둥 번개와 소용돌이치는 눈발의 미친 듯한 진노에 쫓겨 후들거리는 꼭대기에서 이탈리아쪽 능선으로 내려올 때도 있다. 그런데도 추억은 저마다 그 나름의 매력을 간직하고 있어 폭풍의 사나운 음악에는 맑게 갠 날의 광휘에 못지않는 즐

거움이 있다. 정통파 등산가는 1년에 하루 한 번만 오르면 그
봉우리가 다른 모든 해의 다른 모든 날에 어떤 모습으로 보이
는지 알 수 있고 실감할 수 있다는 생각이 몸에 배어 있는데,
이 생각이야말로 그가 가장 저속한 속물 근성의 늪에 빠져 허
우적거리고 있음을 시사하는 것이다. 그야 험악한 암봉이요
침봉임에는 틀림없다. 그러나 그 매력과 아름다움은 쉴새없이
변화하는 빛과 그림자 속에 그것들을 휘어감는 안개 속에 거
대한 눈처마와 주렁주렁 매달린 고드름이 날씨와 계절과 시간
의 갖가지로 변하는 상태 속에 있는 것이다. 뿐만 아니라 망
막에 새겨지는 실제의 영상은 여름날의 폭풍우와 햇빛의 모든
분위기와 변화를 반영하는 데 지나지 않는 것이 아니라, 관찰
과 자신의 기분 또한 그에 못지않게 변화 무쌍하다. 어떤 날
은 절벽에 대한 욱신거리는 공포와, 무시무시하게 맨살을 드
러낸 거창한 낭떠러지, 혹은 거대한 바위 덩어리가 제 자리에
서 떨어져 나와 소리도 요란스레 공기를 가르며 낙하할 때의
그 무서운 암석의 돌진—그것은 억누를 수 없는 분노의 상징
이다—등에 그의 마음은 좌우된다. 그러나 어떤 날은 또 이
런 것들을 하나도 깨닫지 못하고 유백색과 청색의 미묘한 색
조에 마음이 누그러져서 이탈리아쪽 골짜기의 수증기 같은 부
드러움에, 바람에 흩날리는 눈발의 우아한 흐름에, 심지어 화
강암의 틈새에 끼어 있는 조그만 꽃에까지 더없는 환희를 느
끼는 것이다. 이따금 산은 바라보는 사람의 마음에 그 분위기
를 새겨 주는지도 모른다. 이것을 바라보는 사람이 흔히 자신

의 기분과 조화를 이루는 것만 보기 때문이다. 인간이란 아마
도 의심할 여지없이,

　　▲"강변에 피어 있는 프림로즈
　　노란 프림로즈는 자기의 것"

으로 보게끔 되어 있는지도 모르며, 생각할 수 있는 어떤 환
경이나 시간에도 그 이외의 것은 결코 될 수 없는 모양이다.
그러나 외부 세계의 아름다움에 기쁨을 느낄 수 있는 더 복되
게 만들어진 사람도 있다. 그들은 태양과 구름, 안개, 대기,
그리고 하늘이 항상 그 조망의 장관을 빚어내는 바위와 얼음
의 물질적 기초를 철저히 알고 있지만 아무리 그래도 그 ▲
'진부한 맛'을 느끼는 일은 거의 없는 것이다. 내가 1879년에
티펜마텐 요흐를 넘은 것은 그 무렵이었다. 그 위대한 산에
대한 나의 관심은 첫 등반으로 더 강렬해져 있었다. 빙하를
내려가면서 나는 서벽의 긴 바위 사면과 암석이 쓸어 내려간
쿨르아르(길고 급하게 패인 바위 도랑) 위에 치솟은 위대한
츠무트 능선을 오랫동안 열심히 바라보았다. 그렇게 바라본
것은 결코 내가 처음이 아니라 그런 사람들 중에서도 ▲윔퍼

▲ "강변에 피어 있는…". 워즈워스의 「피터 벨」 서시 제 1 부(W.
　Wordsworth : Peter Bell, prologue, I, 1819)에 나온다.

▲ '진부한 맛'. 셰익스피어의 「햄릿」 제 1 막 제 2 장(Shakespeare : Hamlet,
　I, ii)에, "아, 세상사 다 귀찮다. 멋없고, 진부하고, 무익하다"는 대목
　이 있다.

▲ 윔퍼 (Edward Whymper, 1840－1911). 마터호른을 초등(1865년) 했으

씨는 미셸 크로즈와 크리스찬 알머 두 가이드와 함께 당 블랑 슈의 험악한 암봉에서 그것을 주의깊게 살펴보았던 것이다. 그들이 도달한 결론은 다음 글에서 대강 짐작할 수 있을 것이다. '나의 해묵은 적—마터호른—은 츠무트 글레처의 분지에서 바라보니 도저히 공략할 수 없을 것 같았다. 사람들이 물어왔다. "당신이나, 혹은 다른 누가, 언젠가는 저 산에 올라갈 거라고 생각한단 말입니까?" 그때 나는 그들의 조소에 별로 놀라지 않으며 당당하게 대답했다. "그렇습니다. 하지만 그쪽으로는 오르지 않습니다." 그들은 비웃는 듯이 낄낄거리기 시작했다. 나는 내 희망이 가라앉았다고 실토하지 않을 수 없다. 왜냐하면 마터호른의 북쪽과 북서쪽보다 더 완벽하게 접근하기 어려운 것은 있을 수도 없어 보이고 또 없기 때문이다.'▲ 그러나 이 판단은 전적으로 정당해 보이지는 않았다. 눈의 능선과 그것이 다시 좀 더 멀리 이어져 나가는 톱니 바위는 높이 약 3천9백 미터까지 두드러지게 쉬운 루트를 제공해 주었고, 약 4천2백 미터에서 정상까지의 마지막 능선에는 등반자가 무서워할 것이 거의 없었다. 심각한 어려움은 이 두 가닥의 큰길이 하나로 이어져야 하는 루트의 **짧은** 구간 뿐이었다. 이번과 전번 산행 때의 관찰 결과 츠무트 능선이 처음으로 급경사를 이루며 수직으로 떨어지기 시작하는 지점까지 왼쪽으

며, 특히 그의 「알프스 등반기 (Scrambles amongest the Alps in the Year 1760–1869, 1871)」는 산악서의 고전으로 유명하다.

▲ 원저자 주—「알프스 등반기」 278페이지.

어느 휴일의 몬테 로자 호텔 앞(페늘 씨의 스케치)

로 방향을 잡아 마터호른 빙하를 향해 아찔한 벼랑이 되어 곤
두박질치듯 깊숙이 패인 쿨르아르 속으로 들어갈 필요가 있다
는 것이 분명해졌다. 이 쿨르아르의 상부만은 어떻게든 다루
어야 했는데 그렇다고 전혀 희망이 없어 보이지는 않았다. 거
기만 올라설 수 있다면, 접근하기 어려운 첫 단계의 위쪽에
붙어서 능선을 다시 올라갈 수 있을 것이다. 조금 더 가면 능
선이 다시 수직이 되는 곳에서, 아니 오히려 사실상 오버행이
되는 곳에서 오른쪽으로 돌아 서벽의 긴 사면으로 나갈 수 있
고 거기서 한참 올라가면 심각한 난관을 모두 벗어나 다시 츠
무트 능선에 붙을 수 있을 것이 분명했다. 이 약간의 야심적
인 계획을 세운 나는 이것을 실천에 옮기는 데 적당한 가이드

를 구하러 체르마트로 내려갔다.

몬테 로자 호텔 앞에서 옛 친구 알로이스 부르게너를 만났는데, 그는 동생 알렉산더가 어쩌면 며칠 동안 나와 동행해 줄 수 있을지 모른다는 기쁜 소식을 알려주었다. 그래서 얼굴의 절반은 수염에 덮이고 어깻죽지가 딱 벌어진 알렉산더를 만났는데, 그는 전혀 알지도 못하는 ‘선생님’과 그런 원정을 간다는 것은 ‘어처구니없는 바보 같은 짓’이라고 무뚝뚝하게 자기 의견을 털어 놓았다. 나는 이 대담한 의견 표시에 감명을 받았다. 그것은 단지 함께 등반을 해보지 않은 등산가를 믿지 않는다는 현명함을 보여 주었을 뿐 아니라, 일단 공격이 시작되면 가능한 마지막 한계까지 끝내 밀어 붙이는 결의를 나타낸 것으로 보였다. 나는 그때까지 아무리 무모한 계획이라도 당장 덤벼드는 인간들, 그리고 자기를 고용한 사람에게 등산 기술에 대해서 뭘 좀 아느냐고 물어 볼 만큼 무례한 인간들과 (하기야 다 그런 것은 아니지만) 주로 등산을 했다. 그러나 이런 사람들은 계획을 진행하는 초기 단계에서 언제나 아내와 가족들에 대한 가장 감동적인, 그러면서도 가장 불편한 감정에 사로잡히게 되어 이 무엇보다도 찬양되어야 할 감정 때문에 등산을 중단하지 않을 수 없게 되는 것이었다. 알렉산더의 자신에 찬 태도와 정직하고 솔직한 말은 그가 그런 종류의 인간이 아니며, 또 우리가 장차 친한 친구가 될 수 있다는 것을 잘 보여 주는 것 같았다. 나는 기꺼이 그의 제안을 받아들여 함께 몇 차례의 예비 등산을 한다는 데 동의했다.

　　그리하여 우리는 미샤벨과 라캥 고개로 해서 라캥 탈 골짜기로 넘어갔다가 놀랍도록 어려운 새 루트를 따라 강행군하여 플레츠호른을 넘어서 돌아왔다. 그런 다음 포르티엔호른에 올랐다가 5일째 되는 날 리드 고개와 세인트 니클라우스를 지나 체르마트로 돌아왔다. 우리의 작전이 이렇듯 개시에 성공했으므로 이제 언제라도 우리의 주의를 츠무트 능선으로 돌릴 수 있게 되었다. 그러나 그렁저렁 하루의 휴식을 벌었다고 느낀 우리는 8월의 마지막 날을 산기슭 비탈에서 건초를 만드는 사람들 사이에 드러누워 빈둥거리며 보냈다. 저녁때쯤 ▲펜홀 씨가 페르트, 임젱, L. 추르브리겐 등을 데리고 바로 이날 출발했으며, 이날 밤은 산에서 자고 이튿날 아침 츠무트 능선을 공략한다는 말을 들었다. 우리는 그들의 성공을 조금도 의심하지 않았다. 날씨는 완벽해 보였고 산은 보기 드물게 좋은 상태였으며 일행은 매우 비범한 기술과 힘을 가진 사람들이었다. 결국 우리는 계획을 바꾸어 콜 듀랑을 넘기로 했다. 그러면 그들의 진행 상황을 지켜볼 수 있고 장래를 위해 좋은 정보도 얻을 수 있을 것이었다. 그리고 ▲당 블랑슈의 동부 능선이나 북동벽이 츠무트 능선을 놓친 우리의 마음을 달래 줄 수 있기를 바랬다.

▲ 펜홀(William Penhall, 1848–1882). 이른바 '스포츠 등산파'의 선구로, 머메리와 함께 듀렌호른(4035m)을 초등했다(1879년 9월 7일). 1882년 8월 3일, 베터호른에서 눈사태로 추락사한다.

▲ 당 블랑슈(Dent Blanche). 스위스 발리저 산군(Walliser Alpen)에 있는, 유럽 알프스 중에서 가장 수려한 명봉의 하나(4356m).

가이드들과의 교섭(페늘 씨의 스케치)

　이튿날 아침, 우리는 스타펠 알프로 가면서 높은 봉우리에 몹시 심한 바람이 휘몰아치고 있어서 본격적인 등산은 거의 불가능해 보인다는 것을 깨달았다. 그 결과 우리의 생각과 열망은 다시 츠무트 능선으로 돌아가게 되었으며, 되돌아오는 펜홀대를 만나 그들이 츠무트 능선을 완전히 포기했다는 말을 듣고 슈토케에서 그날을 보내며 바람과 구름이 정말로 불운을 의미하는 것인지 보기로 했다. 그곳에 도착하자 사람들은 곧 날씨가 절망적이라는 결론을 내렸다. 그러나 나는 너무 젊고 열심이어서 되돌아간다는 생각은 꿈에도 할 수 없었기 때문에 기상학에 대해 전혀 아는 바가 없는데도 부르게너가 믿게끔, 마치 근거가 확실한 지식이라도 있는 듯이 날씨가 풀린다는 듣기 좋은 예언을 했다. 그러자 두번째 곤란한 일이 생겼다. 우리의 식량은 열 시간을 걷는 기준으로 계산되어 2일간의 작전에는 분명히 모자랐다. 가이드 겐티네타는 이 한정된 식량에 대해서 곰곰이 생각해 보고 감정에 상처를 받은 것이 분명했다. 그는 마침내 평소의 과묵성을 깨고는 선생님의 ▲'산울타리처럼 둘러싼 위엄'에도 불구하고 내 예언에 대한 자기의 의견을 털어놓았다. 그는 이 세상이 시작된 이래, 아니 이 일에 있어 그 전부터 이런 바람과 구름은 절망적이고 지속적인 악천후를 가져오지 않은 적이 없다는 확신을 토로하여 자기의 의견을 뒷받침했다. 우리는 그의 기분을 위해서는 운동을 하는 것도 결코 나쁘지 않을 것 같았고, 또 어쨌거나 그런 그와 동행한다는 것은 마음이 무거워질 것 같은 느낌이 들어, 여분의 식량을 구입하고 그것을 함께 운반할 가장 좋은 사람을 구해 오라고 그를 체르마트로 돌려보냈다. 그리고 우리가 캠프칠 장소를 가리켜 주고 만일 날씨가 너무 악화되어 천막에서 자기 어려울 때는 내려가 돌아오는 그를 만나겠다고 약속했다.

자꾸 컴컴해지는 구름이 콜 투르낭슈 너머로 굴러 넘어가고 마터호른의 험악한 암봉사이를 불어 지나가는 세찬 바람소리

▲ '산울타리처럼 둘러싼 위엄'. 셰익스피어의 「햄릿」(제 4 막 제 5 장)에 '국왕의 일신에는 산울타리처럼 둘러싸는 위엄이 있어서, 역신이 설혹 불온한 뜻을 품고 기웃거리기로서니 그 뜻을 이루지는 못하는 법.' 이라는 대목이 있다.

가 요란스럽게 들려오기 시작했다. 그것은 억센 능선 주변에 심한 폭풍이 미친 듯이 휘몰아치고 있음이 말해주는 것이었다. 부르게너의 확신이 흔들리기 시작하여 그는 몬테 로자 호텔의 ▲카푸아식 사치 속으로 물러가면 어떻겠느냐고 다시 말했다. 내 자신도 불안감 이상의 의구심을 느끼고 있었지만 주사위는 이미 던져진 것이어서 행운을 믿기로 하고 줄곧 명랑한 표정을 지으면서 무슨 일이 있더라도 우리는 이 날씨와 정당당하게 싸워 이겨야 한다고 분명하게 말했다. 부르게너는 감동했다. 먼 능선은 계속 지워져서 보이지 않게 되고, 마터호른의 주위에는 점점 더 심하게 구름 덩어리가 몰려들고 있었다. 연거푸 우리를 강타하는 바람의 거친 비명소리 속에는 틀림없는 습기가 배어 있어 이런 것들은 아무리 선생님이라도 인정하지 않을 수 없는 너무나도 분명하고 틀림없는 조짐이라고 그는 생각하고 있었다. 그래서 나의 고집은 무언가 초자연적인 지식 같은 것을 그에게 보여 준 모양이었다. 아마도 나는 ▲마하트마 같은 존재(아니면 자아스 탈 골짜기의 그와 맞먹는 어떤 존재)로 비쳤는지도 모른다. 그는 한쪽 구석에 아늑하게 앉아서 내 '니코틴 부인'의 애무에 황홀해져, 발 안자스카 위에 치솟은 암벽의 거대한 원 안에 사는 유령과 마귀에 관한 기분 나쁜 이야기를 들려 주었다. 낮 시간의 흐름에 따

▲ 카푸아(Capua). 이탈리아 남서부 나폴리 부근에 있는 도시. 근처에 호화롭기로 이름났던 고대 카푸아의 유적이 있다.

▲ 마하트마(Mahatma). 초자연력을 가졌다는 인도의 대현자.

라 이제 명랑한 표정을 짓고 있기도 너무 부담이 커져서 나는 조용한 구석으로 물러나 여러 장의 무릎담요를 덮어쓰고 걱정을 잠으로 달래보려고 했다. 오후 늦게 부르게너가 나를 흔들어 깨우면서 날씨를 보라고 했다. 나의 첫인상은 그가 나를 엉터리라고 비난하면서 나의 예언을 경멸하고 비웃으려 한다고 생각했다. 그러나 그의 기뻐하는 모습과 떠도는 구름이 얇아진 것을 보고 그런 고통스러운 생각은 사라졌다. 나를 흔들어 깨운 것은 나의 놀라운 지혜를 진심으로 높이 평가한다는 그의 기분을 전하기 위해서였던 것이다. 나는 꿉꿉한 무릎담요를 훌훌 들치고 일어났다. 안개를 뚫고 한 줄기 햇살이 비치고 있었다. 우리는 귀청이 찢어져라 환성을 지르고 징 박은 구두를 한껏 궁굴리면서 '브레이크 다운' 춤을 추어 되돌아온 태양을 환영했다. 우리의 거동을 유능한 비평가가 보았더라면 아마도 우리를 ▲조로아스터교의 독실한 신도(아니면 탈주한 미치광이?) 인 줄 알았을 것이 틀림없다. 이런 환희의 축제가 끝나고 맥이 다 빠진 우리는 냅색을 꾸리고 산장 소유로 비치된 무릎담요를 빌려 겐티네타와 만나기로 한 장소로 떠났다.

마터호른 빙하가 자리를 잡은 위대한 버트레스(버팀벽 처럼 편편하게 서 있는 암벽) 바위선반의 북서쪽 끝에 있는 모퉁이는 오래 전에 빙하가 후퇴해 버린 돌투성이 대지(臺地)로 되어 있었다. 우리는 그 데브리(débris, 부서진 조각)와 더불어

▲ 조로아스터(Zoroaster). 기원전 6세기께 페르샤의 종교 개혁자로, 조로아스터교(拜火敎) 의 개조.

마터호른 (셀라 씨의 사진에 의한 그라비어 화)

산재하는 아늑한 구덩이라도 하나 발견되기를 기대하면서 천천히 나아가 보니 쓸만한 구덩이는 하나도 없었다. 하는 수 없이 큼직한 바위 한쪽이 제공해 주는 거처로 만족했다. 머리 위에는 빙하의 거대한 빙벽들이 얼굴을 잔뜩 찌푸리고 지켜서서 산의 전망을 거의 전부 차단하고 있었다. 그 오른쪽으로 빙벽에서 떨어질지도 모를 얼음 조각이 닿지 않는 거리에 긴 바위 능선이 눈 아레트(빙하의 침식으로 생긴 날카롭고 앙상한 능선)의 발치로 뻗어 나가 있었다. 우리는 냄비가 끓게 불을 피워 얹어놓고 츠무트 빙하가 보이는 절벽 끝에 앉아 있었다. 곧 겐티네타와 남자 한 사람이 크레바스(빙하나 설원의 갈라진 틈)를 지나 재빨리 걸어오고 있는 것이 보였다. 이윽고 해가 지고 어둠살이 끼면서 마지막까지 머물러 있던 구름이 요술처럼 흩어졌다. 8시께 그들이 도착했다. 새로 구해 데려온 사람은 요한 페트루스라고 했다. 우리는 서로가 기뻤다. 왜냐하면 어느 대담한 등산가나 결단력있는 남자도 한 열성적인 선생님의 마음을 이토록 기쁘게 해 준 적이 없었기 때문이다.

겐티네타가 조달한 식량은 매우 유동식 형태를 띤 것들이었다. 우리의 저녁 식사는 주로 원래 식량 중에서 남은 것과 붉은 포도주, 마르살라 백포도주와 병맥주, 코냑 등 온갖 잡동사니로 이루어졌다. 이 잔치가 계속되는 동안 부르게너와 겐티네타는 그들 선생님의 날씨에 대한 지혜를 서로 다투어 침이 마르도록 칭찬했다. 그날 아침 날씨가 도무지 타협의 여지 없는 양상을 띠고 있었음을 증언시키기 위해 페트루스가 소환되고, 그의 증언으로도 만족하지 못하자 그 자리에 없는 임젱까지 동원하여 나의 승리를 추켜세웠다. "그 사람도 이 날씨를 절망적이라고 단념하지 않았나?" "그런데 우리 선생님은 자신만만하게 조금도 흔들리지 않으셨단 말이야"―이들은 오후 내내 내가 느꼈던 기분은 거의 짐작도 하지 못했다.―"그리고, 반대하는 많은 사람들 앞에서 끝까지 진짜 증언을 고집하셨거든." 그날 이후 내가 무슨 일을 겪든 부르게너는 아무 상관도 않았다. 아직도 그는 등산가의 기술중 이 부문에 있어서는 내가 어떤 초자연적 신통력을 가지고 있는 줄 알고 있다. 일상 일어나는 일이지만, 사실이 나의 예보와 일치하지 않을 때는 저명한 프랑스의 과학자처럼 "이건 곤란한 문제로군." 하고 소리를 지르곤 한다.

그날 밤은 몹시 추웠다. 구름은 햇빛이 대지(臺地)에 조금도 비치지 못하도록 미리부터 막고 있었고 조그만 웅덩이와 산재하는 눈바닥은 우리가 도착했을 때 이미 그 전날 밤의 서리로 꽁꽁 얼어 붙어 있었다. 아래쪽의 언 바위와 위쪽의 날카로운 북풍은 우리를 골수까지 얼어 붙게 할 것만 같았고 시원찮은 무릎담요 밑에서 우리는 고통스러운 한기로 와들와들 떨었다. 움직일 수 있는 시간이 되자 우리는 여간 기쁘지 않았다. 먼동이 트는 첫 조짐이 보이자 (새벽 4시 15분) 눈 덮인 아레트에 이르는 능선을 따라 바위를 오르기 시작했다. 새벽 5시 20분, 아레트 기슭에 도달하여 가려진 바위선반 위에서 펜홀이 쳤던 캠프의 흔적을 보았다. 우리는 여기서 걸음을 멈추고 아침을 먹고 담요를 이 곳에 간직해 두었다. 아무래도 산에서 하룻밤을 더 보내야 할 것 같아 이 지점까지 갖고 온 것이었다. 30분을 쉰 뒤 우리는 자일을 몸에 묶고 눈의 능선을 오르기 시작했다. 체르마트에서 보면 하늘을 배경으로 뚜렷하게 치솟아 있는 이빨 같은 암봉에 이르러 찬서리로 갈라져 쌓인, 곧 무너질 것 같은 바위 무더기를 기어 올라갔다. 세 번째 이빨을 넘었을 때 깊은 틈새가 우리를 가로막았다. 부르게너와 페트루스가 오른쪽으로 암벽을 기어내려가 틈새 속으로 들어가는 데 성공했다. 그러나 능선이 그들 머리 위에 수직으로 곤두서 있고 그것을 떠받드는 거대한 늑골바위가 앞으로 툭 불거져 나와 트래버스할 기회를 전혀 주지 않아 더 이상 나아갈 수 없었지만 이것만으로 그들을 아무도 단념시키지 못했다. 이 늑골바위가 겐티네타와 내가 앉아 있는 이빨의 밑 둥 사이에 있는 좁은 걸리(암벽이 세로 급하게 패인 도랑)가 이 장해물 밑으로 내려가는 분명한 수단을 제공해 주고 있었기 때문이다. 그러나 그 더 앞쪽과 왼쪽에는 얼음에 번들거리고 분설을 덮어쓴 썩은 바위의 성분을 말해주는 사면이 불쾌한 모습으로 솟아 있었다. 사면은 높이 올라갈수록 더 가팔라져서 나중에는 거의 수직으로 보였다. 우리는 이 사면을 올라가든지 아니면 등산을 포기하든지 해야 한다는 것을 알았다. 그 외관에 놀란 두 사람은 내가 여전히 자리를 잡고 앉아 있는 바위로 되돌아왔다.

다시 45분 동안 우리는 그 사면을 살펴보았으나 건너갈 수 있는 만족할 만한 길은 발견되지 않았다. 즐겁지도 않은 욕설들을 마음대로 내뱉고 있었을 때 멀리서 들려오는 요델 소리가 우리의 주의를 끌었다. 저만치 산 아래쪽을 살펴보니 세 개의 점이 눈에 띄었다. 펜홀과 가이드들이 틀림없다는 것을 즉각 짐작했다. 그들의 진전을 지켜보다 또 사면을 번갈아 살펴보면서 우리는 다시 30분을 소비했다. 이윽고 그들은 툭 튀어나온 버트레스 뒤로 사라져 지척일 구실이 없어지자 우리는 눈 앞의 틈새를 지나 사면을 더 가까이서 조사해 봐야 한다는 결론을 내려 우리는 틈바귀 안으로 내려갔다. 부르게너와 페트루스는 걸리를 기어내려가 곧 암벽에 이르는 길을 발견했다. 몇분 후, 이 ▲지점에 도달한 나는 부르게너와 페트루스가 벌써 위쪽으로 올라가고 있는 것을 알았으며, 조금 후 우리는 다시 아레트에 올라섰다. 잠시 아레트를 따라 올라가니 그 고약한 사면에 붙지 않을 수 없는 지점이 나왔다. 다시 왈가왈부 논의가 벌어져 부르게너는 그것을 시도하는 데 분명하게 반대했으나 달리 방법이 없었으므로 페트루스가 탐사를 하기

▲ 원저자 주 — 앞의 사진에서, 눈능선이 끝나는 이빨바위 바로 너머에 이 지점이 보인다. 루트는 거기서 왼쪽으로 꺾어져 쿨르아르로 들어갔다가, 치솟은 첫 단계 너머로 다시 능선에 이른다. 더 높이 올라가 조그맣게 깔린 세 개의 눈조각 왼쪽으로, 이 능선이 거대한 서벽에 묻혀 들어가는 지점에서 루트는 오른쪽으로 틀고, 갈라진 서벽을 따라 나가면 마지막 츠무트 능으로 트래버스하여 돌아갈 수 있으며, 이어 그 능선을 따라가면 정상에 이른다.

위해 앞으로 나아갔다.

부르게너가 이 사면에 반대한 것은 단지 우리가 전에 이런 종류의 일을 함께 해본 적이 없다는 사실 때문이었지만 그것은 분명히 해낼 수 있는 일이었다. 그러나 분명한 것은 한 사람의 슬립은 그와 자일로 연결된 모든 사람의 파멸을 의미한다는 것이다. 그에 수반되는 경험을 생각하면 나는 그의 기분을 알 수 있다. 슬립을 막을 방법이 없다는 것을 알게 되면 그 지식은 그런 일이 일어날 수 있다는 생생한 공포와 결합하여 쉬이 짐작할 수 있는 불쾌한 상황을 만들어낸다. 한쪽 끝에 ▲'미지(未知)의 질량(質量)'을 매단 자일에서 유도되는 덫에 걸린 듯한 기분에 비하면 자기 혼자서 슬립하는 공포는 거의 기쁨이나 다름없다.

이 지점과 셋째 이빨에서 머문 시간은 2시간이 넘어 이제는 더 지체할 수 없었다. 페트루스는 순조로이 나아가고 있는 것 같아 부르게너가 트래버스할 준비를 했다. 그는 골짜기에서는 결코 몸집이 큰 사나이가 아닌데도 얼음으로 번들거리는 사면에서는 눈에 띄게 팽창하는 것 같고, 그는 감당할 자 없이 피켈을 휘두를 때는 어김없는 거인으로 보인다. 어떤 이유에서인지, 아마도 겐티네타를 자기 자일에 매지 않은 것과 그 미

▲ 원저자 주 ─ "부르게너는 별로 뽐내지도 않고 여러가지 수단으로 자기가 직면하고 있는 위험으로부터 남을 구하려고 하는 것을 나는 몇번이나 보았다. 그를 아는 사람들에게는, 그는 자기가 벗어난 위험을 남에게 결코 무릅쓰게 하지 않는다는 말을 덧붙일 필요가 없다."

지의 질량의 위험으로부터 자신을 구한 데 대한 점잖은 변명
을 하기 위해서였겠지만 부르게너는 우리에게 완전히 확보되
어야 자일을 풀어 달라고 말했다. 우리는 30미터쯤 자일을 풀
어 먹였으나 그가 금방 완전히 확보 될 전망이 보이지 않았
고, 또 슬립할 경우 그가 완전히 확보되어 있던 없던 별 차이
가 없다는 것이 대체로 확실했으므로 나는 조심스레 그의 발
자취를 따라 나갔다. 겐티네타는 자일이 얽히는 위험 없이 맨
뒤에서 따라왔다. 모두 45미터쯤 트래버스하고 나니 방향을
바꾸어 사면을 기어오를 수 있었고, 매우 험하지만 곧바로 좋
은 홀드를 제공해 주는 단단한 바위에 도달했다. 홀드는 얼마
든지 있었다. 부르게너는 맹렬한 속도로 돌진했다. 별안간 바
위 파편이 그의 윗저고리에 맞았다. 괴로운 외마디 소리가 들
리고, 그 소리로 우리는 그 많은 고된 등반에서 그의 충실한
동반자였으며, 가장 신뢰하는 선생님이 선물로 준 파이프가
주머니에서 튀어나와 마터호른의 빙하 속으로 굴러떨어진 것
을 알았다.

그후 우리는 곧 다시 능선에 붙어 쉬지도 않고 능선을 따라
가서 그것이 단순한 수직이 아니라 사실상 ▲오버행이 되는
지점까지 올라갔다. 이제 오른쪽으로 트래버스하여 이 산의
거대한 서벽에 붙어야 했다. 부르게너는 거대한 낭떠러지를

▲ 원저자 주 ─ "이것이 과장이 아니라는 것은 메텔호른이나 브뢰이유의 위
  쪽과 서쪽 사면에서 바라보면 뚜렷이 알 수 있다. 이 반대의 두 지점에
  서 아레트의 이 부분이 잘 보인다."

걱정스러운 듯이 훑어보더니 내 손을 잡고 소리쳤다. "파이프 원수를 갚았습니다. 여기는 정상입니다." 나는 그의 말을 곧 정상에 도달할 것이라는 의미로 들었다.

사람들은 돌무덤을 쌓기 시작하고 나는 이 휴식을 이용하여 부르게너가 넵색 속에 숨겨 두었다고 주장한 얼마 안 되는 닭고기를 열심히 찾았다. 그런 다음 많은 술병 가운데 하나를 따 우리의 이름에 걸맞는 리셉션을 마련했다. 그후 이 술병을 조심스레 케른 속에 묻었다. 이같은 의무를 완수하고 나자 부르게너는 겐티네타의 파이프를 빌려서 한 대 피웠다—아울러 말하지만 그는 체르마트로 돌아갈 때까지 이 파이프를 돌려주지 않았다.—그리고 나서 우리는 서벽을 오르기 시작했다. 짧은 거리를 트래버스한 다음 얼고 약간 건들거리는 널찍한 바위를 넘어 곧장 위로 올라갔다. 그러나 별로 어렵지 않아 우리는 재빨리 나아갔다. 아마 훨씬 더 오른쪽으로 갔더라면 더 잘 했을지도 모른다. 그러나 부르게너는 그쪽 코스로 가는 것을 반대했는데 그것은 매우 옳은 일이었다. 그리로 가면 다른 파티의 바로 머리 위로 나갈지도 모른다고 그는 생각한 것이다. 심지어 지금 있는 곳에서도 돌이 굴러 떨어지지 않도록 극히 조심해야 한다고 그는 우겼다. 나중에 펜홀에게 들은 일이지만 그의 일행은 훨씬 더 오른쪽에 붙어 있어서 우리가 무엇을 떨어뜨려도 아무 영향이 없었다. 실제로 우리는 바위 조각 한두 개를 떨어뜨렸으나 그들은 보지도 듣지도 못했었다.

얼마간 꾸준히 올라간 뒤 한 지점에 도달했다. 거기서 츠무트 능선 쪽으로 돌아갈 수 있을 것 같았으나 부르게너는 도무지 자신이 없었으며, 카렐이 전에 더 위쪽의 바위선반을 트래버스한 적이 있다는 말을 듣더니 그 코스를 택하고 싶어 했다. 우리는 곧 이 선반에 올라섰다—초기 브뢰이유 등반 때의 유명한 '회랑(回廊)'이다—그것을 따라 나가 조금도 힘 들이지 않고 능선으로의 접근을 막고 있는 단층에 이르렀다. 재빨리 페트루스를 번쩍 들어올려 후미가 도움없이 내려갈 수 있는지 살펴보게 했다. 불가능하다고 말하는 바람에 우리는 예비자일을 꺼냈다. 이용할 만한 것이 하나밖에 없는 바위 혹이 너무 둥글어서 좀처럼 걸려 주지 않아 자일을 고정시키는데 꽤 많은 시간이 걸렸다. 그동안 나는 시간이 있어 들쑥날쑥한 산을 오솔길처럼 두루 감돌아 올라가서 남쪽 능선에 이르고 있는 바위선반을 쭉 훑어보았다. 얼음도 눈도 거의 없어서 그때 상태로는 쉽게 트래버스할 수 있었을 것이다. 나는 또 뜻밖에 바위에 박힌 몹시 녹이 슨 고리를 보았다. 짐작컨대 1867년에 ▲그로브 씨가 한 등반의 유물인 듯싶다. 자일을 타고 미끄러져 내려가 보니 나머지 바위선반은 매우 달랐다. 바위 위에 단단한 발판을 제공해 주는 대신 푸석푸석한 눈에 덮였고, 눈 속에서 튀어나온 몇 개의 바위혹은 얼음으로 맨질맨질한 데다가 대부분은 삭아 있었다. 그러나 거리가 그리 길지 않아 우리는 곧 힘차게 눈을 밟고 나가 능선에 붙을 수 있

▲ 그로브(Florence C. Grove, 1838–1902). 1884년부터 1886년까지 영국산
  악회 회장(제10대). 1867년 8월 14일, 세번째로 마터호른 등정.

었다.(오후 12시 50분) 종일 다소 엉뚱한 행동을 하고 있던 페트루스가 보이지 않았다. 이따금 아레트 위에 나있는, 그러나 왼쪽의 가파른 사면에 더 자주 나있는 그의 발자국을 따라 나가서 45분 뒤 정상에서 그를 발견했다.(오후 1시 45분)

날은 매우 평온했으며 사방을 둘러봐도 구름 한 점 없었다. 시간이 급속히 흘러, 오후 2시 30분 부르게너가 자일을 들고 다가왔을 때, 나는 우리가 45분 동안이나 정상에 머물러 있었다는 것이 도무지 믿어지지 않았다.

이어 우리는 체인이 걸려 있는 북동 아레트로 하여 기역자로 꺾인 굴곡부로 내려가 거기서 걸음을 멈추고 2, 3분 동안 펜홀 일행을 지켜보았다. 츠무트 능선 위에 있는 그들이 방금 시야에 들어온 것이다. 이 친구들에게 작별 요델을 불러 주고 비탈을 곤두박질하여 산장으로 내려갔다. 그러나 깨진 유리며 빈 정어리 상자 같은 것이 수북하게 쌓여 있어서 이를 피하느라 여간 조심하지 않으면 안 되었다. 잠깐 머물렀다가 푸르겐 빙하로 달려 내려가서 오후 5시 30분, 회른리 아래 빙하 퇴석에 앉아 스패츠의 고리를 풀고 있었다. 한 시간 반 뒤, 우리는 체르마트의 한길을 성큼성큼 걸어내려가, 성실한 등산가의 보람을 즐기고 있었다.

부기―내가 알 수 있는 한 이 등반은 1894년까지 한 번밖에 되풀이 되지 않았다. 그 해 8월 27일, 이탈리아의 ▲S. A. R.

▲ 아브루치 후작(S. A. R. il Duca degli Abruzzi, 1873-1933), 탐험가. 알래스카, 북극지방, 적도 아프리카 탐험. 1909년 5월 카라 코룸 원정.

마터호른 북서측면도

일 두카 데글리 아브루치가 노먼 콜리 박사와 내가 함께, 전에 떠난 장소보다 약간 아래 있는 야영지를 출발했다. 일행 중에서 유일한 직업 가이드인 젊은 폴링거의 안내로 내가 전에 택했던 루트의 오른쪽에 붙어서 계속 올라가다가 티펜마텐 빙하에 이르러서는 빙하가 마터호른의 절벽과 접하는 지점에서 그 가장자리를 따라 돌아 나갔다. 그런 다음 곧장 위쪽을 향해 눈의 능선이 바로 바위 이빨과 합치는 곳으로 기어올라 갔다.

산에는 거의 완전하게 눈도 얼음도 없었다. 우리는 그리 심각한 어려움 없이 암벽을 기어올라 능선의 왼쪽으로―마터호른 빙하로 떨어지는 걸리―나갈 수 있었다. 전에 내가 갔을 때는 엄청나게 위험했던 곳이다. 서벽으로 나갔을 때도 같은

행운이 따라 주어 1879년에는 대단히 무서웠던 장소들이 비교
적 쉽고 간단하다는 것을 알았다. 오전 9시 10분 전에 츠무트
능선 상부에 올라섰다. 여기도 눈이 없어서 매우 쉬웠으며 오
전 10시 조금 전에 정상에 도달했다. 그러나 악천후가 다가오
고 있는 데 대한 공포가 우리를 줄곧 앞으로 몰아세워 최고의
속력으로 내달리게 했다. 그렇게 빠른 등산을 그리 자주 할
수는 없을 것 같다.

4일 후, 3개 파티가 함께 마터호른의 이 벽을 올랐다. 폴링
거 청년 및 추르브리겐과 함께 오른 브리스토(회른리 루트로
올라가서 츠무트 능으로 "내려왔는데"—이 산을 이쪽으로 내
려오는 데 성공한 최초의 하산이었다) ; 레이와 함께 오른 귀스
펠트 박사와 D. 마키냐를 데리고 오른 파라 씨(두 파티가 다
츠무트 능선으로 올라갔으나, 귀스펠트 박사는 회른리 루트로
내려오고 파라 씨는 츠무트 능으로 해서 되돌아왔다)가 그들
이다.

제2장 마터호른—푸르겐 능선

1년 후, 쿠테 호텔에서 태평스레 나의 '매우 사랑하는' 에귀 유 데 샤르모에 대한 꿈을 꾸고 있는데—그 전날 우리는 이 산을 설득하여 뜻을 이루기로 하는 데 성공했었다—별안간 부르게너가 달콤한 나의 잠 속으로 뛰어들어 아늑하고 부드러운 침대 속에서 사정없이 나를 끌어냈다.

아무리 항의해도 소용없었다. 마터호른의 거대한 푸르겐 능선이 오래 전부터 그의 욕망을 유혹하고 있었다. 회갈색 바위 선반에 매달리고 검은 얼음의 긴 걸리를 두들겨 깎고 때리고 하여 굴복시키는 그 거칠거칠한 환희와 무게를 안다면, 수면과 휴식과 안일 따위가 대체 무엇이겠는가. 모든 타고난 투쟁의 본능이 그의 마음 속에 꿈틀거리고 있었다. 그는 다시 한 번 절벽과 능선에 몸을 내던져 그 무언의 비정한 저항과 자기의 기능을 겨루고 여느 때나 마찬가지로 이번에도 자기의 저돌적인 맹공 앞에 무릎을 꿇지 않을 수 없게 만들고 싶었다. 그러나 시간이 촉박했다. 오래 전부터 간직해 온 다른 희망을 해치지 않고 이것을 시도해야 한다면 바로 그날 밤 슈탈덴에 도착할 필요가 있었다.

우리는 부랴부랴 아르장티에르로 향했다. 그러자 마부는 우리를 완전히 자기 손아귀에 넣은 줄 알고 마르티니에서　낮 기차를 도저히 탈 수 없다고 냉담하게 말했다. 자기 말이건 다른 누구의 말도, 아무튼 그렇게는 할 수 없다는 것이었다. 그러나 우리는 지지 않았다. 피켈과 냅색을 움켜쥐고는 불친절한 마차를 길바닥에 뒤로하고 콜 드 발름을 향해 오솔길을 사나이답게 성큼성큼 걸어 올라갔다. 마르티니까지의 요금으로 쌓아올려 놓은 재산이 단돈 10프랑으로 줄어든 것을 본 마부는 샤모니 사람다운 성깔을 깡그리 드러내며 항의했다.

올라가는 동안 우리는 포르클라츠의 주막에서 마차를 한 대 전세낼 수 있겠지 하는 희망으로 들떠 있었다. 그러나 그곳에 도착했을 때 행운이 우리를 떠난 것을 알았고, 마르티니로 내려가는 도로의 음울한 공포에 직면하지 않으면 안 되었다. 먼지로 인해 숨이 막히고, 이글거리는 태양에 거의 다 익다시피 하여 정거장에 도착해 보니 꼭 20분이 남아 있었다. 부르게너는 그 상황에도 꼭 필요할 것을 깨닫고는 1프랑을 빌려 달라더니 재빨리 시내로 달려갔다. 그가 왜 돈을 달랬는지 우리가 그 이유를 채 깨닫기도 전에 그는 거품이 부글거리는 맥주를 가득 담은 큼직한 토기 항아리를 안고 돌아왔다. 유쾌한 ▲존 발리콘은 우리의 처량한 마음을 달래 주었고 둔중한 열차가 도착할 무렵에는 우리 일행의 가슴 속에 다시 행복한 기분이 가득 깃들어 있었다.

▲ 존 발리콘(John Barleycorn). 보리를 의인화(擬人化)한 것. 맥주의 별칭이다.

노이브뤼케(페늘 씨의 스케치)

　슈탈덴에는 오후 4시께 도착하여 하룻밤을 묵었다. 그렇게 함으로써 부르게너와 베네츠는 교회에 가서 예배를 드릴 수 있었다. 푸르겐 능선은 유별나게 험해서 그렇게 해두는 것이 바람직스럽다는 생각이 든 것이다. 이같이 공 들이는 조심스러운 준비가 나로서는 하찮고도 기이한 일로 여겨졌고 그 후에 일어난 일들도 이런 종류의 종교 행사에 몰입하면 오히려 사람의 신경에 나쁜 영향을 미친다는 것을 매우 뚜렷이 보여 주었다. 그러나 부르게너와 베네츠가 돌아왔을 때 기분이 더 없이 좋아 보였다. 우리는 영양 사냥에 관한 이야기며, 겨울 눈 속에서의 위대한 행위 등에 관한 이야기로 한가히 여름밤을 보냈다.

슈탈텐 풍경(페늘 씨의 스케치)

　다음날 우리는 세인트 니클라우스까지 어슬렁어슬렁 걸어가서 마차를 타고 명랑하게 체르마트로 갔다. 그리고 그날밤 10시쯤 목적하는 능선으로 떠났다. 마지막 오두막집 근처에서 가이드들은 아늑해 보이는 조그만 구덩이가 마음에 드는지 그 속에 들어가 몸을 웅크리더니 그만 깊은 잠 속에 빠져버렸다. 풀이 젖었다고는 할 수 없지만 축축했고, 바람이 몹시 차다는 것을 나는 금방 깨달았다. 이런 언짢은 것들을 생각하고 있자니 차츰 더 참을 수 없게 되어 도무지 일어날 기미가 보이지 않는 잠든 친구들을 피켈로 조용히 흔들었다. 우리는 냅색을 들고 천천히 길을 떠났다. 이 지점에서 우리의 걸음걸이가 점점 흐트러지더니 마침내 부르게너가 몸이 아주 좋지 않다고 실토했다. 결국 내가 그의 짐을 받아들고 슈바르처호(湖)에 가까운 큰 바위 있는 데까지 허덕허덕 걸어갔다. 이제 이 등산을 단념해야 한다는 것이 명백했다. 한시간 쉬었다가 우리는 힘없이 체르마트로 터벅터벅 되돌아왔다. 도착해 보니 아침을 먹기에는 너무 이르고 잠자리에 들기에는 늦은 시간이었다.

트리프트바하에서 목욕을 한 나는 몬테 로자 호텔로 돌아가서 슬프고 쓸쓸한 식사를 했다. 남의 눈에 띄지 않는 한쪽 구석에 앉아 있으니 사방에서 내가 성공할 가망이 있다는 이야기들을 나누고 있는 소리가 들렸다. 더 열성적인 사람들은 안타까운 태도로 망원경으로 푸르겐 능선을 바라보느라고 아침식사를 설치기까지 했다.

즐거운 마음을 갖는다는 기독교의 미덕이 과연 오전 9시 반 전에 사람을 묶어 놓을 수 있을지 의심스럽다고, 한 저명한 등산가는 말하고 있다. 그렇지 않을 것이라고 나는 진정으로 믿고 있다. 또 베네츠와 내가 앞으로 '언짢은 15분'을 갖게 될 것은 너무나 확실했다. 부르게너는 훨씬 슬기롭게 잠자리에 들었으며, 그렇게 하여 왈가왈부의 논쟁을 피했다. 베네츠와 나는 그 논쟁을 들으면서 느리게 흘러가는 시간을 보내려고 애썼다. 하루가 지나면서 일이 좀 희망적인 방향으로 바뀌기 시작했다. 부르게너가 나아지고 있다고 알려 오더니 저녁때가 되자 계획을 새로 짜도 될 만큼 되었다. 다른 두 파티가 회른리 루트를 향해 오후 11시에 떠나려 하고 있었다. 그래서 무수한 사람들이 떠드는 소리와 불쾌함을 피하기 위해 우리는

체르마트 주변(페늘 씨의 스케치)

자정 전에는 떠나지 않기로 했다.

　여느 때처럼 늦어지는 바람에 우리는 사실상 0시 45분이 되어서야 떠났다. 그리하여 간밤에 쉰 자리를 향해 다시 비탈을 밟고 올라갔다. 일행이 일종의 예비 조반 같은 식사를 하고 있는 동안 나는 멀리 저 아래 고르너 빙하에서 기묘하게 움직이고 있는 불빛을 지켜보고 있었다. 그 빛은 분명히 랜턴에서 비치는 것이었으나 움직임이 매우 심상치 않고 일정치 않았다. 어느 순간에는 빙하 위쪽으로 상당히 올라오더니 이윽고 멈추어 아래 위로 흔들거리면서 들락날락하는가 하면, 바위나 얼음에 막혀 그 뒤로 숨었다가 다시 나타나서 결국 또 처음 떠나온 지점으로 되돌아가곤 하는 것이었다. 그리고는 이런 과정이 다시 되풀이되었는데 그 기이한 움직임에는 어떤 목표도 목적도 있어 보이지 않았다. 그러나 내 마음은 주로 푸르겐 능선이 차지하고 있어서 곧 다시 출발했을 때 나는 그 이상한 움직임을 더는 생각하지 않게 되었다. 사람들은 전날밤의 지체된 진척을 오늘밤의 신속한 움직임으로 보충할 결심이 분명했으며 슈바르처호 아래쪽의 편편하게 펼쳐진 질척한 땅에 도착했을 때 나는 적잖은 기쁨으로 우리의 도착을 칭찬했다.

몇분 후, 우리는 기분 나쁘게 깜박이는, 이 세상 것이 아닌 무수한 도깨비불에 둘러싸였다. 걸음을 옮길 때마다 도깨비불은 좌우로 둥실둥실 멀어져 갔으며 우리가 지나가자마자 살며시 등뒤로 기어와 잔인하도록 끈질기게 우리의 발걸음에 달라붙는 것 같았다. 그 집념에서 벗어나거나 달아날 희망이라고는 도저히 없어 보였다.

사람들은 겁에 질렸다. 부르게너는 내 팔을 움켜쥐고 쉰 목소리로 속삭였다 ― "보십시오 선생님, 저승 사람들입니다!"

우리는 불멸의 신들에 의해 복수의 대상으로 낙인이 찍혔다. 마터호른의 험악한 암봉에 붙은 악귀들이 벌써 기분 좋은 듯이 자기들의 먹이를 바라보고 있었다. 사람들이 고뇌에 차서 소곤거린 뜻은 이런 것이었다. 솔직히 고백하지만 기어오는 창백한 불꽃, 끽 소리 없는 정적, 그리고 내 동료들이 사로잡힌 미신적인 공포에 전염되어 나도 본능적인 무서움에 으시시 떨었다. 그러나 우리가 또 다시 좌절하고 패배하여 체르마트로 되돌아가지 않으려면 혼령이 이런 '집회'를 갖고 기뻐하는 일은 실제로 얼마든지 있다는 설명으로 이를 무시하도록 만들어야 한다는 것을 나는 깨달았다. 그 방법을 위해 나의 노력은 부르게너와 베네츠로 하여금 잉글랜드, 스코틀랜드, 웨일스의 모든 광장이 밤에는 비슷한 그러나 훨씬 더 번쩍거리고 신경에 거슬리는 불빛으로 휘황해진다는 약간 그릇된 생각을 갖게 만들었다. 서툰 독일어로 설명하는 불행한 방법이었지만 나는 정말 효과적으로 그들을 설득하고 있었기 때문에 그들은 이 '유령들'이 어쩌면 사람을 현혹시키는 협잡꾼들인지도 모른다는 생각으로 기울고 있는 것이 분명했다. 그러나 아! 이것이 전부가 아니었다.

"저, 선생님, 고르너 빙하 위에 떠돌아다니던 불빛을 못보셨습니까요? 거긴 습지가 없습니다요. 그건 유령이었다구요."

그것은 랜턴이었다고 항의했으나 헛일이었다. "랜턴요? 그런 데서 누가 뭘하고 싶어서요? 그건 아무데도 통하지 않는 길에서 그랬단 말입니다. 그뿐 아니라 그건 랜턴처럼 앞으로 움직이지 않고, 이리 저리 둥둥 떠돌아 다니기도 하고, 번쩍거리다가 탁 꺼져 버리기도 하고, 그건 꼭 사람의 몸에서 빠져 나온 혼백이나 하듯이 이렇다 할 볼 일도 없이 그러더란 말입니다."

상황은 정말이지 매우 심각했다. 유령을 본 사람은 누구나 24시간 안에 어김없이 죽는다는 것이(자아스, 체르마트, 안차스카 계곡의 모든 교회 당국자들이 증명하고 있는 바와 같이) 모두가 굳게 믿고 있는 사실이다! 그렇다면 돌아가봐야 이로

울 것이 아무것도 없지 않느냐고 나는 부르게너에게 지적했다. 왜냐하면 그것들이 유령이었다면 그때는 어차피 우리는 죽어야 할 판이고, 혹은 또 유령이 아니었다면 그때는 계속 올라가는 편이 좋을 것이기 때문이다. 사람들은 이 진퇴유곡을 인정하면서도 설령 그렇더라도 그 고약한 유령에게 떠밀려 죽으려고 굳이 봉우리로 기어올라간다는 것은 순수하고 개운한 기쁨이 아니지 않느냐고 말했다. 나는 이 주장에 당장 동의했다. 그러나 몬테 로자 호텔에 돌아가 있다가 그 악마와 부하들에게 끌려 나간다면, 공교롭게도 주인과 식사를 하고 있다가 바로 그 '정식 식탁'에서 끌려 나간다면, 정신적으로나 육체적으로 얼마나 불편하고 불쾌하겠느냐 하는 점을 지적했다. 그리고 부르게너에게 만일 당신이 여기서 달아난다면, 항상 자아스 계곡의 형제들을 질시하는 체르마트의 사제들은 검은 날개의 새가 거대한 발톱으로 당신을 채 가서 지옥에 데려 갔다고 증언할 것이니 그때의 조소와 모욕을 한번 생각해 보라고 말했다. 부르게너는 ▲루터나 초기의 기독교 신부들과 마찬가지로 마왕(魔王)과는 개인적으로 각별한 사이였으므로 그것은 정말 너무 가슴 아픈 일이며, 모든 것을 고려해 볼 때 역시 계속 올라가는 편이 득이라는 데에 동의했다. 일행 중에서 그래도 제일 회의적(懷疑的)이라고 해서 내가 선두 자리를 맡게 되었다.

▲ 루터(Martin Luther, 1483―1546). 독일의 종교 개혁자. 개신교파의 개
  조.

별안간 먼 데서 두개의 불빛이 나타났다. "다른 파티다!" 나는 동무가 생기면 사람들의 공포도 얼마간 가라앉을 줄 알고 소리쳤다. 그러나 부르게너와 베네츠의 머리 속에는 유령이 박혀 있어서 이것들도 의심할 여지 없는 그런 족속의 일종이라고 장담했다. 나는 빨리 가서 확인하자고 재촉했다. "뭐라고요!"하고 그들은 소리쳤다. "아니, 그런 일을 하자고 하시다니 유령을 그렇게도 모르십니까?" 많은 설득 끝에 부르게너는 간신히 요델을 부르는 데 동의했다—그것은 매우 중대한 위험이 따르는 행동이었다. 왜냐하면 유령은 요델을 듣기 싫어하기 때문이다—그는 반신 반의의 떨리는 목소리로 겨우 요델을 불렀다. 그런데 반갑게도 명랑하게 외치는 소리가 되돌아왔다. 두 사람은 그것이 페터 타우그발더의 목소리라는 것을 알았다.

아주 적시에 지지를 얻은 이 파티의 회의론자는 한층 더 큰 힘을 얻었으며 우리는 훨씬 명랑해져서 앞으로 밀고 나아갔다. 그때, 보라! 번쩍거리는 거대한 그림자가 두 팔을 쫙 벌리고 우리 앞길을 가로질러 튀어나오더니 다음 순간 밤의 어둠 속으로 사라졌다. 터놓고 인정하지만, 이 완고한 회의론자도 느닷없이 나타난 이 환영(幻影)에는 소스라치게 놀라 무서움과 미신적인 공포에 사로잡혀 꼼짝도 않고 서 있었다. 그러나 사람들은 다른 감정으로 행동을 일으키고 있었다.

그들은 불과 몇 미터만 가면 슈바르처호 예배당의 성스러운 벽이 서 있다는 것을 알고 있었다. 그래서 공포로 미친 듯이 사나워진 그들은 나를 앞질러 그 조그만 안전의 오아시스를 향해 달려갔다.

환영이 두번째로 우리 앞을 막아섰다. 그러나 이제 우리는 그 신비로운 적이 다름아닌 바로 그 거룩한 예배당의 문기둥이었다는 것을 알 수 있었다. 타우그발더가 예배당 안에 촛불을 남겨 두었고, 잠그지 않은 문짝이 가벼운 바람에 열렸다 닫혔다 할 때마다 그것이 통나무 입구에 명멸하는 불빛을 던지고 있었던 것이었다.

사람들은 경건한 뜻을 가지고 안으로 들어가는 동안 나는 천천히 걸어 올라가 푸르겐 빙하에 도착하여 돌에 걸터앉아 기다렸다. 반시간이 지났다. 그들이 혹시 새로운 유령떼가 나타나 허겁지겁 체르마트로 쫓겨가지 않았나 하는 의심이 들기 시작했다. 다행히도 동쪽에 막 먼동의 첫 회색빛이 비치기 시작했을 때, 나의 고함소리에 응답하는 소리가 들렸다. 우리는 다시 하나가 되어 재빨리 빙하를 밟고 올라갔다. 해가 뜨자 마터호른 산정에서 부서져 떨어지는 커단 눈다발에 첫 광선이 비쳤다. 그것은 요정처럼 아름다웠지만 우리가 걱정한 것 이상으로 바람이 일고 있다는 것을 시사하는 것이었다.

이때 우리는 이미 마터호른 동벽에 매달린 가파른 빙하의 기슭에 도달해 있었다. 그 유령의 모험 때문에 너무나 어이없이 늦어져 버렸으므로 우리는 지름길을 택하여 일그러진 얼음을 비뚤어지게 트래버스하면서 푸르겐 능선 바로 밑의 허물어진 절벽에 접근할 수 있는 것이 분명한 쿨르아르를 향해 올라가기로 했다. 이 등반 루트를 채택했다는 것은 가장 뛰어난 얼음 사나이들조차 이따금 저지르는 실수를 똑똑히 보여주는 일이다. 부르게너가 빙폭 사이로 파티를 리드해 나가는 기량과 최선의 루트를 택하는 본능적인 기술에 있어서 현존하는 그 누구에게도 뒤지지 않는다는 것을 나는 서슴지 않고 말할 수 있다. 그런데 이번 경우 그는 절망적으로 길을 잃었다. 우리가 목적하는 쿨르아르의 발치에 이르는 쉬운 루트는 북동 능선 바로 밑에 바짝 붙어서 빙하 상부의 평탄한 지점에 도달한 다음, 거기서 약간 경사진 눈을 트래버스해도 발견할 수 있고, 혹은 또 클라이머들이 평탄한 빙하를 푸르겐그라트의 발치까지 치고 올라가면 그 기슭 가까이에서 위쪽 눈에 도달하는 마찬가지로 쉬운 길을 발견할 수 있을지도 모른다.

　그러나 우리는 이 가운데 어느 코스도 택하지 않고 곧바로 가장 요란스러운 빙벽 등반 작업에 휘말려 들어갔다. 한 지점에서는 후퇴해야 할 것같이 보이기도 했다. 한 거대한 크레바스의 위쪽 입술이 우리의 머리 위에 12미터 이상의 높이로 솟아 있었으나 다행히도 옆으로 갈라진 작은 크레바스가 그것을 가로지르고 있어서 부르게너와 베네츠는 그것을 타고 쳐 올라가는 데 성공했다. 그것은 오직 가장 뛰어난 기량만이 할 수 있는 일이었다. 우리는 이 장해물 위에서 몇 분 동안 머물며 공격선을 살폈다.

　브뢰이유 요흐에서 동벽의 위대한 눈 사면까지 가파른 절벽이 이 산의 상부에 이르는 접근을 막고 있는데, 앞에서 말한 바위 쿨르아르가 이 방어를 돌파할 수 있는 유일한 지점처럼 보였다.

그렇게 하는데 주된 장해는 빈번히 일어나는 돌사태가 분명했으며 그 발치에 편리하게 붙으려면 그 아래쪽 얼음 비탈에 역시 같은 돌사태가 깎아 놓은 깊은 홈을 타고 올라가지 않고는 불가능했다. 그러나 우리는 19세기의 얌전한 암석이 새벽 5시에 움직이기 시작하는 일은 거의 없으리라는 데에 의견을 같이 했다. 그래서 베르크슈룬트(빙하의 상부 한계선에서 빙하의 빙설과 산의 빙설이 분열되어 생기는 균열) 두어 곳을 돌아 그 사태의 홈으로 기어들어가 미친 듯이 돌진해 올라갔다. 이따금 머리 위에서 들려 오는 와르륵거리는 소리가 우리의 움직임을 더 없이 채찍질했다. 바위 쿨르아르는 얼음으로 반들반들하여 여간 힘들지 않다는 것을 알았다. 게다가 바위의 공격을 받으면 직통으로 얻어맞는 바로 그 사태 길목밖에는 올라갈 수가 없었다. 그래서 왼쪽 벼랑에 조그만 틈새를 발견하고 그리로 기어들어가서 동벽의 쉬운 비탈로 나가는 길을 찾았을 때는 여간 기쁘지 않았다.

거기서 우리는 쉬면서 한숨 돌렸다. 우리의 이 결사적인 분발은 우리들 가운데 가장 활동적인 사람 그 누구도 일찍이 겪어보지 못한 대단한 것이었다.

그때, 태양이 얼어붙은 잠에서 막 깨워 놓은 가느다란 물줄기를 보니 조반 생각이 간절했다. 냅색을 끌러 30분 동안 엉덩이를 붙이고 쉬었다. 저 아래서 푸르겐 요흐로 향하는 파티가 높다랗게 앉아 있는 우리를 발견하고 요델을 불러 온 산의 메아리를 불러 일으켰다.

왼쪽을 향해 나아가니 곧 능선이 나왔다.

아무런 곤란도 없이 올라갔다. 이윽고 오전 9시, 체르마트에서 보면 마지막 봉우리 바로 아래로 왼쪽 스카이 라인에 보이는 커다란 바위 탑에 도달했다. 우리는 이 탑과 산괴(山塊) 사이의 갭에 서서 아찔해지도록 험준한 쿨르아르를 내려다보았다. 발 아래 멀리 하부의 험악한 암봉들과 능선들 사이에는 안개가 소용돌이치며 맴돌고 있었고, 그 초조한 움직임은 마치 선잠을 깬 유령들이 먹이를 찾아 설치고 있는 것처럼 보였다. 그 깊은 균열이 너무나 이상하고 신비롭게 보여서, 나는 그 몸부림치는 수증기가 어떤 형태와 실체를 가진 존재로 변하여 밤마다 떠들썩하게 흥청거리며 망령들을 놀라게 하는 분별없는 인간들을 최후의 심판으로 싹 쓸어버리는 것을 볼 수 있겠다는 생각을 다할 정도다.

멀리 위쪽에는 환상적인 고드름으로 무장한 위대한 능선이 한 순간에는 검푸른 하늘을 배경으로 야물고 날카롭게 드러나는가 하면 다음 순간에는 흩날리는 흐릿한 눈구름 속에 모습을 감추곤 했다. 성난 돌풍이 한번씩 휙 휘몰아칠 때마다 깨진 고드름의 으시시한 소리와 산정의 바위에서 갈라진 큼직한 암석이 굴러 떨어지는 굉음이 뒤따랐다.

마지막 봉우리는 매우 무서워 보였으며 그런 날씨에는 안전하게 합리적인 접근으로 도저히 공격해 낼 수 없었을 것이다.

그래서 우리는 보통의 회른리 루트쪽으로 트래버스할 것을 결심했다. 앞에서 말한 바위탑 바로 위에 있는 둘째탑 (역시 체르마트에서 보인다)을 기어올라가서 몇 분 동안 멈추어 재빠른 트래버스할 준비를 했다. 이때까지는 암석의 사격권 안에 들어 있지 않았으나 이제 하는 수 없이 은신처에서 나와 열풍으로 꼭대기의 험악한 암봉에서 떨어져 내리는 부서진 얼음과 암석의 소나기를 맞지 않으면 안 되었다. 이 비행 무기를 피하는 과정은 지극히 어려운 것이었다. 광풍이 일정한 코스로 떨어지는 얼음 조각과 암석을 빗나가게 하여 우리 일행의 훨씬 앞에 떨어질 듯한 것을 한가운데에 직통으로 떨어지게 만드는 것이다. 몇번이나 간신히 위기를 모면한 끝에 머리 위에 툭 튀어나온 험악한 암봉에 간신히 가려진 지점에 이르렀다. 부르게너는 그 암봉을 향해 곧장 비탈을 올라가더니 경주라도 하듯 눈 깜박할 사이에 우리를 그 발치의 단단한 바위선반으로 인도했다.

바로 눈 앞의 길고 비정한 슬랩 (편편하고 매끄럽게 경사진 넓은 바위)에는 갖가지 크기, 온갖 종류의 조각들이 휙휙 비명을 지르면서 쉴새 없이 쓸어 내리고 있었다. 그것을 본 부르게너는―어떤 형태의 낭비에 더 없이 적절하고 분별있게 반대하는 그인데도―덜 걸맞는 운명이 우리를 덮치기 전에 갖고 온 ▲부비에 포도주를 마시고 다른 음식도 다 먹어버리

▲ 부비에(Bouvier). 포도주의 상표명.

는 것이 좋겠다는 생각이 들었다. 그래서 넵색이 끌러지고, 이 행사의 엄숙함에 알맞는 근엄하고 진지한 분위기 속에서 사려 깊은 ▲자일러가 우리 배낭에 채워 준 그 맛있는 음식을 처분하기 시작했다. 이같은 여러가지 자비로운 영향 아래서 우리의 정신은 급속히 고양되었고 부르게너의 그 자신만만한 평소의 표정이 되살아났다. 그는 낙하하는 암석에 도전하듯 다시 한번 턱수염을 흔들면서 '악마'를 외쳐 우리가 전에도 이에 못지않게 험악한 장소를 오른 적이 있다는 것을 증언하라고 소리쳤다. 지난날의 이 멀리 떨어진 곳에서 든 점심을 돌이켜 보면 명랑하고 자신만만한 파티는 불안과 실의에 찬 사람들은 하지 못하는 방법과 속도로 낙석을 피하고 가파른 슬랩을 춤추듯 가로지를 수 있다는 것을 부르게너가 완전히 깨닫고 있었던 것은 거의 의심할 여지가 없다. 그의 목적은 완전히 이루어졌다. 우리는 가지각색의 손수건으로 모자를 동여매고 구두끈이 단단히 매졌나 살펴보는 등 그밖의 방법으로 마음을 가라앉혔는데, 그러는 동안에 암석과 얼음이 여느 때의 그 기량을 발휘하여 성실한 등산가를 무너뜨리지 못하는 것을 보고 우리는 자못 흡족해 했다.

곧 우리는 겁 먹은 영양 떼처럼 슬랩을 뛰어 넘어가고 있었다. 한두 군데에서 일행 전원이 동시에 몹시 불안한 발판 위에 서게 되었는데 그때는 하는 수 없이 속도를 약간 줄이지

▲ 자일러(Alexander Seiler). 몬테 로자 호텔의 주인.

않을 수 없었다. 그러나 그런 때조차도 우리의 리더는 우리가 좋아하건 말건 조금도 주저하지 않고, "빨리, 빨리"하고 마구 앞으로 몰아 세우는 것이었다. 이따금 얼음 조각이 머리를 툭 치고 큼직한 암석이 일행의 멤버들 사이를 온갖 장난치듯 누비면서 이리저리 부딪치며 떨어질라치면 조심하라는 부르게너의 고함소리가 절규로 드높아지곤 했다.

이런 진행 방법으로 불과 몇 분을 헤매며 나아간 우리가 낙석의 궤도에서 벗어나 안전하게 쉴 수 있게 된 것은 두말할 것도 없다. 거기서 조금 떨어진 곳이 유명한 '어깨'였다. 그러나 그 어깨에 이르기는 쉽지 않았다. 그 어깨의 아래 위로 흩어져서 두 개 파티가 정상 루트를 오르고 있었다. 잡을 데도 없는 극도로 가파른 벌거숭이 바위가 가로막고 서 있었다. 부르게너가 기어서 건너가려고 애를 썼으나, 어깨에 있던 가이드 한 사람이 우리쪽으로 미끄러져 내려와 절벽을 살펴보더니 "도저히 불가능해"라고 소리쳤다. 이 말을 듣고 우리의 리더는 후퇴하여 약 10미터 아래쪽의 선을 따라 트래버스하기로 했다. 그러나 이것도 도저히 불가능하다는 것을 알았다. 능선 위의 가이드들이 친절하게도 우리에게 온 길로 되돌아가라고 권했다. 그 충고는 의심할 것도 없이 호의로 한 것이었지만 우리를 분개시켰다. 그래서 부르게너가 처음 건너가려고 애를 썼던 선을 다시 해보기로 했다. 상당한 어려움 끝에 그곳을 통과하여 그 소심한 충고자들에게 반박해 보이는 데 성공했다. 능선이 바로 마지막 정상과 접속하는 지점에서 어깨에 도착했다.

다른 파티들은 우리가 확실히 성공한 것을 보고 이미 오르기 시작하고 있었다. 우리는 커다란 바위 밑에 비비대고 앉아 이제 다 없어진 부비에며 게걸스레 먹어 치운 그 맛있는 음식을 진심으로 원통해 했다. 그 뒤 정상으로 기어올라갔다가 떠들썩하게 어깨로 돌아왔다.

만약 내가 유령과 저승 사람들에 대한 말을 하지 않았더라면 오후 5시까지는 체르마트에 돌아가 있었을 텐데 그러지 못했다. 그 선량한(아니면 사악한?) 사람들은 등반의 흥분 속에서 까맣게 잊혀져 있었는데 불행히도 내가 그 말을 꺼내는 바람에 반드시 우리에게 닥치고 말 재앙이 바로 눈 앞에 다가왔다는 생각을 부르게너의 마음 속에 불러 일으키고 만 것이다. 아주 분명하게 말할 수 없는 어떤 이유로 해서 그는 유령들이 우리를 산에서 떠밀어버리거나, 아니면 지금은 새 산장이 서 있는 지점에 도달하기 전에 무언가 단단하고 무거운 것을 우리의 머리 위에 떨어뜨릴 것이 틀림없다고 생각하고 있었다. 여러 초자연적인 힘이 산에서 그토록 쉽게 우리를 파멸시킬 수 있다면 체르마트에서도 마찬가지가 아니겠느냐고 내가 지적했으나 헛일이었다. 부르게너는 내 주장이 이론적으로는 훌륭하다는 것을 인정하면서도 실제로 받아들일 생각은 조금도 없는 것이 분명했다. 이 문제에 대한 그의 입장은 주일 등산에 대한 그의 견해와 마찬가지로 불합리해 보였다. 주일 등산이라는 중대한 문제에 대해서 그는 어려운 원정은 분명하고 뚜렷한 '신의(神意)에 대한 무엄한 시험'이라는 견해를 가지고 있는 반면에 쉬운 원정은 사람이 기도할 수 있다고 생각하였다. 이러 이러한 산은 무슨 일이 일어나거나 버틸 수 있기 때문이라고 그는 말하였다. 그리고 고통스러운 유물론 형식의 논리로 이런 자기의 견해를 뒷받침하려고 드는 것이었다. 현재의 경우는 자연의 지리적인 이점이 그 살살 숨어 다니는 적을 패배시키는 데 좋은 기회를 제공해 줄 것이라고 그는 분명하게 생각하고 있었다. 우리는 극도로 세심한 주의를 기울이면서 내려갔다. 한번에 한사람밖에 움직이지 않았다. 그런데도 각자가 움직일 수 있도록 충분히 자일을 풀어 먹이라고 그는 미리 끊임없이 부탁하는 것이었다. 이런 세심한 주의는 그의 엄청나게 경건한(때로는 그 반대의) 고함소리로 뒷받침되었으며, 우리는 부르게너가 잘 아는 성자에게 특별히 훌륭한 큰 초를 바치겠다고 저마다 맹세했다. 그 성자가 우리들로 하여금 사악한 유령을 물리칠 수 있게 해준다는 조건이 붙은 것은 물론이다. 우리가 순조로이 푸르겐 빙하에 도착했을 때, 그 성자는 과연 그런 초를 헌납받을 만한 일을 했을까 하고 베네츠가 은근히 의문을 제기했다. 그리고 목에 걸고 있던 조그만 목걸이를 보여 주었는데 그 속에는 어느 지극히 거룩한 성자의 이빨인지 엄지손가락 손톱인지, 아니면 그밖에 어떤 썩어가는 '유물'인지가 들어 있었다. 그는 크리켓을 치는 사람들이 흔히 하는 말투로 "이건 체르마트의 모든 유령들을 자발적으로 거뜬히 해치울 수 있다구요."하고 큰소리쳤다. 그러나 부르게너는 내게 이런 종류의 거래에서는 언제나 돈을 내는 편이 상책이라고 다짐하면서 "기껏해야 몇 프랑이면 될 때는 더욱이 말입니다."라고 덧붙였다. 그래서 그 후 우리는 어김없이 이 빚을 갚았다. 가장 변화의 흥미와 흥분에 찬 하루를 마친 뒤 우리는 정식시간에 알맞게 체르마트로 돌아갔다.

다음날, 우리는 걷기도 하고 기차도 타고 마차도 타고가며 샤모니로 돌아갔다. 우리의 마음은 주로 우리가 마주쳤던 갖가지 요괴가 차지하고 있었다. 부르게너는 슈탈덴의 사제와 오래도록 이야기를 나눈 끝에 그 헌납한 초나 베네츠의 부적이 '저승 사람들'에게는 아무 효과도 없었으므로 우리가 본 요괴들은 진짜 실물일 수 없다는 결론에 도달했다. 도깨비불에 대한 나의 설명도 납득해 주어서 그것들은 단순한 자연현상에 지나지 않았던 것으로 처리되었다. 그러나 고르너 빙하 위에서 본 불빛을 결말짓기는 그리 쉽지가 않았다. 부르게너와 베네츠는 아마도 큼직한 금덩어리가 빙하 위나 그 근처를 '성장(成長)'에 적당한 곳으로 보았는지 모른다고 생각하고 이 이론을 제법 교묘한 주장으로 뒷받침했다. 마퀴냐가 계곡에는 금이 나지 않았던가? 몬테 로자의 한쪽 편에 금이 있다면 반대 편에도 없으란 법이 없지 않은가? 금이 그곳에 도달하는 방법은 오직 '성장'(만일 그것이 옳은 파생법이라면) 과정밖에 없다는 것은 이제 명백하며, 이것이 마퀴냐가에서 일어났다면 체르마트에서는 왜 일어나지 않겠는가? 뿐만 아니라 그런 빛으로 반짝이기 마련이라는 것은 더욱 명백한 일이라는 것이었다. 나는 이 모든 주장을 받아들일 용의가 있었으나 금이 성장 초기에 빙하 위를 그렇듯 바보스럽고 분별없이 돌아다니기 마련이라는 데는 동의할 수 없었다. 그 대신 나는 그 장소가 용이 살기에 안성맞춤이며 우리가 본 그 움직임은 이 파충류의 습성으로 알려져 있는 것과 정확히 일치해 보인다고 지적했다. 그러나 그들은 이 점에 대해서 유감스럽게도 회의적이었으며, 내 주장을 뒷받침하기 위해 ▲쇼이히처가 말하는 매우 믿을 만한 예증을 들었으나 그들은 이 매우 흥미있는 동물의 존재를 인정하려 하지 않았다.

샤모니에 도착했을 때, 한 친구가 우리 모임에 끼게 되어 이 문제에 새롭고 놀라운 이야기를 들려주었다. 어느 여학교 학생들이 여선생들의 인솔로 학습과 지혜의 용구를 들고 체르마트에 와서 머물고 있었다. 빙하를 가까이에서 직접 알고 싶어 한 그들은 고르너 빙하로 걸어 올라가서 저마다 얼음 위에 흩어졌다. 타고난 등산가의 본능을 가진 한 여학생이 정식에 늦어질까 두려워 혼자서 온 길을 따라 돌아가버렸다. 따라서 그의 동급생들이 다시 집합하여 '천부의 보호자'의 엄한 눈초리 아래 정렬했을 때 그녀가 보이지 않자 야단 법석이 일어났다. 모든 학생들이 실종한 소녀의 흔적을 찾아서 다시 온 빙하 위에 흩어졌다. 이윽고 해가 져서 선생님들과 학생들은 이제 자신들이 이 북새통에서 빠져 나갈 수 없게 된 것을 깨달

▲ 쇼이히처(Johann Jacob Scheuchzer, 1672-1733). 스위스 학자, 알프스 초기의 여행가, 용(龍) 연구가.

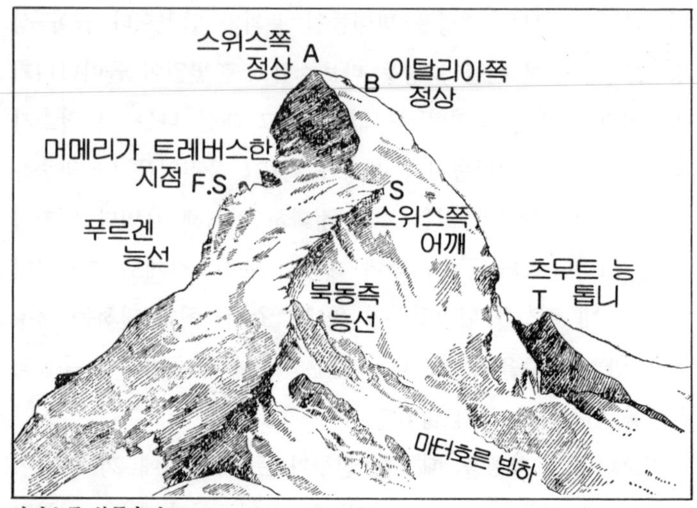

마터호른 북동측면도

았다. 결국 자일러 씨가 놀라 가이드 한 사람더러 랜턴을 들고 가서 그들을 찾게 했다. 그리하여 가이드는 이리저리 돌아다니며 여학생들이 빠져 있는 구멍과 깊은 균열에서 울상이 된 그들을 구하느라 밤을 지샜던 것이다.

이리하여 황금에 대한 부르게너의 희망과 19세기의 진짜 용을 발견하려던 나의 희망은 산산이 부서지고 말았다. 그래도 부르게너의 말마따나 유령이건 유령이 아니건 우리는 멋진 하루를 보냈으며, 많은 겨울밤 우리 마음에 이어질 갖가지 추억을 간직하게 되었다. 그는, "그 초에 대해서는 우리가 그렇게 성급하게 군 것이 좀 유감스럽네요."라고 덧붙였다.

제3장 콜 뒤 리옹

1880년 6월말의 어느 화창하게 갠 날, 사실은 앞에 쓴 일이 있기 한두 주일 전에 부르게너와 나는 우리가 이날 할일 가운데서 중요한 부분(콜 투르낭슈를 넘는 일)을 마치고 티펜마텐 빙하의 훤하게 펼쳐진 평탄한 부분 바로 위의 바위에서 햇빛을 쬐며 한가로이 시간을 보내고 있었다. 평화롭게 파이프를 피우니 조그만 구름과 실 같은 연기가 오버행 바위들 사이에 엉기고, 한편 우리 눈 앞에는 알프스가 자랑할 수 있는 가장 장엄한 벽 마터호른의 거창한 서벽이 치솟아 있었다.

차츰 나의 생각이 콜 뒤 리옹에 집중되었다. 체르마트에서 브뢰이유로 가는 데 바로 이 콜을 고개삼아 넘기로 한다면 아마도 이보다 더 어렵고 우회하는, 그리고 불편한 방법을 고안해 낼 수는 없을 것이라는 생각이 내 마음 속에 뚜렷이 떠 올랐다. 내가 어리석게도 상상한 이 멋진 독창적인 구상을 부르게너에게 알렸으나 그는 기대한 만큼 열성적으로 즉각 이에 호응하지 않았다. 반대로 그는 많은 '선생님들'과 많은 가이드들이 그전부터 같은 욕망을 품어왔지만 자세히 검토해 보고는 언제나 포기하곤 했다고 말했다. 그러나 부비에 병을 기울이며 의견을 나누는 동안 먼저 쿨르아르의 조그만 부분과 이어

마을의 큰거리(페늘 씨의 스케치)

다른 조그만 부분이 실행 가능하다는 말이 나오고, 잘 섞은 부비에가 사람의 몸에 미칠지 모를 어떤 나쁜 영향을 예방하기 위해 마지막 브랜디 병을 비우는 데 긴 시간이 걸리고 있을 때, 부르게너는 이미 첫째, 우리가 그 쿨르아르의 밑바닥에서 들어갈 수 있고 둘째, 그 꼭대기에서 나올 수만 있다면 "그건 틀림없이 갈 수 있다."는 생각을 굳히고 있었다.

　그 쿨르아르를 약 3분의 2쯤 올라간 곳에 아주 고약한 부분이 있었던 것은 사실이다. 깎아지른 일부 바위가 넓은 리본 같은 눈을 뚫고 나와 시커멓게 번들거리는 두 가닥의 좁은 걸

트리프트바흐 다리(페늘 씨의 스케치)

리를 만들어 놓았는데, 클라이머는 아무래도 이곳으로 강행해 올라가지 않으면 안 될 것이다. 게다가 더 심각한 장해물이 있었다. 만일 콜 가까이에서 되돌아서야 한다면 우리의 발자국을 다시 더듬어 내려간다는 것은 매우 위험할 것이다. 태양이 마터호른과 테트 뒤 리옹의 위대한 암벽에 도달하여 데브리를 스스로 그 자리에 붙들어 놓고 있던 서리를 녹인다면, 그러기가 무섭게 쿨르아르는 사정없이 낙석에 할퀴게 될 것이 분명했기 때문이다. 그러나 이 후자의 장해는 금방 처리되었다. 사실은 되돌아서지 않는다는 또 하나의 이유가 추가되었을 뿐이지만 일단 쿨르아르에 들어서면 어떤 곤란에 부딪치더라도 정상으로 치밀어 올라가야 하는 것이다. 마침내 우리는 체르마트로 내려가서 다음날 공략하는 데 필요한 준비를 하기로 했다.

그러나 그곳에 도착했을 때, 부르게너는 최근에 동반한 두 사람 가운데 하나가 죽었다는 소식을 들었으므로 우리의 원정을 잠시 연기하지 않을 수 없었다. 그 동안에 나는 이 쿨르아르에 대한 매우 달갑지 않은 정보를 모았다.

웜퍼 씨는 위쪽 콜에서 이것을 바라보고 이렇게 서술하고 있다.

'한쪽에는 험준한 암벽이 티펜마텐 빙하를 굽어보듯 오버행되어 있다…… 티펜마텐에 병을 던져보라 —12초 이상 아무 소리도 들려 오지 않는다.'

▲ "…이 얼마나 무섭고 어지러운지요, 저렇게 깊은 곳을 내려다 보니!"

한편, ▲「알프스 기행」에서는 다음과 같은 말이 눈에 띄었다. 콜 뒤 리옹의 "다른 쪽은 급경사를 이룬 지층(地層)의 주름진 절벽이 우리가 츠무트 빙하로 알고 있는 북쪽으로 곧장 떨어져 내려가 있다. 이 갭을 통해 브뢰이유에서 체르마트로 나가 볼까 하고 마음에 품어 온 희망이 금방 사라져버린다." 그러나 다행히도 부르게너에 대한 나의 믿음은 이런 충격에도

▲ "이 얼마나 무서운…". 셰익스피어 「리어왕」 (제4막 제6장, Shakespear : King Lear, IV, vi).

▲ 존 틴달의 「알프스 기행」 (John Tyndall : Hours of Exercise in the Alps. 1873.)

불구하고 다름이 없었으며, 만일 그가 이 원정을 적절하게 시작만 해준다면 기쁜 결과가 나올 것을 나는 확신하고 있었다.

7월 5일 월요일, 부르게너는 어김없이 돌아왔다. 그러나 정신없이 걸어왔기 때문인지, 아니면 굉장히 열성적으로 장시간 치룬 것으로 보이는 장례 행사의 영향 탓인지 그는 피로해 있었다. 그래서 우리는 슈토케에서 자고 거기서 원정을 떠나는 대신 체르마트에서 오후 10시에 출발하기로 했다. 정식을 먹은 뒤 나는 잠시 눈을 붙이는 것이 이득이 되겠다고 생각하고 호텔 보이에게 9시 반에 깨워 달라고는 잠자리에 들었다. 실심지 촛불의 눈부신 불빛에 눈을 떴을 때 나는 늦었구나 하고 느꼈다. 손목시계를 들여다보니 11시라는 고통스러운 사실을 가리키고 있었다. 보이가 갖다 준 홍차를 단숨에 들이키고 허둥지둥 홀에 내려가 보니 부르게너가 기다리고 있었다. 등이 곧은 의자에 한시간 반이나 앉아 있는 졸음에 시달리는 사나이에게 걸맞는 심리 상태였다. 그는 자기 의견이라면서 이제 시간이 너무 늦었으니 내가 그토록 사랑하는 침대로 되돌아가는 것이 좋지 않겠느냐고 말했다. 그러나 내가 깊이 뉘우친다는 뜻을 밝히고 늦게 나타난 것은 보이의 실수 때문이라고 설명하자 그는 나의 태만을 너그럽게 봐주었다.

재빨리 넙색이 꾸려지고 출발 준비가 다 되었을 때 자일은 어떻게 되었느냐고 우리는 서로에게 물었다. 부르게너는 내가 가지고 있을 것이 아니냐고 주장했고 나는 틀림없이 그가 맡아 있는 줄 알고 있었다. 우리는 호텔의 지하층을 샅샅이 뒤졌으나 아무 데도 없었다.

실로 부르게너의 말이 믿을 만했다면 우리의 수색은 다른 '지하층', 곧 지옥에까지 미쳤을 것이다. 마침내 자포자기가 된 우리는 체르마트의 어느 가이드에게 자일을 달라고 애걸하든지, 빌리든지, 아니면 사든지 하려고 밖으로 뛰쳐나갔다. 잠자리 모자(nightcap)를 쓴 화난 사람들의 갖가지 머리를 창문에 끌어내놓게 하는 데는 성공했으나 자일은 한 가닥도 구하지 못했다. 하기야 체르마트의 가이드가 자아스 탈 골짜기에서 온 침입자를 도와준다는 것은 거의 있을 수 없는 일이었다. 우리는 울적한 기분으로 호텔에 돌아왔다. 우리가 주고 받는 말의 강도와 격분한 태도에 겁을 먹은 보이가 자일을 하나 꺼내 놓았다. 어떤 신사가 그를 믿고 하룻밤 맡아 달라며 두고간 것이라고 했다. 우리의 양심은 이런 경우를 충분히 견디어 내고도 남아 어떤 가책이나 떨림도 그 평온에 영향을 주지는 못했다. 우리는 자일을 움켜쥐고 출발했다.

이때는 이미 1시가 거의 다 되어 있었으며, 우리는 되도록 빨리 골짜기를 걸어 올라갔다. 밤이 몹시 어두워서 퇴석에 덮인 빙하를 밟고 올라가는데 크레바스를 식별하기가 좀 어려웠다. 이따금 꽤 큰 얼음의 균열이 나타나 누런 황 성냥을 켜야 했다. 그리고 드문 경우지만, 바람이 성냥불을 꺼뜨리지 않을 때는 이 장해물을 의기양양하게 건넜다. 또 다른 때는 누런 황 성냥의 낭비가 심해져서 이것을 아끼려고 기독교 신앙의 미덕을 발휘하여 어딘가에 닿겠지 하는 믿음으로 덮어 놓고

뛰었다. 빙하 퇴석을 지나 맑은 얼음 위에 이르니 좀 더 잘 볼 수 있게 되었고, 마터호른의 눈 능선 방향에서 내려오는 조그만 빙하에 도달할 때까지 비교적 잘 나아갈 수 있었다. 그 기슭에 만만찮은 크레바스가 두어 군데 있어 내 친구는 거기서 진행을 멈추었다. 이날 나중에 실패할 수 있는 좋은 기회가 얼마든지 있을 것이니 당장 눈 앞에 나타난 기회에 굳이 편승할 필요가 없다는 것이 진행을 멈추는 이유라고 그는 강조했다.

우리는 펑퍼짐한 돌을 하나 발견하여 짐을 내려 놓고 아침을 먹기 시작했다. 지난 날의 등반에 관해 잡담을 나누고 있으려니 동쪽의 흐릿한 빛이 차츰 강해져서 불꽃처럼 벌겋게 빛나기 시작했다. 산봉우리에 이 세상 것이 아닌 신비로운 광휘로 불이 켜지고 저 아래 깊은 골짜기에서 아직도 서성거리고 있는 음울한 밤과 대조를 이루며 이중으로 눈부시게 반짝였다. 다시 오르기 시작한 우리는 갑자기 약속이나 한 듯 피켈을 짚고 서서 말 없이 눈 앞의 '늙은 침봉'을 바라보았다. 떠오르는 태양이 막 그 정상에 닿아 눈 덮인 츠무트 릉이 진홍빛으로 불타고 있었다. 우리는 붉은 태양이 계속 사면을 기어내려가 마침내 저 아래 넓은 빙하에 이르는 것을 지켜보았다. 이윽고 부르게너가 피켈을 눈에 처박고 우리는 정면으로 사면에 다가섰다. 벌써 하루가 시작되고 있었다.

오른쪽으로 바짝 붙어서 나아가 일종의 안부에 이르렀다. 이 조그만 빙하에서 티펜마텐 빙하는 오히려 우리의 발 아래

있었으나 마터호른을 향해 불룩하게 부풀어 오른 눈의 사면을
트래버스함으로써 그다지 고도를 떨어뜨리지 않을 수 있었고
빙하가 서서히 우리의 수준으로 솟구쳐 올라왔다. 왼쪽의 거
창한 절벽에 가까이 붙어서 나아가니 베르크슈룬트가 나왔으
며 해결해야 할 문제의 첫째 것을 살펴볼 수 있었다. 베르크
슈룬트의 위쪽 입술은 직접 공격해 봐야 도저히 공략할 수 없
는 것이 분명했다. 설령 가능하다고 하더라도 약 30미터 위쪽
사면에 커다란 바위 덩어리 두 개가 툭 튀어나와 있고 그 위
에 얼음이 우중충하게 더러운 녹색돌기로 불거져서 덤비기 어
려운 벽을 이루고 있는 것이 분명했다. 이 두 바위 덩어리의
오른쪽 조금 위에 좁은 사면을 사이에 두고 제3의 바위 덩어
리가 있었는데 이 역시 툭 불거진 얼음 지붕에 덮여 있었다.
쿨르아르로 들어가는 유일한 방법은, 이 제2의 융기와 제3의
융기 사이에 있는 사면을 타고 올라가는 수밖에 없다는 것이
아주 명백해 보였다. 다행히 큼직한 빙탑이 친절하게도 베르
크슈룬트에 걸려 다리의 구실을 하고 있었다. 하기야 바위 융
기의 정확히 바로 밑은 아니었으나 그렇다고 그 오른쪽으로
그리 멀리 떨어져 있지도 않았다.

　우리는 자일을 몸에 맸다. 부르게너가 다리 너머로 지시를
해 주고 나는 훨씬 왼쪽으로 붙으면서 사면에 발판을 깎기 시
작했다. 사면의 각도가 꾸준히 가팔라졌으며 목표로 삼은 바
위 덩어리의 발치에 도달하기 전에 부르게너가 선두에 섰다.
이 바위 밑의 트래버스는 대단히 무서운 것이었다. 사면에 밀

잿빛 하늘을 배경으로 치솟은 바이스호른 (페늘 씨의 그림에 의한 석판화)

착시킨 오른쪽 다리를 왼쪽 다리와 얼음 사이로 더 이상 보낼 수가 없어서 한 걸음씩 옮길 때마다 발의 위치를 바꾸는 몹시 불편한 교환작업을 하지 않으면 안 되었다. 다행히도 그리 오래 계속되지 않았다. 우리는 툭 튀어나온 둘째와 셋째 바위 사이의 얼음 사면에 붙었다. 여전히 약간 왼쪽으로 나아가고 있기는 했지만 방향을 급히 꺾어서 반짝이는 벌거숭이 사면을 천천히 기어올라가서 드디어 바위 덩어리들과 그 위에 오버행된 얼음 지붕 위쪽에 있는 쿨르아르의 넓게 트인 부분에 도달했다. 왼쪽에는 마터호른의 황량한 절벽 그림자 밑에 아직도 눈이 큼직한 조각과 줄 모양으로 얼음에 들러붙어 있었다. 눈은 그리 두텁지 않아 약 12센티미터가 넘는 곳은 없었으나 아래쪽 사면에서는 살짝 얼어 있었다. 우리는 이 느슨한 얇은 얼음장에 눈금처럼 얇게 패인 자리를 재빨리 올라갔다. 군데군데 눈이 흘러내리고 없어서 중간에 남은 얼음장에 발판을 깎아 가로질러야 했지만 앞으로 나아감에 따라 눈의 접속은 점점 더 많아지고 우리의 사기는 급속히 고조되었다. 그러나 우리는 오로지 이 얇게 덮인 눈의 도움을 얻기위해 후퇴의 모든 가능성을 일부러 포기하는 대가를 치루고 있는 것이 분명했다. 햇빛이 와서 닿고 서리가 풀리기만 한다면, 그때 만일 이 사면에 매달리려 했다가는 빙그르르 돌며 미끄러져 내려가 바위가 툭 튀어나온 지점에서 길게 한 번 튀어올랐다가 끝내 베르크슈룬트로 낙하하는 결과밖에 일어날 수 없을 것이다.

이런 생각이 우리를 앞으로 내몰았고 더 없이 작은 발판도 계속 그 위에 서있을 수 있게 했다. 이따금 잠시 쉬면서 눈을 들어 햇빛이 윗부분을 살짝 비추고 있는 능선을 우러러 보았다. 능선은 우리들 머리 위에 엄청난 높이로 치솟았고 부드러운 안개의 막과 띠가 감돌고 있었다. 과연 저기에 도달할 수 있을까? 마터호른과 테트 뒤 리옹의 냉혹한 절벽들이 우리를 쿨르아르 속에 가두고 아득한 위쪽에는 시커먼 오버행 바위가 눈 속에서 툭 튀어나와 더 이상 통과하지 못하게 가로막고 있는 것처럼 보였다. 올라가기란 거의 불가능해 보였으며, "우린 꼭 해내야 합니다요, 모메리 선생님, 그렇잖으면 우린 둘 다 골로 갑니다요."라고 한 부르게너의 말에는 불안의 낌새 이상의 것이 깃들어 있었다.

그러는 동안에 내 동료의 손가락 관절이 이따금 사면에 닿아 심하게 아파지기 시작하고 있었다. 가파른 눈을 깎자면 주먹이 사면에 닿지 않을 수 없는 것이다. 그가 앞으로 할 일이 많은 것은 분명했기 때문에 이 단계에서는 덜 값진 내 손가락이 희생되어야 한다는 것은 바람직스러운 일로 여겨졌다. 따라서 내가 선두에 섰다. 때때로 눈이 아주 얇아져서 그 밑의 얼음을 깎자면 힘껏 내리쳐야 했으나 앞으로 나아감에 따라 차츰 힘이 덜 들게 되어 마침내 피켈로 간단히 한번 찍고 징박힌 구두발로 두어 번 세게 차서 보충해 주면 충분히 의지할 만한 발판을 만들 수 있었다. 우리는 재빨리 쉽게 전진하여 앞에서 언급한 바위들의 발치에 이르렀다. 그 바위들은 이 고개에서 가장 심각하고 곤란한 장소의 하나를 이루고 있다. 그 바위들은 우리가 사전에 이 산을 살펴보았을 때 깨달았듯이 양쪽이 얼음으로 번들거리는 좁은 걸리로 되어 있었다. 그 중 오른쪽 것이 좀 쉬워 보였으나 불행히도 태양이 벌써 테트 뒤 리옹에 비치고 있어서 혼자 힘으로 간신히 고드름과 암석을 제 자리에 묶어 놓고 있던 서리의 끈을 햇빛이 느슨하게 풀어 주고 있었으며, 그 결과 쉴 새 없이 쏟아지는 우박처럼 얼음과 바위 조각들이 콧노래를 부르며 휙휙 떨어져 내리고 있었다. 그래서 우리는 하는 수 없이 마터호른 쪽의 걸리를 택하지 않을 수 없었는데 그곳은 아직 산의 소총 사격을 전혀 받지 않고 있었다. 부르게너가 다시 선두에 섰다. 곧 그는 앞으로 할일이 여간 많지 않다는 것을 알았다. 얼음은 노출되어 있었고 잘 언 얼음이 아주 단단했다. 게다가 더할 나위없이 가팔랐다. 위쪽이 너무나 험악해 보여 그는 움직임을 멈추고 혹시 그쪽 방향으로 탈출할 수는 없을까 하고 마터호른의 바위쪽을 걱정스러운 듯 바라보았다. 그러나 그리로 올라가면 더 길어진 곤란과 마주칠 것이 분명했다. 뿐만 아니라, 쿨르아르 문제는 해결이 안 된 채 남게 될 것이었다. 그는 다시 시무룩하게 빙벽으로 돌아서서 한발한발 길을 깎아 나갔다. 오른쪽에 튀어나온 바위는 사면을 줄곧 바깥 쪽으로 기울게 하여 우리는 부득이 왼쪽으로 붙어 벼랑에 나있는 일종의 반원형 구덩이 속으로 들어가지 않을 수 없었다. 갑자기 발판 깎는 동작이 멎었다. “이 악마!” 그가 영혼이 응고할 것 같은 말로 짤막하게 외쳤다. 그리고 로마 카톨릭교의 달력에 올라

있는 성자들의 절반이 무엇보다도 뚜렷한 의무를 게을리했다며 독일어에서 가장 잘 알려진 심한 말로 그 죄를 비난하는 것이다.

부르게너의 피켈이 부러져 버린 것이다!

높이 6백미터 얼음 쿨르아르의 중간에 한 자루의 피켈이 우리들과 완전한 절망 사이에 외로이 있었다. 나는 내 피켈을 끌러 조심스레 자일에 묶어서 부르게너에게 올려 보냈으나 자일은 다시 와주지 않았다. 나는 자일의 정신적 보호 없이, 더 나쁘게는 피켈도 없이 다음 25미터를 즐겁게 올라갔다. 다시 부르게너와 합류하자 그는 부러진 무기를 내게 건네 주었다. 우리는 이제 툭 튀어나온 바위의 꼭대기와 같은 높이에 있었으며 긴 리본 같은 눈 줄기가 제일 위쪽의 험악한 암봉에 지탱되어 상부로 뻗어 올라가 있는 것을 볼 수 있었다. 일단 이 눈 위에 올라 서면 진행이 비교적 쉬울 것같이 보였으나 부르게너가 얼음 덩어리를 던져서 간단히 보여 주었듯이 그 눈은 가이드들이 '분말'이라고 부르는 고약한 종류의 가루 눈이었다. 게다가 그것은 끝까지 조용히 머물러 있기로 작정한 듯 더없이 가파른 각도에 붙어 있었으므로 요즈음 같이 타락한 시대에 일반적으로 바람직스럽게 여겨지는 정도 이상으로 크게 신의 뜻에 의존하지 않으면 안 될 것이 분명했다. 그러나 거기까지 도달하기는 어려웠다. 앞에서 이미 설명했지만, 우리는 툭 튀어나온 바위 때문에 왼쪽에 있는 일종의 막다른 반원형 구덩이에 들어가 있었다. 우리가 발판을 깎아 온 얼음은 약 1미터 위쪽에서 차츰 엷어져 오버행 바위에서 사라지고 없었다. 동시에 그 눈쪽으로 건너가려면 툭툭한 얼음에 덮여서 번들거리는 거의 수직으로 서있는 암벽을 통과해야 했다. 이 5미터 남짓한 거리를 트래버스한다는 것은 거의 불가능해 보였다. 평생 처음으로 부르게너는 후퇴하자고 제의했다. 내가 만약 나의 용감한 동료가 전에 "후퇴는 불가능하다. 후퇴하다가는 틀림없이 파멸하고 만다"는 말을 절대적으로 믿고 있지 않았더라면 우리 두 사람은 마구 날아오는 낙석의 형벌 같은 시련을 뚫고, 대낮의 따뜻한 햇빛에 표면이 이미 느슨해진 얇은 눈에 살짝 덮인 그 무시무시한 얼음 사면의 공포에 직면한 채 허둥지둥 쿨르아르를 되돌아 내려갔을 것이다.

그 신념을 믿은 나는 이제 마지막으로 할 일은 파티의 스피리트(사기)를 유지하여 되돌아간다는 생각을 물리치고 자아스탈 계곡 지방의 사투리에 대한 나의 한정된 지식이 효과적으로 전해 줄 초자연적 힘에 대한 암시 같은 것으로 용기를 얻어 '전진'을 외치는 일이라고 생각했다. 그리고 내 포켓의 '광막한 깊이'에서 다른 스피리트(술)도 불러내어 도움을 청했다. 이윽고 공격이 개시되었다.

얼음이 너무 얇아 그 속에서 발을 바꾸어 디딜 만큼 발판을 깊이 깎을 수 없었다. 그래서 부르게너는 연속되는 얼음 선반 같은 발판을 깎아 나가는 수법을 썼다. 그리고 위쪽 얼음에 깎은 손잡이의 도움으로 이 선반을 따라 발을 조금씩 끌고 갈 수 있었다. 이것은 엄청난 양의 노동이 필요했다. 한 손은 줄

곧 위쪽 손잡이에 매달려 있어야 했고, 그 동안에 다른 손으로 피켈을 휘둘렀다. 트래버스를 절반도 하기 전에 부르게너는 되돌아와야 했다. 한숨 돌릴 겸 줄곧 얼음에 매달려 있는 바람에 싸늘해진 왼손을 문질러서 얼마간의 온기와 감각을 되찾기 위해서였다. 그는 잠시 머물렀다가 다시 공략하러 돌아갔으나 5분 후에는 다시 돌아오지 않을 수 없었다. 그리고 우울한 모습으로 오른쪽 손목을 보였다. 한 손으로 발판을 깎는 긴장 때문에 몹시 부어 있었다. 다행히도 얼음 선반은 거의 완성되어 있어서 다시 앞으로 나간 그는 피켈이 그 리본 같은 눈에 닿을 수 있었다. 그러나 눈은 속속들이 무르고 푸석푸석해서 조금도 지탱이 되지 않았다. 그래서 위태위태하게 쌓인 눈덩이 위에 발을 딛고 설 때까지 지친 발판 깎기를 계속해야 했다. 매우 조심스럽게 눈을 꾹꾹 밟아 놓고 그는 천천히 그 위에 몸의 무게를 얹었다. 말할 것도 없지만 나는 열심히 그 눈의 상태를 걱정스럽게 지켜보았다. 만일 눈이 통째로 미끄러져 내렸다면—금방 그렇게 될 것만 같았지만—잠시 굴러 순식간에 베르크슈룬트로 떨어지는 우리를 어느 것도 막지 못했을 것이다.

　눈은 초기 눈사태처럼 상당히 많이 흘러 내렸으나 다행히도 속은 단단했으며 쉰 목소리가 지르는 승리의 함성이 파티의 울적한 기분을 풀어주었다. 부르게너는 즉각 눈 리본의 상부 표면을 형성하고 있는 칼날 같은 등성이를, 한쪽 다리는 이쪽에 다른 쪽 다리는 반대쪽에 놓고 마구 기어오르기 시작했다.

자일이 죄다 풀려 나갔으므로 나는 선반을 따라 발을 끌며 조금씩 움직여 가서 모퉁이를 지나 내 동료에게로 올라갔다. 우리 앞에는 길게 트인 얼음 사면이 펼쳐 있고, 그 사면에는 여기저기 바위가 튀어나와 있었다. 이렇듯 바위들이 약간의 지탱을 해주어서 그 먼지 같은 눈의 긴 리본도 그 위에 거뜬히 그냥 붙어 있을 수 있었던 것이다. 이제 우리 앞에 있는 오직 하나의 심각한 장해물은 부서진 눈처마에 덮인 마지막 절벽뿐이라는 것을 깨닫고 우리는 기뻤다. 마터호른쪽 절벽은 여기서 상당히 뒤로 물러나 쿨르아르가 크게 넓어져서 일종의 해방감과 아래쪽에 없던 햇빛을 주었다. 그러나 우리의 주된 기쁨은 눈이었다. 가장 나쁘고 심한 분말 상태의 종류인 것은 사실이었으나 그래도 눈은 눈이었다. 모든 권위자들이 푸석푸석한 눈보다는 얼음을 더 좋아한다는 데에 의견들이 일치하고 있다는 것을 나도 알지만, 얼음 사면이 몇십 미터나 될 때, 오후의 눈사태가 휩쓰는 '리옹'의 북쪽 쿨르아르가 아래쪽에 있을 때는, 솔직히 실토하지만 아무리 나쁜 눈이라도 어떤 눈이든 기쁘고 마음을 놓을 수 없는 도움일지라도 매우 고맙게 받아들여지는 것이다.

우리는 그 눈의 리본에서 리본으로, 앞을 가로막는 빙판에 발판을 깎으면서 계속 위로 밀고 올라갔다. 이런 식으로 재빨리 나아가 이윽고 연속된 눈의 사면에 이르렀다. 이 사면을 따라 나가 네모나게 잘려서 툭 튀어나온 눈처마에 덮인 나직한 바위의 발치에 도달해보니 얇은 부분은 떨어져 나가고 없

었다. 이 마지막 벼랑의 벽면은 푸석하게 분해된 바위로 되어
있었다. 그것은 정말이지 회반죽처럼 접착시켜주는 눈과 얼음
때문에 가까스로 서로 지탱이 되어 그 자리에 붙어 있는 것처
럼 보였다. 그것을 올라가지 않으면 안 되었다. 그래서 우리는
다시 언 손가락을 문질러 약간의 생기와 온기를 불어넣고, 이
어 부르게너가 작업을 시작했다. 조금씩 조금씩 나는 자일을
풀어먹이고, 그는 마침내 눈처마의 밑 부분에 도착했다. 직접
공격해 봐야 성공할 수 없다는 것을 금방 환히 알 수 있어서,
그는 오른쪽으로 방향을 틀어 바깥쪽 가장자리의 고드름이 떨
어지면서 눈처마의 훨씬 단단한 덩어리를 파괴해 놓은 부분을
향해 갔다. 일단 그 갭 속에 들어가자마자 그는 한 손을 딴딴
하게 얼어붙은 콜에 걸고 승리의 숨가쁜 요델을 부르면서 다
른 손으로 모자를 흔들어댄다. 내가 그것을 기어오른 것이 지
금까지도 나의 행운이 되고 있는 그 음울하기 그지없는 절벽
의 가장자리 위로 몸을 끌어 올려 넘어갔다. 부르게너가 한
이 트래버스 때문에 자일은 아마추어에게는 너무나 큰 기쁨인
안전감과 위안을 주지는 못했다. 그래서 눈처마의 갭에 도달
한 나는 빨간 손이 나타나는 것을 보니 여간 반갑지 않았다.
잠시 후, 나는 몸뚱이째 마투터기 위로 끌려 올라갔다.

　나는 냅색을 벗어 던졌다. 그리고 우리는 손가락을, 아니 아
직도 남아 있는 손가락의 부분을 녹이는 작업을 시작했다. 손
가락 한두 개가 바위에서 몹시 얼어 마지막 이 과정은 무척
고통스러웠다. 이어 그 거창한 얼음 선반을 트래버스하는 작

업으로 아직도 통증을 느끼고 있는 부르게너의 손목을 손수건이란 손수건을 다 끄집어 내어 동여매야 했다. 이런 여러가지 작업은 그때마다 간간이 조소적인 요델을 쿨르아르 아래로 불러 보낼 필요가 있었기 때문에 많이 지체되었다. 그런 다음 우리는 위대한 절벽의 바로 가장자리에 편안히 앉아, 꿀꺽꿀꺽 포도주를 들이키며 찬란하게 빛나는 뜨거운 햇볕 아래서 몸을 녹였다. 밀려오는 안개를 바람이 불어 헤쳐 갈라지는 틈새로 햇빛이 확 쏟아지고 있었다. 이따금 부르게너는 내 등을 툭 치면서 우리가 극복해야 했던 경악스러운 장해물을 이것저것 가리키면서 몸을 내밀어 바라보라고 말하곤 했다. 한 시간을 쉬고 나서 우리는 브뢰이유쪽으로 주의를 돌렸다. 그쪽 쿨르아르는 투시할 수 없는 짙은 안개로 가득 차 있었으나, 볼 수 있는 몇 미터로 미루어 그리 무서울 것 같지는 않았다. 부르게너는 선 자세로 글리세이드(피켈만 사용하는 제동 활강)하자고 제의했다. 다음 순간, 우리는 태양과 푸른 하늘을 버리고 스산한 눈사태에 둘러싸이면서 안개 속을 누벼 나가고 있었다. 때때로 부풀어 오르는 눈의 질량 때문에 위험 속에 휘말려 들어갈까 무서워서 불어나는 눈의 분류를 피해 옆으로 튀곤 했다. 갑자기 안개 사이로 베르크슈룬트가 내 눈에 들어왔다. 나는 25미터 상부에 있는 부르게너에게 경고의 소리를 지르고, 살갗과 손가락 마디가 어떻게 되건 아랑곳없이 제동을 걸었다. 우리는 깊은 균열 바로 가장자리에서 아슬아슬하게 정지했다. 왼쪽으로 트래버스하니 눈 다리가 나타났다. 그 위를 기어가기에는 눈이 너무 썩어서 우리는 행운과 앉은 자세의 글리세이드에 모든 것을 맡겼다. 이어 두어 개의 크레바스를 비켜 지나 몇 군데의 눈비탈을 글리세이드한 뒤 급히 오른쪽으로 꺾어 빙하를 벗어났다. 이제 우리는 거의 구름 밑에 내려와 있었으며, 햇볕에 따스해진 바위가 '니코틴 여신'의 열렬한 숭배자에게 엄숙한 의식이나 한번 거행하라고 은근히 시사했다. 곧 30분이 지나 자일을 냅색에 쑤셔넣고 헐레벌떡 브뢰이유를 향해 달려 내려갔다. 콜에서 실제로 움직인 시간은 1시간 15분, 휴식까지 넣어서 1시간 45분만에 브뢰이유에 도착했다.

나의 두번째 가이드 베네츠에게는 테오듈을 넘어 오라는 지시를 해 두었다. 부분적인 이유는 콜 뒤 리옹을 넘기에 냅색이 너무 무겁다는 것이었으나, 주된 이유는 부르게너가 그런 종류의 지형에서는 세 사람보다 두 사람이 더 좋은 파티를 짤 수 있다고 생각했기 때문이었다. 우리는 그에게 잠자기 좋아하는 유일한 결점에 빠지지 말고 우리가 콜에 도착하는 것을 지켜보고 있으라고 엄하게 명령해 놓았다. 그리고 우리를 보는 즉시 통통하게 살찐 닭을 몇 마리 구해다가 잡아 두라는 지시도 했다. 옛날 그 당시만 해도 닭이 발 투르낭슈 상부 지방에서 구할 수 있는 유일한 영양식으로 생각되고 있었던 것이다. 그래서 우리는 더운 점심을 먹을 수 있겠다는 달콤한 기대를 가지고 도착한 것이었다. 그러나 주막에 도착해 보니 죽음 같은 정적에 잠겨 있을 뿐이었다. 우리는 피켈로, 더 정확히 말하면 내 피켈과 부르게너의 부러지고 남은 토막으로 문을 두들겼다. 심지어 창문의 덧문짝 경첩을 비틀어 뜯으려고까지 해도 아무 소용도 없었다. 발 투르낭슈의 목수들은 일솜씨가 너무 좋았다. 내가 막 골짜기를 더듬어 내려가려고 했을 때 부르게너가 퀴퀴하게 냄새가 나는 외양간에서 잠에 취한 마을 사람 하나를 끌고 나왔다. 부르게너가 마구 흔들어대니 그 자신도 열심히 눈을 비비며 기침을 한다. 그밖에 잠을 쫓기 위한 온갖 몸부림을 다 친 끝에 간신히 제 정신을 차린 마을 사람은 곧바로 창문 하나를 가리켰다. 우리가 홧김에 페인트가 벗겨지거나 창틀이 부서지건 상관없이 냅다 덧문을 두들겨 대는 바람에 베네츠의 잠이 확 달아나고 말았다. 얼른 문을 연 그는 우리가 도착한 것을 보고 소스라치게 놀랐다. 그는 산이 우리 모가지를 부러뜨려 놓을 줄 알고 있었기 때문에 닭 모가지를 비틀어 놓지 못했다고 변명했다. 또 앞으로 우리를 찾는 수색대에 참가하게 되면 지칠 것이 예상되어 미리 푹 자 두는 것이 현명한 대비라고 생각한 것이었다. 주막 안주인이 어디 멀리 나간 것 같아 베네츠더러 나가서 찾아 오게 했다. 곧 두 사람이 앞에 말한 통통하게 살찐 닭들이 저만치 달아나는 것을 골짜기 아래로 열심히 쫓아가고 있는 것이 보였다. 그날 늦게 우리는 발 투르낭슈로 성큼성큼 걸어 내려가 맛있는 음식과 비교적 멋진 사치로 하루를 마감했다.

　부기─이 고개의 그후 역사를 간단히 이야기하면, 다음해에 귀스펠트 박사가 알렉스 부르게너를 유일한 가이드로 데리고 반대 방향(브뢰이유에서 체르마트로)으로 이 고개를 넘었다. 위쪽 눈에 말뚝을 박고 거기에 60미터의 자일을 거는 간단한 수법으로 콜 근처의 난관을 간단히 벗어났다. 1881년의 그 기막히게 좋았던 날씨 덕으로 쿨르아르 상부의 눈은 훨씬 좋은 상태였으며, 일행이 중간쯤 내려올 때까지는 아무런 심각한 곤란도 부닥치지 않은 것으로 보인다. 상반부를 비교적 쉽게 만들어 준 같은 원인으로 아래쪽 부분의 곤란이 크게 증가되었다. 훌륭한 날씨가 얼음의 눈을 다 벗겨버려서, 뒤에 돌이 휩쓸어 내리는 황량한 사면만 남게 된 것이다. 다행히도 그들은 조그만 바위 선반 위로 피신할 수 있었으며 거기서 산이 우박처럼 쏟아대는 탄환과 포탄을 어느 정도 피할 수 있었다. 그들은 무서운 하룻밤을 지낸 뒤, 이튿날 아침 무사히 티펜마텐 빙하에 도착했다.

또 한번 이 고개의 통과가 이루어졌는데 아직까지는 이 한번 뿐이다. 이 경우는 쿠프너 씨가 알렉스 부르게너와 칼버마텐을 데리고 고개를 체르마트에서 브뢰이유로 넘었는데, 이 통과에 대해서는 상세한 것을 듣지 못했다. 아마도 부르게너가 얻은 경험으로 우리가 직면했던 곤란의 일부는 피할 수 있었을 것이다. 그러나 어떤 상황 아래서든 그것이 쉬운 일이 되리라고는 생각지 않는다.

제4장 토이펠스그라트

A. F. 머메리 부인

브라이트호른의 사면과 바이스토르의 눈은 보통 여성에게 적합한 등산의 한계를 이루는 것으로 여겨지고 있다—사실 여자가 그보다 더 어려운 종류의 등산을 하려고 한다면 시도하는 순간에 강한 편견이 일어나기 마련이다. 그러나 내가 보기에 여성의 힘은, 보통 여성에게 더 알맞는 것으로 간주되고 있는 단조로운 눈 속에서의 고된 작업보다는 정말로 곤란한 등반이 사실상 훨씬 더 적합한 것 같다.

정말로 곤란한 등산은 훨씬 느린 속도로 해야 할 필요가 있고 비교적 자주 멈추게 되며, 거의 예외없이 더위와 추위의 전환이 덜 극단적이다. 반대로 눈 속에서의 고된 작업은 보통 연속적이고 심한 노력이 들며—넓은 설원에서 멈추어 있다는 것은 사실상 불가능하다—이른 아침 동상의 위험이, 한낮에는 어김없이 타는 태양의 더위로 이어진다. 그리고 드문 경우도 있지만, 남자들 마음에는 여자란 가파른 얼음이나 깎아지른 바위를 함께 오를 동지로서는 적합치 않다는 생각이 배어 있다. 그래서 그들은 결국 여자는 ▲마크 트웨인 방식으로 등반을 해야 하고 호리호리하게 생긴 무기력한 난봉꾼이 굳건한 가이드 두 사람에게 가파른 봉우리를 끌려 올라가는 것을 망원경으로 지켜보거나, 아니면 같은 난봉꾼이 돌아와서 자기가 직면한 수많은 위험을 느릿한 말투로 매스껍게 늘어놓는 자랑에 귀를 기울이는 것으로 만족해야 한다는 생각을 신조처럼 간직하고 있는 것이다.

그러나 알렉산더 부르게너는 많은 이상한 의견을 가지고 있다. 그는 유령을 믿고 여자도 등반할 수 있다고 믿고 있다. 그럼에도 불구하고 그가 "부인은 토이펠스그라트에 올라가셔야 합니다."하고 말하는 것을 들었을 때는 약간 놀랐다. 토이펠스그라트(악마의 능선)는 그 이름이 암시하듯 이례적으로 극악한 능선이며, 더욱이 그 며칠전 우리가 마터호른에 오르고 있었을 때 접근 불가능의 화신(化身) 바로 그것이라고 그가 내게 가리켜 보인 능선이기도 했기 때문이다. 나는 그의 찬사가 자랑스러웠으며 우리는 엄숙하게 손을 잡고 흔들었다. 악수하는 동안 부르게너는 우리가 일단 정정당당하게 출발만 한다면 그 능선의 명목상의 주인이나 그의 모든 부하 천사들도 우리를 그냥 헛되게 되돌려 보내지는 않을 것이라고 말했다.

마왕 폐하의 알프스 영토에 대해서 잘 알지 못하는 사람들의 편의를 위해서 토이펠스그라트는 테슈호른의 남서능이라는 것을 지적할 수 있다. 이 능선은 테슈 알프 북쪽의 가까운 거리에 있는 슈트랄베트라는 조그만 봉우리에서 끝난다. 우리의

▲ 마크 트웨인(Mark Twain, 1835-1910). 미국의 소설가. 그의 「유럽 여행기(The Innocents Abroad, 1869 ; A Tramp Abroad, 1880)」를 가리킨다.

계획은 테슈 알프에서 자고 바인가르텐 빙하를 넘어 그 조그만 봉우리의 바로 테슈호른 쪽에 있는 매우 뚜렷한 안부를 기어오르는 것이었다. 거기서부터 정상까지는 능선을 따라 올라갈 수 있을 것을 우리는 희망하고 있었다. 그래서 1887년 7월 15일, 우리는 가장 높은 산장에서 자기 위해 체르마트를 출발했다—— 당시만 해도 테슈 주막은 아직 상상도 못할 사치스러운 곳이었다. 알프에서 유쾌한 오후를 보냈다. 몇몇 친구들이 해돋이를 보는 좋은 기회라 생각하고 우리 일행과 동행하고 있었으며, 원정에 큰 흥미를 느끼고 있는 우리의 왕성한 정신에 푹 빠져버렸다. 우리가 근처에 사는 여러 짐승들의 울 속으로 침입해 들어가는 바람에 짐승들이 몹시 놀라고 있었다. 오후에 격분한 황소 한 마리가 우리를 해치려고 악을 쓰며 설쳐대더니 기어이 가이드와 여행자를 포함한 우리 일행 전원을 산장의 지붕 위로 몰아 올려보냈다. 새처럼 지붕 위에 몰려 앉은 우리는 그 자리가 너무 좁아 불편한 것을 깨닫기 시작했다. 마침내 총공격 명령이 내려 모두들 함성을 지르면서 피켈과 모자를 마구 흔들어대자 야수는 그만 사납게 울부짖으면서 도망을 치기 시작해 알프 아래로 달아났다.

일몰의 마지막 기미가 바이스호른 저편으로 사그라졌을 때 우리는 촛불을 켜고 산장을 무도장으로 바꾸었다. 불과 4미터 사방의 좁은 방인데다 나지막한 들보가 엉뚱한 곳에 툭 튀어나와 있어서 위험했다. 그런데도 우리는 가이드와 포터들이 부르는 노래로 여러가지 멋있는 춤을 추었다. 우리의 둘째 가이드 안덴마텐에게는 이상하게 생긴 훌륭한 악기까지 주어져서 숨이 차도록 불어대면 풀피리소리 같은 댄스곡이라든가 그밖에 무어라 형용할 수 없는 멜로디가 흘러나왔다. 이날밤의 오락이 여느 때처럼 날씨에 관한 이야기로 막이 내린 뒤 우리는 무릎덮개 담요를 두르고 잠을 청했다. 그러나 바닥은 딱딱하고 담요는 뻣뻣해서 도무지 모두 마음이 편치 않아 차츰 신경이 날카로워지고 있었을 때였다. 11시 가까이 되었을까, 문간에 쾅 하고 요란스레 부딪치는 소리가 나더니 이어 무섭게 포효하는 소리가 들렸다. 우리는 모두 튀어 일어나 피켈, 망원경, 지팡이, 징 박은 구두 같은 것을 움켜들었다. 이것들을 무기삼아 감히 우리의 요새를 공격해 온 괴물을 죽이거나 하다 못해 격퇴시키기 위해서였다. 이어 우리는 문을 활짝 열어젖뜨리고 함성을 지르며 밖으로 돌격해 나갔다. 거기서 우리가 다시 본 것은 우리의 구적인 황소였다. 반격자들의 기세와 분노를 깨달은 황소는 화가 나서 씩씩거리는 콧김과 툴툴거리는 불만의 소리로 메아리를 일으키며 다시 도망쳐 갔다.

이 사건을 안성맞춤의 구실로 우리는 더 자고 싶은 생각을 버렸다. 곧 출발 준비가 시작되었으며, 새벽 1시 30분 모든 준비가 끝났다. 빈 샴페인 병의 밑을 따내고 교묘하게 만든 랜턴 두 개에 적당히 불을 켜 들고 친구들과 작별 인사를 나누고는 축축하게 젖은 긴 풀 속으로 뚫고 들어갔다. 실망스럽게도 곧바로 길을 잃어서 급류쪽으로 길을 잡아 나가 왼쪽 둑을 따라 빙하 퇴석으로 향했다.

　　오후 8시의 건강에 좋지 않고 소화가 잘 안되는 저녁 식사, 잠을 이루지 못하는 밤, 새벽 1시의 더욱 소화가 잘 안 되는 이른 아침 식사 등에서 온 기분을 회상하며 새삼 가슴 아파하고 싶지는 않다. 그러나 그 기분이 부비에 병 속에서 깜박이는 싸구려 촛불에 비친 푸석푸석하고 열악한 퇴석으로 더욱 악화되었을 때 여러 남자들의 입에서 이따금 뱉아 내는 사물 전반에 대한 짧고 포괄적인 욕설에 나도 아주 완전히 동감했다는 것을 인정하지 않을 수 없다. 끝없이 이어져 나간 암석을 비틀거리며 올라가다가 날이 새고 있는 것을 알았다. 그리하여 바인가르텐 빙하의 말단에 도달할 무렵에는 몬테 로자가 찬란한 햇빛을 받아 불타고 있었다. 우리는 부르게너가 우리 바로 앞에 있는 두 개의 바위 쿨르아르 가운데 어느 쪽이 가장 좋은 루트를 제공해 줄 것인가 생각해 볼 수 있도록 몇분 동안 걸음을 멈추었다. 그러나 실토하지만, 이 문제는 내 열정을 조금도 불러 일으키지 않아 나는 절벽으로 등을 돌리고 거창한 태양이 위풍도 당당하게 서서히 전진하여 아래쪽 설원에 아직도 머뭇거리고 있는 마지막 어둠을 쫓고 있는 것을 지켜보았다.

　　부르게너의 조사는 이제 바로 끝나 사람들은 다시 넙색을 어깨에 둘러메고는 테슈호른에 가장 가까운 쿨르아르를 향해 빙하 퇴석과 푸석푸석한 암석을 성큼성큼 가로질러 갔다. 바위는 매우 오르기 쉬워 재빨리 나아가서 새벽 4시 45분, 드디어 아침을 먹기에 편리한 지점에 이르렀다. 바로 앞에 절벽은 훨씬 가팔라지고, 그렁저렁 이어진 깎아지른 바위 띠가 이를 옆으로 가로지르고 있었다.

부르게너는 우리의 첫 투쟁이 가까워지고 있는 것을 기뻐하면서 넘치는 기운을 거의 억제하지 못했다. 그의 입이 마침 중대한 일로 바쁘게 지껄일 일이 줄어들자 그는 그의 최상급 영어를 사용하여 내 신경을 뒤흔들어 놓는 일로 심심풀이를 하려고 했다. 경험없는 내 눈이 보게 될 무서운 벼랑에 관해 무척 아름다운 갖가지 모습을 생생하게 그려 보이고는 그 문구를 언제나 "그건 마터호른보다 아름답습니다요."라는 말로 끝을 맺는 것이었다. 마터호른은 우리가 전에 함께 오른 유일한 봉우리였다.

규정된 식사 시간이 지나자 자일이 꺼내어지고 부르게너의 얼굴에 사무적인 표정이 깃들었다. 물론 그가 선두에 서고 내가 뒤따랐으며 내 뒤에 안덴마텐, 맨 뒤에 남편이 붙었다. 잠시 동안은 바위가 상당히 좁은 편이었으나 높이 올라갈수록 점점 가팔라지고 썩어서 매우 푸석푸석했다. 우리의 리더는 돌 한 개라도 뒤집지 않으려고 더 없는 주의를 기울이면서 나도 똑같이 조심하라고 줄곧 무서운 경고를 던졌다. "바깥양반을 죽이게 됩니다. 그건 바라지 않잖아요!" 나도 그것을 바라지 않았지만 첫 사고가 일어난 것은 바로 이 자리였다.

우리는 깎아지른 암벽으로 위쪽 사면이 절단된 일종의 단 같은 데에 도달해 있었다. 그러나 겹쳐진 슬랩 끝의 풍화되고 부식된 지점으로 해서 이 장벽은 간신히 기어오를 수 있을 것 같았다. 부르게너는 곧 그 자리에서 장벽에 붙었으나 바위 조각들이 너무 느슨해서 믿을 만한 손잡이를 찾지 못했다. 그래서 똑같이 불안정한 발판과 손잡이를 이용하여 나아가야 했다. 그래도 그는 꾸준히 앞으로 나아갔으며, 이윽고 바위 꼭대기 너머로 두 손을 뻗어 단단해 보이는 큼직한 암석을 움켜잡았다. 그것은 어느 정도 단단한 바위였다. 우리의 머리 위로 굴러 떨어지지 않을 만큼은 단단했으나, 아! 부르게너의 한 손쪽으로 조금도 움직이지 않을 만큼 단단하지는 못했던 것이다. 억누른 신음 소리, 바위를 타고 흘러 내리는 핏방울, 이어서 들려온 시골 사투리의 길고 인상적인 푸념, 이것이 우리가 얻을 수 있는 정보의 전부였다. 이윽고 부르게너가 마지막 안간힘을 다하여 암벽 꼭대기로 기어올라갔다. 우리는 재빨리 따라 올라가서 적당한 바위 선반을 발견하고, 그를 진단하기 시작했다. 약간 으스러져서 부어올라 피가 나고 있는 엄지손가락은 세인트 존 야전병원협회의 연구생에게는 흥미있는 문제를 제공해 주었다. 출혈은 곧 멎었다.

그 욱신거리는 엄지손가락을 색색가지 손수건으로 동여맸는데, 그 동안 부르게너는 매우 애처로운 어조로 "이 손은 이제 힘을 못 쓰게 됐어."하고 중얼거리고 있었다.

우리는 당장 후퇴하자고 제의했다. 그러나 이제 시야에 잘 들어온 침봉 능선을 힐끔 한번 바라본 뒤에 부비에를 반 병 들이키고(코냑을 가져오는 것을 우리는 깜박 잊었다) 단단한 닭다리를 한입 물어뜯고 나더니 후퇴한다는 생각을 비웃는 말이 부상자의 입에서 튀어 나왔다. "전진합시다"라고 그는 소리쳤다. 그리하여 멀리서 한판 씨름을 벌리자고 도전이라도 하듯 솟아 있는 장다르므(주봉을 지키는 보초처럼 서 있는 암봉)를 향해 불러대는 기쁨에 찬 요델소리, 풀죽은 표정들, 그리고 "이제 이 손은 힘을 못쓰게 됐어"를 되풀이하는 구슬픈 목소리 등이 기묘하게 되섞이는 가운데 우리는 전진했다.

오전 5시 30분께 능선에 도착했다. 이곳은 눈에 덮여 있었다. 눈의 상태가 매우 좋아 안덴마텐이 선두에서 꽤 빨리 나아갈 수 있었다. 그러나 그 다음에 곧 편편하게 층을 이룬 기묘한 암산이 이어졌는데, 그것은 마치 거대한 슬레이트의 줄처럼 한장한장 가파른 각도로 포개져 있으나 그 날카로운 가장자리는 좋은 손잡이와 발판을 마련해 주었다. 잠시후부터 이 고르지 못한 바위에 대담하게 깎아지른 작은 바위 탑이 드문드문 나타나기 시작하여 리더는 하는 수 없이 본성을 드러내지 않을 수 없었다. 아무튼 이 첫 장다르므를 통과하는 데 성공하자, 두번째 것이 우리 눈 앞에 우뚝 섰다—황갈색의 썩은 바위가 층층이 쌓인 커다란 덩어리로 우리의 시야에서 아레트의 나머지 부분을 완전히 가리고 있었다.

가이드가 잠시 서로 의논하더니 가려진 최선의 루트를 안덴마텐이 다시 앞장을 서서 공격했다. 바위 탑의 밑 부분을 조심해 통과하니 어려움이 조금씩 물러서는 것처럼 보였다. 험악한 암봉을 잇달아 맹렬히 공격해 나가는 우리 리더의 얼굴은 긍지와 기쁨으로 빛났다. 아아! 그러나 그는 사람들이 잘

써 온, ▲ "오만에는 파멸이 따르고, 불손한 마음에는 멸망이 따른다"는 격언을 잊었다.

솔로몬의 말이 옳다는 것이 다시 한번 입증되어 기쁨에 찬 안덴마텐은 그 희생자가 될 판이었다. 마지막의 조그만 이빨 같은 바위가 그의 전진을 막고 있었고, 충분한 손잡이를 찾지 못한 그는 도와달라고 부르게너를 불렀다. 냅색을 벗어야 한다는 말을 모욕으로 받아들였으며, 친절하게 떠밀어주는 덕에 잠시후 그는 바위 이빨의 꼭대기를 단단히 잡았을 뿐 아니라, 사실상 두 팔을 그 위에 올려 놓게 되었다. 이제 어느 모로 보나 바위 이빨은 다 올라간 거나 다름 없었으나 우리는 무섭게도 그의 팔이 미끄러져 내리는 것을 그때 보았다. 손가락이 무언가 잡을 것을 찾으려고 마지막 경련 같은 안간힘을 쓰면서 바깥쪽으로 넘어져 절벽을 곤두박질쳤다. "확보"라는 명령이 내려질 수 있었던 것은 그가 약 5미터 아래 얼음으로 번들거리는 바위 비탈에 발꿈치를 하늘로 하고 두 팔을 벌린 채 거꾸로 매달리고, 냅색의 한쪽 멜빵이 걸리며, 모자는 허공에 굴러 떨어지는 것을 우리가 본 훨씬 뒤였다. 감탄할 만큼 급히 대비를 취한 부르게너가 안덴마텐이 낙하하고 있는 바로 그 찰나에 자일을 꽉 움켜쥐었으며, 우리들에게 다행스럽게도 그의 무쇠 같은 악력은 그 끌어당기는 힘을 견디어냈다. 나는 여전히 툭 튀어나온 험악한 암봉에 매달려 있었고, 그 동안에

▲ "오만에는 파멸이 따르고…". 「구약성서」 '잠언 제 16 장 제 18 절' (The Proverbs, XVI, xviii).

우리의 후미는 능선의 반대쪽으로 몸의 절반을 내던져 모든 긴급사태에 대비했다. 낙하는 저지되고 전원이 자일을 잡아당겼으나 결과는 즉각 나타나지 않았다. 그래서 남편이 기어내려가 안덴마텐의 윗도리가 바위에 걸려 있는 것을 발견하여 그것을 벗기고, 사람들이 자일을 몇번 확 확 잡아 당겨 희생자를 등성이 위로 끌어올렸다. 죽음 같은 정적을 깨는 것은 우리의 발 아래 늘어져 심신이 녹초가 된 하나의 덩어리가 흐느껴 우는 소리 뿐이었다. 이것이 우리가 춤을 추게 피리를 불어 준 사람—요델을 불러 우리를 즐겁게 해주었고, 우렁찬 메아리가 바위 사이에서 울리게 했으며, 그 명랑함으로 암석 투성이의 빙하 퇴석과 끝도 없는 풍화 퇴석의 공포를 어느 정도 덜어 주었던, 바로 그 활발하고 굳건하고 의기 양양했던 그 사람이라고는 믿어지지 않았다. 정적을 깨는 것은 여전히 부상자의 흐느낌 밖에 없었다—그때 별안간 엄숙한 목소리가 들렸다. "부비에 두 병이 깨지지 않았다니 얼마나 다행한 일이야." 돌아보니 남편이 공포에 사로잡힌 순간에 적절히 냅색을 바닥에 쏟아놓고 있었다. 그 중 병 하나를 얼른 따서 거품이 부글거리는 액체 한 컵을 헐떡거리고 있는 가이드의 목구멍에 쏟아부었다.

나는 고작해야 부상자의 늑골을 두드려 보고 사지를 굽혀 보는 등, 대체로 사정없이 그를 다루면서 대단한 외과 의사의 솜씨를 다시 발휘한 뒤, 부상보다는 겁에 더 질려 있다고 선언했다. "가자."하고 부르게너가 소리쳤다. "가자, 우리는 결코 되돌아가지 않는다.”

그가 다시 선두에 섰다. 내가 그 뒤를 따르고 남편은 내 뒤에, 안덴마텐은 제일 뒤에 붙었다. 그의 얼굴은 여전히 송장처럼 창백해 사지는 떨고 있었으며 머리는 툭툭하게 붉은 손수건으로 푹 싸여 있었다. 앞으로 나가면서 조그만 바위가 나타날 때마다 그는 과거에 대한 심한 욕설이나 장래에 대한 기도를 중얼거렸다. 그러면 우리는 두 발만 단단히 딛고 있으면 대수롭지 않은 하찮은 일이라고 그를 안심시켜 주었다. 조금 더 나아가 보니 아무래도 아레트를 벗어나 바인가르텐 암벽으로 향하지 않을 수 없었다. 여기는 등성이마다 느슨하게 건들거리는 바위 선반에 데브리가 수북하게 쌓여 있어서 큼직한 반석과 암석을 건드리지 않고는 움직일 수 없었다. 뒤집힌 반석과 암석은 우리의 발 아래서 미끄러져 내려가 선반에서 선반으로 부딪치고 퉁기면서 떨어져 내리는 동안 완벽한 사태를 이루더니 이윽고 무시무시하게 마지막에는 빙하로 쏟아져 들어갔다. 이들 돌출 바위와 선반의 끝에 이르렀을 때, 우리는 ‘편편한 슬랩’에 가로막혀 다시 능선으로 올라가지 않을 수 없었다. 이때쯤 의기소침한 안덴마텐의 구슬픈 호소가 동정을 사, 우리는 다시 몇분 동안 걸음을 멈추고 그의 등을 살펴보기도 하고, 그의 입술에 유명한 치료제인 술을 투여해 주기도 했다. 동시에 등이나 다른 곳에서 어떤 종류의 고통을 찾아낸다는 것은 아무 소용도 없는 일이며 그것을 치료하자면 더 편리한 지점이 나타나야 한다는 부드러운 암시도 주었다.

이어 우리는 다시 작업에 착수했다. 바로 앞의 피라미드는 올라갈 수 없어서 하는 수 없이 도무지 사람을 접근시키지 않을 것 같은 양상을 띤 가파른 얼음 사면을 따라 킨 빙하면으로 건너가지 않을 수 없었다. 빙벽에는 여기 저기 슬랩이 튀어나와 있어서 웬만한 손잡이는 될 성싶었으나 거의 변함없이 느슨하게 박혀 있어 조금만 건드려도 쏙 빠져버리는 것이었다. 부르게너로서는 발판을 깎아야하는 작업량이 따분하기 짝이 없도록 많았다. 이때 그의 손에서는 새로 피가 흐르고 있으며, 한번씩 피켈을 후려쳐서 파삭파삭한 얼음 조각이 유리 같은 사면을 따라 줄줄 흘러 내리게 할 때마다 고통스러운 신음 소리가 그의 입술에서 새 나왔다. 부상한 손으로 발판을 깎는 일을 30분 이상 계속해야 했는데—앞으로는 신음 소리를 듣고, 뒤로는 띄엄띄엄 흐느낌과 불평소리를 듣는 나로서는 절대로 끝나지 않을 영원한 30분으로 느껴졌다. 실제로 안덴마텐은 이제 언제 기절할지 모를 우려할 만한 상태에 있었다. 토이펠스그라트가 우리와의 승부에서 결국 최고의 승산을 갖게 될지도 모른다는 것을 시사하는 우발적인 사태였다.

얼음 사면 위를 더 나아가니, 이번에는 통과할 수 없는 맨질맨질하고 검은 바위 버트레스가 앞을 막아 섰다. 능선 위에 높이 솟은 거대한 톱니 봉우리의 이빨이었다. 부르게너는 하는 수 없이 오른쪽으로 되돌아와서 이빨 양쪽에 있는 침니(굴뚝 모양으로 갈라진 바위 틈)인지, 쿨르아르인지를 타고 올라가 능선으로 나가야 했다. 물론, 이 침니를 올라가면 거대한

A. F. 머메리

이빨의 반대쪽에 있는 아레트로 나간다는 분명한 반대 의견도 있었으나, 우리의 리더가 말한 대로였다. "달리 전혀 길이 없다구요!" 부르게너가 사뭇 어려운 등반으로 올라가니 걸리가 나왔다. 그가 확고한 발판을 발견하여 내가 기어 올라가자 그는 얼음이 차있는 조그만 틈새로 나를 안전하게 밀어 넣었다. 그런 다음 친절하게도 내 피켈을 받아 나를 위해 걸리에 걸쳐 놓고는, "거기서 움직이지 마십시오" 하고 위엄있게 말하고 앞으로 나아갔다. 곧 암석과 얼음 조각이 획획 떨어지고, 몇분 후에는 널찍한 바위장이 휩쓸고 내려와서 내 피켈을 덮쳐 내가 소중히 아끼는 무기를 순식간에 허공으로 빼앗아 갔다.

마침내 자일이 탱탱하게 당겨지고, "올라오십시오"라는 지시에 따라 나는 얼음으로 번들거리는 눈 덮인 바위를, 걸리

산행의 동반자이자
가이드인 부르게너

꼭대기에 가까운 얼음을 깊숙이 깎아 놓은 큼직한 발판으로
기어올라갔다. 그 위에서는 눈과 쉬운 바위가 우리를 능선 위
로 이끌었다. 그러나 우리가 두려워 했듯이 눈 앞의 큰 바위
탑은 통과할 수가 없었으며 또 한번의 트래버스를 감행해야
할 것이 틀림없었다. 그런데 바싹 다가가 보니 바위에 엄청나
게 큰 틈새가 있어서 여간 기쁘지 않았다. 틈새는 한 사람이
비집고 지나갈 수 있을 만큼 넓었으며 능선을 따라 나있어서
장해물을 피해가고 있는 것이 분명했다.

　이것은 내 마음 속에 전율 같은 기쁨을 일깨워 놓았다. 하
늘을 쳐다보고 부른 부르게너의 활기에 찬 요델 소리, 유쾌한
듯이 킥킥거리는 남편의 웃음 소리, 그리고 기척도 내지 않는

안덴마텐의 침묵 등으로 일행 모두가 나의 기쁨을 함께 나누고 있었음이 틀림없다고 생각한다. 이 음울하고 기분 나쁜 터널을 탐사하는 것이 다음에 할 일이었다. 그러기 위해서 일행 가운데 한 사람이 자일을 풀고 어두침침한 틈새 속으로 파고 들어갔다. 그가 좁은 통로를 비집고 들어가면서 낸 툴툴거리는 소리와 신음소리, 그리고 마지막으로 낭패한 남자가 어쩔 수 없이 구원을 청할 때 하는 차마 옮길 수 없는 말을 연발하며 그 구멍은 착각으로 단지 산이 노련한 농담으로 우리를 놀리고 있을 뿐이라는 사실을 우리에게 알려 주었다.

유일한 선택은 오른쪽으로 장해물을 끼고 도는 것이었다. 부르게너가 즉각 좁은 바위 선반을 따라 우리를 인도했다. 선반은 위에서 떨어진 데브리로 약간 덮여있었다. 왼쪽 절벽은 썩은 암석 합판을 덮어 놓은 것 같아 각별히 조심할 필요가 있었다. 그 가운데 한장이라도 흩뜨리는 날이면, 허물허물한 바위 덩어리 전체가 몽땅 우리의 머리 위로 쏟아져 내릴 것만 같았다. 오른쪽은 450미터가 넘는 아찔해지도록 깎아지른 벼랑이고, 그 아래는 크레바스가 나있는 바인가르텐 빙하였다. 잠시후 우리는 선반을 가로막은 팔처럼 튀어나온 바위에 도달했다. 그것을 기어넘어, 아니 오히려 끼고 돌아가서 오목하게 패인 안전한 곳을 발견하고 앉아 쉬었다. 그동안 부르게너는 자일을 벗어 놓고 앞으로 살펴보러 나갔다. 곧 그의 모습은 울퉁불퉁한 바위 뒤로 보이지 않게 되었다. 잠시 동안 그에 관해서 들을 수 있는 소식은 뒤집히는 바위가 쉴새 없이 덜거덕거리는 소리뿐이었다. 이윽고 그가 다시 나타나는 것을 보았으나, 그의 움직임은 생기가 없었다. 그는 심각한 표정으로, 우리가 묻는 말에 대답했다. "모메리 선생님, 도저히 안 되겠습니다요." 우리가 본의 아니게 빈들거리고 있는 동안 능선에 접근하지 못하게 하는 암벽을 그는 철저히 살펴볼 시간을 가졌다. 일행 중 매우 혈기에 찬 친구는 "부르게너 아저씨가 저 사면을 올라가지 못한다는 건 안됐는데."하고 말하기까지 했다.

다시 자일을 몸에 묶은 우리 파티의 위대한 인간은 공격을 하러 나섰다. 그는 매우 조심스레 손을 바위 틈에 단단히 고정시켰다. 그러나 그 위의 양쪽도 그의 손이 미칠 수 있는 곳은 손이 닿자마자 모조리 떨어져 나가 부스러진 이판암(泥板巖)이 소나기처럼 나를 덮었다. 나는 머리를 절벽에 쑤셔박았으나 내 옆을 휙휙 지나가는 모서리가 날카로운 슬레트 같은 조각을 피하기에는 충분치 못했다. 그래서 "올라오세요"하는 명령이 들렸을 때는 내 손가락과 팔은 지칠 대로 지치고, 내 눈에는 온갖 잡동사니가 몽땅 들어가서 가득찼다. 그러나 이제 최악의 사태가 일어나려 하고 있었다. 내 뒤에 붙은 사람들을 적어도 죽게 하지 않고 어떻게 올라갈 수 있을까? 차라리 이 편이 훨씬 가능성이 더 커 보였지만 벼랑의 벽면을 장식판처럼 덮은 그 불안정한 바윗장을 뒤엎지 않고 어떻게 올라올 수 있을까? 암석 하나가 굴러 떨어질 때마다 그 위의 것들이 완전한 사태를 이루며 휩쓸고 내려갔다. 이것을 보고 더욱 겁에 질린 부르게너는, "더 조심하지 않으면 바깥양반을 죽여요."하고 계속 소리치고 있었다. 내 자신의 인상으로는 단지 내 바깥양반을 죽일 뿐 아니라 일행 전체와 산의 대부분이 저 아래 빙하로 굴러 떨어질 것만 같았다. 그래도 마침내 내가 아레트의 왼쪽 눈 사면을 굽어보는 바위 위에 안전하게 올라 앉아서 밑에 있는 동료들의 처량한 모습을 편안하게 지켜볼 수 있게 되었을 때는 기분이 여간 좋지 않았다.

우리들이나 산이 그리 심각한 상처를 입지 않았다는 것을 완전히 확인하고, 서둘러 부르게너는 면밀히 루트를 살폈다. 잠시후 기쁜 말이 튀어나왔다. "모메리 선생님, 갈 수 있습니다요."

우리는 다시 나아갔다. 이번에는 모메리 선생님이 선두에 섰다. 아레트에는 부르게너의 어깨를 빌려야 하거나 그가 피켈로 밀어 올려주어야 하는 짤막한 단층이 있기는 했지만 비교적 쉽게 올라갈 수 있었다. 한곳에서는 훨씬 더 만만찮은 단계에 부닥쳤다. 냅색과 윗도리, 안덴마텐 그리고 나는 밑에 남고 일행 중의 바위꾼들은 난관에 도전했다. 이윽고 성공했다는 고함소리가 들리고 여러가지 짐을 끌어 올리기 위해 자일이 쉭하고 요란스러운 소리로 떨어졌다.

자일은 올라가더니 곧 나를 위해 다시 내려왔다. 나는 순수한 기쁨으로 따라 올라갈 준비를 했다. 몹시 차가운 바람이 치밀어 오르고 태양은 흩날리는 안개로 흐려 나의 30분 휴식은 도저히 즐거운 것이라고는 할 수 없었다. 세번째로 자일이

던져지고, 여럿이 힘껏 끌어올리며 주의를 주고 한 끝에 안덴 마텐이 우리 있는 곳으로 올라왔다. 이어 능선을 따라 나아가니 커다란 '단계'가 길을 가로막고 가팔라서 통과할 수가 없었다. 우리의 리더들은 다시 의논하러 잠시 멈춘 뒤 우리를 킨 빙하면으로 인도했다. 편리한 눈 사면이 썩 빠르고 능률적인 것은 아니더라도 장해물을 돌아나가는 쉬운 방법을 제공해 줄 것 같았다.

눈의 상태가 좋아서 재빨리 그 자리를 넘어갔으나 앞으로 나갈수록 피켈이 이따금 밑바닥의 얼음에 닿더니 마침내 눈의 두께가 차츰 2센티미터 혹은 그 이하로 줄어 딴딴하고 시커먼 얼음에 일일이 발판을 깎아 내지 않으면 안되었다. 조심스러운 부르게너는 이제 더 이상 아마추어가 리드할 장소가 아니라고 생각하고 자일을 끄르고는 내 아래쪽에 발판을 몇 군데 깎아 앞으로 나가 냉혹한 사면에 억세게 피켈을 후려쳤다. 될 수 있는 대로 빨리 지나가는 것이 바람직스러웠다. 머리 위의 바위가 풍성하게 매달린 고드름과 암석을 우리의 통로에 쉴 새 없이 날려 보내고 있어 더 큰 비행 무기가 언제 뒤따라와서 우리를 휩쓸고 내려가며 미친 듯이 튀어오르고 비약하며 저 아래 까마득히 먼 거대한 푸른 크레바스 속으로 굴러 떨어질지 몰라 무서웠다. 그런데 얼음은 단단하고 부르게너는 다친 손 때문에 지장이 많았다. 우리는 느릿느릿 영원히 기어가는 듯이 가 바위에 도착하니 번들거리는 얼음으로 미끄럽고 맨질맨질한 슬랩 뿐이었다. 지친 우리는 느릿하게 나아갔다.

손가락과 발의 감각은 완전히 잃은 지 이미 오래고, 자꾸만 가라앉는 우리의 정신을 북돋아 주는 유일한 희망은 그리 멀지 않은 전방의 늑골 바위만 지나면 곤란이 끝나고 등반은 사실상 달성될 것이라는 믿음이었다. 이윽고 그 늑골에 도달했다. 그 너머는 확실히 눈이 더 짙고 우리가 바라볼 수 있는 곳에 불안해 할만한 것은 아무 것도 없었다. 우리가 이미 소비한 시간과 직면한 많은 난관으로 보아서 정상은 거의 도달한 거나 다름 없다고 나는 결론을 내렸다. 선두는 다시 남편에게로 넘어오고 부르게너는 자일의 먼저 위치로 돌아가 트래버스는 계속되었다.

'오! 그것은 헛된 희망과 경박한 결론이었다!' 결정적인 시련은 아직 오지 않았던 것이다. 그때까지는 눈과 암석과 얼음이 그 험악한 성질로 우리를 놀라게 했다. 이제 이에 덧붙여서 늦어지고 있는 시간(오후 1시 30분)과 흩날리는 안개, 그리고 무엇보다도 나쁜 것은 피로와 추위와 허기로 더 불리해지고 있었다.

눈이 다시 엷어지기 시작하여 거대한 얼음장만 남게 되었다. 여기에 발판을 깎아서 건너간다면 며칠은 걸릴 것이다. 다시 능선에 붙는 수밖에 방법이 없음이 분명했다. 우리는 이제 좀더 심각한 바위 탑과 침봉을 지나 능선에 도달할 수만 있다면, 정상에 이르는 확실하고 별로 멀지 않은 길은 우리 것이 된다는 부르게너의 의견이었다. 그래서 그는 우리 리더에게 얼음을 뚫고 툭 튀어나온 거대한 슬랩을 향해서 사면을 곧장 올라가라고 지시했다. 그러나 슬랩은 곧 너무 험준해지고 미끄러워지기 시작하여 하는 수 없이 마지막 기회로 바위 양쪽에 있는 소름 끼치는 얼음 걸리를 깎아 올라가지 않을 수 없었다. 눈이 여기 저기 얼음을 덮고 있었으며, 걸리는 꾸불꾸불하고 좁아서 이것이 제공해 줄 수 있는 발판은 다소 불안정했다. 부르게너는 변함없이 "눈이 제일 두터운 데로 계속 붙으시오."라고 지시했다. 그러나 눈은 곧 줄어들기 시작하여 마침내 어디를 보나 3센티미터 정도를 넘는 데가 없었다. 그래도 피켈의 일격이 발판을 깎을 수 있는 데까지 꾸준히 앞으로 나아갔다. 마침내 피켈의 즐거운 얼음 깎기는 끝나고, 부르게너의 물음에 대답이 돌아 왔다. "얼음이 전혀 없다." 오른쪽도 왼쪽도 바위 걸리의 미끈한 슬랩이 얇은 얼음으로 번들거리고 있을 뿐이었으며 그 위는 다시 느슨한 눈으로 얇게 덮여 있었다. 그러나 오른쪽 암벽이 등반을 계속할 수 있는 가능성을 약간 보여 우리의 리더는 그리로 방향을 잡았다. 그래서 짧은 거리를 올라갔으나 암벽이 너무 얼음으로 번들거리고 험준해져서 그는 그 자리에 서버렸다. 그가 과연 내려올 수 있을까 하는 의심마저 들었으며 그의 위치가 지극히 위험한 것이 분명했다. 다행히 그의 발판은 우선은 제법 믿을 만했다.

부르게너의 강점이 이때 저절로 드러났다. 한순간의 주저나 지체도 없이 그는 자일을 끌러 난간처럼 잡고 그 도움으로 재빨리 올라갔다. 오른쪽으로 남편이 트래버스한 지점에 이르자, 그는 자일을 놓고 약간 왼쪽으로 올라가 아주 얇은 발판을 만들 만한 두께의 눈을 발견하는 데 성공했다. 여기저기 튀어나온 바위의 도움으로 걸리의 사면이 조금 누그러지고 상당량의 눈이 쌓여 있는 곳까지 올라갔다. 그 눈은 여태 보아온 중 가장 저질로 한발씩 디딜 때마다 가루처럼 풀풀 날았다. 고약하기는 했지만 그래도 그 눈이 그렁저렁 앞으로 나아가게 해주었으며 그가 불굴의 용기로 계속 올라가 마침내 의지할 만한 발판에 도달하는 것을 보았다. 우리의 기쁜 감정은 요란한 고함소리와 요델이 되어 분출했다. 그렇기는 하나 위에서는 언 손가락과 발가락에 얼음 조각과 눈이 흘러내려 이제는 더 견디어낼 수 없을 것 같은 지경에서 조그만 발판에 45분씩이나 서 있다는 것은 냉혹한 작업이었다. 정말이지 나는 이것 아니면 움직여서 슬립하는 수밖에 없다는 것을 확고히 알고 있었기에 그토록 오래 움직이지 않고 서 있을 수 있었던 것이다. 이따금 위에서 들려 오는 "조금만 더 기다리십시오. 그러면 틀림없이 올라올 수 있을 테니까."라는 유쾌한 다짐이 반가웠다. 그러나 부르게너는 자일을 끌렀기 때문에 내 남편을 직접 도와줄 수는 없었다. 남편이 걸리쪽으로 다시 트래버스하여 위험한 발판으로 위쪽의 눈 있는 곳까지 올라가는 데는 시간이 좀 걸렸다. 일행의 안전이 다시 부르게너의 손에 들어갔을 때, 남편이 벌써 길을 깎아 능선으로 올라 간 것을 알고 나도 올라갔다. 이어 자일을 풀라는 지시가 나한테 도달하여, 자일은 안덴마텐에게로 내려갔다.

결코 잊을 수 없는 이 걸리를 바쁘게 한번 흘깃 바라보고 우리는 약간 지친 발걸음을 다시 앞으로 돌려 아레트를 구성하는 갖가지 험악한 암봉과 침봉 그리고 아치 같은 버트레스를 온갖 방법으로 기어올라 넘어갔다. 조금 전까지의 경험에 비해 이것은 쉬운 것 같았고 진전이 빨랐으나 우리 리더가 별안간 우뚝 서버렸다. 부르게너가 가자고 재촉했으나 그는 아예 거절하고, 잠시 후 부르게너를 앞으로 불렀다. 그의 평소의 풍부한 표정의 얼굴을 볼 수는 없었으나, "이런, 이거 안되겠는걸!"하는 말이 내 귀에 들렸다. 나는 어떤 새로운 위난이 우리를 위협하고 있는지 얼른 앞으로 가보았다.

그 사정이 어떤 상태였는지 이해하려면 매우 기묘하게 생긴 바위의 구성을 좀 상세하게 설명할 필요가 있다. 우리가 서 있는 능선은 거대한 바위 처마였으며 절벽 위로 덩그렇게 튀어나가 있었다. 이 바위 처마의 끝은 바로 앞에서 떨어져 나가고 없었다. 그 결과 우리가 올라온 능선은 거기서 갑자기 뚝 끊어져버린 것처럼 보였고 앞으로 더 나아간다는 것은 말도 되지 않았다—우리 앞에 광대한 공간이 입을 딱 벌리고 있는 것이다. 진짜 능선은 우리의 왼쪽 5미터 남짓한 곳에 있었는데, 그 능선은 바위 처마를 벗어버리고 일련의 가파른 층계를 이루면서 다급하게 치솟아 있어 우리의 관점에서 바라보는 것은 이 능선이 아니라 그 아래 있는 험준한 벌거숭이 암벽이었다. 이 암벽에 도달할 수 있더라도 거기에 매달리기를 바라는 클라이머는 아무도 없을 것이고 아예 우리는 거기에 도달하지도 못했다. 또 그것과 우리 사이에는 내가 일찍이 볼 수 없었던 더 없이 무서운 깊은 균열이 가로놓여 있었다. 이런 능선의 모습은 우리 일행의 어느 멤버도 일찍이 경험한 적이 없는 특이한 것이다. 그것은 실로 건널 수 없는 심연이 갈라놓은 두 줄기의 능선 같은 인상을 주었다. 그러니 검은 공포가 우리를 감싼 것은 하등 이상할 이유가 없었다. 되돌아선다는 것은 생각할 수도 없었고 전진한다는 것도 불가능해 보였다. 우리 네 사람은 완전히 힘을 잃고 그 자리에 서있었다. 심한 추위로 이빨은 따닥따닥 마주치고 쉴 새 없이 흩날려 지나가는 축축하고 잔인한 안개는 우리의 당황해하는 마음을 위협하여 몽롱하게 만들고 있었다.

　다행히도 몇분 후 우리는 이 극적인 능선의 단절로 말미암은 정신적 충격에서 깨어나기 시작하자 그 엄청난 상황은 대수롭지 않은 좁은 범위로 축소되었다. 우리가 벼랑 밖으로 오버행된 바위 처마 위에 서있다는 것을 깨닫자 곧 처마에서 진짜 능선으로 기어내려가 그 지점에서 지금의 난관을 타개할 방도를 찾아야 한다는 것이 분명해졌다. 이 하강은 그리 쉽지 않았다. 편편한 암반이 킨 빙하를 향해 가파르게 기울어 있고 틈바구니와 균열은 모두 얼음으로 차 있었다. 그러나 끝 가장자리에서 약간의 가냘픈 손잡이를 찾을 수 있었으며 남편은 여러가지 불규칙적인 구멍과 틈새에서 얼음을 후벼파낸 뒤 넓게 갈라진 깊은 균열 바로 위의 지점에 도달했는데, 이 균열은 능선의 바위 처마가 있는 부분과 처마 없이 이어진 부분을 가르고 있었다. 이 지점부터는 기분좋은 자일의 보장이 사라졌다. 누구든 자일에 의지하는 사람은 별 수 없이 허공에 매달리게 되었을 것이고, 능선에서 허공에 매달린 사람을 제 자리에 끌어 올리려면 ▲'임금님의 모든 말과 임금님의 모든 부하들'을 다 동원해도 과연 충분할지 의심해도 좋을 것이었다. 자세히 찾아보니 다행히도 바위에 조그맣게 눈금 새김처럼 패인 곳이 나타났다. 이 눈금으로 자일을 늘어뜨려 놓고 끌어당겼다 놓았다 한다면 자일이 벗겨질 것은 틀림없었지만, 완전하게 고정 자일을 걸어 놓고 일정하게 꾸준히만 잡아당긴다면 괜찮을 것도 같았다. 그래서 좀 자신없는 목소리였으나 "자일을 고정시켜. 내가 해 볼테니까."하는 말이 들려 왔다. 이에 부르게너가 대답했다. "예, 맞습니다. 모두 지쳐 있으니까 해봐야 합니다." 자일이 처마 꼭대기의 험악한 암봉에 단단히 비끄러매지고 한쪽 끝이 아래로 처졌다. 리더가 그것을 조그만 눈금 새김에 쑤셔넣었다. 먼저 그의 체중이 걸릴 때 자일이 '달아나지' 않도록 조심스레 탱탱하게 잡아당기고 있으니, 리더가 저쪽으로 몸을 날려 사라지는 것이 보였다. 곧 반가운 소식이 들려 왔다, "됐다. 아래쪽으로 계속 좋은 손잡이가 있다."

이윽고 크게 입을 벌리고 있는 틈새 위로 몸을 쭉 뻗은 그가 시야에 들어왔다. 그가 저쪽 바위를 붙들고 아레트 위에

─────────────────────────────

▲ '임금님의 모든 말과…'. 자장가 「험프티 덤프티 (Humpty Dumpty)」에 나오는 문구. 달걀 임금님 험프티 덤프티가 담에서 떨어져 짜브라진다. 부하들과 말들이 총동원되지만 짜브라진 임금님을 끌어 일으키지는 못한다.

흔들바위처럼 불안전하게 자리잡은 큰 바위 덩어리 옆으로 조심스럽게 기어올라가는 것이 보였다. 3미터 남짓 언짧은 등반이 이어지더니 “이제 오기만 하면 돼, 알렉산더.” 하고 외치는 기쁨에 찬 소리가 들렸다. 우리 일행의 마지막 의지가 되는 사람이 넘어가고 내가 그 뒤를 따라야 했다. 우리 일행 가운데 더 억세고 더 대담한 멤버들에게조차 쉽게 통과할 수 없을 것으로 보였던 고약한 장소를 누구의 도움도 없이 해낸 것을 알았을 때는 기분이 여간 우쭐해지지 않았다.

뒤돌아보니 우리가 방금 떠나온 험악한 암봉이 지극히 험상궂게 보였다. 상부는 넓이가 5미터 남짓했지만 아래로 내려오면서 차츰 좁아져서 갈라진 밑바닥에서는 50센티미터 이하로 줄어, 피켈로 힘껏 갈기면 바위가 덩어리째 바인가르텐 빙하로 굴러 떨어질 것만 같았다. 정말이지 갈라진 틈 사이로 안개가 소용돌이치며 말려 올라오자 건들거리며 금방 쓰러질 것처럼 보였다. 그런데 벌써 오후 4시였는데도 원하는 눈은 아직도 멀리 떨어져 있었다. 그래서 안덴마텐이 지시를 받으며 건너가고 있는 동안 남편은 자일을 끌러놓고 일을 시작하여 아레트의 가파른 ‘단계’를 기어올라갔다. 이어 남편에게 자일이 던져 올려지고 그 도움으로 기어올라간 부르게너가 일행의 나머지 사람들을 도울 준비를 했다. 이러한 절차가 되풀이되었다. 여전히 험악한 암봉에 다시 험악한 암봉이 이어졌는데 여기서 허술한 바위를 한번 건드리면 굴러 떨어지는가 하면, 저기서는 험준한 버트레스가 있어 부르게너의 넓은 어깨를 사다리처럼 밟고서야 간신히 올라갈 수 있었다. 그러나 갑자기 난관이 뚝 그친 것처럼 보이고, 우리 리더는 다시 자일을 맸다. 우리가 떨거덕거리며 아레트를 따라 나아가자 이윽고 암릉은 넓어져서 큰 눈 능선이 되었다.

"토이펠스그라트를 해냈습니다!" 하고 부르게너가 외쳤다. 우리는 눈을 따라 앞을 다투어 나아가기 시작했다. 눈은 앞쪽과 오른쪽에서 가파른 능선으로 솟아 있있다. 그 사면 위에 올라서니 전날 프란츠 부르게너의 인솔 아래 정상 루트로 올라온 파티가 남긴 발자국을 볼 수 있었다. 성공은 이제 우리의 손 안에 있다고 느끼면서 걸음을 재촉하고 있는데, "30분만 더 가면 끝납니다. 그러면 토이펠스그라트는 우리의 것입니다." 흥분한 부르게너가 덧붙였다. 발자국은 점점 더 뚜렷해져서 계속 달려가자 이윽고 우리의 발이 실제로 그 자국 속에 쏙쏙 들어갔다. 불필요한 짐을 죄다 여기에 풀어 놓았다. 부르게너는 내가 몹시 추워하는 것을 보고 자기 윗도리와 장갑을 나에게 걸쳐 주었다. 우리는 서둘러 눈을 올라갔다. 눈이 매우 부드러운 것 이외는 아무 어려움도 없었다. 이어 약간 날카로운 슬레이트 같은 바위를 기어올라가니 눈이 좀 더 있었다. 오후 5시 30분, 우리는 정상에 섰다. 그러나 한순간뿐이었다. 즉각 부르게너가 심각한 얼굴로 말하기 시작했다, "이 능선 위에서 천둥과 비를 맞기는 싫은데요." 뇌우가 닥칠 것은 의심할 여지가 없었다. 구름이 우리를 감싸고 있었으며 멀리서 우르릉거리는 소리가 우리 귀에 들려오고 있었다. "가십시다,

빨리 가십시다. 모메리 선생님!" 그리고 내 등을 밀며 빨리 아레트를 따라 나가라고 재촉했다. 도중에 무슨 일이 생겨 내가 당황할라치면 "냉큼 냉큼 가셔야 합니다. 소는 내가 여기에 꽉 붙들어 놓고 있으니까요." 하고 격려하는 소리가 들렸다. 곧 그 눈 사면에 도착하여 다시 우리의 물건을 집어들었다. 우렁차게 울려퍼지는 천둥소리로 거의 귀청이 찢어질 지경이었으며 앞도 보이지 않는 폭풍 속을 기를 쓰고 달렸다. 그러나 무슨 상관이 있겠는가? 늦어진 것은 사실이며 춥고 배고프고 지친 것도 사실이었다. 무릎 위까지 눈에 빠지고 있었고 심하게 내리는 눈 밑에 발자국이 사라진 것도 사실이었다. 그러나 '토이펠스그라트는 우리의 것'이라는 기쁨으로 이따위 사소한 재앙은 거의 개의치도 않았으며 요델과 승리의 함성으로 심한 폭풍우를 비웃었다. 왼쪽으로 짧게 트래버스하여 베르크슈룬트를 건넜다. 부드러운 눈 사면을 지친 다리를 끌고 통과했다. 몇 군데의 입을 벌린 크레바스를 돌아 나가며 약간은 조심도 했다. 우리의 위험은 끝났다. 오후 8시, 킨 빙하의 코 끝에 이르렀으며 재차 빙하 퇴석쪽으로 걸음을 옮겼다. 다시 한 시간 동안 너덜 비탈을 내려갔다. 그 때 문득, 우리가 마지막 식사를 한 것이 오전 10시였다는 생각이 떠올랐다. 그날 밤으로 란다에 도착할 수는 없다는 것이 분명했으므로 내가 쉬어 가자고 제의했다. 이 생각은 박수로 받아들여졌다. 몇 분 후, 우리는 저마다 여러가지 돌에 걸터앉아 저녁을 우기작거리고 있었는데 단 한가지 결점은 엄청나게 춥다는 것이었다. 내 손과 발은 감각이 없었고 우리의 남은 옷은(상당히 많은 옷을 토이펠스그라트에 두고 왔다) 흠뻑 젖어 있었다. 게다가 무엇보다도 나쁜 것은 팔락거리는 촛불에 내 구두를 살펴보니 란다에 도착할 때까지 거의 지탱할 수 없어 보인다는 것이었다.

　시장기가 얼마간 채워지자, 나는 가이드들에게 졸음의 조짐이 있는 것을 깨달았다. 그래서 부르게너에게 무슨 일이 있어도 수목이 있는 곳까지 우리를 데리고 내려가서 모닥불을 즐길 수 있게 해주겠다고 한 그의 약속을 상기시켰다. 우리는 조심스레 자일을 매고 다시 출발했다. 비탈은 가파르고 낮은 벼랑이 가로막고 있었으며 밤은 칠흑처럼 어두워서 아무것도 볼 수가 없었으므로 이런 대비를 할 필요가 정말로 있었던 것이다. 우리는 마치 한 벌의 트럼프가 걸어가면 이럴까 싶은 상태로 산을 내려갔다. 부르게너가 뒤로 벌렁 나자빠지면 나도 따라 넘어졌고 나는 또 그 충격을 뒷 사람에게 전하곤 했다. 이런 전진이 밤 11시까지 계속되었을 때 가이드들이 별안간 걸음을 멈추었다. 그리고 겁에 질린 속삭임으로 오른쪽에 조그만 불빛이 보이느냐고 우리에게 물었다. 나는 무척 좋아하면서 말했다. "네, 보여요, 산장이겠죠." 나의 이런 연상은 경멸의 침묵으로 다투어졌다. "그럼 뭘까요?" 침울한 어조로 부르게너가 말했다. "모르겠습니다." 그러자 안덴마텐이 겁 먹은 소리로 소곤거렸다, "유령입니다요!" 그 순간부터 나는 우리를 위한 모닥불은 이제 없음을 깨달을 수 있었고, 바위 밑

리펠 고개 (페늘 씨의 스케치)

에 기어들어가 다시 머리 위에서 작렬하기 시작한 폭풍우로부터 우리를 보호할 수만 있어도 다행이라는 것을 깨달았다.

　몇 걸음 더 나아가자 거대한 검은 물체와 마주쳐 살펴보니 몇 시간은 보내기에 알맞는 장소였다. 5분후, 가이드들은 평화롭게 코를 골고 있었다. 그러나 우리는 물이 뚝뚝 떨어지는 옷의 물을 짜내고는 체온을 유지하고 싶은 욕망으로 하는 수 없이 별의별 전쟁춤을 다 추는 몰골을 연출했으나 헛일이었다. 이런 운동이 당치않은 피로를 가져오기 시작했을 때, 우리는 번개가 봉우리와 능선에서 희롱하는 것을 지켜보다가 마침내 피켈로 가이드들을 흔들어 깨워 계속 하산하자고 채근했다. 이곳을 상쾌한 잠을 잘 수 있는 아주 잘 계산된 장소로 알고 있었기 때문이다. 그들은 이런 행동거지를 도무지 인정하지 못했다. 다음 두 시간을 미끄러지고 자빠지며 돌투성이 풀밭의 비탈을 천천히 내려가는 데 소비했다. 그런 다음 오른쪽으로 꺾어 얼마간 더 편편한 땅으로 나가자 사람들은 거기서 더 나아가기를 거부했다. 앞에 무서운 절벽이 있고 폭풍우 치는 밤의 암흑 속을 합리적으로 안전하게 나아간다는 것은 도저히 불가능하다는 주장이었다. 가이드들은 다시 깊은 잠에 빠져 들어가고 그동안 우리는 아침의 첫 조짐이 나타나기를 나른하게 지켜보았다. 마침내 한 줄기 빛이 어둠을 비추었을 때 우리는 멀지 않은 곳에 흐릿한 나무의 윤곽을 보고 얼른 그리로 내려갔다. 곧 불이 활활 피어나고, 우리는 열심히 몸을 덥혔다. 그러나 발가락과 손가락을 거의 굽다시피 하고 얼굴이 거의 그을었는데도 몸뚱이의 나머지 부분은(아마 이것과 대조 때문이겠지만) 전보다 더 추운 느낌이 들었으며 따닥거리며 타는 소나무 장작 앞에서 고통스럽게 떨었다.

어지간히 밝아지자 우리는 지친 몸을 이끌고 숲을 빠져 목장을 따라 내려가서 새벽 5시 30분, 이윽고 란다의 조그만 하얀 주막에 들어섰다. 주인을 깨우니 재빨리 큼직한 불을 피워 주었다. 이어 더운 아침 식사가 나오고 그가 애써 만든 요리를 맛있게 먹고는 삐걱거리는 유람 마차에 기어올라 체르마트로 돌아갔다.

부르게너는 최고의 기분이었다. 그가 기뻐한 주된 원인은 전날밤 우리가 돌아오지 않는 바람에 비상이 걸렸을 것이고,

체르마트의 한 마을 (페늘 씨의 스케치)

어쩌면 우리의 토막난 유해를 운반하는 데 적합한 장비를 갖춘 수색대와 도중에서 마주치는 자랑스러운 특권을 누리게 될지도 모른다고 믿은 데에 있는 것 같았다. 그러나 남편은 이런 감정에는 전혀 공감하지 않고 술값과 요금, 그밖에 부수적인 돈을 후하게 베풀어 주었기 때문이라고 날카롭게 평가하고 있었다. 기쁘게도 우리 친구들은 우리가 어떤 피해라도 입을 것이라는 생각을 전혀 하지 않았음을 알았다. 두 시간후, 마차가 체르마트에 들어갔을 때 그들은 아직도 자기들 방에서 평화로이 잠들어 있었다.

제5장 에귀유 데 샤르모

앞에서 이미 이야기한 콜 뒤 리옹을 넘은 뒤, 우리는 무언가 근사한 일을 해보고 싶은 일념으로 마차를 타고 쿠르마이외르로 달렸다. 그러나 악천후가 우리를 사로잡아 버렸다. 나흘 동안 계속하여 강한 남서풍이 호우를 쉴새없이 골짜기에 쏟아 부어 이따금 건초 더미와 심지어 산장까지 마을 아래 큰 흙탕물의 격류 속에 휩쓸어 넣곤 했다.

나는 로열 호텔의 유일한 손님이었으며, 솜씨 좋은 지배인은 내 심신 상태의 붕괴를 막기 위해 모든 시간과 생각을 기울였다. 어쩌다가 나를 즐겁게 해주기 위해서 만든 맛있는 음식을 내가 제대로 잘 먹지 않고 있으면 내가 무엇을 좋아하고 싫어하는지 꼼꼼히 캐물어보느라고 정신이 없었다.

5일째 되던 날, 날씨가 좋아지는 조짐이 보이기 시작해 오후에 샤모니 쪽으로 고개를 넘는 새로운 시도나 한번 해볼까 하는 막연한 생각으로 부르게너와 베네츠를 데리고 몽 프레티 주막까지 걸어 올라갔다. 그러나 날이 새기 전에 무서운 뇌우와 거센 비바람이 초등반에 대한 모든 생각에 종지부를 찍고 말았으며, 콜 뒤 제앙에 올라가는 것조차 무모하고 위험한 모험으로 여기게 했다. 그러나 하루의 시간이 흘러가면서 구름이 갈라지기 시작하더니 우리가 빙탑에 이르렀을 때는 밝은 태양이 암벽과 가파른 사면에서 신설을 온갖 종류와 크기의 눈사태가 되어 흘러 내리게 하고 있었다.

나는 샤모니에서 또다시 여관 주인과 지배인들의 책략에 완전히 희생되는 위험에 빠질 뻔했으나 다행히 몇몇 친구들이 내가 그런 위험한 처지에 놓여 있다는 것을 깨닫고 나를 그랑 뮐레로 끌고 올라갔다. 그 곳에 도착하자마자 또 한번의 폭풍우가 휘몰아치는 바람에 대피소에 갇힌 우리는 시간이 너무 늦어 내려 올 수 없게 되었다. 이튿날 아침 눈을 뜬 우리는 그랑 플라토에 절반쯤 올라와 있다는 것을 알았다. 부르게너와 베네츠는 우리가 몽블랑에 오르는 수레바퀴 밟듯 단조로운 일에 그날의 나머지를 소비할 참이라는 인상을 받은 것이 분명했다. 혁신적인 생각이 재빨리 우리 일행 속에 자리를 잡더니 차츰 고조되어, 아마추어 멤버들은 이제 한걸음도 나아가지 않겠다고 단호히 거절했다. 직업 등산가들은 분개하고 비웃었지만, 우리는 넘어지기도 하고 글리세이드도 하면서 그랑 뮐레로 되돌아가 몇가지 소지품을 집어 들고는 피에르 푸앙투로, 그리고 샤모니로 달려 내려가 버렸다.

같은날 오후, 우리는 엄숙한 회의를 열어 앞으로는 이같은 일이 결코 되풀이되어서는 안 된다는 결의를 하고 될 대로 되라는 기분으로 샤르모를 향해 출발하기로 했다. 지속적인 악천후가 우리의 성공할 기회를 실질적으로 망쳐놓은 것은 사실이었으나, 산은 남서쪽이 고스란히 드러나 있고 그리 높지도

샤르모 (브리스토 양의 그림에 의한 그라비어 화)

않아 정말로 심각한 일은 아무 것도 일어나지 않기를 바랐다.

다음날 아침(아니, 같은날 밤이라고나 할까?) 우리는 출발했다. 쿠테 씨한테서 훌륭한 랜턴을 제공받았기 때문에(이 원정은 접는 랜턴 시대 이전에 한 것이다), 첫 반시간 동안은 매우 빠르게 나아갔다. 이어 부르게너가 오솔길이라고 주장한 것을 오르기 시작했으나 길은 그런 과분한 아첨에 무감각했던지 아니면 부끄러웠던지 세 걸음을 옮길 때마다 수줍은 듯이 모습을 감추고 보이지 않았다. 길고 고된 단조로운 작업 끝에 아침의 회색빛이 우리의 랜턴 불빛보다 강력해지기 시작했으므로 우리는 적당한 바위를 찾아 조심스레 랜턴을 숨기고 소나무 가지로 그 지점을 표시해 놓았다. 말하기는 슬프지만 돌아오는 길에 소나무 가지가 얹힌 많은 암석을 발견했으나 그 밑의 구멍에 랜턴이 들어있는 것은 하나도 없었다. 매우 난처한 사정이 되었다. 나중에 내 청구서에 나타난 항목을 보니 그것은 쿠테 씨가 몹시 아끼던 랜턴인 듯했기 때문이다.

우리는 곧 숲에서 빠져 나와 낭티옹 빙하 측면의 퇴석 밑을 흐르는 냇물에 도착하여 아침을 먹기 위해 걸음을 멈추었다. 여기서 우리는 호텔 보이가 우리에게 필요하다고 생각한 식량이 고기 세 조각과 조그만 치즈 한 조각, 30센티미터짜리 빵 한개 그리고 큼직한 건포도 봉지 하나가 전부였다는 것을 알았다. 다행히도 부르게너가 보급을 담당했었고 또 나는 산 속에서는 다른 어떤 음식보다도 건포도를 좋아하기 때문에 철학적으로, 내 동료들이 아무도 갖고 있지 않은 정신 상태로 보이의 행동을 이해할 수 있었다.

우리는 계속 오른쪽으로 붙어서 블래티에르의 절벽과 빙하가 그 너머로 떨어지는 험준한 바위 사이의 쿨르아르를 기어 올라가서 아래쪽 빙폭을 우회하여 나갔는데 매우 분별없는 짓이었다. 쿨르아르는 아주 쉬웠으나 왼쪽의 바위 버트레스는 더 쉬워 우리는 그리로 붙어 꼭대기까지 부산하게 성큼성큼 올라갔다. 바로 머리 위에는 하늘을 가르는 거대한 괴물인 빙탑이 끝없이 이어져 치솟아 금방이라도 무너질 듯이 우리를 위협하고 있었다. 이 지점은 쉬기에 바람직스럽지 못한 장소였다. 그래서 왼쪽으로 돌아가 어떻게 빙하로 나아갈 수 없을까 하고 살펴보았다. 한 지점에서, 오직 그 지점에서만 그렇게 할 수 있었다. 절벽 위로 비틀비틀 기울고 있는 듯한 빙탑 하나, 수백 미터 아래쪽에 쌓인 부서진 얼음 덩어리의 무더기 위에 하나를 더 보탤 가능성이 큰 이 빙탑이 이용할 수 있는 오직 하나의 다리였다. 우리는 그것을 따라 기어올라가서 눈사태 '데브리' 곁의 크레바스를 건너 짧은 얼음 사면을 재빨리 올라가서 확 트인 빙하로 나갔다. 비교적 안전한 곳에 이르는 데 10분도 채 걸리지 않았으며, 섬 같은 외로운 바위로 트래버스해 갔는데 빙폭은 바위 모퉁이로 해서 우회했다.

여기서 우리는 걸음을 멈추고 숨겨진 음식이 있을 것이라 생각하며 냅색 수색에 착수했다. 베네츠와 내가 이 임무에 열중해 있는 동안 부르게너는 몸과 망원경을 온갖 이상야릇한 모양으로 비틀어대더니 마침내 우리가 올라갈 봉우리를 찾아

내는 데 만족스럽게 성공했다. 한 시간후 다시 출발하여 그레퐁과 샤르모 사이의 우묵하게 꺼진 곳으로 통하는 긴 쿨르아르의 발치로 성큼성큼 올라갔다.

9시 15분 전에 베르크슈룬트를 건너 즉각 왼쪽으로 꺾어서 쿨르아르를 벗어나 45분 동안 좋은 바위를 기어올라갔다. 한두 군데의 슬랩이 우리의 진행을 좀 막는 듯했을 뿐이었다. 이때 우리는 이미 제2의 능선 꼭대기에 도달해 있었는데, 이 능선은 여기서 이 산의 마지막 절벽과 연결된다. 우리는 얼음에 덮인 바위에 걸터앉아 한정된 보급 식량을 꺼내면서 다시 한번 요란하게 샤모니의 보이에게 욕설을 퍼부었다. 그런 다음 포도주 깡통을 한쪽 구석에 안전하게 치워 놓고 일제히 윗도리와 구두를 벗어 모자 세 개 중에서 두 개의 피켈과 함께 둘둘 말아 안전한 틈바구니에 쑤셔넣었다. 예비 자일 한 동과 나무 쐐기 두 개, 식량, 부비에 한 병, 코냑 한 깡통, 그리고 피켈 한자루로 된 짐이 내게 건네졌다.

두 사람이 절벽을 벌레처럼 기어오르기 시작했다. 보통 부르게너가 베네츠를 밀어 올려 주면 베네츠가 자일로 부르게너를 도와주었다. 그러나 진전은 고통스럽도록 느렸다. 이윽고 서 있기에 좋은 발판에 도달하자 자일이 내 가까이라고는 할 수 없는 거리에 내려왔다. 자일의 도움없이는 도저히 피켈과 냅색을 가지고 올라갈 수 없었으므로 결국 나는 자일을 붙잡기 위해 어려운 트래버스를 해야 했다. 이런 종류의 작업이 45분 동안 계속되었다. 이어 지체하는 시간이 자꾸 길어져 무언가 심각하게 잘못되고 있다는 것을 시사했다. 열심히 물어보니 그 다음의 아주 사소한 부분을 도무지 올라갈 수 없다는 대답이 돌아왔으나 부르게너는 덧붙여 "그래도 가야 합니다."라고 말했다. 불가능하지만 그래도 올라가야 하는 그 장해물이 보고 싶은 호기심으로 나는 큰 슬랩의 가장자리를 기어올라가서 좁은 바위 선반에 이르러 다시 거북한 모퉁이를 돌아 어둡고 추운 걸리 안으로 들어갔다.

높이 약 15미터의 거창한 암괴가 산의 원 몸체에서 떨어져 나가고 그 자리에 둥근 수직 쿨르아르가 생겼는데 그 전체가 이제 베니어판 같은 얼음에 덮여 있었다. 걸리 안쪽에는 조그만 물줄기가 쫄쫄 흘러내려 중간쯤의 높이에서 바위에 얼어붙어 굵은 얼음 기둥을 만들고, 기둥 양쪽에는 같은 재료의 환상적인 번개 무늬가 형성되어 있었다. 약 5미터 상부는 초록빛으로 불룩하게 튀어나와 위쪽의 걸리를 볼 수 없게 막고 있었다. 이보다 더 절망적으로 보이는 것은 있을 수가 없었다. 우리가 서있는 자리에도 제대로 된 발판조차 없이 도처가 거멓게 번들거리는 얼음으로 가득 차 울퉁불퉁한 바위 바닥을 가리고 있었다.

약 10분이 지났을 때 나의 경험 없는 눈에도 두 사람은 지극히 위험한 처지에 놓여 있는 것 같이 보였다. 베네츠는 거의 아무런 손잡이도 없이 앞에서 말한 그 초록빛으로 불거진 곳을 향해 서서히 접근해 가고 있었다. 아주 흔하게 가이드들이 복장에 여러 가지 화려한 색깔의 조각으로 장식하는 부분이 있는데, 그 부분에 부르게너가 능숙하게 갖다 댄 피켈이 베네츠에게 움직이는 원동력을 제공해 주었고, 한편 부르게너 자신은 바위를 번들거리게 만들고 있는 엷은 얼음에 새겨진 보이지 않는 눈금에 교묘히 몸을 지탱하고 있었다. 그러나 베네츠가 초록빛의 불거진 자리로 기어올라가기 전에 피켈을 그의 발 밑으로 옮겨 주어야 하게 되어 한순간 베네츠는 거대한 고드름의 미끄러운 주름살에 고양이처럼 매달려 있어야 했다. 그가 어떻게 그 자리에 남아 있을 수 있었는지는 그만이 아는 그리고 중력의 법칙만이 아는 수수께끼다. 발 밑에 피켈이 받쳐진 베네츠는 다시 위쪽으로 움직여 결사적인 노력으로 머리와 어깨를 불거진 부분 위로 끌어 올렸다. "어때?" 하고 부르게너가 소리쳤다. "더 올라가지도 내려가지도 못하겠어요." 하고 베네츠가 헐떡였다. 자기를 끌어올려 줄 수 있겠느냐고 부르게너가 다시 묻자 대답이 돌아왔다. "아마 안될 겁니다." 그러나 그는 곧 호흡을 가다듬고 다시 안간힘을 쓰기 시작했다. 조금씩 조금씩 경련하듯 다리가 움찔거리더니 이윽고 시야에서 사라지고, 마침내 그 뒤에서 시골 사투리가 터져 나오더니 자일이 확 당겨졌다. 부르게너가 전진하여 모습을 감추었다. 휙휙 날아오는 얼음 조각과 그밖의 조그만 파편들과 사나이들의 거친 숨소리가 그들이 전진하고 있다는 것을 말해 주었다. 이어 부르게너가 돌이 떨어질 우려가 있으니 몸을 움추려서 잘 피하라고 나한테 소리쳤다. 그러나 내가 붙들고 있는 틈새는 코와 손가락과 한쪽 발을 가려주는 것이 고작이었

으므로 나는 뒤로 물러나 걸리를 벗어나서 따뜻한 바위쪽으로
옮기는 편이 현명하겠다고 생각했다. 뿐만 아니라 발가락이
그 방향으로 행동하라고 강력히 나를 부추겼다. 내 발가락은
구두의 보호도 받지 못하는 데다가 스타킹은 갈기갈기 찢어진
지 이미 오래여서 얼어 붙은 바위와 얼음을 따뜻함과 햇빛으
로 바꾸는데 기뻐하지 않을 턱이 없었던 것이다.

　이윽고 놀라는 외마디 소리와 커다란 돌이 허공에 날고, 이
어 쉰 요델 소리가 걸리의 정복을 알렸다. 다시 기어서 되돌
아가니 위에서 자일이 휙 떨어져 내렸다. 나는 한손으로 얼음
이 번들거리는 모퉁이에 매달린 채 다른 한 손으로는 되도록
단단히 자일을 몸에 맸다. 이 중요한 작업을 끝내고 나서 오
르기 시작했다. 처음 몇 미터는 모든 것이 잘 되어 나갔다. 그
러더니 손잡이가 충분히 잡히지 않는 것 같았으며 이것을 바
로 잡으려고 안간힘을 쓴 것이 결국 허공에 덩그러니 매달리
게 되어 나는 바위나 얼음에도 몸을 갖다 댈 수 없게 되었다.
수염투성이의 활짝 웃는 얼굴이 걸리 꼭대기에서 내다보고 재
미있는 듯이 묻는다. "어서 올라오시지요?"

　이어 두어 번 확확 끌어 올려진 나는 초록빛의 불거진 자리
위로 올라가 좁은 틈새로 들어갔다. 그 미끈하고 가파른 암벽
은 온통 얼음으로 번들거리고 평행으로 올라간 표면들은 잡을
것도 디딜 곳도 아무 것도 없었다. 등을 한쪽 벽에 대고 무릎
을 반대쪽 벽에 버틸 수는 있었으나 이런 상태에서 전진한다
는 것은 생각지도 못할 일이었다. 우리 일행 중에서 넵색과

피켈만이 성가신 짐이 아니구나 하고 회의적일 수도 있을 선생님에게 자신을 갖게 하는 데 몇분이 할애된 뒤, 자일의 설득력 있는 영향력으로 나는 더 울퉁불퉁한 장소로 옮겨 기어올라가 햇빛 속으로 나갔다.

그들은 찢어져서 피가 나는 팔꿈치를 원망스러운 듯이 들여다보고 있었다. 왜냐하면 그들은 몸 앞에서 두 손을 꼭 잡고 가슴 앞으로 끌어당긴 다음 팔꿈치를 맞은편 벽에 쐐기처럼 끼우고서야 겨우 몸을 걸리에 갖다붙일 수 있었던 모양이다. 두 사람 다 아주 녹초가 되어 있었다. 그래서 우리는 쉬면서 병 하나를 돌려가며 마셨다. 그리고 나는 따뜻한 바위에 드러누워 자일의 압력으로 자리가 바뀐 나의 내부 기관들이 정상적인 제 자리로 돌아가는 데는 시간이 얼마나 걸릴까 하고 생각했다.

15분 뒤 우리는 다시 출발했다. 머리 위에는 비교적 끊이지 않고 이어져 나간 수직 균열이 실밥처럼 박힌 갈라진 일련의 긴 버랑이 능선까지 우리의 전진을 보장해 주고 있었다. 올라갈 수 없는 모퉁이에 매달린 큰 슬랩을 내가 기어올라간 일—위험한 순간에 냅색이 날카로운 바위 모퉁이에 걸린 일, 혹은 피켈이 틈새에 끼어버린 일, 한편 내 구두의 발가락 구멍이 점점 더 깊어지고 커졌으며 내 허리의 자일 자국이 여성미의 현대적 이상(理想)에 훨씬 가까이 접근하여 잘록해진 일 — 등등이 내 마음에 새겨져서 지워지지 않는다. 이런 일들은 말로 표현하기에는 너무나 고통스럽다. 그러므로 나는 어느 바위에서 자일을 사용하는 어리석음과 동시에 매듭이 모든 비상시에 견디어낼 수 있는지 매우 면밀히 살펴보는 어리석음을 최신 등산 방식에 의거하여 정당하게 부르게너에게 충고해 주었다는 말로 그치고자 한다. 다른 바위에서 나는 새롭고 독창적인 자세를 채택하여 그렁저렁 올라갈 수 있었다. 일부 반대의 비평도 있겠지만 이 새롭고 독창적인 자세라는 것은 어느 예술가가 그 우아함과 세련됨을 포착할 수 있었다면 그에게 명성을 얻게 해 줄 것이고, 뿐만 아니라 모든 인습적인 규범과 매우 명확한 작별을 하게 해 줄 것이라고 지금도 나는 믿고 있다. 또 다른 바위에서는 한가지 전진 방법이 채택되었는데, 유감스럽게도 이것은 그 뒤에 일행 중의 아마추어와 프로 멤버들 사이에 맹렬한 논쟁을 불러 일으켰다. 한편에서는 클라이머가 넵색과 피켈의 방해를 받지 않는다면 그런 바위를 오르는 데는 아무 어려움도 없다는 주장이고, 한편에서는 허리 둘레 45센티미터라는 치수를 어떤 이상야릇한 이유로 해서 고려해야 하며, 그런 허리의 소유자는 등반의 명예가 감축된다고 주장한다. 그러나 이 논쟁은 그리 고통스러운 성질의 사건으로 발전하지는 않고, 간단히 말하자면 11시 15분에 우리는 능선 위로 기어올라가 정상 가까이의 조망으로 우리의 눈을 즐겁게 했다.

　일행 중 더 낙천적인 멤버는 왼쪽에 툭 튀어나온 쉽게 접근할 수 있는 것이 최고점이라고 즉각 결론을 내렸다. 그러나 어떤 우울한 반대론자는 오른쪽에 있는, 전혀 타협을 모르는 성질의 추악한 이빨 모양이 진짜 봉우리라고 주장했다. 이 말을 안 믿는 사람들은 이들의 비웃음을 사면서 별안간 열을 내어 그 쉬운 쪽의 암봉을 사납게 올라갔으나 여기서도 다른 데서와 마찬가지로 충실한 등산가를 위한 넓고 쉬운 길이란 없다는 것을 발견했을 뿐이다.

능선에 올라 붙었던 틈새로 되돌아온 우리는 진짜 정상의 발치를 향해서 나아갔다. 재빨리 부르게너의 어깨에 올려진 베네츠가 피켈을 사용하여 위쪽으로 기어올라갔다. 그러나 첫 공격에 실패하고 얼른 부르게너에게로 되돌아왔다. 그래서 멸시당하고 있던 선생님이 이 사다리를 연장하는 데 이용되었으며, 이 방법으로 베네츠는 흔한 손잡이에 마침내 손이 닿아 정상에 도달할 수 있었다. 오전 11시 45분, 우리 전원이 정상으로 몰려 올라갔으며 모두들 쿠테 씨가 우리의 등정을 환영하여 화약을 마구 터뜨리고 있는 것을 보고 무척 기뻐했다. 부르게너는 이 친절한 배려를 기뻐하고 그에 어울리게 최고점에 우리의 피켈 한자루를 세웠다. 원정대원들은 열심히 돌을 주워 와서 피켈이 똑바로 단단히 제자리에 서있도록 쌓았다. 여기에 체르마트에서는 빨래로 변형될 보통 크기와 색깔의 제품으로 무늬는 곱지만 기워서 볼품이 없는 손수건 두 장을 단단히 매 달았다.

이런 자질구레한 일들이 흡족하게 이루어지고 있는 동안 일행의 무거운 짐인 나는 아늑한 한쪽 구석에서 조용히 햇빛을 쬐며 정상의 조망을 형성하는 일광과 대기와 반짝이는 호수와 들쑥날쑥한 능선의 혼합된 경관에 넋을 잃고 있었다.

　오랜 시간의 힘드는 작업으로 근육은 극한에 이르도록 혹사당해야 했고, 절반은 획득되었으나 아직도 의심스러운 승리에 대한 거친 흥분은 한순간에 편안과 안정의 감정으로 바뀌었다. 그 감정은 너무나 완벽한 것이어서 햇빛에 따스해진 바람 잔잔한 어느 아늑한 구석에서 몸을 쭉 뻗고 누운 등산가만이 고통이나 근심의 모든 의혹을 달래주는 완전한 망각을 깨달을 수 있다. 그리고 아무리 행복의 추구를 피할지라도 환상 같은 화강암의 험악한 암봉 위에서 햇빛을 쬐며 이따금 그 행복에 깜짝 놀랄 수도 있다는 것을 알게 된다. 그런 순간에 먼 봉우리들을 알아보려고 애를 쓴다거나 자기의 지형학적 지식을 확인하려 든다거나, 혹은 어떤 종류의 과학적인 추구로 자기의 두뇌를 혼돈시킨다는 것은 가장 악질적인 모독으로 보인다. 나로서는 지긋이 눈을 감고 햇빛 속에 드러눕는 것이 참된 신앙처럼 여겨져서,

　▲"무엇인가 마음 달래 주는 달콤한 선율같이

　　너무나 달콤하여 우리는 귀 기울이고 있는 것도 모른다"

라고 할 만한 경치의 부드러운 기쁨에 싸여, 이윽고 ▲연밥을

▲ "무언가 달콤한…". 테니슨의 「더 로터스 이터즈(Alfred Tennyson : The Lotus-Eaters)」.

▲ 연밥을 먹는 사람(그리스 신화). 그 열매를 먹으면 꿈을 꾸는 듯한 기분이 되어 속세의 고통을 일체 잊는다는 상상의 식물 로터스를 먹는 사람.

먹는 사람들과 더불어,

　▲"우리들로 하여금 맹세케하라…
　…인간의 근심을 잊고 신처럼 더불어 언덕에 누워서 살
리라…"

하고 거의 외치다시피 했다.

그러나 부르게너는 이런 기쁨을 전혀 나누어 갖지 못했으며, 오후 12시 30분 정상 밑의 능선으로 이중 자일을 타고 내려가자고 우겼다. 모든 일이 유쾌하게 진행되어 이윽고 얼음 쿨르아르에 도착했다. 여기서 부르게너는 나무 쐐기를 하나 박으려고 했다. 그러나 쐐기는 이리 삐딱 저리 삐딱 자꾸만 기울어 끈덕지게 제 의무를 회피했다. 그래서 자일이 쐐기의 머리 위로 쏙 벗겨졌다. 우리는 모두 될 성싶은 바위틈에 박아 보기도 하고 조그만 돌을 교묘하게 쌓아서까지 세워 보기도 하고 했다. 그러자 누군가가 쐐기를 박는다는 것은 ▲바알 신 앞에 일종의 무릎을 꿇는 행위가 아니겠는가, 그리고 등산 기술이 굴뚝 직공의 기술로 전락, 실종하는 파멸의 첫걸음이 되는 것이 아니겠는가 하는 점을 들고 나왔다. 그래서 우리는

▲ "우리들로 하여금…". 테니슨의 「합창의 노래(Choric Song, viii)」
▲ 바알(Baal). 고대 특히 페니키아인의 주신(主神). 일반적으로 사악한 신이다. 「구약성서」 '열왕기상'(제19장 제18절)에, "그러나 내가 이스라엘 가운데 칠천인을 남기리니, 다 무릎을 바알에게 꿇지 아니 하고, 다 그 입을 바알에게 맞추지 아니 한 자니라."라고 나와 있다.

쐐기를 박음으로써 샤르모의 신성을 더럽혀서는 안 된다고 만장일치로 선언하고 좀 불안정한 바위혹을 하나 발견하여 자일을 이중으로 두르고 베네츠가 먼저 미끄러져 내려갔다. 내가 그 뒤를 따르고 부르게너가 내려올 때는 자일이 혹에서 벗겨지는 가능성을 될 수 있는 데까지 막기 위해 자일을 몇 번이나 비틀어서 두 끝을 꽉 붙들고 있었다.

2시 20분이 되었을 때, 우리는 다시 구두를 신고 있었으며 '정식'을 얻어걸리겠다는 생각이 좀 더 시적 형태의 생각과 자리를 바꾸기 시작했다. 우리는 떨거덕거리며 바위를 내려가 앞을 다투어서 빙하를 가로질렀다. 나중에 안 일이지만 얼마나 서둘렀던지 쿠테 씨의 망원경을 들여다보고 있던 여러 친구들을 몹시 놀라게 했다. 앞으로 갈수록 점점 더 빨라졌다. 왜냐하면 아침에는 불쾌하게 보이기만 했던 빙탑이 이제는 부르게너로 하여금 몸이 거의 발에서 떨어져 나갈 정도로 "빨리, 자, 빨리." 하고 재촉하게 만들 만큼 우리의 머리 위에 건들건들 기울고 있었기 때문이다. 빙탑은 여느 때의 버릇대로 기울고 건들거렸지만 쓰러지지는 않았다. 우리는 별로 다친 데 없이 헐레벌떡 숨 가쁘게 아래쪽 빙하로 내려갔다. 랜턴을 놓아 둔 자리 근처에 도착하여 열심히 찾았으나 보이지 않아 우리는 부르게너가 아는 산장으로 향했다.

아름다운 안주인은 돼지를 기르고 있었다. 나무랄 데 없이 질이 좋은 우유를 우리에게 갖다 주었는데, 전에 그 집에 많이 기르고 있는 돼지 가운데 몇 마리와 사람이 철철 넘치도록 한사발씩 마시고는 편안히 숨을 거둔 적이 있다는 말을 듣고 일행 중 결벽증이 있는 멤버는 별로 탐탁해하지 않는 것 같았다.

다행히 지그재그 길을 더듬어 내려가는데 오래 걸리지 않아 오후 5시 30분 우리는 쿠테 씨 내외의 아주 좋은 샴페인으로 따뜻한 환영을 받았다.

에귀유 데 샤르모── 가이드 없는 등반

이 산은 몇해 동안 다시 등정이 이루어지지 않았으나 뒤노 씨와 F. 시몽 씨가 마침내 남쪽 정상으로 길을 찾아 올라갔으며 이듬해에 그들은 우리가 북쪽 정상에 남겨 놓았던 피켈을 발견했다. 이 산은 그 후 몽탕베르 지구에서 가장 인기있는 등반 장소가 되었으며, 오봉(五峰)(지금은 이렇게 불리고 있다)의 트래버스는 샤모니 암벽 등반의 가장 훌륭하고 가장 유쾌한 입문으로 인정되고 있다.

1891년 나는 다시 이 산으로 떠났다. 이번에 우리는 가이드가 없었다. 왜냐하면 진정으로 등산의 기쁨을 누리고 싶은 사람은 오로지 자신의 기술과 지식을 믿고 고산의 눈 위를 돌아다녀야 한다는 위대한 진리를 배웠기 때문이다. 이의 필연성은 많은 원인에서 발생하고 있는데, 직업 등산가에게 일어난 두드러진 변화도 결코 작은 원인이 아니다. ▲「봉우리,고개,

▲「봉우리, 고개, 빙하(Peaks, Passes, and Glaciers)」. 1859년 영국산악회 회원의 기행문을 초대회장 존 볼(John Ball)이 편집한 것.

빙하」시대의 가이드는 친구이자 조언자였다. 그는 원정대를 인도하고 원정의 모든 재미와 즐거움 속에 완전히 한몫 끼었다. 산 속의 조그만 주막에 돌아와서도 그는 여전히 대원의 한 사람이었으며, 저녁의 대담배도 애오라지 그와 더불어 즐길 수 있었다.

그 자신의 산 속에 있으면 행복했고 마을의 빈약한 자원 속에서도 모든 것을 조달해 오는 재주가 있었던 그는 값진 매우 유쾌한 동료였다. 이점(利點)은 전적으로 한쪽에만 있는 것이 아니었다. 가이드는 자기를 고용해 주는 사람들과 끊임없이 접촉해야 하므로 가이드와 여행자가 서로의 우정과 존경을 발전시키는 데 꼭 필요한 최소한의 예의 범절을 그들로부터 터득했다. 그 초기의 개척자들 가운데서 ▲멜히오르 안데레크와 그밖의 몇몇 사람들은 아직도 남아 있다. 그러나 젊은 사람들 중에는 옛날 같은 교우 관계로 친근하게 사귈 수 있는 사람이 하나도 없다. 몰려든 관광객들은 참으로 불쾌한 계급의 차별을 받고 들어왔고, 근래의 가이드는 가이드실에 살며 '손님'의 얼굴을 보는 것은 실제로 원정에 나섰을 때뿐이다. 지난날의 교제에서 완전히 단절되어버린 가이드는 차츰 종속적인 위치로 전락해 가는 경향이 있으며, 야심적인 관광객은 마치 감흥이 덜 나는 형이 자기 노새를 보듯 가이드를 바라본다.

게다가 똑같은 등산이 끊임없이 되풀이되어 가이드를 일종

▲ 멜히오르 안데레크(Melchior Anderegg, 1828－1917). 당시 가이드의 왕이라 일컬어졌다.

의 청부업자로 만드는 경향이 생겼다. 몇십 프랑이나 몇백 프랑을 지불하면 가고 싶다는 데를 어디든지 데려다 준다. 여행자의 기술은 결코 조금도 중요하지 않다. 익숙한 가이드는 그를 단지 하나의 짐으로 간주한다. 물론 그가 비정상적으로 무겁거나 뚱뚱하다면 여분의 프랑을 추가로 지불해야 한다. 승마복을 입은 체중이 ▲16스톤 나가는 사람이, 사냥말에 많은 요금을 지불해야 하는 것과 다름없다. 체중에서 오는 우발적인 사태 이외에, 손님의 개성은 고려되지 않는 것이다.

가이드는 계약을 맺고 나면 당연히 가능한 가장 빠른 시간에 그 일이 만족스럽게 완성되기를 바란다. 이 목적을 위해서 등산 길에 관한 계획이 굉장히 세밀하게 짜여진다. 청부업자는 바위 하나하나와 능선 하나하나에 도착하는 시간을 초까지 알고 있다. 이런 표준 시간이 아주 조금이라도 어긋나면 그의 기분은 몹시 상하고, 조용했던 성깔은 사나워진다. 올라가는 동안 재미나 명랑함 같은 것은 물론 없다. 속도의 바로 최대한도까지 강요당하는 여행자들은 스스로 즐길 상태가 되지 못한다. 정말이지 1킬로미터 자전거 경주의 기록을 깨고 싶어 하는 사람에게 경치를 바라보라고 하거나 옥스퍼드의 조정 선수들에게 농담의 요점을 알라고 말하는 편이 차라리 나을 것이다. 일행은 그저 앞으로 앞으로 몰아 세워질 뿐이며 손님의 숨결과 다리가 이제 도저히 한 걸음도 앞으로 더 나갈 수 없

▲ 체중의 경우 1스톤은 보통 14파운드(6.35kg).

다고 거부할 때에만 전진이 정지된다. 이렇게 해서 잠시 쉬게 되는 동안—보통 아침을 먹으라는 내 지시가 내려진다. 그러나 아무도 아무 것도 먹지 못한다—아마추어들은 헐떡헐떡 숨이 턱에 차서 뱃머리 초기의 모든 격통을, 아니 그 모든 것 이상의 것을 느끼게 되고, 한편 가이드들은 침울하게 '세도가들'의 느린 움직임을 가엾어한다. 등산 기술의 창시자들이 즐긴 대화와 명상의 기쁨에 없어서 안 될 조건이 깡그리 사라져 가고 있는 것은 두말할 것도 없다. 도시에서 자란 영국인은 슬프거나, 호흡과 근육이 흐트러지지 않는 두 사람의 스위스 농사꾼에게 재촉을 당하며 올라간다.

가이드 없는 등산가는 이 모든 해로운, 즉 사람을 시들게 만드는 것에 영향을 받지 않는다. 우선 시간만 있으면 아니, 시간이 없을 때라도 흔히 낙석 없는 바위에 드러누워 쉴새 없이 변하는 먼 산의 그림자를 지켜보기도 하고, 혹은 불안한 빙하 위에 떠도는 거창한 안개의 깊이를 들여다보기를 좋아한다. 눈 사면이나 너덜들을 자기가 낼 수 있는 최대의 속도로 고통스레 올라가는 것은 그의 구미를 끌지 않는다—그럴 때는 넓적한 돌을 볼 때마다 쉬고 싶어지고 또 조그만 시냇물만 보아도 실컷 마시고 싶어진다.

언젠가 오전 11시에 샤르모에 올라갔다가 막 내려오는 길이라는 사람을 만난 적이 있다. 그는 자기가 한 일을 무척 자랑스러워하는 것 같았는데 엄청난 속도로 올라갔다 온 것은 의심할 여지가 없었다. "하지만", 하고 나는 내 자신에게 물었다. "왜 그랬을까?" 얼굴에 눈이 달렸고 육체에 불멸의 영혼을 간직한 사람이라면 누가 몽탕베르 호텔의 근처에 도사리고 앉아 한나절과 오후를 견딜 수 없는 것으로 만드는 이기적인 여행자의 무리들 속으로 기를 쓰고 돌아가기 위해 샤르모 능선의 그 거친 아름다움을 떠나고 싶어할 수 있겠는가? 이 사람도 예외는 아니다. 체르마트에서는 이른 아침에 알프스의 가장 아름답고 가장 깊숙이 들어앉은 가벨호른, 로트호른 혹은 그밖의 비슷한 봉우리에서 변덕스럽게 떠나와 이 유람객의 행락지에 있는 악단과 흑인 가수들에게로 서둘러 돌아오는 사람들을 자주 만날 수 있을 것이다. 가이드 없는 등산가는 이런 짓을 전혀 하지 않는다. 쉬 사라지지 않고 서성거리는 마지막 붉은 노을이 서쪽 지평선에서 사라질 때까지 그가 돌아오는 모습을 보기 드물다. 그를 내몰아 우글거리는 여행자들 속으로 돌아가게 만드는 것은 밤이다, 밤 뿐이다. 햇빛과 고산의 눈 속에서 지내기를 좋아하는 이 애정은, 열중하는 사람의 진정한 증명이며 허풍을 떨고 큰소리치는 족속들인 모든 이른바 '알프스에 출입하는 자들'과 그를 확연히 구별짓는 것이다. 그러나 산에 대한 사랑이 인간의 의무 중에서 첫째로 간주되어야 한다든가, 혹은 인간의 윤리적 가치를 그가 보통 산 속의 주막에 도착하는 시간으로 결정될 수 있다고 단정해서는 안된다. 다만 등산가란 빛과 그림자의 모든 변화를 공감할 수 있고 진지한 세계의 참된 정신을 숭배하는 사람으로서, 이러한 특질에 의해 완고한 모방자와 위선자들과 명확히 구별될

뿐이라고 단정되어야 하는 것이다.

그러나 가이드의 안내를 받는 파티를 내가 반대하는 것은 주로 하루의 진행이 수행되는 그 절대적 확실성에 있다고 할 수 있다. 가이드는 침대에 누워서도 올라가는 길의 한 걸음 한 걸음을 머리 속에 그릴 수 있을 뿐 아니라, 그와 같이 쉬면서 등산의 각 지점에 도착하는 시간을 분초에 이르기까지 정확히 말할 수 있고 손님을 무사 안전하게 미소를 짓는 호텔 주인에게 다시 데려다 주는 바로 그 순간을 일러줄 수 있다. 이제 나는 '확실성이란 재미없고 따분한 것'이라는 ▲랜더의 말에 동의한다. 나는 아침에 출발하며 앞으로 정확히 무슨 일을 하게 되고, 또 그것이 정확히 어떻게 이루어지는지 알고 싶어하지 않는다. 우리는 최선의 노력이 필요할지도 모르며, 그러고도 심지어 실패하여 녹초가 될지도 모른다고 느끼고 싶은 것이다. 마찬가지로 긴 시간 힘들게 싸워서 쟁취한 승리의 그 모든 갖가지 기회를 회상하는 데 무한한 기쁨이 있는 것이다. 지칠 줄 모르는 두사람의 가이드를 따라간 따분하고 정확했던 등산에 대한 추억은 도무지 색깔이 없고 금방 희미하고 막막한 과거 속으로 사그라지고 마는 것이다.

나의 동료들에게나 내 자신에게, 브렌바 측릉으로 몽블랑에 올랐을 때보다 더 큰 기쁨을 가져다 준 등반도 드물다. 내 친구들의 충고를 어기고 내가 우겨댄 어리석은 실수 때문에 우

▲ 랜더(Walter Savage Landor, 1775-1864). 영국의 시인 · 작가.

리는 거대한 빙탑의 벽과 몸으로 부딪쳐, '자기 자랑이 심하다면 나중에 고쳐 달라기로 한' 단호한 결의로 싸웠다. 그 단호한 결의는 그때 우리에게 순수한 즐거움과 기쁨을 안겨 주었으며 추억이 지속되는 한 앞으로도 언제까지나 그럴 것이다. 실패하여 후퇴한 우리는 노출된 바위 선반에서 캠핑을 하고, 이튿날 아침 널리 알려진 그 얼음의 칼날을 트래버스하여 이번에는 훨씬 취약한 모퉁이로 빙탑에 대한 공격을 재개했다. 승리는 여전히 불확실했으며 어느 쪽으로 기울지 알 수 없었다. 콜리가 우리의 피켈 세 자루를 바람벽처럼 곧추 서얼어 붙은 얼음 데브리의 틈새에 쑤셔넣어 건들거리는 계단을 만들었다. 그제야 간신히 그는 장해물을 기어올라가게 되었고 우리는 칼롯(주교 모자)봉 아래 있지만 확실히 도달할 수 있는 너울져 나간 설원을 향해 승리에 찬 걸음걸이를 성큼성큼 내디딜 수 있었다. 그런 순간 때문에 살 보람이 있는 것이다. 만일 침대에 누워서 올라가는 길의 한 걸음 한 걸음을 머리 속에 그릴 수 있는 가이드가 따라가는 파티라면 그런 것을 갈구해 봐야 소용이 없다. 등산이란, ▲레슬리 스티븐 씨가 지적했듯이, "하나의 스포츠다—크리켓, 혹은 조정, 혹은 목구기(木球技)만큼이나 엄밀한 스포츠인 것이다." 그 즐거움이 승리를 위한 투쟁에 달려있는 것은 필연적이다. 정상적인 원정을 가이드와 함께 떠난다는 것은, 스포츠를 한다는 견지로 보아

▲ 레슬리 스티븐(Leslie Stephen, 1832–1904). 영국의 문학가. 「유럽의 운동장(The Playground of Europe, 1871)」은 산악서로서 유명하다.

‘경쟁 상대 없는 독주 경마’처럼 재미있기도 하고—혹은 그 반대이기도 한 것이다.

　이 문제에는 의심할 것도 없이 다른 측면이 있다. 위대한 신 ▲‘쿡’의 경건한 숭배자들은 등산의 간편화를 순수히 좋은 것으로 간주한다. 그들은 자일이 비치되어 있고 산장이 있는 마터호른을, 자리에 누워서 올라가는 길을 머리에 그릴 줄 아는 가이드들과 케이블 카와 톱니바퀴로 발전할 진보의 초기 단계로 환영하는 것이다. 마터호른을 증기 승강기로 올라가고, 올라가면서 줄곧 용감한 사람들이 저 무서운 얼음에 갇힌 절벽에서 오로지 곤란의 중압으로 죽어 간 것을 회상하는 것이 런던 사람과 그 동료들의 순수한 기쁨이 될 것이다. 초기의 등산가들에 관하여 그들이 비박한 일과 산장에서 보낸 밤, 언 발끝, 심지어 한 사람이 슬립함으로써 파티 전원이 파멸되고 만 일 등에 관한 것을 읽으면서 아늑한 케이블 카의 상자 안에 앉아 있으면 위험과 고난의 후광이 자기들을 감싸주는 것 같고 자신들이 마치 매우 용맹스러운 전사라도 된 것 같은 느낌이 들 것이다.

　어쩌면 우리들 구파(舊派)도 이상(理想)을 다시 세워야 할지도 모른다. 몇 세기만 지나면 영어도 런던 사투리와 저질 미국어가 혼합될 것이라고들 하는데, 그렇다면 등산의 신조도 새로 정립하기 시작해야 하지 않겠는가? 노천에서의 추운 밤,

---

▲ 쿡(Thomas Cook, 1808－1892). 영국의 여행 안내소 창설자. 세계 각지에 지점이 있어서 유명하다.

정중한 사제와 함께 든 색다른 식사, 거의 알려지지 않은 빙하의 변덕스러운 등반, 거대한 미등정 능선에서의 트래버스 등에 대한 지난날의 애정을 버리는 대신 그린델발트 및 체르마트의 호텔과 교회를 자주 찾고, 이 두 종류의 건물에 걸맞는 갖가지 의식과 사교 행사 사이사이에 증기 승강기를 타고 융프라우에 달려 올라가거나 아니면 케이블 카로 마터호른에 오르자.

그러나 이것은 너무나 무서운 생각이다. 폭풍설로 하여금 우리의 콧구멍에서 석유 깡통의 악취를 흩날리게 하자. 우렁찬 눈사태와 포효하는 폭풍으로 하여금 가냘픈 무쇠 종소리와 싸구려 독일 악단의 요란스런 나팔 소리를 짓누르게 하자. 하다못해 드높은 알프스가 우리 시대의 토목 공사 인부들과 기사들을 막아 주리라는 희망이나, 우리는 여전히 조상들의 그 위대한 신전에서 평화롭게 예배할 수 있으리라는 희망이나마 고이 간직하자.

가이드 없는 등산의 기쁨이 나를 샤르모의 험악한 암봉과 바위 탑에서 이토록 멀리 빗나가게 만들어 버렸다. 심지어 그 기쁨에 속아 경솔한 짓 가운데서도 가장 큰 것, 신앙의 고백마저 무심코 해버리지 않았나 하는 생각이 든다.

그래서 나의 사려 분별은 이 위험한 지경에서 떠나 우리가 지향하는 봉우리의 단단한 화강암으로 돌아가야 한다고 암시한다. 첫 등반때 우리가 구두를 바꾸어 신은 지점에 이를 때까지 내가 예상한 것보다 더 어렵지도 덜 어렵지도 않았다.

거기서부터는 훨씬 쉬웠다. 그 원정 동안 우리가 평소에 신는 신발을 신지 않은 것이, 어쩌면 우리의 진행에 도움이 되었다기보다 오히려 방해가 되었는지도 모른다. 걸리의 눈이 엄청나게 줄어서 전에는 더없이 무섭도록 어려웠던 것을 쉽게 만들어 주었는데 어쩌면 이것으로 산이 전해주는 전체적인 인상이 떨어졌는지도 모른다. 아니면, 이런 생각은 일행 중 나이를 더 먹은 멤버들에게는 위안을 가져다 주는 것이지만, 어쩌면 지나간 세월들이 근육이나 숨결과 신경을 아직까지는 파괴할 수 없었는지도 모른다. 그러나 이런 추측은 어리석은 짓이다. 바로 우리 일행 속에 영감이 간직되어 있었다는 것을 나는 잊고 있었다. 동행의 영광을 우리에게 준 두 여성의 존재가 의심할 여지도 없이 단순한 가이드나 심지어 젊은 활기가 감히 겨루어 보겠다고 할 수 없는 힘과 기민함을 우리에게 주었던 것이다. 그 결과 첫 정상에 이르기까지의 진행은 쉽게 얻은 승리의 단순한 연속에 지나지 않았던 것이다.

그 지점에서 우리는 능선을 따라 성큼성큼 걸어갔다. 도중에 '음경 막대'라는 매우 무엄한 이름으로 알려진 이상하게 생긴 침봉을 기어올라가서, 마침내 아주 ▲좁은 우편함을 비집고 빠져 나가 마지막 정상에 도달했다. 막 하산하려고 했을

▲ 원저자 주 ―"우편함은 몽탕베르 지방에서 갈라진 바위에 붙여진 이름이다. 샤모니의 침봉군 속에서는 그러한 바위를 매우 흔히 만나게 되는데, 수평으로는 통로로 이용하고, 수직으로는 억지로 마구 몸을 비틀고 쐐기처럼 끼워 박고 하여 사다리로 이용한다."

때 그렁저렁 마지막 바위탑을 내려가는 더 편리한 길을 발견하여 샤르모와 그레퐁을 가르는 커다란 쿨르아르의 머리에 어려움없이 도착했다. 이 쿨르아르를 몹시 겁에 질려서 내려왔다. 암석은 건들거리고 일행의 대원은 무척 많았기 때문이다. 다행히 파스퇴르 이외는 아무도 돌에 맞지 않았는데, 아무리 보아도 그는 돌에 맞은 것을 고통스러워하기보다 오히려 재미있어 하는 것 같았다.

얼음 사면을 내려가서 아침을 먹은 바위에 이르자, 엄청나게 많은 술병과 레몬 그리고 큼직한 기선표 깡통이 즐비하게 늘어선 광경이 우리를 반갑게 맞이했다. 그것은 전체가 가장 원숙한 솜씨로 마련된 것이 분명했고 샤르모 트래버스의 위험을 용감하게 해치운 첫 부인들의 도착을 기다리고 있었던 것이다.

저녁때 다시 나아가니 몽탕베르 호텔의 불빛이 우리의 눈을 축복해 주었다. 요델과 환성에 이어 봉화가 올라갔다. 석남화에 덮인 비탈을 내려갔을 때 영국산악회에서 제일 키가 큰 회원이 붉은 불빛과 그밖에 불꽃놀이의 전시 장치에서 나오는 눈 부시게 번쩍이는 광휘를 배경으로 건들거리는 테이블 위에서 멋진 솔로 댄스를 추고 있는 그림자가 보였다. 왁자지껄한 환영이 우리의 도착을 맞이하고 언제까지나 계속된 축하연이 이날밤을 마무리했다.

제6장 그레퐁

접근하기 어려운 봉우리 — 알프스에서 가장 곤란한 등반 — 여성이 쉽게 올라갈 수 있는 날

1880년 샤르모의 정상에 있었을 때, 그레퐁이 내게 큰 감동을 주었다. 그 절벽의 거칠거칠한 장관은 제앙 봉 자체에 필적할 만했다. 그 지점에서 능선을 통과한다는 것은 전혀 불가능해 보였다. 화강암이 저마다 부서지지 않은 오벨리스크를 이루면서 30미터 이상 높이 치솟은 커다란 바위 탑들이 진전의 모든 가능성을 가로막고 있는 것처럼 보였다. 전에 우리는 망원경으로 낭티옹 측면의 절벽을 살펴본 적이 있는데 완전히 수직은 아닐지라도 거의 수직에 가까웠고, 독일인 가이드들에게는 '절단면'으로 알려져 기묘하게 호감이 안 가는 구성이라는 것을 알았다. 그럼에도 불구하고 어딘가에 틀림없이 길이 있다고 느낀 우리는, 독단적인 방법으로 그 길이 메르 드 글라스 측면에 있다고 단정했다. 그래서 그쪽으로 첫 공격을 가하기로 했다.

샤르푸아 빙하에서 베르트로 올라가면서 부르게너와 나는 쉬는 시간을 이용하여 이 동벽을 주의깊게 살폈다. 꼭대기에 훌륭한 걸리가 있고 그 아래쪽에는 편리한 눈 쿨르아르가 있는 것을 발견했다. 그리고 우리의 확신에 찬 눈은 약간의 노력으로 마음에 드는 크랙과 바위 선반과 트래버스 자리를 식별할 수 있었으며 그것들은 서로 연결되어 있었다. 이렇게 가장 훌륭한 루트를 선택한 다음 우리는―확신에 찬 눈을 믿을 만하다고 치고―그것을 실천에 옮기기로 결심했다. 그리하여 1881년 8월 1일 새벽 1시, 우리는 몽탕베르 호텔의 홀에 집합했다. 불행히도 부르게너가 몸이 매우 불편하여 그가 출발할 수 있도록 적당한 양의 샤르트뢰즈 리큐르와 브랜디를 먹이지 않으면 안 되었다. 이 때문에 약간 늦어져서 출발한 것은 새벽 2시나 되어서였다. 우리는 밤새도록 끝없는 암석과 퇴석으로 가득 찬 크레바스 사이에서 비참하게 허우적거렸다. 트렐라포르트의 낭떠러지를 돌아 메르 드 글라스 빙하를 벗어나서 풀이 나있는 바위 선반으로 기어올라갔다. 줄곧 왼쪽으로 붙어 이 선반을 따라 나가서 이윽고 조그만 트렐라포르트 빙하에 이르렀다.

지난번 베르트에서 관찰했을 때 우리는 이 빙하에서 세 가닥의 쿨르아르가 산으로 뻗어 올라가 있는 것을 보았다. 그 중 가운데 것에 애착을 느꼈는데 어느 관점으로 보나 우리의 계획에 가장 적합해 보였기 때문이다.

그 베이스에 도착하고 나서야 우리는 그것이 대단히 곤란한 장소로 통하고 있다는 것을 알았으며 그 속에 들어간다는 것은 도저히 불가능한 일이었다. 베르크슈룬트에는 다리 같은 것도 없었고 그 아래 위의 입술 사이는 8,9미터나 벌어져 있었다. 데브리 무더기를 타야 이 깊은 균열을 건너갈 수 있었는데 거기서부터도 윗입술은 30미터가 넘었다. 양쪽 바위는 맨질맨질해서 도무지 공격할 수가 없었다. 그래서 우리가 선택한 이 쿨르아르는 단념하지 않을 수 없었다. 우리는 다음 쿨르아르가 더 유리한가 보기 위해 왼쪽으로 트래버스했다. 이 베르크슈룬트의 윗입술 역시 희망이 없었으나 쿨르아르 속의 얼음이 바위에서 바짝 오그라들어 그 뒤에 일종의 깎아지른 침니 같은 것이 남아 있는 것을 발견했다. 부르게너는 무리하면 그 위로 올라갈 수 있을지도 모른다고 생각했다. 그래서 베르크슈룬트 안으로 내려진 베네츠가 얼음 데브리의 다리를 건너가서 침니를 공격했다. 3미터도 채 못 올라가서 그는 자기가 옴짝달싹도 못하게 된 것을 알았다. 올라갈 수도 내려올 수도 없었다. 데브리의 다리는 침니의 발치에 단단히 박혀 있지 않았고, 깊은 균열이 입을 딱 벌리고 있었다. 그가 떨어져 들어가기에 알맞는 위치라 그의 처지는 지극히 위험해 보였다. 즉각 행동할 필요를 깨달은 부르게너는 예비 자일을 움켜쥐더니 재빨리 몸에 매고는 나더러 베르크슈룬트 안으로 내려달라고 했다. 그는 얼음 덩어리가 너절하게 쌓여서 건들거리는 무더기 위를 잽싸게 기어가서 곧 베네츠에게 필요한 도움을 줄 수 있었다. 베네츠는 부르게너의 어깨 위에서 잠깐 쉰 뒤 바위와 얼음 사이에 피켈을 건너지르는 데 성공했다. 그런 다음 그것을 발판으로 삼아 선반처럼 튀어나온 바위 위에 꽤 쓸 만한 설자리를 얻을 수 있었다. 이어 나는 베네츠가 부르게너에게로 타고 건너 온 자일 끝을 던져 주었다. 부르게너는 이것을 몸에 매자마자 곧 선반으로 올라갔다. 그 동안에 나는 피켈 하나를 눈 속에 고정시켜 짤막하게 자일을 묶고는 다리 있는 곳으로 미끄러져 내려가 침니의 발치로 건너갔다. 그곳에는 벌써 자일이 나를 기다리고 있었다. 바위는 고통스럽도록 차가웠으며 침니 꼭대기에 올라가 일행과 함께 열심히 손을 문질러 손가락에 조그만 생기를 불어넣을 수 있게 되었을 때는 여간 흡족하지 않았다.

  이제 비교적 쉬운 바위들이 우리들을 재빨리 앞으로 나아가게 해주었다. 진행 방향은 우리와 반대였지만, 역시 이 바위를 통로로 쓰고 있는 조그만 물줄기가 이따금 관수(灌水) 요법을 감수하게 했다. 잠시 후, 우리는 이 샤워 목욕의 기쁨이 너무 지나칠지도 모른다는 생각이 문득 들어서 오른쪽으로 꺾어 쿨르아르의 눈에 가서 붙었다. 그것을 따라 나가니 이윽고 양쪽 벽이 무섭도록 바짝 다가서기 시작해 그 이상 올라가면 빠져나갈 길을 찾지 못할지도 모른다는 두려운 생각이 들었다. 왼쪽으로 돌아 숱한 애를 먹은 끝에 버랑 위에 간신히 거점을 만들고, 80~90미터를 꽤 쉽게 올라갈 수 있었다. 이어 우리가 올라온 걸리를 가로막는, 아니 오히려 거기서 끝나 통과 불가능한 슬랩과 딱 마주쳤다. 하는 수 없이 그 아래쪽의 오버행 가장자리를 따라 왼쪽으로 트래버스하여 이를 피하는 수밖에 없었다. 이 슬랩의 아래쪽 가장자리를 주로 엄지손가락과 검지손가락으로 잡아 몸을 지탱하고 그동안 다리는 아래쪽의 다음 슬랩을 더듬어서 허우적거렸는데, 그런 쓸모없는 사지는 차라리 집에 떼어두고 왔으면 더 좋았을 성싶은 몰골이었다. 이 난관을 극복한 뒤 1, 2미터를 유쾌하게 기어올라 메르 드 글라스 빙하에서 보아 꽤 두드러진 형태를 이루는 커다란 붉은 탑 꼭대기로 나갔다.

벌써 여덟 시간이나 올라가고 있었지만 진짜 등반은 아직 시작도 되지 않고 있는 것이 분명했다. 그래서 우리는 모두 같은 생각으로 걸음을 멈추고 과연 이 기도가 더 노력할 가치가 있는 것인지 검토했다. 그레퐁과 샤르모 사이의 안부는 접근할 수 있을 것 같고 정상과 지금은 픽 발푸르로 알려진 탑 사이의 갭은 억지로 올라가면 올라갈 수도 있을 것처럼 보였다. 그러나 우리는 이들 각 지점이 낭티옹 빙하에서 올라가면 더 쉽게 도달할 수 있다는 것을 알고 있었다. 우리의 목적은 이 벽의 직등을 감행하여 능선의 곤란을 피하는 데 있었다. 이것이 지금 보니, 전혀는 아닐지라도, 거의 문제가 되지 않았던 것을 부르게너는 기꺼이 계속 올라가겠다는 뜻을 밝혔으나 바위에서 하룻밤을 자야 할 필요가 있을 것이라고 덧붙였다. 식량이 너무 부족해서 이것은 바람직스럽지 못했다. 한 시간 휴식한 후 여론은 분명히 하산쪽으로 기울었다.

우리는 올라온 길로 되짚어 내려갔으나 다만 트렐라포르트 빙하에 이르러서 루트를 바꾸었다. 메르 드 글라스의 퇴석쪽으로 내려가는 대신, 이 빙하와 그 밑의 사면을 계속 왼쪽으로 붙어 그 큰 갭(틴달 교수가 말하는 분열 장소)을 통로로 이용했다. 이렇게 하여 몽탕베르 호텔에 이르기까지 트래버스해야 하는 느슨한 바위의 수를 실질적으로 줄일 수 있었다.

메르 드 글라스의 벽면이 진짜 공격 라인이라는 생각은 이 원정 후 사라져버렸다. 우리는 다시 한번 낭티옹쪽으로 주의를 돌려 먼저 샤르모 – 그레퐁 안부에서 능선을 따라 시도해보기로 했다. 낭티옹 빙하에 이르는 가장 쉬운 길은 몽탕베르의 숙사에서 소(小) 샤르모의 아래쪽 버트레스를 트래버스하는 것이라는 생각을 우리는 하지 못했다. 지금은 누구나 정해놓고 택하는 루트지만 우리는 그런 줄도 모르고 공격의 예비행동으로서 샤모니로 내려갔다.

그래서 8월 3일 새벽 1시 30분 무자비하게 침대에서 쫓겨난 나는 한 점의 구름도 없고 한 조각의 안개조차 없으니 그 밑에 아늑하게 숨어서 게으름을 피우며 단잠을 즐길 수도 없다는 통고를 받았다. 그래서 나는 가이드와 산의 이른 출발에 툴툴 욕지거리를 퍼부으면서 옷을 주워입고 썰렁하게 적막한 홀로 내려갔다. 그리고 선생님을 위한 따끈한 차 한잔도, 가이드를 위한 아침식사도 나오지 않는다는 것을 알았다. 의심할 것도 없이 그것은 신(혹은 주인 쿠테 씨)의 뜻으로 샤모니에 스위스인 가이드를 데리고 오는 사람에게 주어지는 정당한 응징이었다.

우리는 처음에는 아주 천천히 나아갔다. 병으로 만든 랜턴 때문에 진행에 몹시 지장을 받은 것이다. 다행히도 시간의 손실이 정말로 심각해지기 전에 베네츠가 미끄러운 바위와 얽힌

가시덤불 덕으로 곤두박질을 했다. 그게 어딘지 아무도 정확히 알지 못했으나 그가 무심코 지른 몇마디 말로 나는 그것이 별로 바람직스럽지 못한 저승의 어느 구역이라고 짐작했다. 그가 다시 나타났을 때 랜턴은 이제 간 곳이 없었으며, 우리는 훨씬 더 잘 나아갈 수 있게 되어 기진맥진 안간힘을 쓴 끝에 낭티옹 빙하에 도달했다.

우리는 전에 샤르모에 오르는 길 위쪽 사면에 도착한 그 트래버스를 다시 되풀이하고 싶은 생각은 거의 없었다. 그래서 걸음을 멈추고 빙폭을 피하는 더 좋은 방법을 찾았다. 샤르모의 절벽과 블래티에르에서 튀어나온 바위 버트레스 사이의 가파른 빙하의 혓바닥이 쉽고 비교적 안전한 등행선을 제공해 줄 것처럼 보였다. 우리는 만장일치로 그것을 택하기로 했다.

일과의 예비 행동이 이렇게 해결이 나자 우리는 그 혀의 밑둥으로 어슬렁어슬렁 걸어 올라갔다. 곧장 올라가 보니 그것은 정말로 가팔라서 끝까지 발판을 깎지 않으면 안 된다는 것을 알았다. 단조롭고 따분한 진행이었다. 부르게너가 매우 약이 오른 것은 블래티에르로 향하는 한 파티가 오른쪽의 ▲쉬운 바위로 해서 성큼성큼 우리를 따라붙고 있다는 것이었다. 우리의 리더는 있는 힘을 다하여 ▲헤라클레스 같은 노력으로,

---

▲ 원저자 주 ─ "이것은 적당한 루트이며, 지금은 등산 파티가 낭티옹 빙하의 상부 사면으로 올라갈 때 반드시 택하는 루트라고 나는 생각한다."

▲ 헤라클레스(Heracles) 그리스 신화. 제우스의 아들로, 열두 가지 지극히 어려운 과업을 해낸 무서운 힘을 가진 영웅.

간신히 이 파티와 동시에 위쪽 빙하에 도달했다. 그들을 보니 잘 알려진 오버란트의 한 가이드가 인도하고 있었는데 그는 자기의 현명한 안내에 적잖이 우쭐해 하고 있었다. 우리는 샤르모 — 그레퐁 안부로 뻗어 올라간 쿨르아르의 발치까지 함께 가 여기서 갈 길이 갈라져 작별 인사를 나누고, 서로의 모든 행운과 성공을 빌면서 헤어졌다. 오버란트의 가이드는 처음 매우 좋은 조언을 부르게너에게 해주더니 나중에는 계획을 포기하라는 강한 충고로 말을 맺었다. "왜냐하면 말이야," 하고 그는 말했다. "내가 해봤거든. 내가 실패한 자리를, 다른 누구도 성공하길 바랄 수는 없다구." 부르게너는 이 마지막 맺음말에 큰 충격을 받았다. 분수처럼 쏟아져 나온, 차마 그대로 옮길 수도 없는 그의 시골 사투리로 미루어 나는 우리의 운명이 이제 결정된 것을 알았다. 우리가 설령 여생을 이 산에서 보내는 한이 있더라도(아니면 이 산에서 굴러 떨어지는 한이 있더라도) 이 불신자의 조소와 경멸 속으로 돌아가느니 차라리 그 편이 낫다는 것이 그의 의견이었다.

낙석을 가려주는 바위를 발견한 우리는 걸음을 멈추고 두번째 아침을 먹었다. 다시 등반을 시작했을 때 그 쿨르아르가 낙석이 전혀 없는 것은 아니나 비교적 쉽다는 것을 알았으며 안부 밑으로 약 20미터쯤 다가가서 오른쪽으로 트래버스하여 큰 슬랩을 공격했다. 그것은 우리가 직면한 첫 난관이었으며, 자일을 매야 했다. 베네츠와 나는 여러가지 시도를 해보았으나, 부르게너의 피켈에 의한 확실하고 든든한 서포트에서 벗

그레퐁 (홀므즈 씨의 사진에 의한 그라비어 화)

어나기만 하면 금방 그 이상의 등행을 할 수가 없었다. 우리는 깨져서 비교적 쉬운 바위로부터 몇 미터 떨어진 지점에 도달하기는 했지만, 그 위로 올라가려는 시도는 번번이 실패하여 되돌아와야 했다. 더 결정적인 공격을 가해도 이 적을 정복할 수 없는 것일까 하고 고개를 갸웃거리고 있는 동안에, 베네츠가 현명하게도 더 편리한 등행선을 찾을 수 있는지 보기 위해, 쿨르아르로 되돌아가서 안부로 기어 올라갔다. 그는 곧 따라오라고 소리쳤다. 자일과 냅색을 가져 오게 부르게너를 남겨 놓고 돌아서 올라가 보니, 베네츠는 거대한 슬랩의 3미터쯤 위에 덩그라니 앉아 있었다. 슬랩은 거대한 사각 바위에 버트레스처럼 박혀 있고, 사각 바위는 안부의 그레퐁쪽을 수직벽으로 가리고 서 있다. 넓고 편리한 바위 선반으로 해서 접근할 수 있는 슬랩의 발치는 안부의 약 5미터 밑에 있고, 그 꼭대기는 짤막한 쿨르아르의 발치로 통한다. 이 쿨르아르 꼭대기의 능선에는 부르게너가 ▲'대포 바위'라고 이름 지은 묘하게 생긴 구멍이 있다. 여기만 붙을 수 있다면 거기서 정상에 올라설 수 있겠다고 우리는 믿었다.

부르게너가 자일과 냅색을 가지고 올라오자, 베네츠는 곧 자일을 몸에 매고 작업을 시작했다. 한두 군데의 진행이 대단히 어려웠다. 크랙이 부분적으로 너무 넓어 아무 홀드도 잡을 수가 없었으며, 등반자는 하는 수 없이 슬랩 벽쪽으로 나가지

▲ 원저자 주―"나는 자아스 계곡 지방의 문법에는 책임이 없다"('대포바위' 'Kanones Loch' 는 'Kanonen Loch' 가 문법적으로 옳다.)

않으면 안 되었다. 그후 최악의 장소에서 리치가 더 긴 나는 조그만 돌기를 한 손가락으로 잡을 수 있다는 것을 알았으나, 리치가 분명히 나보다 30센티미터 정도 짧은 베네츠가 어떻게 기어올라올 수 있었는지 끝내 만족할 만한 설명을 듣지 못했다. 다음 단계에서 크랙은 좁아진다. 그리고, 있었으면 하는 자리에 안성맞춤으로 돌 하나가 박혀 있다. 그 위로 크랙의 오른쪽은 허물어졌고, 그 꼭대기로 몸을 끌어올리는 것은 비교적 쉬운 일이다. 이 꼭대기서부터 좁지만 아주 쉽고 편편한 통로를 이루어 능선의 그 구멍으로 올라가는 걸리로 통한다. 이 구멍 혹은 입구를 큰 바위조각이 지키고 있는 것을 알았다. 너무 느슨하게 박혀 있어서 조심성 없이 건드렸다가는 무자비한 격분을 사게 될 것이고, 버릇없는 여행자는 낭티옹 빙하로 내동댕이쳐지고 말 것이다. 우리는 몸을 움츠리고 빠져나가, 서리에 갈라진 바위조각으로 덮인 조그만 대지 위에 올라섰다.

그때, 일행의 경건하고 감사에 찬 침묵 속에서 부르게너가, 마땅히 부비에병의 술을 한 잔 부어 고수레를 올려야 한다고 제의했다. 이 종교 의식을 걸맞게 치룬 다음(티베트의 어느 고개마루에 도착한 경건한 불교도가 드리는 기도 의식의 서양판 같다고 나는 생각한다), 우리는 메르 드 글라스 빙하 위로 오버행되어 있고, 상부가 툭 튀어나온 바위로 슬기롭게 보호되어 있는 조그만 균열을 공격했다. 그 위로 나간 우리는 일종의 화강암 크레바스 속에 들어가 있는 것을 깨달았으며, 우리가 찾아볼 수 있는 한 이 크레바스에는 밑바닥 끝이 없었으므로, 한쪽에는 무릎을 대고 한쪽에는 등을 대어 번갈아 움직거리면서 나아가지 않으면 안 되었다. 이 지점에서 부르게너는 몹시 가슴 아픈 걱정스러운 표정으로, "제발 조심해 주십시오!" 하고 말했는데, 그 간곡한 애원은 눈물로 목이 메는 느낌마저 들었다. 내가 햇빛 속에 나가니, 그는 걱정한 까닭을 설명했다. "선생님은 냅색을 메고 있지 않았습니까? 그 냅색 속에는 갖가지 반병 들이 부비에 술병이 들어 있지 않았습니까?"

이제 우리는 낭티옹 벽을 대담하게 공격했다. 그 벽에는 거대한 암편(巖片)이 산괴(山塊)에서 40센티미터쯤 쪼개져 나와 손가락과 바지와 살갗을 찢는 날카로운 칼날을 이루고 있었으나, 안전하고 확실한 홀드를 제공해 주었다. 이리로 해서 널찍한 대지 위로 올라가 거기서 다시 5미터쯤 기어올라가니, 뾰족한 북쪽 정상이었다. 부르게너가 헌신적으로 자진하여 밑으로 내려가, 산 꼭대기의 너무나 뾰족한 부분을 때려 부술 돌을 하나 올려 주었다. 이 뾰족한 부분을 날려서 얻게 될 그 편안한 자리를 내가 차지하겠구나 하는 즐거운 환상은 금방 사라졌다. 베네츠가 상당한 양의 돌을 던져 올려, 돌 사람—나이와 크기로 보아 돌 아기라고 해야 할는지도 모르지만—의 건립이 시작된 것이다. 이어 큼직한 붉은 손수건을 꺼내어, 이 축제에 어울리는 복장으로 아기를 단정하게 치장했다. 이런 의식을 끝낸 우리는 반은 기다시피, 반은 미끄러지다시피

하여 아까 그 널찍한 대지로 돌아가 이제 우리의 일은 끝났다. 정상은 정복되었다, 그리고 따뜻한 햇살과 영광스러운 조망을 즐길 수 있다는 것을 느끼면서 스스로 유쾌한 기분에 잠겼다.

그날 밤, 나는 큰 사각탑의 환상으로 꿈자리가 어지러웠다—정상 능선의 반대쪽 끝에 있는 커다란 사각탑인데, 콜 뒤 제앙의 눈 위로 어깨를 쑥 내밀고 서 있었으며, 사람들이 우리가 올라간 그 봉우리가 제일 높다고 아무리 완강하게 주장해도, 나는 이 탑에 오르지 않고는 편안한 마음의 기쁨과 가책 없는 양심의 기쁨을 영원히 포기해야 한다고 느꼈던 것이다. 아침을 먹고 나서 부르게너를 찾았으나 보이지 않았다. 그의 옷의 중요한 부분이 너무 심하게 해져서, 사람들 앞에 나가려면 지방 양복점의 굼뜬 노력이 꼭 필요했던 것이다. 그러나 나의 간곡한 부탁을 듣고 베네츠가 침실로 물러가고, 부르게너가 그의 옷을 입고 눈부신 모습으로 나타났다.

그런데, 부르게너는 그 다음 다음날 아침에는 마르티니에 도착해야 한다는 것을 알았다. 그래서 그레퐁에서 돌아오는 대로 그에게 휴가를 주기로 하고 테트 누아르로 마차를 타고 넘어가기 위해 그날 저녁 블래티에르까지 올라가, 이튿날 일찍 출발하기로 했다. 양복점이 약속 시간에 맞추어 힘드는 일을 끝내 베네츠는 해방되었다. 그래서 4시께 포터 한 사람을 더 데리고 어슬렁어슬렁 산장으로 올라갔다.

이튿날 아침에는 2시에 떠나, 방금 말한 루트를 따라 첫 정

상의 기슭에 도착했다. 이 봉우리의 오른쪽을 지나 4미터 정
도 단을 내려가서, 정상의 능선을 똑같이 둘로 가르는 큰 균
열의 가장자리에 있는 미끄러운 바위를 기어올라갔다. 그런
다음 면밀히 살펴보니 달리 하강할 방법이 있을 것 같지 않았
으므로, 예비 자일에 먼저 적당한 간격으로 매듭을 두세개 맨
다음 고정시켰다. 베네츠가 먼저 내려가서 잠시 살펴보더니
따라오라고 소리쳤다. 다음에 부르게너가 내려갔다. 나는 냅색
과 피켈을 짊어지고 일행의 후미에 붙었다. 처음 5미터 정도
는 매우 쉬웠으나, 이어 나는 영국산악회의 자일이 이런 종류
의 작업에는 너무 가늘다는 생각을 하기 시작했다. 내 무게가
기묘하게도 무어라 설명할 수 없이 더 무겁게 느껴지는 것을
깨달았다. 이런 여러 가지 곤란에 덧붙여서, 고리끈으로 내 팔
에 매단 피켈이 크랙에 끼어 줄이 뚝 끊어졌다. 다행히 무의
식적으로 몸을 확 틀어서 왼손으로 간신히 피켈을 움켜쥘 수
있었다. 그러나 이같은 동작은 부르게너를 몹시 흥분시켰다.
무슨 일이 일어났는지 볼 수가 없었던 그는, 단지 피켈 뿐 아
니라 그의 선생님까지 메르 드 글라스 빙하로 급속 하강을 고
려하고 있는 줄 알았던 것이다. 어떤 병 속의 내용물을 조용
히 생각함으로써 원기를 되찾은 우리는, 베네츠를 뒤쫓기 시
작했다. 그가 하나밖에 안 남은 자일을 가지고 있었다. 알맞는
바위 조각이 낭티옹쪽 산에서 떨어져 나가 탑의 꼭대기까지
비교적 쉬운 지그재그 길을 만들어 놓고 있었으며, 탑은 이쪽
의 큰 균열을 막고 서있다.

여기서 우리는 기이하게 잘 발달한 뛰어난 그레퐁의 많은 것 가운데 하나를 발견했다. 능선에서 3～5미터쯤 아래쪽 메르 드 글라스 벽면에 마차나 자전거, 그밖에 이런 종류의 탈 것이 지나가기에 알맞는 넓은 길이 나 있고, 그것을 곧장 따라 나가자 분명한 침니에 이르렀으며, 이 침니로 해서 마지막 갭을 쉽게 올라갈 수 있었다. 이렇게 해서 능선을 따라 온갖 불규칙한 산세를 오르내릴 필요가 없어졌다. 이 바람직스러운 산책로에 도달하려면 좀 어려운 모퉁이를 돌아가야 하는 것은 사실이고, 내 동료도 어렵게 생각한다고 실토했다. 그리고 그 모퉁이는 다른 지점에서 툭 튀어나온 바위 어깨 때문에 계속 이어지지 않으며 이 어깨는 사람의 중심을 메르 드 글라스 위의 허공으로 몹시 언짢은 기분이 들게 쑥 밀어 냈다. 그러나 이런 사소한 장해물의 통과를 제외하고는, 이 산의 일부를 따라 팔장을 끼고 걸어 올라갈 수도 있었다. 그 부분은 우리가 일찍이 직면한 그 어느 곳보다도 무서울 것이라고 예측한 곳이었다. 마지막 캡에 도착한 우리는 다시 베네츠와 만나 마지막 탑을 조사하기 시작했다.

그것은 확실히 내가 일찍이 바라본 것 중에서 가장 험악한 바위의 하나였다. 이 탑은 그 봉우리의 나머지 부분과는 달리 만져 보니 맨질맨질하고, 네모로 깎인 모서리에는 손을 걸 것도 잡을 것도 아무 것도 없었다. 정말 그것은 꼭대기에서 밑바닥까지 쫙 쪼개져 있었고, 11, 12 센티미터 넓이로 갈라진 크랙의 가장자리는 정말이지 석수가 다듬으면 이럴까 싶도록 맨지르해서, 이런 균열에 흔히 있는 불규칙스럽지만 편리한 의지가 하나도 없었다. 마주 선 암벽과의 사이에 안전성이 의심스럽지만 쐐기처럼 박히거나 건들거리는 돌의 불룩하게 걸린 위험한 다리조차 없었다. 여기에 큼직한 바위가 꼭대기에 오버행으로 걸려 있어, 클라이머가 몹시 지쳐 있을 바로 그때 안간힘을 다해야 할 것이 분명했다.

이같은 상황 아래서 부르게너와 나는 그 꼭대기 너머로 자일을 던지는 작업에 들어갔다. 그동안 베네츠는 조용히 곰방대를 즐기면서 얌전하게 쉬고 있었다. 여러번 애를 썼으나, 부르게너도 나도 하마터면 우리 자신의 몸뚱이를 메르 드 글라스로 날려 버릴 뻔은 했지만, 자일을 거는 데 비참하게도 실패하고 말았다. 그러나 우리는 고결한 마음을 갖게 되어 명예로운 전쟁의 정공법으로 이 바위를 올라가야 한다는 결정을 내렸다. 이 목적을 위해 피켈로 베네츠를 쿡쿡 찔러 깨운 다음(그때 그는 이미 평화로운 낮잠을 즐기고 있었다), 함께 기분을 대충 가라앉혀 결정적인 싸움 준비를 갖추었다.

우리의 자일 던지기 작전은, 갭 위의 높이가 2미터쯤 되고 너비가 약 60센티미터 되는 일종의 좁은 벽 꼭대기에서 하고 있었다. 이 벽 위에 자리를 잡은 부르게너는 베네츠가 손이 닿는 곳에 올라오면 즉각 피켈로 도와줄 준비를 하고 서있었으며, 나는 내 쓸모없는 몸뚱이로 갭 속에 서서 그의 등행의 첫 부분을 도와줄 수 있었다. 베네츠가 내 손이 닿지 않는 높이로 빠져 올라가자 부르게너는 즉각 갭 위로 몸을 굽혀 암벽

그레퐁의 낮은 쪽 정상 (홀므즈 씨의 사진에 의한 그라비어 화)

에 피켈 끝을 쑤셔박아 안전도가 좀 의심스럽기는 했으나 잇
달아 홀드를 만들어 나갔다. 베네츠는 그 위에 올라가 매번
노력할 때마다 쉬면서 힘을 얻을 수 있었다. 마침내 그는 외
부 누구의 도움도 미치지 않는 곳으로 올라가 오로지 자신의
뛰어난 기능에만 의지하지 않을 수 없게 되어 조금씩 조금씩
그는 숨을 헐떡이며 밀고 올라갔다. 그의 손이 있지도 않은
홀드를 찾아 맨지르한 바위 위를 헛되이 더듬고 있었다. 그런
것을 목격한다는 것은 정말 가슴 아픈 일이다. 부르게너와 나
는 몹시 조마조마한 마음으로 그를 지켜 보았으며, 이윽고 그
의 한 손가락이 네모로 깎인 꼭대기가 제공하는 홀드에 도달
하는 것을 보았을 때는 후 하고 큰 안도의 숨을 내쉬지 않을
수 없었다. 잠시 쉬고 나서 그는 툭 튀어나온 바위 위로 넘어
가자, 부르게너와 나는 쉰 목소리로 환성을 질렀다.♠나를 위
해 자일이 내려왔을 때, 나는 도움없이 올라가겠다는 용감한
시도를 했다. 첫 노력에는 성공이 따라 이어 겉보기에 불안한
순간이 오더니, 금방 정말로 그렇게 되었다. 나는 거미처럼 발
을 차면서 꼭대기로 끌려 올라갔다. 거기서 나는 테니스화를
믿고 자일의 느긋한 확신을 비웃는 인간에 대해 온갖 비꼬는
말에 조용히 침착하게 귀를 기울였다.

♠ 원저자 주-"뒤노 씨는 샤모니에서, 내가 이 등반 때 길이 3미터 정도의
　　사다리 세 개를 가지고 갔다고 들었다. 「프랑스 산악회 연보 (Annuaire
　　Club Alpin Francais), 1886, p. 99」; 이것이 샤모니에서 조작된 이야기
　　라는 것은 말할 것도 없다. 그러나, 그 때문에 그 자신 길이 4미터의 사
　　다리 세 개를 가지고 갔다가 애를 먹었다."

정상은 궁전처럼 널찍하고 세개의 돌의자가 마련되어 있다. 그 중 제일 높은 자리는 부르게너에 의해 즉각 피켈을 세우는 자리로 할당되어 일행의 나머지 멤버들은 그것을 단단히 세우기 위해 돌을 날라오라는 명령을 받았다. 이 엄숙한 의식을 무사히 치룬 뒤 사지를 쭉 뻗고 누운 우리는 샤모니에 있는 쿠테 씨의 코르크 총을 흉내내어 그보다 훨씬 신나게 "팡" 하고 소리를 냈다.

지금까지 내가 인용한 이 해묵은 이야기는, 여기서 급하게 끝이 난다.▲ 그러나 알프스에서 가장 가파른 암봉의 정상에서 내려오기 전에, 아마도 어떤 비평가들에게 질문을 해도 괜찮지 않을까 생각한다. 과연 암벽 등반에 대한 사랑은 너무나 저질이고 증오할 만한 죄악이어서, 그 신봉자는 이제 등산가의 자리를 차지할 가치가 없으며, '단순한 체육가' 라는 경멸스럽고 특이한 부류로 분류되어야 마땅하단 말인가?

산악 지방에서 쉽게 자기 길을 나아갈 수 있는 기술에 숙달한 사람이라고 누구나 다 '등산가'라 부를 수 없다는 것은 출발점서부터 완전히 비논리적으로 보인다. 산에 오르는 것이 좋아서 등반을 하는 사람은 등산가가 아니고, 자기가 관심을

▲ 원저자 주―"이 장의 일부는 몇해 전 영국산악회를 위해서 쓴 것이다. 이하의 글은 아마도 더 넓은 독자층을 위해서는 별로 적합하지 않을지는 모르나, 해묵은 교제(交際) 때문에 이것들을 삭제할 생각이 나지 않았다."

가진 어떤 과학적 탐구에 불가결해서 등반을 하는 사람을 등
산가라고 한다는 것은 논리적인 정의의 제1원칙에 어긋나며
결코 보편화되지 않을 것이라고 나는 믿는다. 과학이 스포츠
보다 높은 사회적 가치를 지닌다고 인정하는 것은 자유일지
모르나, 그렇다고 등산이 스포츠라는 사실을 바꿀 수는 없으
며 가능한 어떤 방법으로도 그것을 지질학, 식물학, 지형학으
로 전환할 수는 없는 것이다. 우리 스포츠의 기술이 급속히
발달한 것이, 우리에게 좋지 않은 일종의 범죄라고 주장들을
하는데 나는 감히 말하지만, 사실상 그것은 유감된 일이 아니
라 축하할 일이다. 가이드들의 기술과 겨루는 것은 초기 등산
가들의 이상이었으며, 앞으로도 그것은 여전히 우리가 앞에
내세울 이상이 될 것으로 믿는다. 사람이 이 목표에 접근하며
등산 기술을 증진시키면서 등산가가 되기를 그만둔다는 것을
시사하는 용어는, 스스로를 책망하는 것으로 우리 스포츠의
문헌에서 가차없이 제거되어야 한다.

　아마도 대부분의 등산가들은 산악 풍경의 매력이 상부의 세
계에서 한걸음씩 옮겨 놓는 발걸음마다 발견된다는 데에 동의
할 것이다. 신기하게 서로 겹쳐진 눈, 능선 위의 앙상하고 으
시시한 험악한 암봉, 고드름이 가두리를 광대하고 푸른 크레
바스, 혹은 또 분명 밑바닥이 없는 공간 속을 비뚜로 내려간
미끈하고 거대한 슬랩 등등은 저마다 그리고 모두 정상에서
바라보는 끝없는 지평선에 조금도 못지않게 아름다운 것이다.
자칭 등산가들은 이 중요한 사실을 파악하지 못하고 있다. 그

들은 어떤 봉우리에 오르는 옳은 길은 가장 쉬운 길이고, 그 밖의 모든 길은 잘못된 길이라고 생각한다. 그래서 잘 알려진 봉우리를 예로 든다면, 사람이 경치를 즐기기 위해 마터호른에 오른다면 회른리 루트로 올라갈 것이라고 그들은 말할 것이다. 츠무트 능선으로 올라간다면 그의 마음을 끄는 것은 오직 등반의 어려움뿐이라고 그들은 주장한다. 그런데, 이 추론은 완전히 잘못된 것 같다. 내 마음 속에 떠오르는 산의 여러 사랑스러운 영상 가운데서 츠무트 능선의 거창한 절벽과 환상적이고 험악한 암봉만큼 아름다운 것은 없다. 연속되는 장엄한 경치의 이 루트를 심미적인 견지에서 보아 그릇된 길이라고 말하고, 한편 멀리서 바라보는 조망은 고상하지만 그 사면은 바위 부스러기와 종이투성이의 속악으로 손상된 회른리 루트를 옳은 길이라고 말한다는 것은 참된 산의 정서에 완전히 무감각하다는 것을 의미한다.

사실 이른바 등산가라는 사람들이 사진이나 지형학적 또는 그밖의 연구에서 얻는 기쁨과, 고상한 경치에 대한 순전히 심미적인 즐거움을 혼동하고 있지 않나 하는 의구심이 이따금 내 마음을 스치고 지나간다. 의심할 것도 없이 산정(山頂)은 반 과학적 탐구에 특히 적합하며, 오직 정상이 바라는 유일한 것이라면 그 위에 오르는 가장 쉬운 길이 옳은 길임은 분명하다. 그러나 순수한 심미적인 견지에서 본다면 콜 뒤 리옹과 츠무트 능선의 이빨 봉우리들, 혹은 카렐의 회랑(回廊) 같은 것들은 더없이 훌륭한 원거리 조망을 제공해 주는 동시에 톱니 같은 능선, 소름 끼치는 낭떠러지, 탑인 양 치솟은 안개에 싸인 고봉의 빼어난 전경(前景)의 극적인 힘을 이 원거리 조망에 결부시키고 있는 것이다.

전경(前景)의 중요성은 아무리 과대하게 평가해도 지나치지 않는다고 나는 생각한다. 그리고 등산이 어려울수록 여행자의 바로 가까운 주변이 일반적으로 더 대담해지고 더 의의가 커진다는 것은 분명한 일이다. 바꾸어 말하면, 등산의 심미적 가치는 일반적으로 그 난이도와 더불어 변한다는 것이다. 이것은 필연적으로 가장 어려운 봉우리에 오르는 길이야말로 언제나 해볼 만한 일이며, 추한 바위 부스러기의 쉬운 비탈은 ▲얀센 씨를 선두로 하는 과학자들을 위해 남겨두는 것이 적당할지도 모른다는 결론으로 이끌어간다. 나처럼 산에 대해 비실용주의적 견해를 가진 사람들에게는 그레퐁의 위대한 능선을 안심하고 추천할 수 있을 것이다. 왜냐하면 등산가는 아무 데서도 그보다 더 대담한 바위 탑, 더 거친 균열, 혹은 더 무시무시한 절벽을 발견할 수 없고, 아무데서도 그보다 더 아름다운 호수와 산과 안개에 찬 골짜기, 갈라진 얼음의 영상들을 발견할 수 없기 때문이다.

그레퐁을 다시 등정하기 위해 여러번 시도들을 했으나, 1885년 9월 2일 뒤노 씨가 한 달 동안 끈질긴 분투 끝에 남

▲ 얀센 씨(M. Janssen). 절름발이인데도, 썰매를 타고 끌려서 몽블랑의 정상에 올랐다.

쪽 능선으로 등반을 강행하는 데 성공할 때까지 이 산은 모든 공격을 물리쳤다. 참으로 기묘하게도 그는 두 차례나 샤르모 -그레퐁 콜에 도달하고도 두 번 다 실패했다. 내가 오른 크랙에서 2미터 이내를 네 번이나 통과했을 텐데도 그것을 발견하지 못했을 뿐 아니라, 메르 드 글라스 측면의 일부 슬랩에 오르는 그 배리에이션 루트를 공격하는 데도 실패한 것이다. 이 후자의 루트는 어느 알려지지 않은 파티에 의해 개척된 것인데, 그들의 존재는 다만 크랙에 박힌 많은 나무 쐐기로 추측이 될 따름이다. 이들 나무 쐐기는 1881년 우리가 올라갔을 때는 확실히 그곳에 없었는데 7년 후 울리히 알머와 함께 이 루트로 제1정상에 오른 모즈 씨는 그것들이 단단히 박혀 있는 것을 발견했고 크게 도움이 되었다한다. 불행히도 시간이 모자라서(그는 샤르모 트래버스의 하강 길에, 그레퐁에 오르고 있었던 것이다!) 완등하지 못하고 부득이 낮은쪽 정상만으로 만족하지 않으면 안되었다.

그래서 1892년에는 나의 루트에 의한 등반이 한번도 완전히 되풀이되지 못했으며, 다만 남릉으로 해서 두번 목적이 이루어졌을 뿐이다. 후자의 등반은 두번 다 F.시몽이 선두 가이드를 맡았다. 그해 8월 초 모즈, 깁슨, 파스퇴르, 윌슨 제씨로 구성된 파티가 가이드 없이 같은 루트로 등정을 완수하고는 몽탕베르 호텔의 '단골'에 대한 도전으로 팔락이는 스카프를 매단 피켈을 꽂아 놓고 왔다. 며칠후 헤이스팅즈, 콜리, 파스퇴르, 그리고 나는 이 버려진 재산을 되찾기로 결심했다. 우리는 샤르모 ―그레퐁 콜로 올라가서 남릉으로 내려올 참이었으며, ▲C. P.로 알려진 단계는 그레퐁쪽으로는 도저히 접근할 수 없는 것으로 보고되어 있었기 때문에 ― 그 전 파티들은 정상으로 올라가는 길에 언제나 이 가파른 단계에 자일을 늘어뜨려 놓았다가 돌아올 때 도움이 되게 했다 ― C. P.에 올라가서 자일을 고정시키기 위해 포터를 두 사람 고용했다. 또 그들더러 우리의 위안과 기쁨에 보탬이 될 식량과 마실 것을 마련하여 나르게 했다.

8월 18일 새벽 2시, 시몽이 불쾌한 정보를 전했다. 포터들이 그레퐁이라는 바로 그 이름이 너무 겁이 나서 몰래 침대에서 빠져나가 샤모니로 달아나 버렸다는 것이었다. 이 곤란은 매우 심각해 보였다. 새벽 2시는 보통 포터를 고용하기에 불편한 시간인 데다가, C. P.는 미리 자일을 고정시켜 놓지 않으면 그레퐁 쪽에서 통과할 수 없다고 시몽은 확신하고 있었다. 그래서 만일 우리가 그리로 통하는 그 갭에 도달한다면 능선을 따라 우리가 전에 밟았던 발자국을 끝까지 다시 밟아 나가야 할 것 같았다. 많은 이야기를 나눈 끝에 시몽이 호텔에 딸린 양치기 소년 하나를 빌려 주겠다고 말하고, 또 애꾸눈 가이드 한 사람을 깨워서 만나 보자고 제의했다. 애꾸는

▲ 원저자 주 ― "초기의 한 탐험가가 남쪽 능선으로 이 지점까지 올라왔는데, 여기서부터 앞의 산 모양이 마음에 들지 않아, 바위에 자기 이름의 머리 글자를 써 놓았다. 지금 이 바위는 언제나 이 머리 글자로 알려져 있다."

호텔에서 자고 있었으며 뒤노 씨와 실패한 등반을 같이 시도한 적이 있는 사람이었다.

이 가이드 ▲가스파르 시몽이 기꺼이 같이 가겠다고 해서 우리는 양치기 소년을 조수로 삼아 들뜬 기분으로 암석 골짜기를 향해 출발했다. 일행 중 아마추어 멤버들은 '돌사나이 능선'의 혐오할 사면을 따라 나가는 이 루트가 자기들이 개척하여 언제라도 우리를 안내할 수 있는 길보다 훨씬 못하다고 확신하고 있었다. 나는 그럼에도 우리들이 조심스레 양치기 소년의 뒤를 따르고 있는 것을 깨달았으며, 어떤 심각하게 나쁜 말을 할 필요도 느끼지 않고 처음으로 낭티옹 빙하의 퇴석에 도착했다. 랜턴을 돌 밑에 숨겨 놓고 부드러운 아침의 빛이 식스트의 들쑥날쑥한 석회암 능선의 윤곽을 거뭇거뭇하게 막 드러내고 있을 때 빙하를 쳐 올라갔다.

이 지점에서 가스파르는 매우 우울한 이야기를 자꾸만 했다. 최근 샤르모에 올라간 적이 있는데 그 위에 머물러 있는 동안 어떤 예언적 통찰로 우리 루트가 지나가는 한 특별한 슬랩을 살펴보는 데 시간을 소비했다. 그 슬랩은 '베르글라'(유리처럼 바위 면을 얇게 덮은 얼음)에 덮여 있었고 그 꼭대기에는 눈, 바위, 얼음에 의한 매우 정교한 방어진이 교묘하게

▲ 원저자 주－"며칠 후 바로 이 가이드는 돔 뒤 구테에서 폭풍설 속에 길을 잃었으며, 그를 고용한 네틀십 씨는 결국 목숨을 잃었다. 가이드들은 샤모니에서 만든 두꺼운 의복 덕에 추위를 견디어내고 살아나 죽음을 면했다."

구축되어 있는 것을 볼 수 있었다. 그는 요컨대 우리의 계획을 그냥 밀고 나간다는 것은 오직 패배를 자초할 뿐이라는 말을 하고 있는 것이었다. 그러나 우리가 듣기에 그 복잡한 방어진이라는 것이 우리 가이드의 단순한 상상의 소산에 지나지 않는 것처럼 여겨졌고, 또 부분적으로는 아마도 C. P.까지 무거운 냅색을 짊어지고 올라가기가 싫은 데서 나온 말 같기도 했다. 그래서 우리는 그냥 진행했다. 그러나 '아침식사 장소'로 알려진 바위 꼭대기에 이르자 가스파르는 더 자세한 이야기를 했다. 바로 그 슬랩이 몇해 전에 빙하로 떨어져서 박살이 난 것 같으며, 그 뒤에는 깨진 자국 하나 없는 텅 빈 암벽만 남았는데 그것은 어떤 수단으로도 결코 올라갈 수 없다는 것이었다. 우리는 그가 이렇게 쌓아 올리는 난관에 충격을 받아 입을 다물었다. 그 슬랩은 쌓인 얼음 때문에 통과할 수 없을 뿐만 아니라 그 자리에 있지도 않다는 것이다! 사태는 축복할 만한 합법적인 구실을 우리의 마음 속에 상기시켜 상대적으로 깨진 항아리를 떠올리게 했다.—"우리는 항아리를 가진 적이 없다. 가졌을 때 이미 깨져있었다. 우리는 그것을 고스란히 돌려 보냈다!"

그러나 파스퇴르는 흥미있는 연역적(演繹的) 주장으로 역시 우울한 결론에 이르렀다. "금년에," 하고 그는 말했다. "내가 그레퐁에 오를 행운을 갖게 된다는 것은 도무지 있을 수도 없는 일 같았어요. 이제껏 한번 올라가 봤는데, 다시 올라갈 생각을 한다는 것은 어리석은 일이지요." 그는 포터들에게 우리가 안부에 도달할 때까지 쿨르아르의 발치에 머물러 있다가, 만일 우리가 그레퐁 능선을 쳐 올라갈 수 없다는 것을 알았을 때는 소리를 지를테니 그때는 짐을 놔두고 원하는대로 즉각 돌아가도 좋다고 말하자고 제의했다. 일행은 이 제안을 이의 없이 받아들였다. 사실 나는 망원경으로 봉우리를 살펴보았으나 전에 내가 올라간 루트를 찾을 수가 없었다.—나중에 안 일이지만, 이 지점에서는 그것이 보이지 않는다는 멋진 이유 때문이었다. 이것과 험악한 큰 암봉이 산의 이 부분에서 정말로 굴러떨어졌다는 소문이 널리 퍼졌기 때문에, 나는 그것이 모두 사실인지도 모르며 또 정상이 이쪽으로부터는 영원히 막혀버리지는 않았을까 하는 두려움을 갖게 되었다. 우리는 바짝 긴장된 기분과 희망으로 뒤쪽의 샤르모 트래버스 지점보다 별로 높지 않은 쿨르아르를 올라가기 시작했다. 안부 근처에 도달하여, ‘대포 바위’로 올라가는 그 전 루트를 찾아보았으나 알아볼 수 없었으며, 안부 자체부터가 나한테는 낯설어 보였다. 험악한 암봉 사이로 휙휙 소리치며 지나가는 사나운 바람도 내 기억을 일깨우는 데 아무 도움이 되지 않았다. 샤르모 쪽의 험악한 암봉 하나를 돌아 올라가고 나서야 비로소 내가 나아갈 방향을 발견하고 우리가 올라가야 할 틈새를 겨우 깨달았다.

아마도 내가 거기까지 선두에 서서 올라가게 된다는 것을 알고 있기 때문에 그 틈새가 실제보다 더 험해 보였는지는 모르지만, 그것이 어찌나 험준하던지 나는 잠시 놀라움에 사로

잡혔다. 바위가 약간 오목해진 두 군데의 스텝(모두 해야 60
센티미터쯤 될까)을 제외하고는 전체가 완전한 수직이다. 이
추산에는 2미터쯤 되는 처음 시작 부분은 들어 있지 않다. 그
부분은 툭 불거져서 더 없이 가슴 아픈 오버행이었지만 반면
에 내가 예측한 것보다 분명히 훨씬 더 부서져서 오래 바라볼
수록 마음에 들었다. 이윽고 상당한 성공의 희망을 간직한 나
는 크랙의 발치로 기어내려가 헤이스팅즈의 어깨에 올라서서
내가 일찍이 시도한 것 중 가장 힘드는 부분의 암벽 등반에
도전했다. 처음 6미터 정도는 클라이머가 안부에 가까운 큰
바위조각에 걸 수 있는 자일의 보호를 어느 정도 받을 수 있
으나 그 지점을 넘어서면 자일은 단순히 하나의 장식물로 걸
쳐 있게 된다. 하기야 자일이란 당장 슬립할듯이 보일 때는
언제나 동료에게 흐뭇한 감정을 제공해 주는 것은 의심할 것
도 없다. 절반쯤 올라가면 한숨 돌릴 수 있는 훌륭한 발판이
나온다. 훌륭하다고는 하지만 크랙의 나머지 부분에 비해 상
대적으로 그렇다는 것뿐이지 점심을 먹기에 적합하다거나, 사
람이 그 위에서 계속 홀드를 잡고 있지 않아도 몸의 균형을
잡을 수 있다는 말은 아니다.

　사실 내가 처음 올라갔을 때 바위 선반 위에서 발이 흠칫
미끄러지는 바람에 나의 명상은 이 지점에서 무참히 중단되고
나는 희박한 공기속에 내동댕이쳐졌었다. 이 기억으로 좀 현
명해진 나는 매달릴 것도 없지만 가능한 데까지 손가락으로
매달려서 그렁저렁 호흡을 가다듬어 가며 나머지 절반의 등반

을 계속했다. 이 부분은 일행이 전반적으로 의견이 일치하여 가장 곤란한 자리로 정해졌다.

실제로 그곳에는 손으로 잡을 홀드도 거의 없고, 발을 디딜 곳조차 아무 것도 없다. 주로 신의 뜻에 경건하게 매달려서 나아가는 클라이머는 크랙에 이따금 쐐기처럼 박혀 위태위태하게 건들거리는 느슨한 암석으로 그 경건한 의지를 보충한다. 그 위에서는 이렇게 필요한 경건한 의지가 오른쪽의 훌륭한 홀드로 대체되었으나 헐떡거리며 기진맥진해진 클라이머는 자기의 체중을 끌어올려 추진하기가 여전히 어렵다는 것을 깨닫는다. 이어 바위 선반이 많아지면서 마침내 팔과 머리는 슬랩의 그레퐁쪽으로 처지고, 다리는 반대쪽에서 여전히 이제 끝나가고 있는 곤란과 싸운다. 이 접합점에 도달하자 밑에 있던 일행이 왁자하게 거친 환성을 질렀다. 그 소리를 듣고 나는 포터들이 바라던 신호인 줄 알고 당장 샤모니로 달려가버리지나 않을까 하고 덜컥 겁이 났다. 숨을 쉬기 위해 헐떡이는 틈틈이 동료들에게 이 두려움을 표시했다. 침묵이, 죽음 같은 침묵이 그들도 그 위험을 이해한다는 것을 즉각 나타내 보였다.

나머지 일행들이 부당하게 간단히 기어올라오게 되자 그레퐁이 노골적으로 조소의 대상이 되는 것을 막기 위해 나는 피켈과 짐을 자일로 끌어올림으로써 시간을 낭비할 것이 아니라, 피켈은 각자의 팔에 걸고 짐은 전원이 나누어지라고 점잖게 촉구했다. 나는 이것이 뚜렷한 성공과, 내 동료들에게 험악한 암봉에 대한 정당한 존경심을 심어주는 데 가장 실질적인 도움이 된 것을 알았다.

이어 우리는 걸리를 기어올라가 '대포 바위'를 빠져 나가서, 앞으로 전진함에 따라 점점 더 솟아오르는 희망을 간직한 채, 나의 옛 루트를 따라 커다란 갭의 꼭대기에 이르렀다. 여기에 30미터짜리 자일을 고정시켜 놓고 한사람씩 아래로 내려갔다. 나는 마지막으로 내려가고 있었으므로 자일에만 매달려 완벽하게 맨질맨질하고 험준한 절벽 부분을 통과하고 나서 바로 제멋대로 생긴 보잘것 없는 바위에서 잠시 쉬었다. 하강을 계속하기 위해 자일을 잡아 당겼을 때 내게로 쓱 내려왔다. 나는 내가 쉬고 있던 불안정한 발판 위에서 대단히 힘들게 균형을 유지하는 데 성공했으나 한순간 지극히 언짢은 기분이 들었다. 자일은 위쪽에서 매우 느슨하게 풀어진 것이 분명했으며, 그렇다고 자일의 도움 없이 바위를 타고 갭으로 내려갈 수단은 전혀 없어 보였다. 그러나 3미터쯤 끌려 온 자일은 그 이상 내려오지 않아 갭에 있는 동료들이 한꺼번에 잡아당겨 보았으나 끄떡도 하지 않았다. 또 콜리가 분명히 가능해 보이는 하강선을 그럭저럭 발견해 주어서 나는 그의 능숙한 지시를 받아가며, 자일은 다만 마지막 수단으로서 손에 쥐고, 헤이스팅즈가 잡아주는 그 환영의 안전 속에 도달하는 데 성공하여 갭에 내려 섰다.

우리가 볼 수 있는 한 자일은 바위 탑 꼭대기에서 벗겨져 낭티옹 벽면으로 내려오다가 약 3미터 아래쯤에 물려 있었다.

이 물림이 과연 믿을 만한 것인지 알 수 없었으며, 우리의 현 위치에서 제일 먼저 올라가는 사람으로서는 불쾌한 작업이 될 것이라는 데는 의견들이 같았다. 우리가 과연 마지막 정상에 올라갈 수 있을 것인지, 따라서 C. P.루트에 붙을 수 있을 것인지는 여전히 의심스러웠으며, 이것이 결코 있을 수 없는 사태라고 할 수는 없었으며, 문제를 결론짓기 위해 우리는 서둘러 앞으로 나아갔다.

이 마지막 정상은 전에 부르게너와 베네츠를 하마터면 좌절시킬 뻔한 적이 있었고, 정당한 방법으로 오른다는 것은 거의 바랄 수 없는 일이었다. 결국 자일을 꼭대기 너머로 던져서 정상에 올라가 보기로 했다. 부르게너와 내가 그렇게 하려다가 보기 좋게 실패한 것은 사실이지만, 이번에 우리는 1881년에 사용한 영국산악회의 보통 자일보다 이런 목적에 훨씬 적합한 가벼운 자일을 가지고 있었다. 능선을 따라가던 콜리가 자일에 묶으면 무게도 주고 맹렬한 강풍도 어지간히 견디어낼 기회도 줄 법한 훌륭한 돌을 두 개 골랐다. 그 자신으로서는 대단히 불편한데다가 윗도리 주머니에 큰 손상을 입힐 이 살인적인 무기를, 그는 온갖 어려움을 무릅쓰고 마지막 등반의 바로 발치까지 운반했다.

정당하고 합리적인 방법으로 예비 공격을 감행할 준비를 진행하고 있는데 파스퇴르가 우리는 이미 C. P.루트에 들어와 있으며, 더할 나위 없이 간단하고 비교적 쉬운 등행선으로 올라갈 수 있다고 기쁜 듯이 소리쳤다. 베네츠가 올라갔던 그 크랙은 정상에 오르는 유일한 크랙이 아닌 것이다. 오른쪽으로, 오히려 낭티용 벽면에 두번째 균열이 있다. 그 밑부분은 벼랑처럼 가파르지만 친구가 알맞게 어깨를 빌려줄 수 있고, 그 위는 능히 통과할 수 있다. C. P.루트로 올라온 뒤노 씨는 이 크랙의 발치에 도착하여, 당연한 일이지만 등반에 이용했다. 1881년에 우리는 다른쪽 크랙의 발치에 도착했던 것이며, 부르게너는 "이쪽보다 저쪽이 더 어렵다"고 경멸조로 말하여 이 또 하나의 등행선을 물리쳤었다. 그는 잘못 알고 있었던 것이다. 파스퇴르가 내게 어깨를 빌려 주었으며, 몇분 후 우리는 전원 그 피켈과 팔락이는 깃발을 둘러싸고 서있었다.

　바람이 능선 너머로 울부짖으며 불어 지나가고 있었다. 그것이 너무나 미쳐 날뛰어 우리는 한 암석 밑에 겨우 몸을 웅크릴 수 있었다. 그래서 곧 더 따뜻한 장소로 내려가기로 하여 정상에서 미끄러져 내려가 바람 받지 않은 곳으로 피하여 승리와 점심을 즐겼다. 파스퇴르는 전에 이 산을 이쪽에서 오른 적이 있었으므로 이번에는 선두에 섰다. 뒤노 씨가 남겨둔 '피톤'에 그가 예비 자일을 걸어 모두 재빨리 넓은 바위 선반으로 미끄러져 내렸다. 모두라고 했지만 헤이스팅즈는 제외해야겠다. 그는 불행하게도 사람을 유혹하는 크랙에 그만 발을 쑤셔 넣어 그후 아무리 애를 써도 빠져 나오지 않았다. 모두가 함께 자일을 잡아당겨 보았으나 소용이 없었다. 그의 모습은―독수리가 없을 뿐―▲프로메테우스와도 능히 견줄만 했다. 이윽고 누군가가 구두를 벗으라고 말했다. 우리는 좋은 생각이라고 찬성하여서 모두 이 조언을 소리쳐 외치곤 했다. 그러나 수직은 아닐지라도 가파른 슬랩 위에서 표면으로부터 약 30센티미터 깊이의 크랙에 낀 한쪽 발로 간신히 몸을 지탱하고 있으니, 그 화나는 구두 끈을 끄르고 벗고 한다는 것은 여간 복잡한 문제가 아니다. 그러나 일은 완수되었다. 그러자 두 번째로 곤란한 문제가 생겼다. 그 구두를 어떻게 할 것인가? 다행히도 호주머니 하나가 이것을 수용하기에 충분하도록 크다는 것이 발견되었으며, 곧 바위 선반에 무사히 도착하였다.

쉬운 걸리를 따라 잠시 올라가니 픽 발푸르와 정상 사이에 있는 갭이 나왔다. 거기서부터는 쉬운 바위 선반이 우리를 아래쪽 C. P.크랙으로 인도해 주었다. 포터들이 소리소리 지르면서 우리를 맞이하여 도와주려고 위에서 자일을 내렸다. 그런데 바위 다리가 하나 있어서 접근하기가 전적으로 쉽지는 않을는지 모르지만, 그것을 이용하면 남의 도움 없이도 무사히 장해물을 극복할 수 있었을 것이다. 그러나 포터들이 가까이에 있었으니, 그들도 우리를 끌어올리는 특권을 누릴 만하다고 우리는 생각했다. 넙색 옆에 무사히 도착한 우리는 ▲넥타르 곁에 드러누웠다. 그리고 넥타르가 다 없어질 때까지 누

▲ 프로메테우스(Prometheus) 그리스 신화. 천상에서 불을 훔쳐 흙으로 빚은 인형에 목숨을 불어 넣어 인류를 창조했다고 하여 제우스 신의 노여움을 사서, 카프카스 산맥의 바위에 묶여 독수리에게 간장을 쪼여서 죽었다는 신.

▲ 넥타르(nectar) 그리스 신화. 신들이 마신 술. 테니슨의 「합창 서정가」에 나오는 말.

워 있었다. 그런 다음 앞을 다투어 아침 식사의 바위로 내려가 아래쪽 빙하로 하강하여, 오후 5시께 마침내 몽탕베르로 돌아갔다. 친절한 친구들은 우리가 가까이 가는 것을 보고, 거대한 항아리에—몽탕베르 호텔의 자랑이자 기쁨이다—차를 그득 채워 우리를 환영해 주었다. 차의 구수한 자극적인 영향을 받고 있으니 그 험악한 암봉들이 점점 더 험준해지고 무서워져서 드디어는 단순한 인간들이 그런 무시무시한 곤란과 위험에 직면할 수 있었다는 것이 믿을 수 없는 일로 여겨지는 것이었다.

1년 후, 나는 다시 몽탕베르로 갔다. 그리고 등산에서도 그 밖의 모든 잡다한 인간사에서와 마찬가지로 ▲ "모사(謀事)는 남자가 하고, 성사(成事)는 여자가 한다."는 위대한 진리를 배웠다. 그 결과 우리가 1주일 이상이나 생각해 온 에귀유 뒤 플랑에 대한 당돌한 공격을 또 한 차례 그레퐁 등정에 양보하지 않으면 안 되었다.

캄캄한 밤에 암석의 계곡이 주는 공포는 공연히 가장 무서운 형태로 나타난다. 나이 먹은 사지가 얻을 수 있는 최대의 양보는 낭티옹 빙하의 하부 함몰 부분 위쪽 바위 위에 높다랗게 자리잡은 야영장을 이용하는 것이었다. 젊은 클라이머들은 야영장을 비웃으며 깊고 음산한 구멍 속에 머리부터 쑤셔박고

▲ "모사(謀事)는 재인(在人)이요, 성사(成事)는 재천(在天)이라".(Man proposes, God disposes.)는 속담이 있다.

그레퐁의 험악한 암봉 (홀므즈 씨의 사진에서)

보내는 하룻밤이 어려운 등산을 앞두고 가장 훌륭한 원기 회복약이라고 생각한다는 것을 나는 안다. 이 견해에는 나도 한때 전적으로 동감이었으나 굴러가는 세월은 캠핑을 지지하는 주장에 힘을 주게 된다. 그래서 지금은 이른 아침의 출발, 끝없는 암석, 접는 랜턴—▲'빛보다 오히려 어둠이 보이는' 기구—이 주는 고통에 비하면 피난 텐트, 양가죽 매트리스, 오리털 침낭 등에 속절없이 끌리고 마는 것이다.

알프스에서의 다른 모든 것과 마찬가지로 야영의 밤은 그 자체에 큰 기쁨이 있다. 다른 어떤 방법으로도 사람들은 그같은 화려한 일몰, 바람에 매료된 떠도는 안개의 모습, 비틀거리는 얼음의 환상적인 침봉들 사이에서 연출되는 사그라져가는 빛의 그같은 절묘한 효과를 볼 수는 없다. 밤이 골짜기의 잠자리에서 기어나와 낮은 산들의 능선을 잇달아 사로잡아 나가서, 몽블랑의 그 위대한 희고 둥근 지붕만이 몰려드는 어둠 위에 홀로 우뚝 서는 것을 지켜보는 것은, 주막에서 자는 사람들은 모르는 기쁨이고 훼소의 정식 식탁 속에서는 결코 꿈도 꿀 수 없는 일이다.

우리가 조그만 텐트를 친 앞에는 절벽이 치솟고 뒤에는 얼음 사면이 솟아오른 그 좁다란 바위 선반에 필적할 만한 곳은 거의 없고, 1893년 8월 4일의 밤을 선도한 그 화려한 대조와 그 부드러운 조화(調和)보다 더한 것을 펼쳐 보인 낙조(落照)도 거

▲ 밀튼의 「실낙원(失樂園)」(John Milton : Paradise Lost, Book i, I, 60).

의 없다.

우리 일행은 브리스토 양, 헤이스팅즈 씨, 그리고 나로 구성되어 있었다. 우리는 침낭으로 따뜻하게 몸을 감싸고 앉아 가장 작고 가장 게으른 별들이 눈을 크게 뜨고 깨어날 때까지 따끈한 차를 마셨다. 밤의 차가운 산들바람이 시냇물 소리를 멎게 하고, 1천5백미터 아래의 우렁찬 분류 소리만 밤의 엄숙한 정적을 깨뜨리고 있을 무렵에야 우리는 겨우 텐트의 은신처 속으로 기어들어갔다. 헤이스팅즈는 줄을 탱탱하게 죄고 버너며 아침 식사에 필요한 갖가지 식량을 텐트에서 쉽게 접근할 수 있는 자리에 솜씨있게 챙겨 놓았다. 그리고 우리는 텐트 안으로 기어 들어가 입구를 닫고 호사스러운 매트리스와 침낭 속에 몸을 뉘었다.

이튿날 아침, 새벽 5시에는 벌써 매우 훌륭한 식사가 준비되어 있었다. 롤빵에 뜨끈한 베이컨, 잼에서 홍차, 신선한 우유에 이르기까지 헤이스팅즈의 만물 공장 자루는 모자라는 것이 없었다. 우리는 6시까지 전통 왕실요리 스타일의 성찬을 들었다. 그때는 이미 우리 일행의 나머지 사람들인 슬링즈비, 콜리, 브로디도 도착해 있었다. 아침 식사의 제2판이 재빨리 공급되고 그 식사에 당연히 참석할 사람들이 식사하는 동안, 브리스토 양과 나는 얼음 위로 올라가서 필요한 발판을 깎았다. 우리는 매우 천천히 올라갔으나 헤이스팅즈의 요리 솜씨가 훌륭해서 나머지 일행이 너무 늦어지는 바람에 우리가 쿨르아르의 발치에 있는 바위 위에서 10분 남짓 쉬고 있을 때에야 겨우 뒤따라 올라왔다. 거기서 슬링즈비는 자일을 끄르고 우리와 합류했으며, 일행의 나머지는 C. P.루트로 더 널리 알려진 남쪽 능선으로 올라가 보기 위해 오른쪽으로 꺾었다. 그들의 목적은 지금까지 이쪽으로 오를 때는 언제나 하지 않을 수 없는 자일 던져 올리기의 복잡한 조작 없이 가능한 어떤 방법으로든 등정을 완수하는 데 있었다. 실패하는 경우에는, 우리가 마지막 봉우리의 발치에 도착하여 도와줄 수 있는 위치에 있는 대로 우리의 원조를 받게 되어 었었다. C. P.루트에서 오직 하나의 심각한 어려움은, 정상 바위 밑에 있는 대지 바로 아래쪽의 약 90미터 부분이므로, 별로 힘들이지 않고 도와줄 수 있을 것이 분명했다.

5일 동안 계속 날씨가 나빴으므로 쿨르아르에는 많은 얼음과 푸석한 눈이 더덕더덕 붙어 있었다. 게다가 우리는 모두 짐이 너무 과중했다.—식량 등속 이외에 판 카메라 한 대와 20미터짜리 예비자일 한 동을 짊어지고 있어서 냅색이 몹시 거북상스럽도록 불룩하게 부풀어 오를 수밖에 없었다. 나는 또 쿨르아르의 너무 오른쪽에 붙음으로써 남의 눈에 멋있게 비치게 되었다. 우리는 하강을 피하기 위해 트래버스를 해야 했는데 그것은 아주 훌륭한 등반이었다. 고산에서 요구되는 등반에 조금도 손색이 없는 훌륭한 것이었다.

그레퐁 루트가 샤르모의 남쪽 침봉으로 가는 루트와 갈라지는 지점에 이르렀을 때, 우리는 쿨르아르가 가장 불만스러운 상태에 있다는 것을 발견했다. 바위가 여느 때처럼 썩어 있을 뿐 아니라 물컹한 얼음의 커다란 주름과 술로 장식되어 있고, 그 틈새는 너무나 푸석하고 몹시 부드러운 분설로 차 있었다. 모든 것을 느슨하다고 생각하는 것이 실용적인 좋은 가설(假設)이라는 것을 알고는 있었지만 무엇이 단단하고 무엇이 느슨한지 구별할 수가 없었다. 한동안 눈을 긁어내고 돌을 시험하는 방법을 써 보았으나 손가락이 도저히 견딜 수 없도록 시려워서, 슬링즈비와 나는 샤르모와 그레퐁을 가르는 갭의 제일 아래쪽으로 곧장 트래버스하는 편이 낫다는 데 의견이 일치했다. 큰 슬랩을 따라 나아가는 것은 견딜 만하게 쉬웠으나, 높이가 4미터 정도쯤 되는 수직 크랙을 오르는 데는 시간이 많이 걸리고 대단히 힘이 들었다. 그러나 내 동료들은 어려움 없이 기어오른 것 같았다고 덧붙여 말해야 할 것이다. 슬링즈비는 심지어 자기 피켈 이외에 내가 크랙에 박아 놓고 버리고 온 것까지 가지고 왔다.

메르 드 글라스의 벽면은 햇빛을 가득히 받고 있었으며, 응달진 서쪽 바위의 심한 추위에서 벗어난 뒤라 유쾌하도록 따뜻했다. 우리는 쉬운 바위 선반을 따라 질퍽하게 녹아가는 눈 속을 위쪽이 넓어진 험악한 암봉으로 트래버스해 갔다. 바위는 깎아지른 걸리 위로 높다랗게 튀어나와 트렐라포르트 빙하 쪽으로 내리꽂혀 있었다. 우리는 이 바위 꼭대기에서 식량 보따리를 끌러 처음으로 오랜 시간을 쉬었다. 시간이 늦어지고 있었으나 우리는 낮이 더 진전되고 응달의 추위가 덜 심해지기 전에는 크랙을 오를 수 없다는 말로 게으름의 구실을 삼았다. 우리가 있는 바위 선반은 가장 놀라운 성질의 것이었다. 머리 위의 절벽은 오버행이고, 능선 위의 녹은 눈에서 흘러내리는 가느다란 물줄기는 우리 앞 저만치서 햇빛에 반짝이는 심한 비가 되어 떨어졌다. 아래쪽은 절벽이 더 안으로 꺼져서 돌을 굴리면 약 100~150미터나 낙하하고 나서야 걸리의 음울한 벽에 가서 부딪쳤다. 내 자리는 툭 튀어 나온 험악한 암봉의 제일 끝이라 발을 디딜 발판은 거의 없는 편이었다. 아찔해지는 그 절벽이 내 두뇌에 영향을 주어 우리가 올라 앉아 있는 장소의 안정성 자체마저 의심스러워 보이는 순간 순간이 있었다는 것을 실토한다. 그것이 마치 엄청난 기세로 허공을 뚫고 곤두박질하기 시작하듯 건들거리는 느낌마저 들었다.

　45분 후, 우리는 냅색을 꾸리고 산 위에 사방으로 흩어져서 사진찍기에 알맞는 장소를 찾았다. 너비가 간신히 비집고 지나갈 수 있는 조그만 선반을 따라가니 꼭대기가 편편한 탑 위로 나갔다. 그것은 샤르모쪽 균열의 벽을 이루고 메르 드 글라스 쪽에서 보면 능선을 뚫고 나간 구멍처럼 보이는 곳이다. 이것은 위쪽 아치의 쐐기돌이 빠지고 좁은 틈이 남은 것이라 사실은 구멍이 아니다. 카메라가 이 지점까지 운반되고, 브리스토 양이 제공해 주겠다는 자일을 비웃으며 재빨리 뒤따라와 이어 우리는 이 공중의 새집 같은 곳에 카메라를 장치하기 시작했다. 삼방은 허공에 둘러싸이고 앞은 카메라에 막힌 우리 일행의 숙녀는 불행한 등산가가 지극히 우아하지 못한 몰골을 취하는 순간을 포착하여 그를 영원히 그 자리에 못박아 놓기

"크랙" (브리스토 양의 사진에서)

위한 준비를 했다. 그 결과는 다음 페이지에서 볼 수 있을 것이다.

그런 다음 슬링즈비와 나는 안부로 돌아가서 자일을 몸에 매고 내가 쿨르아르로 내려가 ▲'도약'으로 알려진 바위로 트래버스했다. 나의 첫 시도는 실패했다. 왜냐하면 응달에 들어가는 순간 아직도 여전한 엄청난 추위 때문이고, 또 밑바닥에서 약 3미터쯤 되는 곳에 있는 의지할 만한 첫 손잡이가 얼음으로 반들반들한 데다가, 언 눈에 약간 덮여 있었다는 사실 때문이다. 이 언 눈을 뜯어냈을 때는 손가락이 너무나 시리고 쥐가 날 지경이어서, 안전하게 밑으로 다시 내려가는 것이 기쁠 정도였다.

이런 행동을 되풀이하는 것은 바람직스럽지 않아 슬링즈비가 이 장해를 버리고 '도약'에 기어올라갔다. 그가 어깨를 대준 덕분에 나는 그 얼음에 번들거리는 홀드를 잡지 않고도 올라갈 수 있었고, 위쪽 크랙의 수직이지만 다행히 말라있는 부분에 도달할 수 있었다. 상부의 중간쯤에 나있는 선반에 도착해 보니, 상당히 많은 양의 눈이 크랙 속에 흘러 들어가 있고 전진하는 데는 다소 요긴한 암석 두 개가 쐐기처럼 박혀있는 데까지 얼어 붙어있었다. 이 얼어붙은 눈을 제거하는 것은 대

▲ 원저자 주―"'도약'은 사진의 하단에서 약 2미터 밑에 있다. 내 두 손이 매달려 있는 점은, 쉬는 자리까지 절반쯤 되는 위치다. 이 등반의 가장 어려운 곳은 이 사진 상단에서 위쪽 몇 미터 부분이다. 자일은 안부에서 풀어 먹이고 있는 것이며, 등행선은 아무 데도 보이지 않는다. 등행선은 바로 이 크랙을 곧장 따라 올라가는 것이다."

단히 어려운 일임은 두말할 것도 없으며, 팔꿈치를 피켈처럼 사용해서 간신히 해낼 수 있었다 ― 그것은 고통스러운 과정일 뿐 아니라 관절을 다치기 쉬운 일이기도 했다. 그러나 나는 숱한 노력과 몹시 헐떡거린 끝에 바위 꼭대기에 올라섰다. 이어 브리스토 양이 사진 촬영 탑에서 돌아나와 크랙을 올라왔다. 나는 그가 두 가닥의 자일을 매고 있는 것을 깨닫지 못하고, 무심코 자일을 끌렀다. 그리고 끝이 내 허리에 매어 있는 자일인 줄 알고 한쪽 끝을 놓아 버렸다. 불행히도 그것은 그와 슬링즈비를 연결한 자일이었으며, 나의 부주의로 슬링즈비를 우리와 단절시키고 말았다. 그 결과 피켈, 카메라, 그밖의 짐을 안부에서 직접 끌어올리지 못하고, 내 자일을 내릴 수 있는 '도약' 바위쪽으로 돌아서 날라오지 않으면 안되었다.

이들 바위는 아무리 좋게 봐야 결코 쉬운 것이 아니며, 아주 무거운 짐을 진 사람은 거의 오를 수가 없다. 그런데 슬링즈비는 그런 곤란을 극복할 수 있다는 것을 보여 주었다. 무언가 비상한 방법으로 내 윗도리를 포함하여 수북이 쌓인 짐을 크랙 아래쪽 바위 선반에 운반해낸 것이다. 전체 짐덩어리를 자일에 단단히 묶어서 끌어올려야 했을 때, 나는 그 무게에 크게 놀랐다.

다음 단계의 등반은 보통 같으면 쉽다. 나는 냅색을 집어들고 공격하기 시작했으나 '대포 바위'에 이르는 조그만 걸리에 도착했을 때, 그것에 얼음이 더덕더덕 붙어 있는 것을 알았다. 양쪽 벽은 너무 좁고 걸리 자체는 너무 깎아질러서 피켈을 효과적으로 사용하기가 거의 불가능했다. 나는 냅색을 벗어야 한다는 것을 깨달았다. 성가신 것에서 풀려나 장해물을 극복하고 구멍을 딛고 빠져 나가서 찬란한 햇빛에 이르렀다. 이어 냅색과 다른 짐들이 끌어올려지고, 나머지 일행이 뒤따랐다. 눈에 덮인 자일은 말할 것도 없이 끊임없이 사려야 하고 얼음에 번들거리는 바위 선반과 걸리의 주름으로 손가락이 너무 얼어서 정말 못 견디도록 괴로웠다. 우리는 양지바른 따뜻한 바위에 앉아, 소리없는 고통에 제일 도움이 될 듯한 온갖 자세로 몸을 꾸부리고 비틀고 했다. 무딘 칼날로 손가락을 손끝에서 위로 쪼개는 듯한 느낌이 차츰 따뜻한 백열로 바뀌었다. 그리고 얼음에 번들거리는 것이라든가 그밖에 이와 비슷한 혐오스러운 것을 다루는 데는 장갑이 용납될 수 없는 사치인데, 이제 그런 것을 다룰 일도 없었으므로 우리는 장갑을 끼고 흐뭇한 기분으로 나아갔다. 한가지 흡족하게 느껴진 것은, 우리가 굼뜨고 게을렀던 것이 오히려 잘한 일이었다는 것이다. 만일 낮에 더 일찍 이 산의 여기를 해치우려고 했더라면 추위로 되돌아섰을 것이다.

이 지점부터 앞으로는 태양이 능선 위에 쨍쨍 내리쬐고, 우리의 사기는 하늘을 찔렀다. 브리스토 양은 영국산악회 대표들에게 가파른 바위를 기어오르는 방법을 보여주기도 하고, 일행 가운데 나이 많은 멤버들이 한숨 돌리려고 쉬는 동안에도 사진 촬영으로 그 시간을 메꾸곤 했다.

마지막 바위 탑의 발치에 도착하여 우리 파티의 C. P.쪽 사람들에게 자일을 내려주었다. 그들은 수면과 담배와 안일을 사랑하는 마음에 너무 도취되어, 고약한 장소에서의 등반은 한번도 해보지 않았다. 이어 우리는 가장 높은 지점으로 기어 올라갔다. 메르 드 글라스에서 우리를 지켜보고 있을지도 모른다고 생각되는 친구들에게 함성을 질렀다. 우리는 이 무서운 바위 탑 위에 올라 선 최초의 여성을 축하했다. 그리고 픽발푸르 갭에서 충실한 등산가를 기다리고 있는 따끈한 차와 케이크에 대해서, 잼과 롤빵에 대해서 비스킷과 과일에 대해서 속삭이는 매력적인 여인의 목소리에 귀를 기울였다. 그곳에서 우리는 성찬을 배불리 먹은 뒤 버너와 그밖의 짐을 냅색에 꾸려 넣고, 쉬운 바위 선반으로 해서 서둘러 C. P.로 내려갔으며, 마침내 바람과 비와 우박에 의해 산에서 쫓겨났다.

흔히 깨닫게 되는 일이지만 모든 산은 세가지 단계를 거쳐야 하는 운명에 있는 것처럼 보인다. 먼저 하나의 접근하기 어려운 봉우리, 이어 알프스에서 가장 곤란한 등반, 마지막으로 여성이 쉽게 오를 수 있는 날이 오는 단계다.

그레퐁은 아직도 이 마지막 단계에는 와 있지 않다고 실토하지 않을 수 없다. 이 앞 몇 페이지의 장(章)은, 실제의 사실에 관한 이야기라기보다 오히려 예언적인 것으로 간주되어야 할 것이다. 사실 방금 이야기한 이 등반은 산 위에 쌓인 그 거창한 얼음과 눈으로 해서 내가 지금까지 한 등산 가운데서 가장 곤란했던 것 중에 자리를 차지하게 될 것이다. 그러기는 하나 그레퐁의 주된 방어물 — 이 봉우리가 최근까지 가이드들의 마음 속에 불어넣어 온 공포감—은 이제 사라졌으며, 그 가운데 몇 사람은 ▲'나사가 다 죌 때까지' 용기를 틀어서 정상에 도달하고 있다. 지난 시즌에는 등산계에서 잘 알려진 또 하나의 여성이 이 산을 반대 방향으로 트래버스했는데, 그리 머지 않아 이 산은 일반 등산을 할 수 있게 될 가능성이 충분히 있다.

▲ '나사가 다 죌 때까지'. 셰익스피어 「맥베스」(제 1 막 제 7 장)(Shakespe-are : Macbeth, I, vii)에 "실수한다고! 나사가 다 죌 때까지 전력을 기울여 봐. 그러면 실수하지 않지." 라고 있다.

제7장 당 뒤 르캥

　어느날 저녁 7시, 기차와 장거리 역마차를 서른세 시간이나 계속 타고 온, 여행에 지친 ▲네 사람의 사나이가 몽탕베르 호텔에 도착했다. 도착하자마자 뿌리 깊은 등산가의 열성으로 내일은 어떻게 할 것인가 당장 의논하기 시작했다. 그 지루한 서른세 시간 동안 그것은 줄곧 그들이 나눈 화제의 중요 부분을 이루었다. 그런데도 아직 만족할 만한 결론에 이르지 못하고 있었던 것이다. 그러나 몽탕베르 호텔로 걸어가는 동안 네 사람 가운데 셋은 이튿날 새벽 2시에 출발하는 것은 등산의 모든 규범에 어긋난다는 확신을 갖게 되었다. 한편 그 완벽한 날씨를 허송하지 말아야 한다는 느낌도 들었다. 그래서 일행의 젊음과 정력에 한 걸음 양보하여 다음날 밤 야외에서 캠핑하고, 그 이튿날 그 만만찮은 당 뒤 르캥을 공략하기로 결정했다. 방금 말한 그 젊음과 정력으로 둘째 밤도 야영하여 일종의 좌우 겸수 속공 작전을 펴자는—첫날은 르캥에 오르고, 다음 날은 플랑에 오르자는—모험적인 제안을 숙고 끝에 분명히 그렇게 하기로 했다.

▲ 원저자 주—"세실 슬링즈비, 노먼 콜리, G. 헤이스팅즈 세 분과 나. 등산은 1893년 7월 25일에 이루어졌다."

지도를 검토하여 콜 뒤 제앙을 넘어가면서 보게될 것들을 우리 모두 종합하여 기억하기로 하고, 프티 로뇽의 약간 아래쪽에 있는 이름없는 바위에 캠프를 치기로 했다. 더 낙천적인 정신의 소유자들이 풀밭과 그밖에 아직 들어보지 못한 사치를 발견하게 될 것이라고 주장한 자리였다.

다음날, 우리는 아침을 먹고 나서 곧 준비를 시작했다. 일행 가운데 나이를 더 먹은 사람들은 세월과 더불어 쌓인 지혜로 자기들 몫의 짐을 질 포터를 한 사람 고용했다. 그러나 헤라클레스의 근육과 무모한 젊음을 가진 헤이스팅즈는 거대한 백을 짊어졌을 뿐 아니라 우리가 계획한 비박 지점에 이르는 바위 기슭까지의 길을 거뜬히 안내해 갔다.

조망을 즐기고 싶은 두드러진 욕망이 이 지점에서부터 파티 전체와 구성원 개개인에 현저하게 나타났다. 우리는 모두 편편한 돌에 앉아 함께 전망을 감상했다. 드문 경우지만 그렇지 않을 때는 여기저기 흩어진 네 사람의 방랑자가 저마다 피켈에 기대어 암석 부스러기로 된 사면의 장관을 바라보며 고요히 사색에 잠겨 있는 것을 볼 수 있었다. 따라서 진전이 늦어 오후 2시 35분에야 간신히 조그만 기분 좋은 풀의 골짜기에 도달했다. 일행의 각 멤버는 암석의 사막 속에 있는 이 조그만 오아시스에 도착하자 위쪽의 험준한 퇴석을 나른하게 처다본 다음, 땅바닥에 몸을 내던지고는 몹시 설득력있는 웅변으로 이 특정 지점에 야영을 하게 된 까닭을 그럴 듯하게 쏟아내는 모습을 사람들은 볼 수 있었다.

　반대하는 사람도 없어 얼른 포터에게 삯을 주어 해고하고 이어 오후의 차가 마련되었다. 그리고는 앞으로 공격하게 될 만만찮은 산정을 한가로이 생각하기 시작했다. 큰 바위 그늘에 앉아 망원경으로 살펴본 결과, 바로 정상에 가까운 동쪽 능선 어디에 도달하기만 하면 그 꼭대기에 오를 수 있겠다는 결론을 얻었다.

　이 능선의 균열로부터 능선 아래쪽 약 150미터쯤에 산의 벽면에서 툭 튀어나온 거대한 버트레스로 이어져 내린 편리한 크랙 혹은 걸리가 있는 것을 볼 수 있었다. 이 균열 왼쪽에는 상당한 눈 조각이 붙어 있었으며, 이 눈 위에 올라서기만 하면 성공의 기회는 클 것 같았다. 그러나 이 눈 아래 거리는 짧지만 바위가 가파른 암반이라 과연 이 부분을 올라가는 데 성공할 수 있을는지 의심스러웠다.

　낙관론자들은 할 수 있다고 자신만만했으나, 비관론자들은 중지해야 한다는 신념이 더 강했다. 그러자 슬링즈비가 대신 올라갈 등행선을 제안했다. 산정의 남쪽 능선이 서벽을 가리고는 있지만 콜 뒤 제앙에서 볼 때 이 벽면은 쉬워 보였을 뿐 아니라, 실제 그리로 오르고자 한 파티가 몇번이나 등반을 한 적이 있다고 그는 지적했다. 그렇다면 남쪽 능선과 서쪽 능선이 마주치는 이 점에 관한 한 우리 앞에 확실한 루트가 열려 있는 셈이었다. 거기서 삼각 모자를 닮은 큰 돌을 머리에 쓴 두드러진 바위 탑을 향해 남쪽 능선을 내려가는 것은 분명히 쉬울 것이었다.

벽면의 어느 지점으로 해서 그 눈 조각으로 내려갈 수 있을 것인지는 전혀 확실치 않았으나 그 곳 바위가 눈 조각 밑의 바위보다 분명히 유리해 보였고, 게다가 루트 선택의 폭이 훨씬 컸다. 이 등행선에 대한 오직 하나의 장해는 '우회'하는 것이었으며, 다소 어려운 바위라서 상당한 정도까지 트래버스할 필요가 있을 것 같았다. 그러나 우리의 주된 목적은 등반에 있는 것이 아니라 훈련을 위해 걷는 데 있다는 지적이 나왔으며, 따라서 근육을 발달시키고 틴달 교수가 말하는 이른바 영국 생활이 근육에 축적하는 '노폐물'을 연소시키는 데 족할 정도의 바위를 오른다는 것은 안하는 것보다 이익이 아니겠느냐는 것이었다. 이런 주장의 힘에는 도저히 이겨낼 수 없어 남서벽을 택하기로 했다. 남쪽 능선을 눈 조각까지 내려갔다가 다시 동쪽 능선으로 올라가는 것이다.

그 다음에 우리가 할 일은 만일 날씨가 나빠질 경우에 기어들어갈 적당한 구멍과, 날씨가 계속 좋을 경우를 위해 부드럽고 마른 풀이 있는 구덩이를 찾아두는 것이었다. 그리고 나서 우리는 차를 끓이고 헤이스팅즈가 언제나 동료를 대접하는 그 호화판 식사를 즐겼다. 말할 것도 없지만 헤이스팅즈와 나는 다시 에귀유 드 플랑에 관해서 일행에게 생생히 설명해 주기도 하고, 그 얼음 사면이 충실한 등산가에게 주는 ▲기쁨을 들

▲ 원저자 주 — "이 등반에 대해서는, 일행 중의 한 사람인 엘리스 카 씨가 「얼음 사면에서의 2일간(Two Days on an Ice Slope)」이라는 제목의 기사에 쓰고 있다. 「알파인 저널」 제16권 422페이지 이하 참조."

몽블랑과 당 뒤 르캥 (홀므즈 씨의 사진에 의한 그라비어 화)

들려 주기도 했다. 그러는 동안에 태양이 ▲'하늘의 내리막길을 향해 서쪽으로 가는 수레바퀴를 기울이고', 저녁의 차가운 산들바람이 침낭을 생각하게 했으므로, 우리는 저마다 골라놓은 잠자리로 물러가 숨막히는 여관에서 옹색하게 자고 있을 불쌍한 인간들은 가엾어하면서 이내 올바른 자의 잠 속으로 빠져 들어갔다.

2시쯤, 헤이스팅즈가 기분 좋게 잠들어 있는 나를 흔들어 깨웠다. 그리고 둘이서 연거푸 소리를 질러 좀 떨어져, 보이지 않는 구덩이 속에 숨어 자고 있는 두 사람을 깨웠다. 마침내 그들이 어둠 속에서 나타났다. 우리는 침낭으로 몸을 감싸고 아침을 먹기 시작했다. 그러나 완전히 정상상태를 벗어난 새벽 2시 반의 아침 식사를 제대로 들 수는 없는 일이다. 그런 아침 시간에 좀 어떨까 싶은 달걀 세 개를 먹을 수 있고 그 맛을 즐길 수 있는 단계에 이르려면 매우 주의깊은 훈련이 필요하다. 뜨끈뜨끈한 차를 마시면서 슬링즈비와 나는 동료들에게 에귀유 뒤 플랑에 관한 재미있는 이야기를 더 자세히 들려 주었는데, 콜리가 이따금 끼어들어 등반이 목적이라면 알프스가 스카이 섬과 그밖의 스코틀랜드 지방만 못하다는 대답하기 어려운 증거를 들이대곤 했다.

새벽 3시 10분, 콜리가 앞장서서 출발해 빙하 퇴석을 올라갔다. 그는 전날 루트의 이 부분을 살펴본 바 있었다. 이어 빙

▲ '하늘의 내리막 길…'. 존 밀튼의 「리시더스(John Milton : Lycidas, I, 1637)」.

하의 편편한 혓바닥 같은 가장자리를 지나 더 가팔라진 사면의 기슭에 이르렀다. 여기서 우리는 얼음이 가파르기는 하지만 스텝을 깎지 않고도 걸어갈 수 있을 만하다는 것을 알았다. 나는 몇번이나 나도 모르게 밑바닥으로 글리세이드하고 싶은 생각이 들었으나, 다른 사람들이 아주 유쾌해 보였으므로, 나도 어려움을 숨기고 자못 그곳이 마음에 드는 체했다. 이윽고 더 편편한 얼음에 도착하여 왼쪽으로 곧장 트인 빙하를 향해서 가느냐, 아니면 오른쪽으로 붙어서 빙하와 우리가 향하는 정상의 바위 사이에 있는, 쉬워 보이는 골짜기를 따라 나가느냐 택일하지 않으면 안 되었다. 불행하게도 분명히 쉬워보이는 골짜기에 이끌려 그리로 일행을 안내한 나는 곧 잘못 왔다는 것을 깨달았다. 그러나 빙탑 하나를 깎아 올라가면 빙하에 도달할 수 있고 그러면 사실상 지금까지 올라온 길을 다시 더듬어 돌아가지 않아도 될 것같이 보였다. 빙탑은 높고 단단했다. 헤이스팅즈와 내가 미리 시도해 보고 그 꼭대기까지 스텝을 깎아 올라가는 데 성공했다. 꼭대기는 삼면에 크레바스가 있고 나머지 한쪽에는 6, 7미터 높이의 수직벽이 있는, 반도 모양의 얼음에 지나지 않았다. 이 벽의 오직 한 군데 공략할 만한 부분은 가장 낮은 왼쪽 모퉁이, 신경이 갈기갈기 찢어질 듯한 커다란 크레바스 바로 위에 있었다.

슬링즈비가 스텝을 깎아 자기를 확보한 뒤 내가 오르기 시작했다. 훈련이 부족했다는 것이 저절로 느껴지고, 한번 슬립하면 슬링즈비를 그 확보한 자리에서 끌어내리게 된다는 어이 없는 생각에 자꾸만 시달렸다. 잠시 물러가 있던 콜리가 앵커에 가담했고 다음에 헤이스팅즈가 모퉁이에 단단히 자기를 확보하고 나를 밀어올려 주었으며, 잠시 고투한 후 꼭대기에 올라섰다. 그리고 다음 사람이 올라오자 나는 곧 자일을 끄르고 등반이 가능한 빙하에 도달할 수 있는지 보러 갔다. 그것은 아주 쉽다는 것을 알았다. 그리고 이 지친 등산가는 벌렁 눈 위에 드러누워 동료들이 천천히 올라와 줄 것을 열심히 기도했다. 이 소망에 고마운 응답이 베풀어졌을 뿐 아니라 동료들은 도착하기가 무섭게 털썩털썩 주저앉아, 그것이 마치 아침 5시 반의 열성적인 등산가의 가장 자연스럽고 정당한 일이기나 하듯 긴 휴식에 잠겼다. 마침내 창피한 생각에 몰린 우리는 벌떡 일어나 엄숙하게 안간힘을 쓰면서 사면을 올라갔으며, 각 멤버는 선두에 서는 데 있어 매우 유쾌하고 감동적인 겸양을 보여 사양하곤 했다.

　오전 6시 10분, 바위를 공략했다. 나는 분별도 없이 침니 속에 비집고 들어가 다른 사람들이 콜리를 선두로 쉽게 유쾌한 듯이 약간 왼쪽으로 올라가는 것을 바라보며 즐겼다. 침니에서 나온 나는 그 뒤를 따라가 일행을 발견했다. 그들은 나를 기다리고 있는 중이라고 했으나, 그들의 분방한 태도로 미루어 그것이 전적으로 사실은 아닌 것 같았다. 움직이기 시작하려는 조짐을 보고, 나는 점심을 먹자고 제의했다. 박수로 이 근사한 구상을 맞이하고는 모두 짐짓 엄숙한 표정으로 식사를 했다. 이윽고 냅색을 다시 챙겨 30분쯤 올라가니, 고기통조림의 빈 깡통이 조그맣게 쌓여 있는 곳이 나왔다. 이 지점에서 점심 먹는 관례가 되어있는 것이 분명했다. 세월에 의해 명확히 신성화(神聖化)된 이런 규칙을 어긴다는 것은 무정부주의적 성격은 말할 것도 없고, 급진주의적 성격을 띠게 되는 일이라는 데에 즉각 의견들이 일치했다. 우리는 다시 엄숙하게 앉아서 진저에일, 초콜릿 음료, 그밖에 이와 비슷한 가벼운 음료수를 들었다. 이런 일과 그밖의 수단으로 우리의 훈련 부족에 걸맞게 속도를 끌어내릴 수 있었으며, 8시 50분에야 겨우 능선에 도달했다.

다음에는 꼭대기가 절반쯤 큼직한 돌로 막힌 가파른 침니를 공격해야 했다. 우리는 자일을 몸에 맸다. 그리고 헤이스팅즈가 손이 미치는 데까지 나를 밀어 올렸다. 그런데 그 큼직한 돌은 느슨해 보였을 뿐 아니라, 그 위로 기어올라가는 것도 유쾌한 일이 아니어서 나는 이 돌과 바위 사이를 비비고 빠져나가 보려고 했다. 그 틈이 충분히 넓지 못해 되돌아 나와서 윗도리를 벗어야 했다. 그러고 나서야 간신히 빠져 나갈 수 있었다. 윗도리는 안전한 구멍 속에 쑤셔넣고 돌아올 때까지 그대로 놓아두었다.

조금 더 나아가서 남쪽 능선의 꼭대기에 이르니 이 산의 주 능선과 합치는 지점이다. 바로 앞에 깎아지른 바위 탑이 솟았고 그 바로 뒤가 정상이었는데, 정상은 명백히 능선의 맨질맨질한 단계에 의해 분리되어 있었다. 바위 탑의 남면은 서리에 의해 세 개의 큰 암괴로 갈라져서 하나씩 포개져 있었다. 그

둘째 암괴에서 다소 불안한 돌에 감아놓은 자일 한 끝이 매달려 있었는데, 그것은 분명히 그 전에 시도된 최고의 수준을 나타내는 것이었다. 눈 앞의 암벽에 나있는 크랙을 올라가서 이 자일에 도달하기란 거의 불가능해 보였으며, 더 좋은 계획은 수직으로 솟은 바위 탑과 마지막 정상 사이에 있는 걸리로 트래버스하는 것일 것 같았다. 이 트래버스는 나중에 안 일이지만 모즈 씨 일행이 여러 번 이 봉우리에 오르려고 했을 때 택한 등행선이었다.

그러나 우리는 의논 끝에 설령 이 바위 탑을 올라갈 수 있다고 하더라도 이쪽으로부터는 마지막 정상에 접근할 수 없을 것이라는 데에 의견이 모아졌으며, 또 바위에 매달린 자일 끝으로 미루어 걸리의 내부는 지친 등산가들이 바라는 만큼 편리한 층계로 되어 있지 않겠다는 쪽으로 자꾸만 생각이 기울었다. 슬링즈비가 그 '모자'를 향해 남쪽 능선을 따라 인도해 감으로써 분별있게 토론을 낙착시켰다. 그것은 매우 쉬웠다. 그는 전날 오후에 눈여겨 보아둔 지점에서 왼쪽으로 돌아 그 눈 조각으로 우리를 이끌어 갔다. 몇분후, 절벽과 딱 마주쳤다. 표면이 대부분 서리에 갈라진 얇은 베니어처럼 되어 있었고, 금방 떨어질 것만 같아 가볍게 조금만 잡아당겨도 상당한 양의 데브리가 우수수 떨어져 내렸다. 이 시점에서 우리의 기회는 절망적으로 보였다. 밤새 보아온 크랙은 낭떠러지 같았고 그 속에 들어가는 것조차 불가능해 보였으며, 그것과 우리들 사이의 절벽은 밖으로 튀어나온 선반처럼 맨질맨질한 슬랩

으로 되어 있었다. 잠시 의논한 결과 밤새 구상한 유망한 의
견을 슬링즈비가 계속 고집하여, 내가 가벼운 자일을 전부
(60m) 풀어서 천천히 내려가, 눈 조각 저편에 있는 땅을 탐색
하기로 했다.

　하강은 예상한 것보다 훨씬 쉬웠다. 그러나 '홀드'라고 부
를 만한 것이 발견될 듯싶은 곳에서도 어느 것 하나 믿을 수
없다는 사실이 나로 하여금 자일이 주는 정신적 지지를 무척
기뻐하게 만들었다. 눈 조각 바로 위의 바위 앞에서 언급한
버트레스의 꼭대기에 이르는 쉽고 편리한 트래버스 자리가 있
는 것을 발견했다. 이 지점에서 보니 전날에 구상한 의견이
충분히 정당했다는 것을 알 수 있었다. 쉬운 바위가 크랙 속
으로 이어져 있고 어려워 보이기는 하나 충분히 가능성의 한
도 안에 있어 보였다. 동료들에게 빨리, 아니 천천히 올라오라
고 소리를 지르고—물론 그들은 복종하지 않은 명령이지만—
나는 두 바위 사이의 적당한 구덩이를 골라 낮잠을 즐기기 시
작했다. 그러나 나의 꿈은 다음에 올라오는 사람이 큰 소리로
지시를 묻는 바람에 오히려 깨어졌다. 그리고 후미에게 안전
과 도움을 주기 위해 자일을 고정시킬 바위를 찾는 데 상당한
시간이 걸렸다. 그래서 이 60미터 정도의 절벽에서 적어도 모
두 1시간 반이 소비되었다. 슬링즈비와 콜리가 돌아올 때 틀
림없이 찾을 수 있도록 고정 자일의 아래쪽 끝을 적당한 돌에
묶고 있는 동안, 헤이스팅즈와 나는 그 쉬운 바위로 해서 크
랙 속으로 올라가기 시작했다. 우리는 곧 크랙이 결코 더 바

랄 수 없이 쉬운 것도 아니라는 것을 알고 다시 자일을 몸에 둘렀다. 동료들이 금방 따라붙었으며 이어 우리는 진지하게 공격을 개시했다.

최초의 중대한 장해는 맨지르한 슬랩으로 형성되어 있었는데, 거기에는 이 슬랩과 가파른 오른쪽 암벽 사이의 수직 크랙 이외에 홀드라고는 아무 것도 없었다. 이 크랙도 군데군데가 너무 좁아 손가락이 들어가지 않았으며, 어느 지점에도 정말로 만족할 만한 홀드가 없었다. 헤이스팅즈가 여느 때처럼 나를 밀어 올린 다음 추스려 주었으나, 슬랩이 너무 험준하여 바깥쪽으로 기우뚱거리지 않도록 몸을 지탱하는 것도 여간 어려운 일이 아니었다. 불행하게도 그가 나를 도와줄 수 있는 최대의 한도에서 꼭대기까지는 아직도 2미터쯤 되었으며 매우 심각한 고투를 해야 한다는 것이 점점 뚜렷해졌다. 게다가 슬랩 꼭대기에 홀드가 있는지 없는지도 알 수 없었다. 그런 홀드가 없다면 어떻게 할 도리도 없었다. 두번째 수직 바위가 그 바로 위에 솟았고, 우리가 올라가야 하는 바깥쪽으로 기울어진 선반의 너비는 고작 50센티미터밖에 되지 않았기 때문이다. 헤이스팅즈가 비상한 담력과 기술로 내 뒤 1미터쯤 높이까지 따라 올라와 반갑게 피켈로 내 발을 쑥 밀어 올려주었다. 이런 도움으로 나는 한쪽 손을 선반에 걸어 제일 위쪽의 간신히 손끝이 닿는 자리에 깊고 매우 만족스러운 크랙 하나를 찾아냈다. 이 홀드의 도움까지 얻고도 두 발을 선반 위로 끌어올려 크랙을 놓고 다시 자세를 곧추 세우는 일은 정말 쉽지 않았다.

그리고 우리는 통상적인 종류의 침니 작업, 가파른 모퉁이, 이따금 젖은 바위, 그리고 가장자리가 바깥쪽으로 오버행된 사면의 모든 것이 가진 일반적인 경향에 직면하곤 했다. 헤이스팅즈는 여러 군데서 선두를 2, 3미터씩 밀어 올려주어야 했는데, 선두인 본인으로서는 가장 편리하고 안온한 등산방법으로 여겨진 이런 사소한 일 이외는 별로 심각한 장해에 부딪치지 않았다. 오전 11시 반쯤, 동쪽 능선의 '창문'에 도착했으며, 정상은 이제 짧은 거리 안에 있었다.

오른쪽에는 대담한 침봉이 시야를 가렸고, 왼쪽에는 칼날 같은 화강암이 5미터쯤 가파르게 솟아올라 네모난 바위 탑에 기대어 있었다. 전체적으로 대단히 만만찮아 보였으며 잠시 쉬는 것이 좋겠다는 데에 의견이 일치했다. 그러나 불편하게 위치한 바위 혹에 매달려 자리를 지탱하면서 바깥쪽으로 45도나 기울어진 바위에 앉아 있어야 하는 인생이라면, 살 맛이 없다는 것이 곧 명백해졌다. 그 자리를 V자 모양의 갭에 걸터앉는 자리와 바꾼다고 하더라도 사태는 두드러지게 나아지지도 않는다. 이런 불쾌함이 날카로운 능선과 그 저편의 바위 탑을 어떻게 할 수 있는지 지체없이 살펴보는 것이 좋겠다는 결론으로 우리를 몰고 갔다.

능선은 우리가 예측한 것보다 쉬웠다. 한쪽은 손가락으로, 한쪽은 손바닥으로 누르고 잡을 수 있는 것은 무릎 사이에 끼워서 붙들고, 확실히 고상해 보이는 몰골은 아니었으나 바위

탑의 발치까지는 진행이 비교적 쉬웠다. 여기서부터는 약간 거북한 등반이 강요됐다. 결코 수평이 아닌 바위 칼날을 손가락으로 잡고 오직 이 지탱만으로 오른다리를 내뻗어야 했으며, 한껏 발을 내민 곳에 바깥으로 비스듬히 튀어나간 조그만 선반이 있어서 일종의 발판을 제공해 주었다. 그런 다음 오른손은 이 칼날 홀드를 놓고 한껏 뻗어서 바위 탑의 도무지 시원찮은 수직 주름을 따라 더듬어 나가야 했다. 이 주름에서 더없이 바람직스러운 점이 발견되었을 때 손이 미칠 수 있는 범위 안에서 오직 하나 믿고 붙잡을 수 있었던 그 칼날은 이제 완전히 버려야 했으며 체중을 오른발로 휙 옮겼다. 전체 진행이 몹시 미묘했다. 발판이 너무 불안정해서 균형이 조금만 흐트러져도 슬립할 것이 틀림없었다. 바로 밑의 절벽은 샤모니의 침봉 중에서도 두드러지게 깎아지른 절벽을 이루고 있어 나는 우리 일행 중의 과학자들이 몇백 미터라고 언명한 그 높이를 운운하고 싶은 생각은 거의 없다.

다음 단계도 그리 쉬워 보이지는 않았다. 앞에서 말한 주름이 이와 비슷한 다른 주름 한두 가닥과 함께 유일한 지지 수단을 제공해 주었다. 엄지손가락과 나머지 손가락으로 이것들을 잡고, 발로 거친 화강암을 아래쪽으로 긁음으로써, 조금씩 움찔움찔 위로 올라갈 수 있는 추진력을 얻을 수 있었다. 다행히 바위가 기분 좋게 따뜻했으며, 헤이스팅즈는 매우 흡족한 듯이 줄곧 확신의 소리를 질러댔다. 그리하여 차츰 곤란은 극복되고, 등산가는 헐레벌떡 마침내 네모로 깎인 바위 탑 꼭대기에 도달했다.

나머지 일행도 재빨리 뒤따라와서 우리는 조용히 일광욕을 실컷 즐겼다. 다시 출발했을 때, 몽탕베르 호텔의 사람들에게 '우체통'으로 알려져 있는 종류의 찢어진 바위가 무수히 늘어선 자리와 곧 마주쳤다. 이번 경우 우체통의 배열은 그 중 세 개가 대표하고 있었는데 왼쪽 것이 가장 힘들어 보이고, 오른쪽 것이 가장 쉬워보였다. 나는 우선 가운데 것을 살펴보았다. 오른쪽 것이 그 위 능선으로 이어져 있다는 확신을 가질 수 없어 보였기 때문이다. 그러나 가운데 것은 두드러지게 어렵다는 것을 알았으며, 일행의 ▲네스토르가 오른쪽의 쉬운 것을 먼저 조사해 보라고 충고했다. 그곳에 올라가서 언짢은 모퉁이를 한 걸음 길게 딛고 돌아가니 가운데 우체통의 상부로 나갔다. 이 지점에서 다시 능선으로 올라가는데 어려운 곤란은 아무것도 없었다.

바로 앞에 마지막 바위 탑이 솟아 있었다. 직접 공격해서는 공략할 수 없을 것이 분명했으며, 첫눈에 정상의 6미터 거리 안에서 고배를 마시게 될 것 같았다. 그러나 다시 보니 왼쪽에 분명한 성공의 기회를 제공해 줄 성싶은 유리된 암벽이 드러났다. 공격해 나아가니 오른쪽에 쉽고 편리한 루트가 기쁨에 찬 우리의 눈 앞에 펼쳐졌다. 이 루트를 따라가자 커다랗게 유리된 암벽의 가장자리에 다다랐으며, 더 가파르고 더 날

▲ 네스토르(Nestor) 그리스 신화. 트로이 전쟁 때 그리스 군의 슬기로운 장군. 현명한 연장자라는 뜻이 함축되어 있다.

카로운 둘째 암벽의 꼭대기로부터 정상에 접근할 수 있었다. 그것은 손가락과 바지가 약간 상하는 대가를 치루고서야 올라갈 수 있었으나, 정상이 가까웠으므로 그까짓 인생의 사소한 아픔쯤은 아무것도 아니었다. 몇분후, 우리는 최고점에 올라서서 쉰 목소리로 환성을 지르고 있었다.

식량을 뒤에 남겨 두고 왔는데도, 헤이스팅즈가 호주머니에서 호사스러운 먹을 것을 꺼내어 우리는 풍성한 진수성찬을 즐겼다. 이어 일행의 절반은 담배의 달콤한 즐거움을 만끽하기 시작하고, 나머지 절반은 위태롭지만 깊고 달콤한 낮잠 속에 빠져 들어갔다. 이런 현명한 방법으로 심신을 상쾌하게 만든 다음, 구할 수 있는 몇개의 돌로 케른을 쌓고는 우리의 노동이 완성된 것을 느끼면서 위대한 봉우리들을 응시하고, 사방을 둘러싼 광대한 설원에서 반사되는 찬란한 빛의 질량에 희열을 느꼈다.

올라온 등행선을 따라 가지각색의 바위 위에 줄곧 피켈, 냅색, 예비 자일 등을 늘어 놓고 온 사실 때문에 우리는 같은 길로 돌아가지 않으면 안 되었다. 그러지 않았더라면 주능선과 남쪽 능선이 만나는 지점으로 지름길을 택하고 싶었을지도 모른다. 큰 바위 탑 꼭대기는 쉽게 접근할 수 있다는 것을 알 수 있었다. 설령 이 바위 탑과 산괴 사이의 걸리가 통과할 수 없다는 것이 밝혀지더라도, 하켄과 자일이 그 곤란을 쉬이 해결해 줄 것이었다. 그러나 불행하게도 우리는 여러 가지 짐을 버릴 수가 없었으며 결국 올라올 때 택한 루트를 따라 내려가지 않을 수 없었다.

오후 2시 20분, 정상을 떠나 곧 창문 위쪽의 바위탑 꼭대기에 내려섰다. 헤이스팅즈가 얼른 하켄을 꺼냈다. 후미가 내려오는 데 도움이 될 수 있도록 이것을 적당한 크랙에 박았다. 다시 창문에 도달한 우리는 산릉에 작별 인사를 던지고 걸리를 내려가기 시작했다. 고약한 첫 피치에서 조심스레 자일을 걸어 쉽게 내려갈 수 있어서 기뻤다. 그러나 자일을 벗기느라 10분이나 걸려가며 애를 먹다가, 다시 올라가서 끌러야 했을 때는 그 기쁨이 얼마간 줄어들고 말았다. 이런 절차는 우리에게 충격을 주어 피로하기도 했고 또 되풀이하다가는 기분도 상할 것 같아, 두번째 고약한 자리에 도달해서는 헤이스팅즈가 다시 사다리 대용으로 사용되었고 나는 젊음이라는 간단한 방법으로 바위를 내려갔다.

오후 4시 5분, 그 눈 조각에 도착했다. 그리고 시간을 절약하기 위해 자일 한 가닥으로 올라가고 굴러내릴 것이 틀림없는 낙석을 피하기 위해서는 눈과 절벽이 제공하는 피난처를 믿기로 했다. 나는 다행히도 선두의 자리가 주어졌다. 다행이라고 말하는 것은 낙석에 관한 한 ▲"주는것이 받는 것보다 복이 있다."는 성서의 말씀과 완전히 일치하기 때문이다. 이 경우 나는 매우 후하게 베풀었지만 흔히 있는 것처럼 이 관용은 바람직스러운 사람들의 영속하는 애정의 기분을 불러일으키지

▲ "주는 것이 받는 것보다 복이 있다". 「신약성서」 사도행전, 제20장 제35절.

는 못했다. 그러나 콜리만은 예외로 쳐야 한다. 후미인 그는 내가 내려 보내는 날으는 무기뿐 아니라, 나머지 사람들이 흩뿌리는 것까지 즐기고 있었던 것이다. 내가 판단할 수 있는 한 그는 그런 것을 살짝살짝 피하는 것이 무척 재미있었던 것 같으며, 그런 재미를 보지 못할 때는 느슨하고 불편한 바위 선반에서 조용하고 얌전하게 침착한 태도로 우리의 행동을 지켜보곤 했다.

오후 5시 5분, 다시 남쪽 능선에 붙은 우리는 그것이 주능선과 만나는 합류점까지 급히 따라 내려갔다. 나는 헤이스팅즈의 확보로 구멍을 미끄러져 내려가서 윗도리를 되찾았는데, 저녁나절의 냉기 때문에 여간 반갑지 않았다. 이어 우리는 냅색을 끌러 놓고 잠시 쉬었다. 슬링즈비를 후미로 하고 다시 자일을 몸에 맸는데, 곧 눈이 너무 철벅거리는 상태라 극도의 주의가 필요하다는 것을 깨달았다. "빙하까지 성큼성큼 내려가고 싶다"는 우리의 희망은 완전히 산산 조각이 나서, 오후 6시 25분에야 겨우 베르크슈룬트에 도착했다.

슬링즈비는 잘 건너갔으나 헤이스팅즈가 뒤따랐을 때 건들거리던 빙탑이 신음소리를 내며 몸부림을 치더니 육중한 덩어리가 아래쪽으로 깊숙이 굴러 떨어졌다. 다행히도 빙탑은 언짢은 기분을 이 정도로 표현하고 조용해졌으며, 우리는 빙하를 향해 따라 내려갈 수 있었다. 크레바스에는 매우 불안한 다리가 걸려 있어서 아침에 더듬어 온 길을 버리고 쉴 새 없이 더 확실한 루트를 찾아야 했다. 밤이 재빨리 찾아왔다. 눈 위에서 계획에 없는 비박을 해야 하는 궁지에 빠졌나 하는 의혹이 내 머리 속에 떠돌기 시작했다. 그러나 슬링즈비는 난국에 대한 임기 응변으로 아침에 올라 온 루트를 버렸다. 그 루트를 고집했더라면 10센티미터에서 30센티미터 깊이로 눈이 쌓인 긴 얼음의 사면을 내려가야 했을 것이고, 또 현재의 철벅거리는 상태로 보아 심각한 위험에 빠졌을 것이다. 그는 대담하게 오른쪽으로 치고 나가 마치 보통 사람이 대낮에나 하듯 연속되는 복잡한 난관을 시원시원하게 풀어 나갔다. 그러나 마침내 그도 깎아지른 절벽에 부닥뜨리고 말았다. 얼핏 보아 이 세상의 끝을 이루며 공간에 오버행된 절벽이었다. 거대한 빙벽 너머로 잉크 같은 암흑과 절대적 정적 속을 응시하고 있으면 무언가 이상한 감명을 받게 된다. 끝없는 깊이와 극도로 신비로운 감정이 인간의 온 존재에 스며드는 것처럼 여겨지는 것이다.

랜턴 빛을 아무리 멀리 비쳐도 어둠을 꿰뚫지는 못했고 좌절감이 우리를 짓눌렀다. 눈 위에서 하룻밤을 새워야겠다고 마음먹고 있을 때, 구름이 갈라지더니 한 줄기 달빛이 빙하 위에 떨어져서, 약 15미터 아래쪽에 있는 단단한 땅이, 아니 빙하가 드러났다. 얼음의 반도 같은 것을 통해서 접근할 수 있는 곳이었다. 달은 이 좋은 전기(轉機)를 마련해 주고는 불친절하게도 다시 모습을 감추었다. 그 뒤에는 슬링즈비가 아래쪽에 엄청나게 넓은 크레바스가 있는 거의 수직에 가까운 만년설의 벽면을 따라, 접는 랜턴이 비춰주는 불빛의 도움만으로 스텝을 깎는 유쾌한 일이 남았다. 우리의 리더는 그 일을 무척 즐기는 것처럼 보였다. 눈을 깎는 작업은 차츰 멀어져 갔으며 동료들은 가장자리를 넘어 어둠 속으로 한 사람씩 사라져 갔다. 이윽고 내가 그 뒤를 따라가는 고통스러운 의무를 완수하게 되었다. 어둠 속에서 들려오는 명랑한 목소리들이 아주 쉽다고 말해주고 있었으나 나는 이 지점이 도무지 마음에 들지 않았다. 큼직한 석탄 양동이 같은 스텝이 무수히 만들어져 있다는 것은 알고 있었지만 내게는 그것이 푸석하게 썩은 눈에 생긴 조그맣게 긁힌 상처로밖에 보이지 않았으며, 높이 평가했던 손잡이도 조금만 힘을 주면 허물어져 부서진 눈 부스러기로 내 호주머니를 가득 채울 뿐 달리 아무 구실도 하지 못했다. 그러나 크레바스의 반대쪽에서 드물게 긴 피켈로 무장한 콜리가 그 끝으로 나를 꿸 수 있는 장소에 간신히 도달했으며, 이 고통스럽고 품위 없는 방법으로 나는 눈을 덮어쓰고 축축하게 젖은 상태로 두 개의 깊은 크레바스 사이에 있는 조그만 얼음 등성이에 내려섰다.

그동안 슬링즈비는 양쪽에 깊숙이 균열이 파인 좁은 얼음 등성이를 따라 다시 어둠 속으로 떠나갔다. 우리도 그 뒤를 따라가서 장해물 몇 군데를 요리조리 피해 나간 뒤, 글리세이드로 짧은 거리를 내려가서 더 넓은 빙하에 이르렀다. 침낭과 따끈한 수프에 대한 희망이 현실적으로 확고해져서 기뻐하기 시작했다.

슬링즈비와 콜리의 결합된 기억으로 트윈 빙하를 빠져 나가

정확히 그 지점에 있는 조그만 퇴석에 도달했으며, 아침에 이 근처에서 직면했던 모든 난관을 피했다. 작업이 이제 거의 끝나가고 있다는 것을 느낀 우리는 몇분 동안 쉬면서 다음에 나아갈 곳을 의논하기로 했다. 오른쪽으로는 흐릿하게 드러난 커다란 빙탑들을 볼 수 있었고, 왼쪽에는 얼음 사면이 칠흑 같은 밤 속으로 곤두박질치고 있었다. 그래서 양쪽을 배제하고 곧장 앞으로 나아가야 한다는 결정을 내리고는 그 얼음 헛바닥이 낮에도 매우 가팔랐다는 것을 기억하고 있었기 때문에 쉬는 틈을 이용하여 스파이크 몇 개를 구두에 박았다.

하강하려고 보니 얼음이 급격히 가팔라졌으며, 일행 가운데는 우리가 올라온 길이 아니라고 항의하는 사람도 있었다. 그러자 슬링즈비는 자일을 끄르고 그 방향으로는 더 나아갈 수 없다는 것을 보여주었다.

다음에 우리는 오른쪽의 조그만 크레바스를 건넜으나 큰 빙탑군에 질려서 다시 기어나왔다. 아침에는 절대로 통과하지 않았다고 우리 모두가 언제라도 맹세할 수 있는 빙탑군이었다. 그러자 슬링즈비가 역시 자일을 끄른 채 다시 빙탑 사이를 둘러보더니 이번에는 따라오라고 소리쳤다. 흐릿하게 드러나 보이던 커다란 빙탑들은 주로 어둠이 만들어 낸 허구였다는 것을 금방 알게 되었고, 그것들은 단순한 얼음 언덕으로 변했으며 입을 딱 벌리고 있던 깊은 균열은 모래에 덮인 빙하의 수맥 또는 물줄기 자국으로 바뀌었다.

스파이크 덕으로 우리는 얼음 헛바닥을 꽤 쉽게 내려가 편편한 빙하에 도착했다. 그리고 허둥지둥 야영지로 돌아가 오후 11시 45분 캠프를 되찾았다.

　여기서 헤이스팅즈와 나는 랜턴 불빛으로 짐을 꾸리는 불편함과 우리의 짐을 누구 다른 사람이 짊어지고 가게 하는 이점을 깨닫고, 침낭으로 잠을 자는 것이 얼마나 즐거운가 하는 것을 솔깃하게 들리도록 그럴 듯하게 늘어 놓았다. 우리가 그려 보이는 그림이 너무나 황홀해 콜리는 그만 여기서 자고 가겠다는 의향을 밝혔고, 슬링즈비도 내 침낭을 매트리스로 사용하도록 빌려 주겠다고 후하게 제의하자 같은 심리상태가 되었다. 이런 교묘한 방법으로 침낭을 짊어지고 갈 필요를 없앤 나는 몽탕베르 호텔로 내려갈 수 있다는 느낌이 들었으며, 헤이스팅즈 역시 같은 친절로 침낭을 콜리에게 제공하고 두 사람은 빙하에 이르는 암석과 너덜과 빙폭을 내려가기 시작했다. 무수한 크래바스를 뛰어넘는 것을 피하고 싶었던 나는 샤모니 가이드들이 잘 택하는 루트로 해서 제앙의 빙탑으로 내려가자고 제의했다. 그 전해에 크레바스 하나 뛰어넘지 않고 이 루트를 내려간 일이 있었기 때문인데, 그러면 30분 더 돌아가게 되지만 그럴 가치가 충분히 있다는 데에 헤이스팅즈와 나는 의견을 모았다. 아, 그러나 1892년에 한쪽으로는 타쿨 계통의 크레바스와 다른쪽으로는 트렐라포르트 계통의 크레바스 사이를, 성토 길 같은 길이 통하고 있던 지점에 도착해 보니, 두 계통이 서로 손을 잡고 하나의 크레바스가 되어 있지 않은가. 그래서 다음 한 시간 반을 칼날 같은 가장자리를 뛰

어넘고, 피하고, 달리고 하는 데에 허비하여 오전 4시 30분에
야 겨우 몽탕베르 호텔에 도착할 수 있었다. 문은 닫혀 있었
으나 끽연실 창문은 열려 있었다. 잘 알려진 문제를 해결한
우리는 호주머니를 비스킷으로 가득 채우고 각자의 방으로 물
러갔다.

제8장 에귀유 뒤 플랑

내가 처음으로 에귀유 뒤 플랑을 알게된 것은, 1892년의 그 잊지 못할 이틀 동안 세실 슬링즈비, 엘리스 카 씨와 함께 행동했을 때였다. 그때 우리는 악운으로 녹초가 되어 지치고 허기져서 되돌아 나와야 했다. 우리가 기진맥진하여 터벅터벅 돌아오고 있을 때, 첫 절벽 위로 툭 튀어나간 빙탑들이 황혼의 흐릿한 빛 속에서 빙그레 웃으며 누더기를 걸치고 수심에 젖은 우리의 몰골에 조소의 손가락질을 하고 있는 것처럼 보였다. 이렇듯 좌절되고 상처를 입었는데도 슬링즈비는 ▲"우리는 조금 야단을 떨며 오르락 내리락 했으나 근사한 하루를 보냈다."는(하루라기보다 이틀이지만) 생각이 강했고, 일찍이 이렇게 훌륭한 빙벽 등반의 행운을 누려본 적은 없다고 열렬히 주장했다.

나는 지금도 눈을 감으면 끝없는 얼음의 사면에서 거인처럼 안간힘을 쓰고 있는 카의 모습을 볼 수 있고, 선뜻 떠나지 못해 서성거리는 마지막 남은 몇 줄기의 햇살을 밤이 사면에서 쫓아버렸을 때, 으스스 몸을 떨게 하고 지나간 그 무서운 냉기를 지금도 느낄 수 있다. 우리가 조그만 등성이에서 몸을

▲ "우리는 조금 야단을……". 영국 랭커셔 주의 방언으로 씌어 있다.

비비대며 웅크리고 앉아 있던 얼음처럼 차가운 몇시간 동안, 우리의 마음을 명랑하게 지탱하여 잠들지 않게 하려고 불러주던 그의 노래 소리가 지금도 내 귀에 쟁쟁하다. 그리고 이 모든 노력에도 불구하고 은밀히 잠이 다가왔을 때, 내 몸을 감싸고 조그만 횃대 같은 나의 자리—내 등과 2천5백미터 아래의 샤모니 사이에는 아무것도 존재하지 않았다—에 나를 꼭 붙들고 있어 준 슬링즈비의 억센 팔은 여전히 위험으로부터 지켜주는 확실한 방어로 여겨진다. 그것은 순수하게 기쁘기만 한 것이 아닌 것은 의심할 것도 없지만, 그러나 세월이 흐른 뒤 심한 역경에 처했을 때,

    ▲"…언제나 기쁨에 넘치는 반가움으로 천둥과 햇빛을 맞이하고, 자유의 마음과 자유의 머리로 저항하는……"

　믿을 만한 동지에 대한 추억은 사람의 생애에 파고들어 어쩌면 저지(低地)의 범속한 것들이 한갓 티끌과 재로 밖에 보이지 않아 기나긴 밤의 슬픔의 칼날을 무디게 해줄지도 모를 영원한 이득인 것이다.

　팔락거리는 겨울 난로불 사이에서 나는 아직도 슬링즈비가 피켈을 휘두르는 모습을 볼 수 있다. 그 다음날 그는 온종일 소의 방울 소리가 딸랑거리고, 즐거운 시냇물이 돌 사이로 졸

▲ "…언제나 기쁨에 넘치는……". 테니슨의 「율리시스(Alfred Tennyson : Ulysses, I)」.

줄 흘러 내리는 양지바른 목장으로, 우리의 영혼 바로 그것이 반가운 환영을 갈망하는 친구들의 품으로 꾸준히 우리의 길을 깎아 나갔다. 나는 아직도, 긴 쿨르아르의 머리쪽에 있는 그 ▲'고약한 부분'—수직 빙벽보다 더하고, 알프스의 역사에 기록된 그 어느 장소보다도 추악하다—을 기어올라갔을 때, "이건 정말 멋진 등반"이라고 한 그의 말을 들을 수 있다. 나는 지금도 몽탕베르 호텔에서 우리를 맞이한 친구들의 기쁨에 넘치는 요델 소리와 고함 소리, 뻥뻥 샴페인의 코르크 마개 따는 소리, 그 와자지껄하는 환희의 소란에 귀를 기울일 수 있다. 그러나 이런 것들은 그 속에서 멍청하게 시간을 소비해서는 안되는 추억이다. 더 능숙한 붓이 갖가지 상세한 것들을 이미 기록해 놓았고 전적으로 당치않은 찬사가 내게 주어져 있으므로, 카가 내 행동의 주위에 엮어놓은 즐거운 신화를 내가 쫓아버리려고 한다는 것은 더없이 부질없고 어리석은 짓일 것이다. 그래서 나는 다소 부끄러운 열두 달을 건너뛰어 슬링즈비, 헤이스팅즈, 콜리, 그리고 내가 다시 공격을 준비하고 있던 날로 이야기를 옮기기로 한다.

1893년 8월 6일 아침, 우리는 그레퐁에 있는 우리의 야영지에 두 사람의 포터를 보내어 그 봉우리를 등정한 후에 남겨

▲ 원저자 주 —"이 쿨르아르의 머리 부분 약 5미터는 실제로 오버행이다. 얼음은 사실상 위쪽 사면에서 흘러 떨어지는 물로 생긴 것이며, 얼어서 일종의 불룩한 눈처마가 되어 있다. 다행히도 이 오버행 구성 때문에 물이 약간 오목한 모양으로 얼어서, 속 빈 구멍에 손을 쑤셔넣으면 여기저기 좋은 손잡이를 얻을 수 있을 것이다."

몽블랑과 에귀유 뒤 플랑(홈므즈 씨의 사진에 의한 그라비어 화)

두었던 천막, 침낭, 그밖의 소지품을 지고 내려오게 했다. 내려올 때는 블래티에르 빙하 —에귀유 뒤 플랑에서 거의 독점적으로 흘러 내리는 빙하를 매우 혼동스럽게도 이렇게 부른다 —의 제일 왼쪽 빙하 퇴석으로 가서 우리의 도착을 기다리라고 일렀다. 한편 우리는 많은 친구들과 함께 블래티에르 빙하 상부의 맞은편 숲속으로 어슬렁어슬렁 걸어 들어가 큰 소나무 그늘에서 축제 기분의 오찬회를 가졌다. 헤이스팅즈와 나는 납작한 쟁반으로 수프를 끓인다고 신이 나서 호들갑을 떨다가, 중요한 순간에 두 사람의 결합된 서툰 솜씨는 귀중한 액체를 불 속에 쏟아넣고 말았다. 그러나 헤이스팅즈는 베이컨 프라이로 어김없는 개가를 올렸고, 콜리는 매우 훌륭한 차를 대접해 주었다. 그 영향으로 무참히 수프를 없애는 바람에 잠시 뒤집혔던 내 마음도 위로를 받아 서서히 평정을 되찾았다.

친구들과 작별 인사를 나눈 뒤, 우리는 캠프파이어에 쓸 막대기며 나뭇가지의 큼직한 다발을 주워들고 라 타피아를 향해 나아갔다. 이윽고 슬링즈비와 콜리가 풀이 나있는 기분 좋은 조그만 구덩이로 우리를 안내했다. 산 속의 조그마한 옛 연못 바닥인 듯 사방에서 불어오는 바람을 막아 주어 그 속에 천막을 치고 아주 아늑하게 지낼 수 있었다. 곧 위쪽의 높다란 퇴석에 있는 포터들을 발견했다. 그들은 우리의 고함소리와 신호에 응답하여 내려오기 시작했다. 우리 일행 중 젊은 사람들은 캠프를 준비하기 위해 남고, 슬링즈비와 나는 봉우리를 살펴보러 나갔다. 도중에서 포터들을 만나 내려보냈는데, 그들이

산양(브리스토 양의 스케치)

혹시 우리의 조그만 구덩이를 찾지 못하지나 않을까 하는 두
려움으로 몹시 걱정스러워졌다. 그래서 여느 때나 마찬가지로
슬링즈비가 스스로를 희생하여 우리의 짐이 딴 곳으로 가지
않고 제대로 들어갔나 확인하러 내려갔다. 펠르랭 빙하에 이
르는 길은 예측한 것보다 훨씬 길었으며, 내가 그 곳에 도착
했을 때도 플랑의 암벽은 구름에 가려져 있었다. 그러나 그
구름의 장벽에도 틈과 균열이 생길 기회는 있을 것 같았으므
로, 미디의 아래 비탈 근처의 큰 둥근바위 쪽으로 올라간 나
는 편안히 드러누워 바람의 소용돌이와 돌풍이 몇겹으로 둘러
싸인 안개를 끊임없이 엉기게 하고 뒤흔들고 하는 모양을 지
켜보았다. 나의 인내는 보람이 있어 이따금 절벽의 부분 부분
이 드러났으며, 정상에 이르는 길은 주봉의 오른쪽에 바짝 붙
어 그 봉우리에서 안부로 떨어져 나온 능선을 치고 올라가면

틀림없이 발견될 것이 분명해졌다. 그러나 그것은 우리가 시
도해 보고 싶었던 루트는 아니었다. ▲우리가 처음 잡은 목표
는 봉우리의 왼쪽에 있는 눈의 안부, 아마도 봉우리에서 3백
미터 아래쪽에 있을 것이었다. 이 안부의 샤모니 쪽은 플랑의
거대한 북쪽 버트레스가 최고점에 달하고 있는 가파른 침봉으
로 갇혀 있다. 버트레스는 두드러진 새김 눈금 모양을 하고
있어서 몽탕베르 호텔 바로 위에 있는 소(小) 샤르모 능선의
케른에서도 보이고 샤포에서도 보일는지 모른다. 다만 이들
지점에서 바라보면 물론 정상의 오른쪽에 있다. 일단 이 안부
에 이르면 가파른 조그만 플랑 빙하에 도달하게 될 것인데,
그 전해 우리는 그 위에서 헛되이 고생만 실컷했다. 그러나
우리가 지금 목표로 삼고 있는 지점에 이르면 거대한 빙벽과
위협적인 바위탑의 위쪽으로 나가게 되어, 정상을 향해 마구
나아갈 수 있을 것은 확실했다. 이 안부로 가는 길은 긴 걸리
위로 뻗어 나가서 커다란 북쪽 버트레스와 주 산괴 사이에 일
종의 분계선을 이루고 있었다. 불행히도 이 걸리에 안개가 끈
덕지게 들러붙어서 떠나지 않았으며, 두 시간을 기다리고 있
으니 차츰 길어지는 그림자가 당장 물러가는 것이 옳다고 시

▲ 원저자 주 — "우리가 목표로 삼고 있던 안부는, 저 큰 바위 이빨 왼쪽에
있는 것이며, 뒤 페이지 사진의 오른쪽에서 약 1 $1/4$인치쯤 되는 곳이다.
플랑의 최고점은, 역시 오른쪽 가장자리에서 1 $3/4$인치에 있는 큰 바위
탑에 가려져 있다. 그것은 블래티에르보다 실질적으로 훨씬 더 높은데도,
거리가 너무 떨어져서 전반적으로 작아 보인다. 홈즈 씨의 사진은 소(小)
샤르모 능선에서 찍은 것이다."

블레티에르와 플랑 (홀므즈 씨의 사진에서)

블레티에르와 플랑 (홀므즈 씨의 사진에서)

사해 주었다. 나는 해거름이 막 밤의 어둠 속으로 깊게 묻혀 들어가고 있을 때 캠프로 돌아갔다. 거기에는 활활 타는 모닥불과 뜨끈뜨끈한 수프가 있고, 현대의 산장 거주자들의 눈을 즐겁게 해주는 것 이상의 기묘하고 회화적인 광경이 있었다.

헤이스팅즈와 콜리는 양치기 오두막의 폐허를 뒤져서 그 잔해로 하수구 같은 구조물을 만들어 놓고는 천막 깔개로 지붕만 잘 이으면 훌륭한 침실이 될 것이라고 주장했다. 슬링즈비와 나는 여느 때의 아량으로 이 조잡한 천막의 숙박을 감수할 용의가 있음을 밝혔다. 이튿날 아침 — 아니, 같은 날 밤이라고 해야 할까? — 식사를 하면서 들은 여러가지 이야기로 미루어, 우리의 관용은 보람이 없지 않았다는 것을 짐작했다.

우리는 새벽 1시 45분에 출발했다. 하늘에는 구름 한 점 없고 별들이 아름다운 빛으로 반짝이고 있었다. 날씨가 완벽하다는 가장 확실한 조짐이다. 콜리와 슬링즈비의 능숙한 안내로 사면을 따라 길을 잡아 나아가, 이윽고 해묵은 빙하 퇴석에 도달했다. 그것을 끝머리까지 따라 올라간 우리는 새벽 3시, 빙폭에 도전해봐야 아무래도 실패로 끝날 것 같아 그 지점의 바로 위에 있는 빙하로 트래버스했다. 우리가 의도하는 등행선을 조사하기 위해 줄곧 오른쪽으로 붙어서 확 트인 빙하로 나갔다. 그리고 그 자리에 앉아 미지의 쿨르아르가 과연 우리를 통과시켜 줄 것인지 볼 수 있도록 충분히 밝아오기를 기다렸다. 빙하 위에 근 1천2백미터 높이로 치솟은 위대한 환상(環狀) 절벽은 희미한 새벽빛 속에서 극도로 사람을 접근시키려 하지 않는 것처럼 보였다. 사실 알프스에서 그토록 거대한 깎아지른 성벽이 병풍처럼 둘러친 빙하도 드물다. 가득 메워진 크레바스에 10분 동안 앉아 있다가 산들바람이 너무나 차가운 것을 느껴 우리는, 성큼 색들을 집어들고 쿨르아르의 발치를 향해 움직여갔다. 빙하는 곧 가팔라졌으나 얼음을 한 꺼풀 얇게 덮은 눈이 충분한 발판을 제공해 주었으며, 얇디얇아 어이없이 취약하기만 한 눈다리도 너무나 잘 얼어 진행에 이용할 수 있었다. 그러나 더 높이 올라가자 이 얇은 눈의 덮개는 없어졌다. 슬링즈비는 노련한 등산가의 교묘한 솜씨를 발휘하여 왼쪽으로 붙어서 피해 나갔다. 거기에는 큰 버트레스의 그늘에 아직도 몇 줄기 눈이 그대로 남아 있었다.

일행의 나머지 사람들은 대담하게 빙하를 올라갔으며, 곧바로 피켈을 쓰지 않을 수 없게 되었다. 참을성 있게 열심히 나아가니, 마침내 바위가 좀 있는 쿨르아르 입구의 오른쪽에 이르렀다. 슬링즈비가 거기서 기다리고 있었다. 오른쪽으로 빙하에 닦이고 얼음으로 번들거리는 슬랩을 넘어 바깥쪽으로 선반처럼 내민 얼음이 가로막은 고약하게 생긴 등성이에 도달했다. 위쪽 절벽에서 그 위로 가느다란 물줄기가 흘러내리고 있었다.

약간 힘을 들인 끝에 우리는 오목하고 안전한 곳에 들어앉아 먹고 마시기 시작하여 명랑한 기분이 되었다. 20분간 쉰 뒤, 다시 출발하여(새벽 5시 25분) 절벽을 거의 수평으로 가로질렀다. 넓고 쉬운 바위 선반이 매우 마음을 끄는 뚜렷한 통로를 제공해 주었다. 짧은 거리를 트래버스해 가니 거의 일직선으로 올라가는 단층이 나왔다. 이 등반은 쉽고 빨랐으며 뒤이어 다른 바위 선반과 걸리가 나타나 사람들의 마음을 기쁘게 해주었다. 그들은 전에 이 거대한 절벽의 반대 쪽에서 몹시 단단한 얼음에 스텝을 깎아 한발 한발 나아가야만 했었다. 차츰 바위 선반과 걸리의 크기가 줄어들어서 쿨르아르 안으로 피해 들어가 피켈에 의지하여 너무 전진하는 것이 기쁠 정도였다. 눈은 너무 자주 녹았다 얼었다 한 것이라 스텝을 깎는 데 거의 얼음 못지않게 힘을 들여야 했다. 우리는 이 노동을 피할 무슨 수단이 없을까 하고 사방을 두리번거리기 시작했다.

쿨르아르 반대쪽에 있는 바위가 분명히 올라갈 만해서 그곳에 가기 위해 결사적으로 안간힘을 썼다. 그러나 눈한가운데는 떨어지는 암석과 얼음과 물이 깊은 골을 파 놓았고, 그 속의 홈은 얼음이었으며 양쪽 가장자리도 깊이 패여 있었다. 숱한 노력 끝에 나는 간신히 그 속으로 들어가 저쪽으로 발판을 깎아 나갔으나, 그쪽 설벽이 내게는 좀 벅차다는 것을 알았다. 표면이 얼음처럼 딴딴하여 감당하기 어려웠으나 표면을 깎아 내니 곧 부드러운 눈이 나왔다. 하지만 그 눈은 손가락을 걸고 의지할 만한 홀드를 제공해 주지 못했다. 게다가 그 골은 산이 쏟아 내리듯이 떨어지는 모든 바위 부스러기의 통로가 분명하고 확실하여 우리 두 사람이 동시에 그 속에 들어가 있다는 것은 바람직스러워 보이지 않았다. 어깨에 올라서서 한

번 힘껏 추스려 주는 그런 도움을 얻을 형편도 못되었다. 결국 우리는 맞은편 바위는 힘써 볼만한 가치가 없다는 결론을 내렸으며 나는 쿨르아르의 트인 표면으로 다시 기어내려갔다.

이 끝없는 스텝 깎기에서 벗어나는 다음 희망은 약 75미터 위쪽의 쿨르아르 속으로 입을 벌리고 들어간 걸리에 있었다. 그러나 그 발치에 도달해 보니 그것은 얼음으로 번들거리고 깎아지른 듯이 험준했으며, 갈라진 데도 없는 거대한 슬랩에 이어져 있었다. 그 더 앞쪽에 약간 떨어져서 더 부서진 바위가 어렴풋이 보였으나 그 바위에 도달하기 전에 암벽에 오른손을 걸 홀드가 있고, 이 홀드와 사면(바위의 열로 바위에 닿은 눈이 녹아 있었다) 사이에 일행을 확보하는 데 의지가 될 만한 발판이 드문드문 나 있는 것을 발견하고 우리는 몹시 기뻤다. 그 더 부서진 바위에 도달하여 붙었으나, 곧 높이가 약 3미터쯤 되는 발가숭이 슬랩에 앞이 막히고 말았다. 올라갈 유일한 가능성을 제공해 주는 것은 왼손 끝이 간신히 닿는 조그맣게 생긴 시원찮은 바위 혹 하나였는데 거의 잡을 수 없는 자리에 있어 그 안정도를 시험해 볼 수도 없었다. 나는 올라가려고 두어 번 안간힘을 써보았으나 번번히 용기가 꺾였다. 그리고 이를 대신할 등행선을 찾으려는 노력은 아무 결실도 보지 못했지만 더 다부지게 마음을 가다듬은 마지막 노력으로 난관을 극복하여 간신히 쉬운 바위 위에 올라섰다.

이곳 암벽을 형성하고 있는 거대한 슬랩 위에서 오도 가도 못하게 되지 않으려고 우리는 쿨르아르의 선반처럼 생긴 바위

위를 계속 왼쪽으로 붙어서 나아갔다. 더 왼쪽에는 좀 낮은 곳에 얼음이 가득 찬 홈이 있었는데 낙석의 주된 통로가 분명했다. 다행히도 우리의 선반을 형성하는 슬랩은 오른쪽에서 쿨르아르 속으로 확 다가서 있는 큰 암벽과 손가락이 겨우 들어갈 만한 좁고 거의 끊어지지 않게 이어진 크랙으로 분리되어 있었다. 이 크랙의 도움으로 꾸준히 전진했다. 하기야 간혹 고약한 경사를 만나 도저히 올라가지 못하게 되면 일행 중의 헤라클레스가 나서서 선두를 번쩍 들어올려 장해물을 넘어가게 해주곤 했다. 선반의 각도는 차츰 급해지고 고약한 경사가 나타나는 빈도와 길이도 비슷한 비율로 증가해서, 이윽고 거의 수직에 가까운 벽이 되었다. 이것과 때를 같이하여 그 우호적이었던 크랙의 틈새가 이제 손가락이 들어가지 못할 만큼 좁아져서 우리는 그 자리에 발이 묶이고 말았다.

이제 쿨르아르의 제일 아래쪽 구획 속으로 들어가서 얼음을 깎아 위쪽으로 길을 개척하지 않을 수 없다는 것이 명백했지만, 이 구획을 향해 선반을 트래버스하는 일이 중대한 난제였다. 한번 그 우호적인 크랙에서 떠나고 나니 이제는 의지할 만한 어떤 종류의 홀드도 없었다. 매우 영리한 헤이스팅즈가 머리 위 되도록 높은 곳의 크랙에 하켄을 하나 박자고 제의했다. 그러면 거기에 자일을 걸어 선두가 위험에 빠지지 않도록 단단히 확보할 수 있고 또 선두는 몸을 자유로이 움직일 수 있게 되는데, 이런 것은 그러지 않고는 생각할 수도 없는 일이라는 것이었다. 헤이스팅즈는 발판이 지극히 빈약했는데도 굉장한 기능과 힘으로 나를 자기 어깨 위에 번쩍 들어올렸다. 나는 공중의 이 유리한 거점에서 피켈로 하켄을 크랙에 쾅쾅 때려 박았다. 하켄 고리에 자일을 통과시키려면 물론 먼저 그것을 풀 필요가 있었는데, 그것은 언제나 매우 어려운 과정이다. 특히 한손밖에 쓸 수 없을 때는 더욱 그렇다. 이런 여러가지 작업이 아마 5분은 좋이 걸렸을 것이다. 헤이스팅즈는 아주 조심스럽게 나를 바위에 내려놓고, 내 구두징으로 껍질이 벗겨진 자기 몸의 부위를 부드럽게 문지르며 안도의 숨을 내쉬었다.

그때, 자일이 하켄 고리를 술술 통과하지 않는 것을 알았다. 그래서 다시 인간 피라밋이 세워지고, 자일이 자유로이 통과할 수 있는 고리 매듭을 다른 자일로 만들어서 하켄 고리에 걸어야 했다. 이런 힘드는 일을 하고 난 뒤 슬랩의 트래버스는 예상 외로 쉽게 이루어졌다. 하기야 위로부터 자일에 의한 보호가 없었더라면, 아마 홀드를 구했더라도 아찔하게 작아 보였을 것이다. 걸리의 가장자리에 도착해서는 다행히도 피켈로 맞은편 벽에 간신히 닿을 수 있었다. 이 지지 덕에 나는 바위에 아직도 단단하게 얼어붙은 약간의 얼음을 차서 시원찮은 발판을 하나 만들 수 있었다. 이 발판에 서서 얼음 그 자체에 그럭저럭 스텝을 깎아 쿨르아르로 들어가는 트래버스를 자체에 그럭저럭 스텝을 깎아 쿨르아르로 들어가는 트래버스를 완수했다.

얼음의 걸리를 오르는 것이 전적으로 즐거운 일만은 아니었다. 돌이나 그밖의 날으는 무기 같은 낙하물이 이때다 하고 떨어질라치면 피할 길이 없었고, 얼음의 각도는 급속히 가팔라져서 마침내 수직에 가까운 것이 되었다. 걸리의 이 지극히 험준한 부분은 높이가 3, 4미터를 넘지 않았으며, 일단 그 위에 올라서니 50도의 사면이 등반 가능한 바위 쪽으로 뻗어나가 있었다. 그러나 내가 그 바위에 도달할 수 있을 만큼 충분히 자일을 풀려면 그 전에 일행의 나머지 사람들이 전진해둘 필요가 있었다. 그런데 오른쪽으로 낙석을 충분히 피할 수 있는 좋은 발판에 쉽게 접근할 수는 있었으나, 불행히도 앞을 막아선 슬랩을 덮은 얼음 입술과 얼음 덮개를 깎아내지 않고는 도달할 수 없었다. 그러나 만일 그렇게 했더라면 바로 아래 20여 미터 밑에 있는 일행의 나머지 사람들을 심각한 위험에 빠뜨렸을 것이다. 왜냐하면 이런 종류의 얼음은 큰 얼음장 같은 덩어리로 떨어져 나가기 마련이기 때문인데, 그 아래 절벽은 사실상 수직이었으므로 이 얼음 덩어리는 슬링즈비와 콜리 위에 저항할 수 없는 힘으로 낙하했을 것이다. 두 사람은 정확히 그 공격선상에 있었다. 사실, 위쪽의 트래버스한 딴딴한 사면에서 깎여 떨어진 아주 조그만 얼음 조각도 아래쪽에서는 애원조의 많은 비명을 불러일으켰던 것이다. 나중에 나눈 이야기로는, 밑에 있던 사람들에게는 그런 얼음 조각들이 죄다 천문학자가 빛의 속도라고 생각하는 것보다 훨씬 빠른 속도로 낙하하는 보통의 빙탑보다 더 커 보였고, 반면에 위에 있던 사람들에게는 부드럽기 이를 데 없는 산들바람의 날개를 타고 떠도는 아주 미세한 모래알에나 견줄 수 있는 것으로 보였던 모양이다.

헤이스팅즈가 올라와서 큼직한 발판에 튼튼히 자리를 잡기 무섭게 나는 다시 스텝을 깎기 시작했으나, 곧 욕설의 일제 사격을 받고 행동을 멈추었다. 그 욕설 속에 나는 테니스 코트에서 ▲"포티 올"의 스코어를 선언할 때 사용하는 용어를 탐지한 듯했다. 일행의 나머지 사람들이 상부 사면에 다 올라오자, 곧 바위에 이르는 길을 깎았다. 위쪽에는 절벽이 험준하게 위협하는 듯한 낭떠러지가 되어 치솟아 있었으나, 일련의 크랙으로 깊은 상처가 나 있었다. 우리는 이 크랙 한두 개가 올라갈 수 있는 루트를 제공해 줄 것이 거의 틀림없다는 판단을 내렸다.

먼저 첫 노력으로서 제일 깊고 제일 컴컴한 크랙을 하나 골랐다. 붙어 보니 예측한 것보다 훨씬 만만찮은 걸리였다. 양쪽 벽은 너무 넓은 편이어서 쐐기식 등반법을 사용할 수도 없었고, 홀드가 드물어서 전진하기가 지극히 어려웠다. 헤이스팅즈의 머리와 피켈의 도움으로 걸리의 제일 안쪽에 푹 패인 곳을 상당히 높이 도달할 수 있었으나 그 이상의 직등은 오버행 바위에 막혀 할 수가 없었다. 어쩔 수 없이 절벽의 왼쪽 벽 바깥으로 트래버스하여 널직한 발판으로 건너가야 했다. 그 발판은 앞으로의 작전 기지로서 적합해 보였다. 이 발판에 사

▲ "포티 올"을 "듀스(deuce)"라고 하는 데서 "deuce(악마, 빌어 먹을! 따위)"의 욕에 비유해서 한 말.

람이 자기 몸을 끌어올릴 수 있고 다시 그 위로 기어올라갈 만한 충분한 크랙이나 홀드만 있다면 의심할 것도 없이 트래버스 할 수 있었다. 바위 선반이 그 위에 맨질맨질하게 깎아지른 절벽이 있는 단순히 좁은 바위 전에 지나지 않을 때는, 동작은 결코 언제나 쉬운 것이 아니다. 그러나 많은 검토 끝에 이윽고 단행하기로 했으며, 아주 편리하고 흡족한 크기의 멋진 크랙이 꼭 있어야 할 자리에서 발견되었다. 왼쪽에 쉬운 바위가 위로 짧게 이어지더니 우리를 걸리 속으로 들어가게 만들었으나, 곧 큰 판석 같은 많은 돌에 가로막히고 말았다. 판석은 나란히 가득 차서 일종의 보호 지붕을 형성하고 있었다. 이 지붕을 바깥쪽으로 해서 위로 넘어 기어올라가야 했다. 우리는 필요한 에너지를 얻기 위해 잠시 쉬면서 헤이스팅즈가 주는 진저에일, 비스킷, 초콜릿, 그밖에 호화 식품을 맛있게 먹었다. 그의 호주머니는 언제나 이런 것들로 가득 차 있다.

이 곤란은 실제보다 바라보았을 때가 더 크다는 것이 드러났다. 안정도가 의심스러운 암석에 매달려서 거의 수평으로 기어가는 자세로—마치 실제로 파리가 천장을 기어가듯—매우 높은 절벽을 바깥쪽으로 기어오른다는 것은 심리적으로 유쾌한 기분일 수는 없으나, 이 불쾌감을 넘어서자 장해물은 어려움 없이 지나갔다. 위에 올라가니 안부로 내려가는 길이 뚜렷했다. 우리와 갈망하는 휴식처와의 사이에는 짧은 얼음 사면이 막고 있을 뿐이었다. 그 반대쪽의 조망은 더없이 극적이었다. 바로 밑의 절벽은 사실상 오버행이었다. 이 안부를 북쪽에서 막아 선 거대한 침봉에 대해서는 누차 언급된 바 있지만, 이 침봉은 맨질맨질하고 가파른 슬랩으로 치솟아 저 소(小)드뤼의 위대한 낭떠러지가 지닌 비정한 잔혹성을 상기시켜 준다. 침봉 반대쪽에는 얼음 절벽들이 클라이머가 흔히 보는 거칠고 방대한 암벽이 되어 군림하고 있다. 이 암벽은 좋이 180도로 빙 둘러서서 알프스가 자랑할 수 있는 가장 엄숙한 권곡(圈谷)의 하나를 형성하여 그 오버행 빙탑, 방대한 눈처마, 얼음에 찬 시커먼 쿨르아르와 더불어 더 야만스럽게 함몰된 카프카스의 어느 곳을 연상케 한다.

우리는 여전히 앞을 가로막고 있는 그 짧은 벽으로 돌진하여 얇은 눈 마루를 돌파하고는 블래티에르, 샤르모, 그레퐁을 향해 환영의 소리를 질렀다. 그 전해에 카, 슬링즈비, 그리고 내가 지쳐빠진 몇시간을 보낸 그 조그만 빙하의 위쪽 사면에 도달한 것이다. 그러나 이제 우리는 일련의 빙벽 위에서 눈이 절벽을 향해 너울져 나간 우아한 곡선을 살펴보며 우리의 눈을 즐겁게 할 수 있었다. 바로 반대쪽에는 전에 우리가 오르려고 했던 척박하고 험악한 암봉이 있었는데, 지금 있는 곳에서 제일 먼 지점으로 하여 올라갔더라면 능선에 도달할 수 있었을 것이고 길어야 두세 시간이면 정상에 오를 수도 있었다는 것을 우리는 고통에 가까운 기분으로 깨달았다. 그러나 우리의 현 위치는 그보다 훨씬 유리했다. 작은 빙하는—노출된 얼음의 무시무시한 쿨르아르에 의해 반대쪽 바위에서 분리되어 있었고, 이 쿨르아르는 살아 있는 것은 아무것도 통로를 깎거나 새길 수 없었다—바람이 형성한 대로 굽고 꺾이면서 위로 올라가 있었으며, 피켈을 사용해야 할 만큼 가파르기는 했으나 우리의 진행에 그다지 심각한 장해는 되지 않았다.

오후 12시 5분, 잠시 쉬었다가 다시 출발했다. 그리고 10시간의 고된 작업의 영향을 느끼기 시작한 것을 깨달았으며 걸음걸이는 속도가 떨어져서 무척 침착하고 얌전한 것이 되었다. 반쯤 올라갔을 때 거대한 균열이 전진을 막았다. 우리의 머리 위 5미터 높이에 오버행된 균열의 입술은 우리의 발길을 완전히 막지는 않더라도 마치 긴 거리를 되돌아 내려가라고 강요할 것처럼 보였다. 내려간다는 생각은 지친 사람들에게는 언제나 언짢은 것이므로 우리는 왼쪽으로 꺾어 작은 빙하가 거대한 얼음 쿨르아르 쪽으로 말려 올라간 지점에서, 어떻게 할 수 있는지 보기로 했다. 다행히 얼음 절벽에 이르기 전 1미터 쯤에서 균열의 윗 입술이 아랫 입술에서 3미터도 안 되는 곳까지 축 쳐져서 내려와 있었다. 콜리는 균열 안쪽의 쑥 들어간 곳으로 기어들어가 부드러운 눈에 자신을 확보하여 모든 비상 사태에 대비했다. 이어 헤이스팅즈와 슬링즈비가 신중하게 자기들의 몸으로 피라밋의 기초를 만든 뒤, 나를 살며시 그 어깨 위에 올려 놓았다. 이 유리한 점에서 나는 윗 입술 아래로 오버행된 얼음에 시원찮으나마 자국을 낼 수 있었고, 숱한 노력 끝에 그 위 얼음 사면에 의지할 만한 훌륭한 발판을 깎을 수 있었다. 헤이스팅즈의 어깨에서 이 발판으로 기어오르는 것은 결코 쉬운 일이 아니었으며 콜리에게 위험에 대비하라고 경고했다. 윗 입술은 너무 심한 오버행이라 떨어지면 완전히 균열에서 벗어나기 때문에 자일로 확보되지 않으면 거대한 얼음 쿨르아르를 향해 지속적인 커브를 그리고 있는 험준한 사면에 사나운 낙하 궤도를 긋기 시작할 판이었다.

입술 바로 위인 이 얼음은 매우 가팔랐다. 20미터의 자일을 다 풀어먹이고 나서야 겨우 다음 사람의 안전을 충분히 보장할 수 있는 믿을 만한 발판을 깎을 수 있었다. 이어 슬링즈비와 콜리가 힘을 모아 헤이스팅즈를 들어올려 그가 이 큼직한 발판에 도착하자 나는 눈이 가득 찬 크레바스를 향해 조금 더 앞으로 나아갔다. 크레바스에는 멋지고 기분 좋은 자리가 있었다. 그러나 자일이 거기까지 미치지 않아 가벼운 예비 자일을 꺼내서 이어야 했다. 이어 슬링즈비가 올라온 다음 마지막으로 콜리가 올라오는 심각한 문제와 씨름해야 했다. 밑에 어깨를 빌려 줄 사람이 남아 있는 한은 균열의 윗 입술에 도달할 수도 있고 등반도 합리적인 방법으로 할 수 있었으나, 마지막 사람은 두말할 것도 없이 있는 힘을 다하여 끌어올리지 않으면 안 되었다. 불행히도 우리는 사면 위에 너무 높이 올라가 있었고, 툭 튀어나간 입술이 모든 소리를 너무 한쪽으로 빗나가게 차단하고 있어서 콜리가 뭐라고 말하는지 들리지 않았다. 우리가 할 수 있는 일이라고는 힘을 하나로 합쳐서 그를 끌어올리는 것밖에 없었는데, 곧 우리의 노력이 아무 효과도 없는 것을 깨달았다. 불행히도 자일이 그를 그 발판까지 끌어올려 주지 못하고 발판 오른쪽으로 조금 떨어진 입술 밑에 그를 쑤셔넣고 만 모양이었다. 그러나 콜리는 위급할 때 흔들리지 않는 침착성을 드러냈다. 그는 머리와 어깨가 끼어 입술 위쪽으로 올라가지 못한다는 것을 알고는, 발로 얼음을 밀고 버티어 자일에 대해 몸을 바깥쪽으로 내밀면서 거의 수평 상태로 오버행된 얼음을 걸어 올라왔다. 이런 동작으로 그는 발을 위로 쳐든 채 사면에 도달했으며 보고 있는 사람들에게 놀라움과 환희를 자아내게 한 것은 두말할 것도 없다. 그는 곧 좀더 정상적인 자세로 돌아가 사면을 뒤따라 올라와 조그만 크레바스에 도착했다. 시간이 절박해지기 시작했으므로 우리는 자일을 끄르고 나는 즉각 능선에 오르는 데 필요한 스텝을 깎기 시작했다. 80~90미터 더 올라가니 사면은 약간 쉬워져서 이 힘드는 작업도 이제 더는 필요없게 되었다.

거대한 눈처마가 능선을 덮어, 작은 당베르 블래티에르 빙하 위의 엄청난 절벽 너머로 오버행되어 있었다. 나는 그 충분히 오른쪽으로 붙어서 마지막 바위 탑의 발치를 향해 외로이 길을 더듬어 나갔다. 이것은 주능선에서 거의 완전히 분리되어 있고, 사실 주 능선에 직각으로 붙은 제2능선의 최고점이다. 이 제2능선의 남동 끝은 당 뒤 르캥에서 끝난다. 결국 우리가 북동쪽에서 따라 온 루트는 에클즈 씨가 남서릉으로 초등했을 때 도달한 곳과 같거나, 아니면 거의 같은 지점으로 이끌어 준 셈이다. 어쨌거나 남동쪽으로 날카롭게 한번 꺾어서 두어 곳의 바위 걸리를 지나 가파른 험악한 암봉을 오르고 나니 제일 높은 꼭대기의 침봉에 도달했다(오후 2시).

우리는 따뜻한 바위 위에서 오랫동안 일광욕을 즐기다가, 3시 30분에야 겨우 하산길에 올랐다. 뒤 르캉 빙하 쪽으로 내려가는 가파른 사면은 조심할 필요가 있었다. 눈이 부드럽고 축축하게 물이 밴 상태여서 사태가 날 듯했기 때문이다. 헤이스팅즈가 앞장서서 베르크슈룬트를 건넜다. 그리고 빙탑 사이를 지나가려면 어느 하강선을 택하는 것이 제일 좋을까 하고 막 의논하고 있는데 영양 한 마리가 나타났다. 영양은 거칠고 겁없는 거동으로 당 뒤 르캉의 절벽을 향해 계속 왼쪽으로 붙으면서 사면을 달려 내려갔다. 우리는 여느 때와 마찬가지로 옛 전통의 추종자가 되어 그 발자국을 따라 가는 것보다 더 좋은 방법은 없다고 생각했다. 곧 바위에 붙어 급한 바위의 짤막한 조각이 부서져서 생긴 암석 부스러기의 사면을 기어오르고 기어내리고 해야 했다. 마침내 길고 두드러지게 썩은 빙탑을 가로질러 빙하를 향해 하강을 강행했다. 빙탑은 그야말로 칼날 같았고 길이는 25미터쯤 되었으며, 노쇠한 상태를 보이고 있어 어느 순간에 전체가 와르르 무너질지 알 수 없었다. 그러나 그것은 우리의 목적을 도와 주었으며, 잠시 글리세이드해 내려가니 2주일 전 우리가 르캉에 오를 때 더듬었던 흔적에 이르렀다. 오후 5시가 지나 있었으나 두 주일간의 알프스 작업이 근육에 축적시켜준 인내심 덕분에 우리는 여전히 몽탕베르 호텔에 도착하고 싶은 희망을 품고 있었다. 전에 르캉에서 돌아왔을 때 우리는 그 충실한 등산가의 집에 도착하는 데 열 시간이 걸렸으며, 그 가운데 자발적으로 걸음을 멈추고 쉰 것은 한 시간이 넘지 않았었다. 이번에는 그 환영의 휴식처에서 도달하는 데 오히려 네 시간 이하로 충분했으며 오후 8시 50분 네 사람의 굶주린 나그네는 빨리 실속있는 저녁을 먹여 달라고 시몽 씨를 다그치고 있었다. 두말할 것도 없이 우리의 간청은 진정 따뜻한 관심으로 받아들여졌고, 많은 친구들이 환영연에 참석해 주었다. 이른 새벽에 군인 한 사람이 용맹스러운 행동을 할 생각으로 우리의 잔치에 뛰어들었다. 그는 외가닥 심지의 희미한 촛불과 썰렁한 방의 무서운 고독이나 보겠지 하고 생각했다가, 많은 참석자들과 많은 램프의 조명과 이리저리 가볍게 오가는 시중드는 천사들 — 웨이터들이지만 — 을 발견하고 놀랐다. 한순간 그는 몹시 어리둥절해 했으며 아마도 자기가 하루종일 누워자다가 마침 호텔의 다음 아침 정식 시간에 알맞게 일어났나 보다 하고 생각했다. 마지막에 우리는 당신은 내일 아침을 들려고 하고 있는 판에, 우리는 어제의 저녁을 먹고 있는 중이라고 지적하여 모호한 사정을 설명했다.

제9장 에귀유 베르트

—— 샤르푸아 빙하를 거쳐서

1881년 초, 부르게너와 내가 콜 뒤 제앙을 넘고 있었을 때 에귀유 베르트의 등반을 남서벽으로 해서 해낼 수 있을지도 모른다는 생각이 들었다. 편리한 쿨르아르가 샤르푸아 빙하의 머리에서 이 산의 바로 서부 능선으로 곧장 뻗어 올라가 있는 것이다. 사실 부르게너는 이 루트의 가능성에 너무 감동한 나머지, 열심히 새등반을 모색하는 누군가가 그 유망한 등행선을 아직도 오르지 않았을 까닭이 없다며 도무지 믿으려 하지 않았다. 그런 걱정은 근거가 없다고 안심시켰지만, 우리가 샤모니에 도착하고 나서야 비로소 그의 걱정이 가라앉았다.

오랜 의논 끝에 우리는 한밤중에 몽탕베르 호텔을 출발하기로 했다. 왜냐하면 그때만 해도 나는 아직 초기라 얼음구멍과 크레바스에 굴러 떨어지곤 하면서 고통스러운 밤 시간을 보내는 바보 같은 행동을 본 적이 없었기 때문이다. 부르게너는 나이에서 오는 지혜도 있었고, 그의 선생님이 밤새도록 잠을 이루지 못하여 ▲혼파이프 춤을 추고 있어야 하는 기온에서도

▲ 혼파이프(hornpipe)는 확성부에 뿔을 사용한 관악기. 이것을 반주 악기로 하는 혼파이프 춤이 선원들 사이에 유행했다.

잠을 푹 잘 줄 아는 기술이 있었으므로 비박하는 쪽을 좋아했다. 그러나 그는 ▲"피리 부는 사람에게 돈을 지불하는 자가 곡을 주문할 권리가 있다."는 건전한 원칙을 따랐다.

7월 29일 오후, 나는 몽탕베르 호텔로 걸어갔으며 그날 밤 11시 우리는 자일과 식량을 함께 챙겨 레 퐁으로 해서 떠나갔다. 그런데 도무지 랜턴이 제대로 켜지지 않아 이것을 달래느라 많은 시간을 허비하고 말았으며, 그 결과 메르 드 글라스의 동쪽을 가로지르는 짜증스럽도록 착잡한 크레바스 사이에서 오도 가도 못하게 되고 말았다. 그러다가 측면에 쌓인 퇴석의 고약한 돌 무더기를 기어올라가서 샤르푸아 빙하 밑에 있는 사면에 도달했다. 여기서 베네츠는 자기의 건강 상태가 좋지 않다는 것을 인정하지 않을 수 없게 되었다. 내가 넵색을 들어 주었더니 30분쯤 악을 쓰고 따라왔다. 그제야 그가 도저히 오를 수 없다는 것이 완전히 명백해졌으며, 따라서 우리가 오르고 있던 그 느슨한 돌의 흉악한 사면을 헐떡헐떡 올라가게 한다는 것은 아예 소용없는 짓이었다. 작전 회의가 열리고 베네츠는 그 질환의 성질, 원인, 정도에 대한 날카로운 심문을 받았는데, 심한 두통과 소화불량 때문인 것으로 보여져서, 그는 안전하게 뒤에 남아 날이 밝는 대로 집에 돌아가는 것이 좋겠다는 결정이 내려졌다.

그러나 부르게너는 우리들만으로 등반할 수 있을 만큼 충분

▲ "피리 부는 사람에게 돈을……". 비용을 부담하는 자에게 권리가 있다는 뜻의 속담이다.

한 힘이 있는지 의심스러워했고, 같은 길을 되돌아올 수 없어 윔퍼 씨의 루트로 하산해야 한다면 더욱 그렇다는 생각이 든다고 했다. 우리는 큰 쿨르아르가 탈레프르 빙하로 이어져 있다는 것을 대강은 알고 있었지만, 불행히도 그나 나나 그 하산 루트를 정확히 알지 못했다. 그대신 드뤼 봉을 오르는 것이 좋겠다고 누군가가 제의했지만 그것은 우리 눈에 썩 들지 않았다. 그래서 아주 결정적인 계획도 없이 위쪽을 향해 출발했다. 샤르푸아 빙하에 도착하여 계속 얼음에 붙으면서 진지하게 계획을 의논했다. 결국 우리가 향하는 쿨르아르의 장점을 살펴보기로 했다. 우리는 서로 등반을 하겠다는 의지를 표명하지는 않았지만, 그래도 제2의 시도를 해볼 가치가 있는지 알 수 있는 데까지는 가볼 참이었다. 이날 나중에 정상이 가까이에 있다는 것과 한 병의 부비에로 마음이 따뜻해진 우리는, 여기까지 오는 동안 우리의 힘을 북돋아준 것은 정상에 오른다는 그 어떤 가냘픈 희망이었다고 실토하곤 했다. 아무튼 다시 원래 이야기로 돌아가서, 부르게너는 속으로 하루치 일을 충분히 할 생각으로 너무 일찍 피로하고 싶지 않아 랜턴을 내게 넘겨 주었다. 빙하에는 굉장히 많은 크레바스가 있다는 것을 알았고 많은 발판을 깎아야 했으나, 날이 새기 전에 샤르푸아 빙하를 두개의 팔로 갈라놓은 혓바닥 같은 바위에 도달했다. 이 바위 혀는 지금은 상부 드뤼의 야영지로 더 잘 알려져 있고 이 산을 오르는 파티가 흔히들 이용한다. 이 지점에 이르는 우리의 루트는 그 후의 경험에 비추어 최상의 것도 아니고, 지금 모두가 반드시 이용하는 루트도 아니라는 것을 부언할 필요는 없다. 이 루트는 샤르푸아 빙하에는 전혀 닿지도 않고 등행은 끝없이 이어지는 느슨한 돌의 사면을 올라가는 것이다.

우리는 해돋이를 보고 아침을 좀 먹기 위해 30분 동안 쉬었다. 또 랜턴을 조심스레 숨겨놓고 그밖에 중대한 작업을 위한 준비를 갖추었다. 우리가 처음 만난 베르크슈룬트까지는 별로 힘 드는 일도 없었으나, 오전 5시 30분, 이 거대한 깊은 균열에 도착해 보니 그 이상의 진행은 이제 완전히 막혀버린 것처럼 보였다. 균열은 빙하를 직각으로 가로질렀고 양쪽 바위는 등반이 전혀 불가능했다. 그러나 우리는 두껍게 덮인 겨울 눈이 사실상 떨어지지 않고 다만 깊은 균열 속으로 15미터쯤 푹 꺼져 햇빛을 받지 않아 아직도 전혀 녹지 않고 있는 곳을 한 군데 발견했다. 그 구조는 취약했다. 군데군데 동그란 구멍이 뚫려서 긴 고드름이 주렁주렁 매달려 있는가 하면, 두께가 불과 1센티미터밖에 안 되는 단순히 번들거리는 얼음에 지나지 않는 곳도 있었다. 이 허약한 자리를 피켈로 한번 치면 간담이 서늘해지는 무시무시한 깊이가 드러날 정도였다. 이 다리로 내려갈 수 있는 유일한 지점은 마침 오른쪽으로 좀 떨어진 곳에 있었고, 균열의 반대쪽 벽을 올라갈 수 있는 유일한 가능성은 왼쪽으로 멀리 떨어진 곳에 있었다. 결과적으로 우리는 이 건들거리는 구조물을 따라 1백미터 이상이나 길을 찾아 나아가지 않으면 안 되었다. 한두 번, 우리가 지나가

는 충격으로 느슨하게 달려있던 고드름 몇 개가 요란스레 아
래쪽 암흑 속으로 굴러 떨어졌다.

부르게너가 그 암흑을 들여다보고 갑자기 공포의 소리를 질
렀다. 신경은 이같은 충격을 받았지만 이윽고 외로이 서 있는
빙탑의 발치에 도달했다. 그 꼭대기는 두 벽 사이를 아치 식
으로 가로지르는 플라잉 버트레스를 환상적(幻想的)으로 닮은
빙판에 의해 균열 저편의 단단한 얼음과 이어져 있었다. 나는
발판을 몇개 깎은 뒤 부르게너가 밀어 올려주는 도움으로 빙
탑에 기어올라가, 뒤따르는 동행의 최후 수단인 자일을 끌어
당겼다. 그런 다음 우리의 무게를 되도록 넓게 분산시키고 취
약한 구조물이 어느 순간에 허물어질지 모른다는 생각을 하면
서 플라잉 버트레스를 애벌레처럼 기어올라갔다. 다행히 이른
아침의 불변하는 얼음의 습성으로 그것은 쇠처럼 단단하다는
것을 알았다. 꾸준히 딛고 올라서서 두번째 베르크슈룬트에
도달했으나 이것은 별 어려움 없이 통과했다. 세번째 베르크
슈룬트는 첫번째 것보다 더 나쁘다는 것이 드러났다. 그 아래
쪽 입술은 몹시 도발적인 양상의 오버행이었으며 접근하는 데
극히 세심한 주의가 필요했다. 한편 위쪽 입술은 우리의 머리
위로 약 20미터 높이의 깨끗하게 깎아지른 푸른 빙벽이 되어
치솟아 있었다.

우리는 자일을 끌렀다. 부르게너는 가능한 루트가 있나 살
펴보기 위해 오른쪽으로 가고, 나는 왼쪽으로 갔다. 잠시후 부
르게너가 그쪽은 안되겠다고 소리쳤다. 그러나 굉장히 운이

좋게도 내쪽에 무리하면 붙을 수 있을 것 같은 지점이 하나 눈에 띄었다. 우리는 베르크슈룬트와 넓은 크레바스를 갈라놓은 날카로운 칼날 바위를 기어가서 그 바람직스러운 지점에 이르렀다. 위쪽의 지극히 험준한 사면은 쉴 새 없이 떨어지는 돌과 얼음과 눈과 물에 깎여 깊은 걸리가 패어 있었다. 이 걸리의 바닥은 사면의 나머지 부분보다 3미터쯤 낮았으며, 아래쪽에는 떨어진 데브리가 원추형으로 쌓여 있었는데 그런 것이 하나 있었으면 싶은 바로 그런 자리였다. 이 배치로 빙벽의 오버행은 이제 다룰 수 있을 만한 약 3미터 높이로 낮아져 있었다. 부르게너는 올라갈 수 있다는 판단을 내렸다. 그는 나를 위해 재빨리 원추형 위에 훌륭한 발판을 하나 깎고 맞은편 절벽에 몇개의 손잡이 구멍을 뚫었다. 원추형에 올라간 나는 그것이 맞은편 절벽과 약 1미터 너비의 간격을 두고 분리되어 있는 것을 알았다. 이 간격에 엎드려 나를 위해 뚫어 놓은 구멍에 두 손을 쑤셔넣고 불안정한 일종의 인간 다리를 만들었다. 이어 부르게너가 내 몸을 어깨쪽으로 기어오르기 시작했다. 그는 이렇게 만들어진 인간 건조물이 어느 정도나 튼튼하겠는지에 대해서 별로 관심이 없는 것 같았으며, 따라서 그의 발판 깎기는 느렸다. 정말이지 부르게너의 구두징은 너무나 딱딱했고 내 손가락에 닿는 얼음은 너무나 차가웠으며, 얼음 깎기 작업은 너무나 지루하게 계속되어 헝클어진 나의 상상력으로는 마치 영원 그 자체가 급속히 종말로 치닫고 있는 것이 틀림없는 것 같았다.

마침내 균열의 입술 아래쪽에 세 개, 위쪽에 한 개의 발판이 필요한 모든 손잡이와 함께 적당히 완성되었다. 부르게너는 나더러 단단히 잡으라고 명령하고는 절반 도약하여 발판을 입술 위로 계속하여 사면 위로 기어올라갔다. 곧 그가 피켈로 깎아내는 너무나 많은 얼음 덩어리가 내 몸에 떨어져 나는 원추형에서 물러나 내가 필요해질 때까지 기다렸다. 걸리의 바닥은 엄청나게 단단해서 20분이 좋이 지나서야 자일이 탱탱하게 당겨졌고 부르게너는 준비가 다 되었다고 말했다. 균열의 입술을 올라가는 것은 쉽지 않았으나 일단 그 위에 올라서니 근사한 계단이 그에게로 인도해 주었다. 지금 우리가 서있는 걸리는 에귀유 베르트가 충실한 등산가를 위해 간직하고 있는 암석과 그밖에 좋은 것들의 통로였으므로 우리는 거기서 나와 등반을 강행하여 사면에 올라 서기로 했다. 그것을 대단한 어려움 끝에 간신히 해냈다. 걸리의 벽은 부식이 너무 심해서 손잡이를 잡지 않고는 발판에 서 있을 수 없었고, 따라서 피켈은 한 손으로만 휘둘러야 했다. 일단 사면에 올라가서는 곧장 제일 가까운 바위로 옮겨갔다. 얼음이 무섭도록 딴딴하고 가팔라서 되도록 빨리 그곳을 벗어나는 것이 급했다.

앞쪽의 절벽을 오르는 가장 쉬운 등행선은 우리의 왼쪽으로 저만치 떨어진 곳에 있는 것이 분명했다. 게다가 그것은 전에 에클즈 씨가 가장 쉬운 루트를 제공해 주는 것이라며 내게 가르쳐 준 바로 그 등행선이었다. 그러나 이때의 사면 상태로는 매우 부당한 시간의 손실 없이는 거기에 도달하기가 불가능했

다. 그래서 더 위쪽으로 트래버스할 수 있을지 모른다는 희망
으로 바위 걸리에 붙었다. 올라가 보니 바위는 몹시 썩었고
많은 부분이 얼음에 덮여 번들거리고 있었다. 그것은 또 낙석
의 통로였으며 이따금 휙 하는 소리에 깜짝 놀라 주위를 살피
곤 했다. 더 높이 올라가니 번들거리는 얼음이 무척 두꺼워져
서 얕은 스텝을 깎지 않으면 안 되었으나 꽤 빨리 진행할 수
있었으므로, 곧 걸리에서 나와 위대한 눈 쿨르아르를 바라볼
수 있는 바위 선반 위에 올라섰다.

나는 그동안 짊어지고 온 두 개의 냅색을 벗는 것이 기뻤
다. 그리고 쉬기 위한 구실로 두 사람 다 뭘 좀 먹자고 말했
다. 아마도 등산가가 산 위에서 잘 나타내는 그 엄청난 식욕
은 그 속에 포함된 휴식에 대한 소망 때문인 것 같다. 좀 높
은 능선에서의 음식과 좀 낮은 사면에서의 '경치'는 숨이 차
고 근육이 늘어진 사람들이 많이 즐기는 모양이다.

30분 쉰 뒤, 우리는 다시 자일을 맸다. 내가 자일을 풀어
먹이는 동안 부르게너는 왼쪽으로 트래버스했다. 큰 슬랩 같
은 바위 부분과, 이 바위에 접해있는 다소 위태위태한 얼음
크러스트(딱딱하게 얼어 붙은 눈의 표면)의 위쪽 가장자리 부
분을 지나갔다. 결국 두 사람이 한꺼번에 트래버스하지 않을
수 없게 되었다. 그러나 부르게너가 머리 위의 큰 바위에 자
일을 던져 거는 데 성공했다. 그가 이 작업을 무척 기뻐하고
있는 것 같아 이에 반대하는 것은 너무 잔인하다는 생각이 들
었지만, 조금만 힘을 주어도 몹시 불길하게 바위쪽이 건들거

렸으므로 나는 용기를 내어 그 밑을 지나가기 전에 조심스레
자일을 벗겼다.

  눈 쿨르아르에 도착한 우리는 엄청난 속도로 나아가기 시작
했다. 부르게너의 피켈은 큼직한 얼음 덩어리를 깎아 내고, 그
덩어리들은 내게 도달하기 전에 크게 가속이 붙었다. 한두 개
호되게 얻어맞고 나니 우리 두 사람 사이의 자일을 30미터 미
만으로 줄여두는 것이 바람직스럽다는 생각이 들었다. 그래서
나는 선두에 다가가서 자일을 짧게 했다. 이런 비율로 스텝을
깎는 작업은 매우 힘이 들었으므로, 나는 부르게너의 윗도리
를 받아 내 냅색에 걸쳤다.

  우리의 왼쪽에는 사면에 무수한 눈사태가 파놓은 거대한 홈
이 있었는데, 부르게너는 통과를 감행할 수 있는 어떤 취약점
이라도 있나 보고 싶어 우리를 몇번이나 그 가장자리로 이끌
고 갔다. 이 쿨르아르는 거대한 Y자 모양을 하고 있는데, 우
리는 지금 그 꼬리 부분을 차지하고 있었기 때문이다. 우리가
성공할 유일한 희망은 그 왼쪽, 다시 말해서 북쪽 가지를 올
라가는 것이었으나 눈사태의 홈은 접근할 수 없는 남쪽 가지
로 이어져 있었고, 우리는 그 오른쪽에 있었기 때문에 진짜
등행선으로부터는 훨씬 멀리 떨어져 있었다. 그러나 그 벽은
너무 삭고 아래가 파여서 감히 트래버스할 수가 없었으며, 결
국 쿨르아르가 갈라진 지점에 도달해 보니 오른쪽 가지의 오
른쪽 밑에 와 있었다. 그것을 올라갈 수 있을지도 모른다는
희망을 품고 있었으나, 한순간만 훑어보아도 그런 미련을 버

리기에 족했다. 우리는 두말 없이 왼쪽으로 꺾었다.

쿨르아르는 이제 이미 큰 벽이 둘러친 걸리가 아니고 산의 암벽에 새겨진 얕은 골이나 다름없었다. 아마도 이 때문인 듯 거기에는 이제 눈은 깊이 차있지 않고, 그저 6, 7센티미터 두께로 들러붙어 있을 뿐이었다. 이것을 해와 서리가 번갈아 가며 대부분 얼음으로 바꾸어 놓았다. 여기서 눈사태의 홈이 하찮을 정도로 가늘어진 것은 두말할 것도 없으며, 우리는 아무 어려움도 없이 트래버스할 수 있었다. 그러나 이제 잘 드러난 통로로 굽어 들어오지 않게 된 암석은 휙휙 소리를 내면서 자못 즐거운 듯이 귓전을 스치고 지나갔으며, 그중의 하나가 우리의 머리 바로 위의 험악한 암봉에 부딪쳐 산산조각이 난 파편이 부르게너와 나를 때렸다. 이런 상황 아래 내 동료는 그 범위에서 벗어나려고 결사적인 안간힘을 썼는데, 그가 전력을 발휘할 때 일쑤 일어나는 일이지만 피켈이 견디다 못해 자루가 두 동강이 나버렸다. 나는 얼른 내 것을 건네주었으나, 불행히도 그것은 무디어서 아마추어 등산가와 런던제 피켈에 대해 많은 불평을 샀다. 그래도 그것은 그런 대로 제 구실을 다하여 우리는 쿨르아르의 북쪽 가지로 들어갔다. 거기는 비교적 안전했다.

그곳은 거의 전부 얼음으로 차 있었다. 그래서 우리는 거점을 구축하기가 무섭게 오른쪽 바위에 붙었다. 거의 다 쟁취한 승리에 매우 흥분해 있는 데다가 짐은 아무것도 진 것이 없고 가슴을 죄는 윗도리의 속박에서도 벗어난 부르게너는, 그의 선생님의 입에서 가엾은 신음 소리가 나올 만큼 빠른 속도로 돌진해갔다. 선생님은 "포터의 ▲운명이란 결코 행복한 것이 아니다" 라는 것과, 윗도리를 상부 구조물로 걸친 두 개의 냅색이 걸핏하면 튀어나온 바위 사이에 끼고 반경 2미터 범위 안의 날카로운 바위 조각마다 쿡쿡 찔리고, 게다가 짐의 무게로 줄곧 뒤로 끌려당기곤 하는 것을 깨닫기 시작했다. 그러나 부르게너를 저지할 수는 없었으며 나의 애원에 대한 그의 유일한 대답은, 여전히 우리 앞에 치솟은 쉬운 절벽을 향해서 부르는 사나운 조소가 깃든 요델 소리뿐이었다. 이렇듯 서로가 겨룬 발걸음으로 우리는 곧 조그만 눈의 능선에 이르렀다. 그것을 3분쯤 따라가니 우리의 정상과 드뤼 봉을 연결하는 큰 능선이 나타났다. 능선은 점점 넓어져서 단단하게 언 널찍한 둑길이 되었으며, 그 위를 우리는 팔짱을 끼고 정상을 향해 성큼성큼 걸어갔다.

　내가 먼저 느끼는 충동은 그때까지 짊어지고 온 짐을 홀가분하게 벗어던지는 것이고, 부르게너의 첫 충동은 우리의 하산 루트를 살피기 위해 에귀유 뒤 무안 쪽으로 뻗은 능선을 따라 달리는 것이었다. 그는 무척 흐뭇한 얼굴로 돌아와서 온통 '노출된 얼음' 이라고 말했다. 그리고 내려갈 때 필요할지 모를 스텝은 내가 깎겠다고 한 나의 엄숙한 약속과 관련시켜 내일이면 내 몸이 꽤나 뻣뻣하게 굳어 있겠다고 말했다.

▲ "운명이란 결코……". W. S. 길버트의 희극 「경찰관의 운명(William Schwenk Gillbert : The Policeman's Lot, 1879)」.

그동안 나는 넙색을 끌렀다. 우리는 눈 위에 다리를 쭉 뻗고 점심을 먹었으며, 이 드물게 찾는 봉우리가 주는 빛나는 조망을 마음껏 즐겼다. 이윽고 부르게너는 부러진 피켈을 이어보려고 했다. 이 방향에 대한 그의 노력은 우울하게도 실패로 끝났지만, 엄지손가락의 살이 두두룩한 부위에 깊고 흉한 상처만 내는 데 그쳤다. 그것은 사람이 보고 싶어할 만한 상처였으며, 우리는 나머지 시간을 그 치료에 소비하지 않으면 안 되었다. 이런 여러 가지 작업 때문에 정상에서 1시간 20분을 보내고, 오후 1시 30분에야 겨우 우리가 전혀 알지 못하는 자르댕으로 내려가기 위해 출발했다. 잘 한 일인지 잘 못한 일인지 나는 거의 알 수가 없지만 우리는 레 드루아트쪽으로 하강하기 시작했다. 큰 쿨르아르의 머리에 도착하자 몸을 돌려 지극히 가파른 얼음에 길을 깎아 한 조각의 바위가 있는 곳으로 내려갔다. 이 바위가 발판이 되어 주위 사방을 둘러볼 수 있었다. 발 아래로 드문드문 이어진 바위의 줄이 쿨르아르의 얼음 사이를 지나고 있었으며, 비탈은 그리 급하지 않고 시간은 촉박하여 부르게너가 새로운 진행 방법을 제안했다. 먼저 내가 자일로 그를 다음 바위 조각까지 내려 주었다. 이어 내가 젊음의 자신감으로 글리세이드하여 내려갔으며, 부르게너의 손이 닿는 곳에 이르자 능숙하게 나를 잡아주었다. 이런 진행법을 쓸 수 없는 구간에서는 자일을 걸어 다음의 적당한 바위까지 미끄러져 내렸다. 이 방법과 이와 비슷한 다른 방법으로 거의 한번도 스텝을 깎지 않고 쿨르아르를 다 내려가서 한 지점에 도달했다. 무안 능선의 바위가 속으로 깊숙이 밀고 들어가서 쿨르아르가 마치 세련된 부인의 허리처럼 잘록해진 지점이다. 제일 바깥쪽에 있는 이들 바위의 연속은 부분 부분 얼음으로 번들거리는 좁은 걸리에 의해 주 산괴(山塊)에서 분리되어 있으며, 너무 가팔라 낙석은 모두 열성적인 등산가의 머리와 소지품에서 훨씬 저쪽으로 비켜 떨어진다. 이 걸리를 내려가서 다시 올라갔다. 한두 번 좀 서툴게 기어올라간 끝에, 위대한 쿨르아르의 벽을 형성하는 두 거대한 버트레스의 아래부분 사이에 있는 넓은 사면으로 나갔다. 사면은 옹골차게 단단히 언 눈으로 덮여 있었다. 우리는 명랑하게 거의 스텝도 깍지 않고 나아갔으며, 이윽고 오후 4시 나는 소름이 쪽 끼치는 베르크슈룬트와 딱 마주치고 말았다.

　20미터 위에 있던 부르게너가 이 깊은 균열의 바로 가장자리까지 깎아 나가서, 부러진 피켈의 잔해와 둥글게 사린 한 뭉치의 자일로 적을 무찌를 수 있는지 가보라고 권한다. 절벽의 가장자리 끝까지 가보니 그것은 심하게 오버행 되어 있어 우리의 자일로는 도저히 바닥에 닿지 못한다는 것을 알았을 뿐, 그밖에 유용한 정보는 아무것도 얻지 못했다. 그러자 부르게너는 여느 때의 그 기량으로 큼직한 스텝을 깎아 자기의 발판을 마련하더니, 나더러 몸을 꽉 굳히라고 명령하고는 이 장해를 벗어날 어떤 편리한 방법이 쉽게 손이 닿는 곳에 있는지 볼 수 있을 만한 거리에 나를 내려주겠다고 말했다. 내 오른쪽으로 저만치 떨어져서 거대한 버트레스의 거의 바로 가까이에 있는 약간의 빙탑을 제외하고는 빙벽의 오버행은 끊어진 데 없이 내리 이어져 있었고, 왼쪽으로는 얼음 벼랑이 모든 것을 시야에서 가리고 있었다. 이런 관찰을 한 뒤 나는 부르게너에게 다시 끌어올리라고 소리쳤다. 그리고 우리는 어떻게 할 것인가 의논하기 시작했다. 오른쪽 빙탑은 트래버스를 연속해야 도달할 수 있었는데, 이것은 우리가 가진 한 자루의 피켈로는 반드시 유쾌한 일이 아니었다. 그래서 왼쪽의 보이지 않는 사면으로 나가보기로 했다. 약 2백 개의 스텝을 깎은 끝에 나는 사면을 베르크슈룬트에 대해 직각으로 가로지르는 조그만 크레바스에 도달했으며, 바로 내 뒤에 있던 부르게너가 "갈 수 있다."고 소리쳤다.

　이어 우리는 이 조그만 크레바스 속으로 몸을 묻기 시작하여 한쪽 벽에 깎은 스텝을 따라 반대쪽 벽에 머리를 대고 밀면서 자꾸만 좁아지는 벽이 허용하는 데까지 내려가 두 빙벽 사이에 쐐기처럼 끼어서 몸을 쑤셔밀고 나아간 끝에, 이윽고 큰 절벽면으로 나갔다. 전방의 불편한 거리에 커다란 얼음장이 주 산괴에서 갈라져 나가고, 그러나 우리의 현 위치에서 아래쪽으로 절벽과 평행으로 칼날처럼 날카로운 풍화된 얼음이 남아 있었다. 부르게너는 재빨리 앞을 가로막은 이 공간은 뛰어넘을 수 있으며, 내가 설령 빙탑 위에 거점을 확보하지 못하더라도 나를 붙들 수 있다고 단정했다. 사용할 방법은 훌쩍 점프하여 그 칼날 같은 얼음에 두 손으로 매달려 발로 빙탑 내부를 아래로 긁는 것이었다. 썩고 삭은 얼음의 표면이 구두에 충분한 홀드를 제공하고, 그것이 실질적으로 손의 긴장을 완화시켜 줄 것으로 믿은 것이다.

손에 심한 손상을 입고 이 점프를 해낸 나는, 부르게너가 올라설 수 있도록 큼직한 발판을 깎았다. 그는 허리가 나보다 굵어서 내가 내려온 것만큼 크레바스를 밑에까지 내려올 수 없다는 것을 알고, 결국 나보다 더 멀리 점프해야 했다. 그러나 그는 더 바랄 수 없이 사뿐히 건너뛰었다. 우리는 칼날을 따라 빙탑의 제일 끝까지 갔다. 거기서도 확 트인 빙하에 도달하려면 적어도 12미터를 더 내려가야 했다. 우리는 그 도움으로 내려가려고 빙탑과 빙벽 사이에 있는 크레바스로 향했다. 첫 크레바스는 너무 좁아서 불편했으나 이는 전화위복이 되었다. 첫 3미터쯤은 스텝과 손잡이를 깎아서 내려가야 했다. 이어 반대쪽 빙벽에 머리를 갖다 댈 수 있게 되어 하강을 다시 적당히 쉽게 할 수 있었다. 빙하의 편편한 곳에 이르러서 옆으로 길게 뛰어 트인 눈 위에 내려 섰다. 그리하여 우리의 고생은 끝났다. 우리는 지체 없이 —왜냐하면 베르크슈룬트를 통과하는 데 두시간의 작업이 필요했고, 이제 6시나 되었기 때문이다 —다리가 우리를 운반해줄 수 있는 한 신속히 쿠베르클을 향해 경주하듯 내려갔다. 그 갈망의 휴식처에 10분만에 도착했다. 글리세이드할 수 없는 곳에서는 전속력으로 달린 것은 두말할 것도 없다. 등반의 흥분이 사그라지자 행진의 품위를 갖추자는 기분이 급속히 부풀어 올랐다. 그리하여 메르 드 글라스의 퇴석 하나하나 위에서 짐도 다시 정리하고 풍

경을 바라보며 명상도 하고, 혹은 또 편편한 돌에서 5분 동안
쉬는 일을 포함하여 그밖에 마찬가지로 중요한 어떤 일을 하
기도 하고 하는 것이 바람직스럽다는 것을 알았다. 이런 여러
가지 일로 늦어지는 바람에 몽탕베르 호텔에 다시 들어선 것
은 거의 8시 가까이 되어서였다. 베네츠가 문간에서 우리를
맞이하며 원정에 빠진 것을 몹시 탄식했다. 우리는 그레퐁에
서는 마음내키는 대로 실컷 올라가게 해주겠다는 약속으로 그
의 상한 마음에 향유를 부어 주었다.

제10장 에귀유 베르트

── 무안 능선을 거쳐서

방금 적은 베르트 등반은, 거의 한 걸음마다 낙석의 충격으로 두개(頭蓋) 조직을 시험하는 거나 다름 없다는 이의(異議)를 면치 못한다. 이것은 등산에 많은 흥미와 흥분을 가져다 주기는 하지만, 등산가가 청춘의 첫 전성기를 넘기자마자 그 즐거움의 힘을 깡그리 잃고마는 그런 종류의 것이다. 비슷한 이의는 비록 매우 완화된 형태로나마 보통 루트에 대해서도 제기될 수 있을지 모른다. 사실 여러 파티가 떨어지는 낙석류에 얻어맞고 낭패를 당하는 일이 너무나 많아 근년에는 등산이 이루어지는 일이 매우 드물어졌다. 참으로 우스운 일은 초기의 탐험가들에게 그토록 겁을 주었고, 절대로 접근할 수 없다고 그들이 서슴없이 말한 드뤼 봉이 지금은 일상 올라가는 산이 되었으며, 비교적 쉬운 것으로 생각되고 있다는 것이다. 그러나 ▲몬드, 미들모어, 코디어 제씨에 의해 발견된 아르젠티에르 빙하로부터의 제3의 루트는 여전히 사태와 낙석에 더 노출되고 있어서 아직까지 아무도 감히 그곳으로 해서 다시 올

▲ 몬드(John Aukley Maund, 1846－1902), 미들모어(Thomas Middle-more, 1842－1923).

라간 사람이 없다.

이같은 상황 아래서 그 정상에 이르는 안전하고 편리한 길을 발견한다는 것은 분명히 등산가들의 의무였다. 물론, 너무나 많은 각종 파티가 모두 낙석이 휩쓸고 내려오는 쿨르아르에 들어가지 않을 수 없었으니, 정상에 도달하는 안전한 방법이란 존재할 수 없다고 주장할 수도 있을 것이다. 그러나 콜리는 항변할 수 없는 논법으로 그러한 결론의 허위성을 논증했다. "적절하게 구성된 파티라면" 하고 그는 말했다. '어느 봉우리나 절대로 안전하게 올라갈 수 있다.—이렇게 일반적으로 인정되고 있지 않은가? ▲「배드민턴 전영국총서」에도 그렇게 씌어 있지 않은가?—만일 씌어 있지 않다면 그렇게 써야 한다. 그런데 알려진 루트가 모두 위험하다면, 당연히 제4의 곧장 올라가는 좁은 통로가 존재하는 것이 틀림없다는 말이 된다.' 이 가르침으로 마음이 바뀐 우리는 가장 빠른 기회에 이 문제를 풀어 보기로 결심했다.

1893년 여름 동안, 우리는 몇 번이나 이 산에 대해서 조사했다. 그해 가을에 무모하도록 사치스럽게 사들인 많은 사진을 들여다본 연구의 뒷받침을 얻은 이 관찰결과는, 우리들로 하여금 무안 능선을 따라 진짜 통로를 발견할 수 있다고 믿게 만들었다. 이 능선은, 제2의 능선을 타면 탈레프르 빙하에 안전하고 편리하게 도달할 수 있을 것 같았다. 제2의 능선은 그

▲ 「배드민턴 전영국총서」 Badminton 운동 전집으로 알려져 있다. C. T. 덴트 편저 「등산(Mountaineering, edited by C. T. Dent, 1892)」이 있다.

빙하 속으로 깊숙이 파고 들어간 거대한 바위 버트레스의 아
주 가까이에서 쿨르아르를 둘로 가르고 있다. 이 줄기를 따라
나가면 몽탕베르 호텔에서 '막대 설탕'으로 알려진 바위 탑의
바로 오른쪽, 다시 말해서 베르트 봉쪽의 한 지점에서 아레트
(빙하의 침식에 의한 날카롭고 앙상한 바위 능선)에 이르게
될 것이었다. 이것이 진짜 등행선이라고 확신한 우리는, 메르
드 글라스를 자주 찾는 가이드나 여행자들이 어째서 이 가장
뚜렷한 루트를 택하지 않았을까 하고 이상한 생각이 들 정도
였다. 그것을 우리는 알프스의 가이드와 언제나 그들의 자일
에 매달려 있는 '손님'들의 주된 특질이 되어가고 있는 독창
성의 결여 탓으로 돌렸다. 29년 전, 바로 이 능선으로 오른
완전한 등반기가 영국 알파인 저널의 초기의 어느 호에 묻혀
있다는 것을 우리는 거의 꿈에도 생각지 못했다. 그런데 기묘
하게도 ▲허드슨, 케네디, 호지킨슨 제씨는, 자기들의 그 등반
의 많은 이점은 인식하지 못하고, 윔퍼 씨가 초등한 그 재미
도 없고 낙석이 휩쓸고 내려오는 사면쪽을 택하라고, 장래의
여행자들에게 권하고 있는 것이다. 등산꾼들은 이 그릇된 가
르침을 받아들여, 30년 동안이나 더 길고 덜 재미있고 훨씬

▲ 허드슨(Rev. Charles Hudson, 1828－1865)과 케네디(Edward Shirley
   Kennedy, 1817－1898)의 공저에 「뜻 있는 곳에 길 있다(Where There's
   a Will There's a Way : An Ascent of Mont Blanc, by a New Route
   and Without Guides, 1856」가 있다. 호지킨슨(Rev. George Chr-
   istopher Hodgkinson, 1816－1880)과 세사람에 의한 에귀유 베르트의
   등반은 1865년 7월 5일에 이루었다.

위험한 이 남면에서 그들의 근육을 피로시키고 두개골을 위험 속에 빠뜨려왔다. 허드슨 씨의 등반에 대한 추억은 이제 아주 완전히 사라졌고 또 경치와 능선은 다 가장 관심이 큰 열성적인 등산가들이 바랄 수 있는 것이기에, 비록 재탕 이야기가 될지는 모르지만 내가 우리의 경험담을 늘어놓더라도 아마 용서받을 수 있을 줄 안다.

작년에 우리는 몽탕베르 호텔에 도착하자마자 포터를 한 사람 고용하여 이튿날 아침 일찍 쿠베르클 대피소를 향해 느릿하고 점잖게 행진하면서 우리는 오랜 기차 여행으로 저리고 뻐근해진 다리를 풀었다. 초기의 등산가들은 샤모니나 그밖에 이와 마찬가지로 나직한 골짜기를 출발하여 꾸준히 걸어서 피로의 조짐을 자각하지 않는 한 목적하는 봉우리의 정상까지 가곤했는데, 우리들 현대인은 체격이 그보다 덜 튼튼하게 만들어져서—적어도 우리들의 일부는 그렇다—터놓고 실토하지만 나는 쿠베르클에 이르는 느슨한 돌밭의 마지막 사면에서 허둥거리고 미끄러지고 하여, 극도의 피로가 나를 완전히 먹이로 만들어버리고 말았다. 헤이스팅즈조차 그랬다……. 그러나 진실을 말하는 성실성에 대한 사랑을 너무 멀리 밀쳐버려서는 안 된다. 진실이란 아무튼 그 상징적인 표현 이외에, 고상한 의상과 덮개가 필요하다. 심지어 모든 것을 다스리는 신의 섭리에 대한 사람의 믿음까지도 진실은 언제나 적당히 치장되고 베일에 가려져 있을 뿐 아니라, 보통 가장 깊은 우물 밑에 숨어 있도록 강요된다는 현명한 관례에 의해서 강화되고 지지를 받는 것이다. 뿐만 아니라 반박을 일으킨다는 것은 언제나 반드시 현명한 일이 아니다. 며칠후, 우리가 브렌바 사면의 미로 속에서 오랜 고투에 지쳐 천천히 몽블랑의 동그란 봉우리를 올라가고 있었을 때, 그 기능이 단순히 눈에 보이지 않는 크레바스에 대한 보호라기보다, 배를 끄는 견인 밧줄로 여겨질 만큼 자일이 우리들 사이에 탱탱하게 이어졌다. 이런 때 뻔뻔스러운 산의 여신에 화가 나면, 헤이스팅즈도 넌지시 그런 말을 할지는 모른다. 그러나 이런 것들은 이 무자비한 사실주의 시대에서도 글로 표현하기에는 너무나 가슴 아픈 사건이므로, 나는 우리가 다 실제로 쿠베르클에 도달했다는 있는 그대로의 사실만을 기록하는 데 그치기로 한다. 우리는 갖가지 각도를 한 암석 위에 힘없이 늘어지면서 훌륭한 오버행 지붕, 완벽한 피난처가 되어있는 야영지, 설령 옛 바람의 신 ▲아이올로스가 자기의 홀(笏)을 꺾고 산 사이로 모든 폭풍을 한꺼번에 휘몰아치게 할지라도 따뜻하고 건조하고 안전하게 쉴 수 있을 것 같은 근사한 지하실 등을 가리키며 서로 탄성을 질렀다. 마침 이 중대한 때에 흰 돌풍이 휙 우리를 내리덮쳤다. 모자와 그밖에 늘어놓은 소지품을 얼른 움켜잡았으나 사납게 흩날리고, 우리 자신도 문자 그대로 낮은 지하실에서 날려 나왔다. 우리는 이 낮은 지하실이 엉터리라는 데에 즉각 의견이 일치하여 평소의 야영지로 돌아갔다. 그러나 곧 그 거

▲ 아이올로스(Aiolos). 그리스 신화의 '바람의 신'.

대한 오버행 지붕이 훌륭한 부채의 구실을 하면서, 우박과 진
눈깨비로 날카롭게 날이 선 차디찬 질풍의 전 세력을 눈에 띄
는 모든 모퉁이와 틈바구니로 휘몰아 불어 넣고 지나가게 하
는 것을 알았다.

바위 꼭대기에 떨어지는 비와 눈 녹은 물이 안으로 흘러내
렸다. 우리는 얼른 이 더욱 소중한 물방울을 갖가지 병과 양
철냄비 속으로 잡아 가두었으며, 그 덕으로 샘이나 실개천 같
은 것을 고통스레 찾아서 이리저리 돌아다니지 않고도 취사
작업에 착수할 수 있었다. 그러나 예기치 않은 물줄기가 우리
의 목덜미에 흘러내리고 걸터앉은 돌이 별안간 물에 잠겼을
때는, 이기적인 감정이 우리를 휩쓸어 이런 여러가지 축복이
즉각 우리 곁에서 떠나 부자 ▲다이비즈와 그밖에 고통받는 인
류의 손이 닿는 편리한 자리로 옮겨가게 해달라고 진정으로
정성껏 기도를 드렸다.

밤이 깊어지면서 비가 그치고 짙은 안개와 검은 몽롱함이
우리를 감쌌다. 새벽 4시쯤 이 몽롱한 것이 밝아지기 시작하
고, 5시 전에 우리를 둘러싼 불투명의 벽이 차를 끓이거나 그
밖의 취사 작업을 진행할 수 있을 만큼 밝아 왔다. 헤이스팅
즈의 도움으로 먹는 아침이 언제나 주는 여러 가지 즐거움에

▲ 다이비즈(Dives). 「신약성서」 '누가 복음' 제10장 제19절에서 제31절까
   지. '부자와 라잘로'의 고사 속에 나오는 부자의 이름. 이 부자는 죽은
   후 황천의 불길 속에서 고통을 당하지만 구제되지 못한다. 여기서는 고
   민을 혼자서 떠맡는 사람을 대표하는 말로서 사용되고 있다.

의해 명랑해진 우리는 날씨가 현재보다 나빠지지는 않겠지 하고 생각했다―어떤 일이 있어도 더 나빠질 수 없다는 것은 아주 명백했다. 그리하여 태양과 바람이 사방에 자욱하게 긴 안개를 확 쓸어줄지도 모르는 그 기회에 빙하를 올라가기로 결심했다.

　피켈과 넙색을 무척 힘들게 찾아냈다. 도무지 코 앞 2미터를 볼 수 없었기 때문이다. 정말 모든 영국인이 지닌 긍지의 근원인 우리의 위대하고 영광스러운 수도 밖에서, 그보다 더 짙고 몹시 심한 불투명 대기 속을 더듬어 나간다는 것은 결코 처음 겪는 운명이었다. 많은 암석을 기어오른 끝에 빙하를 발견하고 몇개의 크레바스를 더듬어 넘어가서 비교적 길게 계속된 눈의 사면에 도달했다. 우리는 모두 반대로 알고 있었지만 정확한 방향으로 이어진 사면이었다. 그런데, 이 지점에서 콜리가 현명하게도 한 대 피우자고 제의했다. 그래서 눈 위에 쪼그리고 앉은 우리는 어떤 상황 아래서는 등산조차도 헛되고 바람 잡는 일이라는 결론에 재빨리 도달했다. 이 옛 ▲격언에 확고히 기초를 둔 콜리와 나는, 이번에 움직이면 아래쪽으로 내려가야 한다는 바꿀 수 없는 결의를 표명했다. 그러나 담배를 피우고 그밖에 아예 개전의 정을 보이지 않는 헤이스팅즈는 가파르고 젖은 눈의 사면이 지친 사지에 호소하는 이런 주장에는 아무 감각도 보이지 않고 등반을 계속하겠다는 결의가

▲ "다 헛되어 바람을 잡으려는 것이로다". 「구약성서」 '전도서' 제1장 제14절.

그에 못지않게 확고했다.

"우리는", 하고 그는 말했다. "호주머니에 눈을 가득 채우면서, 보이지 않는 구덩이 속으로 멀리 뛰기도 하고 생각지도 않게 굴러떨어지고 하여 소화 기관을 뒤흔들어 놓으면서 크레바스 속을 고생 고생하여 지나오지 않았는가? 그런데 분명하고 쉬운 등행선에 도달한 지금에 와서 되돌아선다는 것은 어리석기 짝이 없는 짓이 아닌가?"

그러나 그의 능변도 사면의 소리없는 웅변에 비하면 아무것도 아니었다. 우리는 무릎이 거의 턱에 닿도록 다리를 들어올리는 고통과, 이어 체중을 간신히 그 다리에 얹을 때까지 여러 근육을 긴장시키는 고통을 사지마다 느낄 수 있었다. 그런 다음 눈이 무너지면 가슴이 메도록 덜컥 내려앉고, 그 고생의 유일한 결과는 깊이 40센티미터의 구멍이 남을 뿐이다. 따라서 우리는 그에게 설복당할 수 없었으며, ▲"언어는 사상을 감출 수 있도록 우리에게 주어지는 것" 이라는 위대한 진리를 우리는 완전히 믿고 있었으므로, 등산 교과서에 입각한 가설적인 주장을 늘어 놓으면서 현명하고 당당한 사람들 — 이를테면 영국산악회 회장 같은 사람들 — 의 여러 가지 충고의 글을 끌어다가 이를 뒷받침했다. 그것은 등산가는 날씨가 나쁠 때 언제나 되돌아서야 한다는 취지의 글이었다. 기병부대가 응원

▲ "말이란 사상을 가리기 위해서……". 프랑시스 M. 볼테르의 「대화 (Francis M. Voltaire : Dialogue xiv, Le Chapon et la Poularde, 1763)」.

아오스트의 골짜기
(페더릭 양의 스케치)

하러 나타나는 것을 보고 ▲크롬웰의 철기대(鐵騎隊)가 고무된 것과 같은 환희를 느끼면서, 눈 앞에 보이는 2미터의 사면을 응시하고 있는 헤이스팅즈를 납득시키기 어려웠으며, 그는 우리가 인용한 영웅들과 신격화(神格化)된 사람들이 실제로 겪은 사례에 더 홍미를 느꼈다. 그 훌륭한 충고의 저자들, 머리 속에서 그것을 가장 잘 이해하고 인식하고 있었던 사람들은 원정에 원정을 거듭하면서 항상 끊임없이 그 가르침을 무시하는 것을 보여주었고, 인간 생활의 다른 부문에서와 마찬가지로 여기서도 ▲"이 규칙은 준수하는 것보다 위반하는 것이 더

▲ 크롬웰(Oliver Cromwell, 1599 – 1658). 영국의 장군 · 정치가. 찰스 1세를 처형한 뒤 영국 공화제의 호민관이 된다.

▲ "규칙이란 그것을 지키는 것보다는……". 셰익스피어의 「햄릿」 제1막 제

쉽다."는 것을 보여주었다고 그는 주장했다.

토론은 여기서 더 큰 문제에 접촉하게 되었다. 위대한 사람들의 그 충고 또는 사례를 따르는 것이 좋은가 어떤가 하는 것이다. 이 문제와의 씨름에는 필연적으로 많은 시간이 소비될 것이라는 것을 깨닫고 유쾌해진 나는 새 담배에 불을 붙였다. 콜리가 파이프로 더 길어진 손을 흔들면서 더욱 힘을 주어 자기의 요점을 강조하며 막 문제의 개요를 간단하게 다시 설명하고 있는데, 우박과 눈과 비를 동반한 소나기가 왈칵 쏟아져 토론을 우리에게 유리하게 종결시켜 주었다. 우리는 옷깃을 세우고 모자를 갖가지 색깔과 모양의 끈으로 단단히 묶고는, 부랴부랴 바위 피난처로 후퇴하여 곧 쿠베르클로 돌아갔다. 침낭과 그밖의 소지품을 꾸린 뒤, 비가 일부 그쳤으므로 피에르 아 베랑제의 오두막으로 건너갔다. 이 무렵 해가 구름에서 헤쳐 나오기 위해 안간힘을 쓴 노력이 얼마간 성과를 거두고 있었다. 그래서 우리는 윗도리를 펴서 널어 놓고는 오두막이 기대어 서있는 큰 바위를 오르는 여러 가지 어려운 등반을 해보았다.

오후에 갖가지 소나기와 자꾸만 어두워지는 날씨에 쫓겨 우리는 터벅터벅 몽탕베르 호텔로 돌아갔다. 호텔에 도착하여 황량한 얼음과 바위에서 얻은 신발의 진흙과 옷가지의 빗물을

4장(Shakespear : Hamlet, I, iv.)의 '지키기보다는 어기는 편이 더 나은 관습'(A custome more honored in the breach than in the observance.)을 전용한 것.

털고, 다음 번에는 로냥의 솔밭과 목초지 사이를 걸어가서 거기서부터 아오스트 골짜기의 풍요로운 들판과 호화로운 숲으로 가야지 하고 맹세했다.

한 주일후, 우리는 다시 몽탕베르 호텔로 갔다. 그러나 불행하게도 나태해져, 몇몇 친구들과 어울려 저녁 식사의 종소리가 들리는 곳에서, 오후의 차와 이와 비슷한 세속의 즐거움을 나타내는 고함소리며 그밖의 신호에서 완전히 벗어나지 못한 곳에서 바위와 빙탑을 오르는 데 귀중한 시간을 소비했다. 실로 한 외국인 친구는 우리의 직업이 '영원히 지속되는 아침 식사와 영구히 계속되는 오후의 차'로 이루어져 있다고 자못 생생하게 묘사하기까지 했다.

헤이스팅즈가 마침내 우리를 이 천한 나태에서 구출하여 레퐁을 따라 피에르 아 베랑제의 오두막으로 몰고 가 주었다. 비록 오두막은 샤모니 지방의 특징인 돼지우리 같은 존재의 상태에 이르고 있었으나, 지붕이 마치 자비심처럼 숱한 죄악을 덮고 있다는 생각이 떠올라 쿠베르클의 대피소보다는 낫다고 생각했다.

새벽 2시, 자는 사람들을 깨워 불을 피우고 제법 규모가 큰 아침 식사를 했다. 그런 다음 넵색을 면밀히 검사하여 여분의 짐은 모두 사정없이 버렸다. 이런 여러 가지 과정으로 많은 시간이 소비되어 우리가 오두막을 떠나 빙하 퇴석의 단조로운 등반을 시작한 것은 새벽 3시 15분이 되어서였다. 막 먼동이 트는 첫 조짐이 분명해지기 시작했을 때 빙하를 건넌 우리는 다시 느슨한 암석의 긴 제방 길에 도착하여 천천히 허덕거리며 위를 향해 올라갔다.

햇빛의 출현은 빙하의 분지를 가득 채워 어둠과 밤의 세력에 효과적으로 많은 도움을 준 증기로 말미암아 심한 방해를 받고 있었다. 그러나 우리가 그리 높이 올라가기 전에 실질이 아닌 거대한 안개 탑에 햇빛의 섬광이 닿고, 서성거리던 마지막 어둠살이 달아나기 시작했다. 우리는 구름이 걷히는 것을 길조로서 환호로 맞이하고, 한층 더 결연하게 사면을 올라갔다. 무안에서 베르트로 뻗은 벽 같은 능선 바로 밑에 가까운 높은 빙하의 선반에 도착한 뒤, 안개가 요동하고 있어서 목적하는 산의 일부라도 볼 수 있을까 하는 희망으로 15분 동안 쉬었다. 그러나 거대한 검은 장막이 산 주위에 단단히 매달려 있어, 이쪽에서는 아무것도 볼 수 없었다. 그대신 다른 방향에 떠도는 구름의 얇은 막으로 반쯤 가려진 그랑드 조라스의 장관을 바라볼 수 있었다. 멀리 높은 하늘에는 부드러운 북풍 앞에 떠가는, 더 가볍고 더 높은 긴 기치 같은 구름까지 볼 수 있었다. 이 희망에 찬 조짐에 힘이 난 우리는 빙하 선반을 따라 성큼성큼 걸어갔으며, 이윽고 짧지만 가파른 얼음 계단이 앞을 막아 섰다. 피켈로 약간 작업을 한 뒤, 위쪽의 평탄한 자리에 올라섰다. 그 동안에 안개가 얼마간 걷혀서, 위에 올라선 보람으로 우리가 그 능선에 오르고 싶어했던 바위를 훤하게 바라볼 수 있었다.

베르트의 진짜 봉우리가 무안의 긴 포탑 같은 능선 위로 치

베르트 (홀므즈 씨의 사진에 의한 그라비어 화)

솟기 시작하는 지점에, 큰 버트레스가 탈레프르 빙하 안쪽으로 쑥 튀어나가 있다. 이 버트레스와 무안 능선 사이는 반원형 분지를 이루는데, 꼭대기에서 바닥까지 기다란 늑골로 갈라져 있다. 이 늑골 양쪽에 눈이 가득 찬 쿨르아르가 있어서, 우리는 그중의 어느 쪽이나 혹은 이들을 가르는 바위 늑골을 타고 오르면 능선에 이를 수 있겠다고 믿었다. 위쪽의 모든 바위와 모든 능선이 아직도 끈질긴 안개에 싸여 있어서 절대적인 확신을 가질 수는 없었으나, 우선 바라보기에는 대단히 심각한 난관에 부딪칠 것 같지는 않았다. 우리는 베르크슈룬트를 건너 얼어붙은 약간의 암석 조각과 날카롭게 싸운 뒤, 오전 6시 45분 절벽 위에 안전한 발판을 만들었다.

이어 날씨도 그리 나쁘지 않고, 또 목적하는 봉우리의 정상에 이미 올라선 거나 다름이 없다고 만장일치로 결정을 내리고는 "그렇다면"하고 우리는 말했다. "식사를 하고, 담배를 피우면서 기분을 풀자구." 30분 뒤, 이런 일을 완전히 수행하고 난 우리는 저마다 가장 좋아 보이는 루트를 골라 슬랩을 기어오르기 시작했다. 그러는 동안에 안개가 다시 우리를 둘러쌌다. 머리 위의 절벽이 급히 움직이는 수증기 사이로 희미하게 나타나 더 크고 더 가팔라보였다. 그래서 무언가 극복할 수 없는 단계에 가로막힐 가능성을 피하기 위해서, 애써 오른쪽으로 꺾어 쿨르아르 속으로 들어갔다. 처음에는 이따금 오른쪽 바위를 사다리처럼 이용할 수 있어서 스텝을 깎는 수고를 덜 수 있었으나, 위로 올라감에 따라 슬랩은 점점 더 커지고 더 맨질맨질해져서 피켈 하나에만 의지하여 나아가야 했다. 곧 이에 지쳐서 바위 늑골로 되돌아 건너갔는데, 바위 늑골은 겉보기와는 달리 알고보니 완벽한 하나의 계단이었다. 능선 바로 가까이에 도달한 우리는 쉬운 사면을 오른쪽으로 가볍게 건너가 쿨르아르 상부를 트래버스하여 큰 버트레스의 꼭대기로 향했다.

'막대 설탕'의 꼭대기를 달리 올라갔다가는 귀중한 에너지를 낭비해 버릴 우려가 있어서 이 루트를 택한 것인데, 짙은 안개로 그 침봉이 어디에 있는지 도무지 알 수가 없었다. 사실 말이지만, 콜리는 우리가 그 침봉의 베르트 쪽에 있다고 확신하고 있었으나, 나는 회의(懷疑)시대의 병폐에서 벗어나지 못해 계속 오른쪽으로 나아갔다. 우리가 막 버트레스의 꼭대기로 기어오르고 있었을 때, 소용돌이치는 바람이 구름을 확 날려 아레트를 고스란히 드러냈다. 우리는 몇분 동안 걸음을 멈추고 산을 살펴보았다. 왼쪽으로 되돌아서서 잠시 대각선으로 올라가니, 오전 8시 20분 주능선이 나왔다. 그리하여 샤르푸아 빙하와 그 너머에 우리가 목적하는 봉우리의 커다란 남서벽을 내려다 볼 수 있었다. 어쩌면 등산가들 사이에서는 결코 아주 드문 일이 아닐지도 모르는 허약해진 마음으로, 나는 동료들에게 험악한 암봉과 걸리, 얼음 사면과 슬랩을 가리켜 보였다. 그것은 13년 전 부르게너와 내가 정상에 오를 때 거쳐간 것들이었다.

눈의 조짐을 명백히 간직한 구름이 확 몰려오는 바람에 우

리는 부랴부랴 자리에서 일어나 능선을 따라 명랑하게 올라갔
다. 그러나 앞으로 나아가면서 몇개의 들쑥날쑥한 바위 탑이
조금씩 애를 먹이기 시작했다. 그 가운데 하나를 탈레프르 빙
하쪽으로 돌아 나가면서 우리는 깨진 병 하나를 보고 놀랐다.
이어 곧 부러진 지팡이 토막이 바위 틈에 쐐기처럼 박혀서,
둘레에 언 얼음 덩어리로 움직이지 않게 되어있는 것을 발견
했다. 오래 된 상태로 보아 그것은 초기의 어느 탐험대가 도
달한 한계점을 나타내는 것으로서, 베르트가 아직도 미등의
봉우리였던 시대의 것임을 짐작할 수 있었다.

　거의 이 직후부터 일은 더 심각해졌다. 나는 왼쪽으로 돌아
가려고 움직여 보았으며, 곧 다른 길로 갈 수 있다면 그것을
이용하는 편이 바람직스럽다는 의견을 갖게 되었다. 내가 이
곤란에서 벗어나려고 안간힘을 쓰고 있는 동안 콜리는 오른쪽
으로 돌아 나가서 잠시 애를 쓴 끝에 장해물을 돌파했다. 몇
미터 더 나아가니 절벽 같은 단계가 앞을 가로막았다. 그것은
돌아갈 수도 없고, 다른 사람의 도움 없이는 아무리 애써 봐
야 극복할 수도 없는 것이었다. 그러나 헤이스팅즈가 내 몸을
번쩍 들어올려 주어서 나는 드디어 암괴 꼭대기를 붙잡을 수
있었으며, 발작하듯 두어 번 몸을 추스려 단단한 발판에 도달
했다. 이같은 일은 그리고도 몇 번이나 되풀이되었다.

　그러나 사소하지만 유쾌했던 트래버스 한 가지는 기록해둘
만하다. 위대한 수문장 같은 암봉이 직접적인 공략을 가로막
고 있었으므로 우리는 샤르푸아 빙하쪽으로 방향을 바꾸었다.

머리 위에 오버행된 바위 덩어리 때문에 점잖은 자세를 취하거나 몸을 바로 세울 수가 없어 우리는 바깥으로 숟전처럼 둘러쳐진 바위 선반을 따라 벌레같이 몸을 꿈틀거리며 기어가지 않으면 안 되었다. 이것이 끝나고 나서야 정상 자세로 돌아갈 수 있었으나 손잡이를 모두 포기해야 했고, 언짢은 틈바귀를 껑충 뛰어 얼음이 번들거리는 좁은 바위 사면으로 건너가야 했으므로, 이 이점도 상쇄되고 남음이 있었다. 그것은 어려운 일은 아니었으나, 그런 장소에서는 무언가 하찮은 실수를 하거나 균형을 잃으면 일어날 수 있는 결과에 마음이 불쾌하게 집착하기 일쑤라는 것을 나는 안다. 안전하게 건너가 보니 눈과 얼음이 더덕더덕 붙어서 수북하게 쌓인 가파른 바위 탑의 발치였다. 직등한다는 것은 문제 밖이었으나, 바위 탑 주위를 목을 뽑아 살펴보니, 일부는 얼음으로 된 선반이 샤르푸아 빙하로 꼬르박힌 커다란 걸리의 머리를 휘말아 올라가고 있는 것이 보였다. 이 선반에 이르려면 눈이 더덕더덕 붙은 바위 탑의 벽을 트래버스할 필요가 있었다. 다행히도 헤이스팅즈가 자일 걸 곳을 발견했으며, 이렇게 해서 주어진 안정감이 좀 의심쩍기는 했으나 어느 정도 믿기로 하고, 나는 둥그렇게 몸을 굽혀 왼손에 쥔 피켈로 암벽에 몇개의 얕으막한 자국을 새겼다. 그런 다음 머리 위의 눈과 얼음에 틈새를 파서 조심스레 자일을 밀어 넣었다. 그러므로 무언가 예기치 않은 일이 일어난다면 자일은 내 머리 위에 떨어질 것이었다. 절벽에 들러붙은 내 점착력은 암만해도 한 걸음을 옮기기가 의심스러워서, 머리 위의 취약한 눈을 조심스레 깎은 손잡이에 좀 지나칠 정도로 압력을 주지 않고는 거북스럽게 불거진 자리에 돌려 오른발을 내디딜 수 없었다는 것을 나는 아주 똑똑하게 기억한다. 그러나 헤이스팅즈는 언제나 자신있게 리더를 고무하는 방법을 알고 있다. 그 헤이스팅즈의 격려의 말을 듣고 힘을 얻은 나는 불거진 자리를 통과하여 비교적 간단히 스텝을 깎아 바위 선반에 도달했다. 이렇게 해서 우리는 차례차례 능선으로 돌아갔던 것이다.

곧 다시 능선을 떠나지 않을 수 없어, 짧은 거리를 탈레프르 벽으로 내려가야 했다. 다시 기어올라왔을 때, 고드름이 줄줄이 긴 술처럼 매달린 큰 눈처마에 부딪쳤다. 설벽과 고드름 사이를 따라 기어갔는데, 혹시 고드름을 건드려 눈처마의 구조물 전체가 송두리째 머리 위에 떨어져 내리지나 않을까 무서웠다. 마침내 조그만 틈바귀에 이르렀으며, 술과 가두리 장식 같은 얼음을 몇 개 치우고 나니 기어서 빠져나갈 수 있었다. 여기서는 일행이 좋은 확보 자리를 구할 수 있었으므로, 나는 눈 처마로 기어올라가 그 유리한 지점에서 그 다음 바위 탑에 발판을 만드는 데 성공했다. 이런 여러가지 트래버스와 등반은 게으름의 간사한 지혜가 용납될 수 있는 구실을 만들어낼 때마다 번번히 멈추게 되고 쉬는 바람에 많은 시간이 걸렸으며, 정상의 아주 결정적인 조짐은 아직 아무것도 보이지 않았다.

우리는 구름 속에 있다가 찬란한 햇빛 속으로 별안간 걸어

나갔다. 발 아래는 큰 파도처럼 너울지는 안개의 바다가 끝없이 펼쳐 나가고, 그 속에서 몽블랑과 그랑드 조라스만이 모습을 드러냈다. 시간에 쫓기고 있었지만, 또 한번 걸음을 멈추어 이 거창하고 더 없이 아름다운 경관을 응시하지 않고는 견딜 수 없었다. 우리 앞에는 짤막한 눈의 능선이, 분명히 정상으로 보이는 곳으로 뻗어 나가 있었다. 결연히 작업을 시작하여 15분인가 20분쯤 스텝을 깎아 나가서 이윽고 정상에 올라섰다. (오후 2시)

살을 에는 북풍이 능선 너머로 휘몰아쳐서, 발아래 펼쳐진 거대한 구름을 쉴 새 없이 흔들어댔다. 순간순간 방대한 구름덩어리가 솟구쳐 올라 바람에 잡혀 휙 떠내려가서는 아래쪽의 양털 같은 바닥에 거창한 그림자를 던지곤 했다. 앞서도 쉴 때 더러 그러했지만, 이번에도 갑자기 얼음처럼 차가운 구름이 솟아오르고 눈이 흩날리기 시작하여 휴식은 끝났다. 오후 2시 15분, 우리는 정상을 떠나 부리나케 사면을 내려갔다. 자꾸만 악화되어 가는 날씨 속에서 능선을 따라 되도록 빨리 기어내리고 기어오르고 했다. 황급히 쏟아지는 눈으로 산의 모습이 바뀌었지만, 콜리는 조금도 동요하지 않고 확실하게 아침에 올라온 루트를 따라 내려갔다. 정확히 적당한 지점에서 그는 능선을 버리고, (오후 5시 10분) 축축하게 젖은 신설 사이로 우리를 인도하여 늑골 바위를 내려가서 우리가 아침에 올라 온 자국이 보이는 지점 쿨르아르에 이르렀다. 그는 계속 늑골 바위를 따라 내려가고 싶어했으며, 약간 돌아가고 몸을 날리고 한 끝에, 아침에 쿨르아르에 들어서는 부분의 아래쪽에서, 올라올 때 탔던 루트에 다시 붙었다. 그것을 따라 빙하와 베르크슈룬트로 나갔다. 베르크슈룬트는 몹시 물컹하고 위험한 상태여서 조심스러운 조작이 필요했다. 일단 그곳을 넘고(오후 6시 5분) 설원을 따라서 달려 쿠베르클 대피소 위쪽의 돌투성이 사면으로 내려갔다.

피에르 아 베랑제로 가로질러 가서 우리의 물건들을 찾고 잠시 식사를 한 뒤, 오후 7시 40분, 끈질기게 내리는 이슬비 속을 몽탕베르 호텔로 향했다. 처음 우리는 그날밤에 샤모니로 내려갈 생각이었으며, 따라서 짐을 다 그리로 보내 놓았었다. 그러나 도착해 보니 시간이 너무 늦어 그럴 수가 없었다. 친구들이 너무나 친절하게 여러 가지 옷을 우리에게 입혀 주었고, 그리하여 오후 11시께는 시몽 씨네 주인 솜씨를 모처럼 흡족히 즐겼던 것이다.

이 등반이 매우 불리한 상태에서 이루어진 것은 말할 것도 없다. 안개가 흩어지기를 기다리기 위해 부득이 자주 쉬지 않을 수 없었고, 눈 앞에 무엇이 가로놓여 있는지 볼 수가 없어서, 더러는 최상의 루트에 붙지도 못했을 것이다. 그래도 이 동반은 가장 흥미있는 것이었으며 끝까지 낙석의 모든 위험에서 완전히 벗어나 있었다.

제11장 작은 고개-콜 데 쿠르트

브렌바 빙하의 머리를 막고 있는 위대한 절벽이 오랫동안 나의 희망과 포부를 끌어당겨 왔지만, 세 계절이나 계속하여 일련의 난처한 일들이 일어나 이 희망을 완성된 사실로 바꾸려는 아무런 기도도 해보지 못했다. 그러나 작년에 우리 일행 전원은 무슨 일이 일어나더라도 그 빙하로 몽블랑에 오르겠다는 결심을 했다. 그 결과, 날씨가 불길하게 기운다는 것을 안 우리는, 우선 앞에서 서술한 베르트 공격을 단념하고 쿠르마이외르로 넘어가기로 했다. 필요하다면 한 철을 몽땅 바치더라도 유리한 날을 기다릴 수 있게 하기 위해서였다.

그러나 이제 얼마간 너무 잘 알려진 콜 드 제앙으로 다시 넘어가고 싶지는 않았고, 같은 이유로 메르 드 글라스 분지에서 올라가는 어느 고개를 넘고 싶지도 않았다. 우리가 보기에 아르장티에르 빙하에서 쿠르마이외르에 이르는 윔퍼 씨 루트도 취할 수 있는 루트로서 결코 가장 짧은 것도, 가장 직선적인 것도 아니었다. 그리고 우리 문명의 두드러진 표시라고 ▲B. 키드 씨가 말하는 그 이타주의(利他主義)로 하여, 우리는 로낭

▲ B. 키드(Benjamin Kidd, 1858-1916). 영국의 사회학자. 「사회 진화론 (Social Evolution)」의 저자.

쿠르마이외르
(브리스토 양의 스케치)

에서 그 유례없는 기쁨을 즐길 수 있는 베르톨리니 씨의 호텔
에 이르는 더 좋고 더 쉬운 길의 측량할 수 없는 은혜를 우리
의 동료 인류에게 베풀어 주고 싶었던 것이다. 이것을 단순히
이타주의적 감정의 일시적 분출로 간주해서는 안된다. 그와
반대로 「사회 진화론」의 주의깊은 독자라면 짐작하겠지만, 그
것은 여러 해 전부터 우리의 마음에 물밀듯 밀려와서 작용하
고 있었던 것이다. 실제로 1893년에 우리는 이 고개를 넘을
수 있는지 조사한다는 이 한가지 명확한 목적으로 콜 트리올
레까지 찾아갔으며, 그리하여 ▲리머스 아저씨가 소중히 생각
하는 말버릇처럼 "할 수 있을 게야, 아니, 할 수 없을는지도
몰라."라는 결론에 도달했던 것이다.

▲ 리머스 아저씨(Uncle Remus). 미국의 소설가 J. C. 해리스(Joel Chand-
　ler Harris, 1848－1908)가 흑인의 전설인 동물 이야기를 테마로 쓴 일련
　의 작품, 이른바 「리머스 아저씨」 시리즈에 등장하는 흑인 노인.

이 지방의 지도가 모두 부정확해서 에귀유 드 트리올레는 쿠르트 능선과 분수령이 맞닿는 지점에 솟아있는 것으로 지도에는 표시되어 있으나, 그렇지 않다는 것을 설명해두는 것이 아마도 좋을 것 같다. 바로 이 지점에 이름없는 조그만 봉우리가 하나 서있는데, 이것과 트리올레 사이에 있는 안부는 아마 콜 트리올레보다 낮을 것이다. 이 안부의 한쪽은 트리올레 빙하로 내려가는 가파른 걸리로 되어 있고, 그 반대쪽은 아르장티에르 빙하로 떨어지는 급한 얼음 사면을 이룬다. 이 안부에 올라갈 수 있다면 많은 이점을 누릴 수 있겠지만, 레 쿠르트의 북동쪽을 향해 큰 빙설벽을 올라가면 분명히 이에 대신할 더 쉬운 길을 발견할 수 있을 것이었다. ▲콘웨이 안내 시리즈에 콜 데 쿠르트로 알려져 있는 길이다. 짐작컨대 이 벽의 꼭대기에서 능선을 트래버스하여 쿠르트 빙하의 기묘한 상부 분지에 이르면 통상의 콜 트리올레에 도달할 수 있을 것이었다.

이런 제2의 대비책을 마련하고 나니 그런 대로 능선을 넘어갈 수 있다는 확신이 들어 우리는 1894년 8월 2일 아침 9시께 몽탕베르 호텔을 떠나 빙하를 걸어서 넘어 샤포로 내려갔다. 빙하에서 조그만 휴게소로 가는 도중 나와 헤이스팅즈는 조금 아래쪽으로 내려가는 길을 따라가지 않고, 약간 젖은 미끈미끈한 바위를 기어오르는 쪽을 택했다. 숱하게 애를 쓰며 높은 곳에 수없이 피켈질을 한 끝에, 장해물 위쪽의 고약한

▲ 콘웨이(Sir William Martin Conway, 1856-1937). 「알프스 끝에서 끝까지(The Alps from End to End, 1895)」의 저자. 「등반 안내 시리즈(Climbers' Guide Series)」는 1881년에 나왔다.

교회에 가는 사람들
(브리스토 양의 스케치)

장소로 알려진 길 쪽으로 그렁저렁 밀고 나갔다. 그동안 콜리
는 부드럽고 슬픈 표정으로 우리의 거동을 지켜보고 있었는
데, 그의 태도는 이런 의문을 품고 있는 것 같았다. "5미터만
내려오면 마르고 편리한 길을 따라 갈 수 있는데, 마른 니커
보커 바지를 제법 단정하게 입은 사람들이 어째서 그 옷을 물
과 진흙의 제단에 희생으로 바쳐야 하는 것일까?"라고.

　프랑수아 시몽은 진정으로 반가이 우리를 맞이해 주었다.
그리고 우리가 로냥으로 가는 숲 속의 길을 전혀 모른다는 말
을 듣더니, 가파른 지그재그 길을 계속 올라가라고 열심히 권
하면서, 트인 산허리에 이르면 마른 솔밭과 큰 바윗돌이 안전
한 이정표와 안내자의 구실을 해줄 것이라고 가르쳐 주었다.
우리의 좋은 친구 시몽과 작별 인사를 나눈 뒤, 헤이스팅즈는
잔디밭에 냅색을 내려놓았고, 우리는 휴식과 위안에 크게 도

움이 되는 자세를 취했다. 그러나 일행 중 두 사람은 곧 물길을 따라 올라오는 바람에 너무 젖어서 장시간 한가롭게 휴식을 즐길 수 없다는 것을 깨달았다. 한창 담배 연기의 동그라미를 만들며 즐기고 있던 콜리가 항의했으나 헛일이었다. 등산의 주된 즐거움은 슬기롭게 휴식을 선택하는 데 있다. 구테봉의 거대한 둥근 지붕 모양의 꼭대기, 보랏빛 골짜기 위의 새하얀 눈, 샤르모의 톱니 같은 산정, 타는 햇볕과 혹한의 밤 추억이 겹겹이 쌓인 플랑의 빙벽 같은 것은 오랜 시간 쉬면서 바라볼 가치가 있는 것들이라고 그가 주장했으나 우리는 귀를 기울이지 않았다. 우리는 완강하게 언덕으로 향하여 솔밭과 험악한 암봉들 사이를 더듬어 올라갔다. 기분 좋게 건들건들 걸어가니, 몇시간 후 로낭의 산장주막에 도착했다.

햇빛에 앉아 우유를 쭉 들이키면서 큼직한 나무 사발로 꿀컥꿀컥 우유를 마시는 것이 등산가의 음식 가운데서 결코 하찮은 부분이 아니었던 아득한 옛날을 회상했다. 안주인을 졸라서 저녁 식사를 얻어먹을 가능성에 관해 흐뭇한 보장을 끌어낼 수 있었으므로, 우리는 빛나는 태양과 뷔에 봉의 울퉁불퉁한 능선을 생각하며 마음껏 사색에 잠겼다. 차츰 그 딱딱한 선과 날카로운 대조가, 항상 잠의 가장자리에 떠도는 막막한 안개와 신비로운 환영으로 부드러워지고 에테르처럼 영묘(靈妙)해졌다. 실제로 몇 사람은 벌써 나른한 졸음의 신에 완전히 사로잡힌 희생물이 되어 있었다.

이튿날 새벽 우리는 0시 40분에 출발했다. 장정 한 사람이

색을 짊어지고 갈 포터로 참가하고, 장정에게 모르는 길을 가
르쳐줄 소년 한 사람이 따라가게 되어 우리 파티는 강화되었
다. 노새 발자국과 사람의 발자국, 빙하 퇴석과 얼음을 밟고
올라갔다. 이 나중의 둘은 이따금 빙하 측면의 사면쪽으로 빗
나가서 여러 가지 모양으로 바뀌었다. 약간 지쳐 헤멘 끝에
부드럽고 편편한 얼음 위에 올라섰으며, 이 얼음판을 둘러친
큰 벽을 향해 재빠르게 걸어갈 수 있었다. 나직하게 뜬 구름
이 강한 남서풍에 실려 획획 날려가는 것을 보고 있으니 고통
스러운 생각이 떠올라, 우리는 일찍 떠나온 허무함과 또다시
비에 젖어 녹초가 된 채 몽탕베르 호텔로 되돌아가는 굴욕 같
은 것을 열 나게 지껄여댔다. 날이 새자 곧 아침을 먹자는 제
안이 나와 모두 환성으로 받아들여져 조그만 빙탑 뒤로 가서
바람을 피했다.

우리가 여러 코스의 식사를 한 것은 말할 것도 없다. 요크
서 베이컨에서 시작하여 롤빵과 버터, 잼, 비스킷, 통조림 과
일과 진저에일, 초콜릿, 그밖에 우리의 지배인 나으리가 마련
해 준 모든 음식의 기쁨 속으로 우리는 깊숙이 빠져 들어갔
다. 두 사람의 포터는 놀라는 눈으로 이 거창한 '미식 교향곡
(美食交響曲)'을 지켜보고 있다가, 작별 인사를 하고는 재빨리
레 쿠르트의 어깨를 돌아 시야에서 사라졌다.

평화의 파이프에 다시 불을 붙인 우리는 담배를 피우지 않
아 당장 별로 할 일이 없는 헤이스팅즈에게 넙색을 챙긴 뒤,
춥고 바람 휘몰아치는 빙탑 꼭대기에서 깊은 균열을 넘어가는

쉽고 편리한 길이 있나 둘러보고 오라고 부탁했다. 에귀유 드 트리올레 바로 밑의 안부를 넘어갈 생각은 이미 깨끗이 포기하고 있었다. 부분적으로는 가능한 루트를 발견하기 어려웠기 때문이고, 부분적으로는 그같은 루트가 필연적으로 많은 여러 가지 낙하 무기에 노출될 것이라는 사실 때문이었다. 그래서 대신 쿠르트 빙하로 올라가 거기서 통상의 콜 트리올레로 트래버스하는 계획으로 후퇴했다. 그러나 이같은 작전을 개시하려면 매우 만만찮은 베르크슈룬트를 건너갈 필요가 있었다. 이때문에 레 쿠르트 사면으로의 접근이 막히고 있는 것이다.

오전 5시, 우리는 그 정다운 빙탑을 떠나 입을 딱 벌리고 있는 깊고 거대한 균열까지 천천히 걸어 올라갔다. 눈 앞에 두 가닥의 통로가 열려 있었다. 일단 건너기만 하면 그후 부터의 등반은 단순히 보통의 발판 깎기 작업에 지나지 않게 되는 지점에서 균열을 공략할 수도 있었고, 또는 계속 더 오른쪽으로 붙을 수도 있었다. 여기서는 이따금 빙탑이, 그리고 더 자주 암석이 떨어지는 예가 있었으나, 차곡차곡 포개진 일련의 빙탑을 따라 올라가니 이윽고 균열 위쪽의 높다랗게 패인 눈사태 홈에 이를 수 있었다.

여느 때의 관례에 따라 우리는 더 짧고 일시적으로는 더 어려운 등행선을 택하기로 하고, 입술이 오버행된 딱 벌어진 균열쪽으로 향했다. 그러나 가까이 감에 따라 그 입술이 너무 높아 올라갈 수 없다는 것이 뚜렷해졌다. 그래서 코스를 바꾸어 빙탑의 얼음 덩어리가 쌓여 있는 곳을 향해 오른쪽으로 돌아 나갔다. 이 허약한 구조에 도달한 뒤 잠시 걸음을 멈추어 자일을 몸에 묶고, 공격을 시작하기 전에 잠시 마음을 가라앉혔다.

달걀 껍질같이 취약한 구조가 크레바스에 다리처럼 걸려 있고, 이것이 제일 아래쪽 빙탑으로 이어져 있었다. 먼저 이것부터 기어올라가야 했다. 발판이라는 이름에 걸맞는 스텝은 깎을 수도 없었다. 이 구조물은 조금만 간섭해도 아래쪽에 입을 벌리고 있는 깊은 균열 속으로 허물어져 내릴 것이 분명했기 때문이다. 몸을 약간 추스린 후, 헤이스팅즈가 나를 자기 어깨에 올려 다리 꼭대기로 밀어 올려주었다. 그 상부 가장자리는 특히 불안전하고 너무 많은 가루눈이 쌓여서 통과하기가 아무래도 기분 좋게 이루어질 것 같지 않았다. 다리가 첫 빙탑의 깎아지른 벽면에 걸친 지점에는 느슨한 눈이 높다랗게 쌓여 있어, 그것을 타넘고 아래쪽의 발판처럼 보이는 곳으로 디디고 내려가려면 무척 애를 써야 했다. 이 장해물을 기어올라가기 위한 첫 시도는 실패로 끝나고, 다시 헤이스팅즈를 불러 필요한 도움을 청하지 않으면 안 되었다. 콜리가 사정이 허락하는 데까지 단단히 자기 확보를 하기 무섭게 우리 세컨드가 다리에 자기 몸을 맡겼다. 다행히도 다리는 예측한 것보다 강한 힘을 지니고 있어서 많은 유혹에도 불구하고 아래쪽 길로 빗나가지 않고 버티어 주었다.

헤이스팅즈가 도착하자 곧 양상이 바뀌었다. 제일 높고 믿을 만한 발판에 확고히 자세를 잡은 그는 다시 한번 나를 사

면 위로 밀어올려 주었으며, 내가 그의 손이 미치지 않는 곳
으로 올라간 뒤에도 남을 지원하는 그의 수완과 범상한 기능
의 지식을 주는 그 정신적 지지를 보내 주었다. 그것은 많은
경우 실제로 밀어 올려주는 것 못지않게 값진 법이다. 짧은
수직벽을 올라가니 큰 빙탑과 우리의 왼쪽 얼음 사면 사이에
있는 좁고 몹시 가파른 걸리에 이르렀다. 이 걸리에는 찰기
없는 먼지 같은 눈이 쌓여 있어서 정말로 믿을 만한 홀드는
하나도 얻을 수 없었다. 이제 자일이 모두 풀려 나갔으므로
콜리가 다리 위로 올라와야 했다. 그가 그렇게하자 헤이스팅
즈가 자일을 끌러 내게 빙탑 꼭대기로 돌아서 기어올라가는
데 충분한 자일을 주었다. 이 지점에서는 검푸르도록 깊은 균
열 속으로 오버행된 30미터 남짓한 빙벽이 내려다 보였다. 균
열의 윗 입술을 이루는 이 절벽의 꼭대기는 아직도 우리의 머
리 위에 높게 솟아 있었지만 겹겹이 쌓인 빙탑이 이 장해물을
돌아나가는 수단을 제공해 주었으며, 심각한 첫 장해가 극복
되었다는 것을 알 수 있었다. 많은 스텝을 깎아야 했고 이따
금 느슨한 눈과 씨름도 해야 했지만, 어려움은 차츰 줄어들어
우리는 잘 깎인 눈사태의 홈에 붙어서 그 얼음 바닥에 정말로
의지할 만한 발판을 깎을 수 있었다.

　머리 위로 한두 개의 바위 조각이 날아가며 즐거운듯이 콧
노래를 불렀다. 곧 우리의 생각과 열망은, 오른쪽 짧은 거리에
얼음 사면을 가로막고 서있는 약간의 바위쪽으로 집중되었다.
그러나 그쪽으로 건너가려는 첫 노력은 우리가 있는 잘 닦여

진 눈사태 활주로의 바깥 사면을 뒤덮은 위험한 신설층의 방해를 받았다. 15미터쯤 위로 더 올라간 곳의 눈은 좀 더 조밀해 보였고, 그 눈 없이는 이 거대한 오버행 빙벽의 가장자리에 별로 가까이 갈 수가 없었다. 그런 절벽에 가까이 간다고 해서 실제의 위험은 그다지 영향을 받지도 않겠지만, 그래도 인간의 마음이란—적어도 내 마음은—마지막의 결정적인 추락에 앞서 비교적 길게 미끄러져 내리는 시간이 있다면 더 행복하게 느끼도록 되어 있는 것이다.

매우 조심스러운 확보와 ▲아이잭 월튼이 낚시꾼에게 바늘에 꿰고 있는 개구리 다루기를 "마치 그것을 사랑하듯 사용하라"고 충고한 것처럼 신설을 다루면서, 실질적으로 아무 위험도 없이 건넜다. 가파른 모퉁이를 날카롭게 기어올라 돌아 나가니 안전한 바위 선반이 나왔다. 우리는 얼른 그 자리에 앉아 한숨 돌리면서 몇분 동안 값지게 얻은 휴식에 잠겼다. 제물이라도 바치듯 담뱃불이 붙여지자, 그 흐뭇한 평화로움에 마음이 풀어진 콜리는 벤 네비스도 이 균열에 비하면 정말 아무것도 아니라는 것을 기꺼이 인정하지 않을 수 없었다. 15분 후, 그가 선두에 서서 기묘하게 거북스러운 모퉁이를 돌아 왼쪽으로 기어올라갔다. 이것을 넘으니 조그맣게 갈라진 바위 조각이 산 사나이를 앞으로 전진해 오라고 유혹했다. 그러나 나는 그것이 왼손 끝으로만 간신히 닿을 수 있다는 것을 알았

▲ 아이잭 월튼(Isaac Walton, 1593−1683). 영국의 수필가. 「완전한 낚시꾼 (The Complete Angler, 1653)」이 유명하다.

고, 한편 오른손은 '마왕(魔王)'의 운명을 닮아 벽면을 오르내리며 헤맸다. 이 장소는 분명히 거북살스러운 곳이었으나, 넓은 바위 선반에 든든하게 버티고 서있는 헤이스팅즈의 모습이 나의 용기를 북돋아 주었다. 나는 대담하게 한번 훌쩍 뛰어 이리저리 몸을 비틀어 꿈틀거린 끝에, 바위 조각 위에 올라서는 데 성공했다.

이제 바위는 수월해지고, 우리의 길이 확실히 능선에 도달한다는 것을 알 수 있었다. 날씨는 우리가 그 변덕에 다소 초연한 것을 눈치채고 우리를 더 이상 괴롭히려는 노력을 단념하고는, 구름과 바람과 그밖의 모든 고문 도구를 베른 알프스 쪽으로 이동시켜 주었다. 우리는 이렇게 변한 만족할 만한 상황을 휴식으로 축하해야 한다고 느꼈다. 말하기는 유감스럽지만, 이것이 결코 유일한 휴식은 아니었다. 이때부터 이런 휴식과 원기 회복을 위해 자주 걸음을 멈추는 바람에 사실 우리의 진행은 지장을 받았으며, 마침내 능선에 도착했을 때는 우리 서로가 모두 더없이 놀랐을 정도였다. 그러나 처음으로 쿠르트 빙하의 크레바스를 바라본 우리는 이 조망에 점심을 들면서 경의를 표해야 한다고 느꼈으며, 여느 때보다 긴 휴식을 취하자는 데 만장일치의 결정을 보았다.

우리의 오른쪽에는 괴상한 바위 바늘이 능선을 막아섰고, 왼쪽에는 일련의 톱니 같은 첨탑이 늘어서서 그곳에 우리의 기질을 시험할 작업이 아직 남아 있을지 모른다는 기미를 보여주었다. 다행히도 아마추어 등산 파티의 강점의 하나는, 장래에 대한 공포가 결코 현재의 즐거움을 간섭하지 않는다는 것이다. 우리는 저마다 우묵한 자리에서 햇빛을 쬐었다. 찬란한 형태와 색깔의 온 세계가 절반 지긋이 감은 우리의 눈을 즐겁게 해주었으며, 이 풍경의 평온한 아름다움 이외는 아무것도 머리에 떠오르지 않았다. 그러나 차츰 등산가가 언제나 이룩해야 하는 목적인 이 완전한 행복감이 날카로운 돌과 이따금 획획 불어오는 차가운 돌풍으로 훼방을 받을 것이 명백해졌으므로, 능선을 따라 깨진 바위의 넓은 선반쪽으로 나아가야 한다는 콜리의 제안을 열성적인 환호로 받아들였다. 그리하여 그곳에서 완벽한 대피소와 호사스러운 휴식처를 어김없이 발견할 수 있었다.(오전 9시 15분)

날카롭게 하강했다가 이어 바늘 같은 첨탑의 가파른 측면을 힘겹게 올라가서, 너무나 기분 좋은 편편한 대지에 올라선 것이다. 만일 목 타는 갈증이 우리를 사로잡지 않았더라면, 과연 우리가 그 자리를 떠날 결심을 할 수 있었을지 의심스럽다.—어쩌면 태양과 대기와 하늘의 그 모든 기쁨에 감싸여서, 오늘날까지도 그 자리에 머물러 있었을지 모른다. 내키지 않는 마음으로 우리는 그 악마에 쫓겨 아직도 남은 몇몇 장해물과 잇달아 씨름해 나아갔다. 그것들은 어느 지점에서나 조금도 심각한 것이 되지는 않았고, 한두 번 사소한 순수 암벽 등반 문제가 생기기는 했으나 해결해냈다. 마침내 쿠르트 빙하 상부의 눈이 우리와 같은 높이로 올라오고, 우리는 햇빛에 부드러워진 그 표면을 성큼성큼 밟으며 건너가 이윽고 콜 트리올레

에 도달했다.(오전 10시 30분)

맛있는 물의 웅덩이를 발견했다. 만년설과 고개의 바위 능선 사이의 조그만 구덩이에 괸 것인데, 우리는 냅색이랑 거추장스러운 것들을 모두 내동댕이치고 목마른 사나이들의 커다란 기쁨으로 배가 그득 차도록 마셨다. 헤이스팅즈가 여느 때나 다름없이 냅색에서 상상도 못한 호화로운 것들을 꺼냈으며, 우리는 사치스러운 향연을 훨씬 더 사치스러운 식욕과 소화력으로 즐겼다. 물웅덩이가에서 필연적으로 베풀어진 이 잔치가 끝나자, 우리는 안부의 이탈리아 쪽으로 자리를 옮겨 바람을 피해 햇빛을 가득 받아 몸을 녹였다.

잠이 곧 일행들 사이에 보금자리를 잡았다. 오전 11시 40분이 되서야 의무감에 쫓겨 바위를 내려갔다. 처음 균열된 두 개는 그리 큰 애를 먹이지 않았으나, 빙하의 이 후미진 부분을 주설원에서 갈라놓은 마지막의 깊은 균열은 대단히 무서운 성질의 것이었다. 다만 한번쯤 통과를 시도해 볼 만한 곳이 꼭 한 군데 있었기 때문에 우리 마음을 달래주었다. 이런 상황에서는 더 좋은 등행선을 찾느라 트래버스에 지치고 헛수고를 하곤 하는 일이 흔한데, 결과적으로 그런 것들을 모두 하지 않아도 되었으며 우리는 결연히 그 통로로 향했다.

몇가지 예비적인 노력을 기울인 후, 나는 균열의 위쪽 입술에서 갈라져 나온 기묘한 얼음장으로 내려가 콜리와 헤이스팅즈에게 조심스레 확보되어 그 안정도를 살폈다. 그 커다란 얼음장은 완벽하게 튼튼하고 안전해 보였으므로, 다른 사람들도 모두 그 위로 내려와 면밀히 살펴보았다. 그 결과 오른쪽으로 조금 떨어져서 지금 우리가 서 있는 바닥의 아래쪽 5미터 쯤에 있는 얼음장의 가장자리에 새겨진 조그만 눈금 같은 곳에 도달할 수 있다면, 후미가 두 사람을 내려 주고, 자기는 그 깊은 균열 너머의 어디 편리한 눈 위로 뛰어넘을 수 있겠다는 데에 의견이 일치했다.

얼음장의 가장자리는 너무 속속들이 분해되고 썩어서 아무 쓸모도 없었지만, 우리는 그 얼음장과 얼음의 모체를 갈라 놓은 크레바스의 안쪽을 따라 발판을 깎아 내려갈 수 있었다. 이런 방법으로 필요없이 지체되지 않고 틈바구니에 도착했다. 그러나 한 사람씩 차례로 그 속에 들어간 우리의 표정이 약간 창백하게 굳어졌다. 우리가 뛰어내리고 싶어한 눈 밑에, 깨진 큼지막한 얼음 덩어리가 아주 알맞게 자리잡고 있어서, 혹시 사람의 다리나 뭐 그런 비슷한 모양이 그 위에 떨어졌다가는 부러질 것이 분명했다. 게다가 높이의 차이도 우리가 위에서 판단한 것보다 훨씬 컸으며 좋이 10미터는 넘었다. 이제 신중을 기하자는 강력하고 누를 수 없는 감정이 일행 개개인의 가슴 속에 스며들었으며, 보통은 후미로 내려오는 영예를 갖고 싶어하는데 아무도 그 영예를 받는데 동의하지 않았다. 이 겸손한 마음은 가장 능숙한 아첨의 부추김에도 도무지 끄떡도 하지 않아 보였으므로, 우리는 이 곤란을 다룰 또 하나의 방법을 찾지 않으면 안 되었다.

얼음장의 안쪽, 우리의 발 아래 약 2미터 밑에 조그만 선반

쿠르마이외르의 거리
(페더릭 양의 스케치)

이 있고, 거기서부터 계단 같은 것이 형성되어 삐딱하게 크레
바스를 내려가서, 이윽고 아래쪽 설원과 같은 높이로 얼음장
의 가장자리 저편에서 다시 나타나고 있는 것같이 보였다. 이
지점에서 과연 균열을 건널 수 있을지는 확실치 않았으나, 등
산에서는 언제나 행운에 맡겨야 한다. 그러기에 일의 진행은
그만큼 묘미와 흥취가 더해지는 것이다!

　내가 그 선반으로 기어내려가서 계단에 붙기 시작하자 곧
일행의 여론이 바뀌어 뛰어내리는 편이 낫겠다는 쪽으로 다시
기울었다. 콜리는 우리를 아래로 내려준 다음 10미터를 뛰어
내리는 모험을 하겠다고까지 제의했다. 그런데 근육을 사용하
는 종류로서는 크레바스에 발판을 깎아가며 내려가는 데서 얻
는 즐거움만큼 날카로운 느낌은 거의 없으며 ― 심지어 암벽

등반의 기쁨마저도 깎아지른 얼음의 기쁨 앞에서는 창백해진다. ―결국 나는 위에서 소리치는 충고에 끝내 귀를 기울이지 않고, 푸른 깊이 속으로 길을 깎아 내려갔다. 처음에는 한쪽 발은 얼음장의 구멍에 찌르고, 한쪽 발은 얼음의 모체를 딛고 내려갈 수 있었다. 그렇게 할 수 있는 동안은 두 손으로 피켈을 휘두를 수 있었고, 반대쪽 빙벽에 훌륭한 구멍과 오목한 자리를 깎을 수도 있었다. 조금 더 내려가니 크레바스가 매우 넓어졌으며, 팔다리가 꽤 긴 데도 이제 더는 균열 양쪽에 버틸 수가 없었다. 그래서 나는 얼음장의 계단만 깎는 데 그쳐야 했다. 그렇게 깎은 발판에는 적어도 한 손으로 잡지 않고는 서 있을 수 없었고, 나머지 손으로만 피켈을 사용할 수 있었다. 곧 발판은 허술하게 깎이는 기미가 보이기 시작했으며, 위에 있는 동료들에게 자일에 단단히 신경을 쓰라고 부탁했다. 다행히도 피켈을 제 길이대로 다 잡으면 아직도 반대쪽 벽에 닿아 그것이 매우 큰 도움이 되었다. 그렇지 않았더라면 한 발판에서 다른 발판으로 옮기는 일이 여간 위험하지 않았을 것이다.

　얼음장은 그 바깥 가장자리에 다가가 보니 균열상부의 거대한 벽쪽으로 굽어 있었고, 겨우겨우 크레바스의 이 부분에 도달해서는, 다시 단단히 서 있을 수 있는 발판을 만들 수 있었다. 나는 고투의 영향에서 회복하기 위해 여기서 잠시 행동을 멈추었다. 한쪽 발은 얼음장 위에 받쳐져 있었고, 나머지 발은 얼음 모체의 눈금 같은 틈에 쐐기처럼 박혀 있었으며, 그 사이 전 대원이 입을 딱 벌리고 있었다. 이런 자세로 다음은 어떻게 해야 할지 급히 생각해야 했다. 얼음장은 매우 얇아지고 있었으며 실제로 그 질량을 통해 먼 풍경의 빛과 그림자의 차이를 똑똑히 알아볼 수 있었다. 그 물질의 조직에는 또 미흡한 점이 많아서 분명 그것을 다루는 데는 극히 조심해야 했다. 이 모든 것들 이외에 무게가 몇 백 킬로그램이 나가는 참으로 언짢은 얼음 덩어리가 바로 내가 통과하고 싶은 장소에, 같은 취약한 재료로 된 기묘한, 얼핏 보아 참으로 걸맞지 않는 줄기에 매달려 있었다. 이 덩어리를 피켈로 한번 후려쳐서 크레바스 속으로 요란스레 낙하시켜 버리기는 쉬운 일이었으나 얼음장의 너무나 섬세한 상태에서는 그같이 강력한 치료법의 압력이 어울리지 않을 것 같았다.

이윽고 나는 이 '긴박한 공포' 밑으로 조금도 건드리지 않고 지나가기로 결심했다. 아무 효과 없는 시도를 몇번 한 후, 위에 있는 사람들의 인내심을 따갑게 시험하기도 전에 나는 피켈을 쐐기처럼 균열에 건너지르고 얼음장의 모퉁이를 훌쩍 돌아 이제 우리의 지기이자 친구가 된 이 첫 얼음장의 일종의 연장을 이루는, 그 아래 두번째 얼음장의 끝을 움켜잡는 정도에 성공했다. 한두 순간 후, 나는 썩어 부스러진 그 표면으로 기어올라가서 훌륭하고 튼튼한 다리를 건너 그 저편의 단단한 빙하 쪽으로 나아갔다. 냅색이 내려지고 콜리가 곧 따라 내려왔다. 마지막으로 내려온 헤이스팅즈는 그 큰 얼음 덩어리에 경멸적인 무관심을 보이며, 등으로 밀면서 몸을 비틀고 아주 쉽게 모퉁이를 돌아 나왔다. 이렇듯 더 높은 수준에 있는 그는 콜리와 내가 균열에 쐐기처럼 건너 질러서 지탱하고 있는 피켈을 딛고 내릴 수 있었고, 그리하여 이 통로의 주된 곤란을 피할 수 있었다.

2년 전에 나는 콜 트리올레를 넘어 바로 이 균열을 거의 아무런 곤란도 없이 통과한 적이 있었는데, 눈이 내리지 않은 두 해의 겨울이 그 특성을 완전히 바꾸어 놓았던 것이다. 빙하의 오른쪽 둑에 사태가 난 눈의 근사한 사면이 있었다는 것을 회상하면서, 나는 더 아래쪽으로 일행을 인도하여 가로질러 갔지만, 단단한 눈 위를 3백미터 이상 글리세이드한 자리를 우리는 느슨한 돌과 바위를 몸부림치면서 내려오지 않으면 안 되었다. 바로 그 보기 드문 겨울이 여름철 태양의 낭비를 보충하는 데 실패했기 때문이다. 그 결과 페레 계곡의 급류 위에 늘 걸려 있던 다리도 사라지게 되었다. 아마도 이제는 황폐와 혐오의 이 끝없이 황량한 땅에 가까이 가는 사람이 아무도 없는 것 같다. 우리는 냇물을 건너 쿠르마이외르로 성큼성큼 걸어 내려갔다. 그곳에 닿은 것은 오후 9시 15분, 뇌우가 한창 억수로 쏟아지고 있는 중이었다.

제12장 디흐 타우

　충실한 등산가는 그 본질에 있어서 철저히 길들여진 인간이다. 그는 자신의 집인 알프스를 떠나서 헤매는 일이 드물다. 그러나 이따금 불안한 정신이 그를 덮쳐 더 먼 지역으로 몰아내곤 한다. 1888년 7월 초, 그같은 방황의 발작에 사로잡힌 나는 베젱기 빙하의 오른쪽 둑에 천막을 치고 있는 내 자신을 발견했다. 설원의 차가운 공기 속에 석남화로 하얗게 덮인, 머리 위에 미답봉들이 소리 없이 치솟은 비탈에서 기차의 덜거덕거리는 소리와 굉음, 식당의 소란함, 그리고 세관의 박해에서 벗어나 쉴 수 있었다.

　나의 유일한 동행은 마이링겐의 하인리히 추르플루였다. 우리는 파티고르스크에서 나르치크, 거기서 베젱기를 거쳐 빙하의 기슭에 도달한 것인데―마지막 이틀 반을 묘하게 편치 않은 타타르 인의 말안장에 앉아서 보낸 연속 10일간의 여행 경험은, 그를 완강한 비관론자로 만들기에 족했다. "그것은 내게 어울리지 않습니다"라는 것이 그의 노래 후렴이었는데, 이 문구가 어쩌면 현대철학의 결론을 요약한 것으로 간주될는지는 몰라도 그것이 가장 거대한 미답봉의 거인들을 마주보고 서있는 등산가들에게는 도무지 적합한 표어가 아니라는 데서 나는 충격을 받았다.

우리의 캠프는 스파르타식의 무척 간소한 것이었다. 짐보다 우리가 먼저 도착했기 때문이다. 나는 어리석게도 추르플루의 냅색 속에 슬리핑백과 수프 통조림이 들어있는 줄 알고 있었는데 알고보니 주로 들어있는 것은 매우 고약한 냄새를 풍기는 큰 구두 기름병―마이링겐에서 멀리 예까지 고생 끝에 짊어지고 온 것이다―큼직한 망치, 엄청나게 많은 예비 구두징, 그리고 징을 박는 데 도움이 되는 일종의 모루 등이었다. 이런 갖가지 물건들은 의심할 것도 없이 매우 값진 것이었지만 침구로서는 전혀 쓸모가 없었다. 장미 꽃잎이라면 또 어떨지 모르지만, 구부러진 구두징을 매트리스로 사용하는 데 반대하는 것은 굳이 방탕아가 아니더라도 그랬을 것이다. 다행히도 우리 캐러밴의 나머지 대원들과 헤어지기 전에 만나서 고용한 활발한 현지인 한 사람이, 양고기며 큼직한 러시아 빵, 그리고 장작 같은 여러 가지를 잔뜩 지고 있었다.

그날 밤은 별나게 추워 새벽 4시가 되자 좋아라고 뛰쳐나가 우리가 목적하는 봉우리의 사전 답사를 하러 떠났다. 그런데 나는 곧 추르플루가 그보다 더 큰 야심적인 생각을 가지고 있으며, 훈련 산행으로 높이 5,198미터의 산에 오르겠다는 난폭한 생각에 사로잡혀 있다는 것을 깨달았다. 그러나 미세스 빙 하 뒤에 무엇이 가로놓여 있는지 보아두는 것도 바람직한 일이었으므로, 나는 항의를 적당히 삼가고 재빨리 나아가는 나의 리더를 따라갔다.

디흐 타우 (셸라 씨의 사진에 의한 그라비어 화)

우리는 긴 바위 능선으로 미세스 빙하에서 분리된 긴 쿨르아르를 따라 올라갔다. 그 꼭대기에 도달했을 때 마땅히 빙하 쪽으로 건너가야 했으나, 능선에 이르는 긴 눈 사면이 마음에 들지 않았다. 그 눈 사면 사이에 번쩍거리는 얼음을 발견했다고 생각한 것인데 아마 잘못 알았던 모양이다. 그 결과 왼쪽 바위를 타고 올라가서, 8시쯤, 어쩌면 큰 사면 쪽으로 트래버스할 수 있을 듯한 지점에 도달했으나, 나는 쉭쉭거리는 기차 소리가 아직도 귀에 남아 있었고 영국 생활의 무기력함이 여전히 내 근육 속에 욱신거리고 있어서 리더에게 필요한 정신적 지원을 주지 못했다. 그는 트래버스할 자리를 바라보더니, 그 외관이 도무지 마음에 안든다고 했다. 위쪽 사면을 바라보고는 몹시 길다고 생각했고, 정상에 이르는 능선을 응시하고는 끝없이 이어졌다고 툴툴거렸다. 만일 그때 선생님이 확신이 있었더라면 그는 그런 곤란에 몸으로 부딪쳐 나갔을 것이고, 그 위대한 기술과 민첩함과 힘은 우리를 정상에 도달하게 했을 것이라고 나는 진심으로 믿고 있다. 그러나 그때 나는 먼저 파괴적인 비평가의 구실을 채택했다. "이미 시간이 너무 늦어 능선 위의 밤은 몹시 추울 것이다. 트래버스 자리와 그 너머의 사면은 어느 모로 보나 낙석이 휩쓸 것 같다."고 나는 지적했다. 그러면서도 내 마음은 근육만큼이나 늘어져 있어서 얼른 후퇴하자고 선언하지도 못하고, 다른 더 쉬운 트래버스 자리라도 찾을 수 있을까하고 추르플루를 따라 시적시적 절벽을 올라갔다. 그런 가능성이 없다는 것을 알게 되자, 오전 9시쯤 등반을 단념했다.

돌아올 때는 쿨루아르를 글리세이드하여 3백미터 이상을 단번에 미끄러져 곧장 내려왔다. 몇 주일후 ▲울리, 홀더, 코킨 제씨가 미세스 코슈에 도착했을 때, 카프카스의 태양이 이 걸리의 눈을 거의 흔적도 없이 다 녹이고 없었다.

슬프게도 캠프는 아직 도착해 있지 않았으며, 두번째의 춥고 편찮은 밤이 계속되었다. 그 결과 이튿날 아침 추르플루는 몸의 상태가 너무 좋지 않아 떠날 수가 없었다. 그래서 나는 아마추어 등산가의 정열로 산의 남벽에 접근하는 길을 정찰했다. 혼자 이곳저곳을 헤매는 동안 열일곱 마리의 야생 염소 투르(Tur) 떼를 놀래 주곤 하다가, 이윽고 깊숙이 들어간 봉우리의 제일 남서쪽 버트레스에 도달했다. 넓은 안부로 주 산괴에서 분리되어 있고, 긴 그리고 전적으로 쉽지만도 않은 능선을 타야 도달할 수 있는 곳이라 똑똑한 명칭이 있어도 하등 손색이 없는 지점이다. 높이는 약 4천미터 혹은 더 될지도 모르는 그 위에 서면 자네르 고개 너머로 스바네티아를 바라볼 수 있고, 슈하라 고개 너머로 디흐 수 빙하의 먼 저편에 있는 산들을 바라볼 수 있다. 그러나 나의 관심은 오로지 디흐 타우의 벽면에 있었다. 이쪽에서 보이는 그 봉우리에는 정상이 둘 있는데, 어느 쪽이 더 높은지 판단하기가 아예 불가능하다

▲ 울리(Herman Wooley : 1846−1920), 홀더(Henry William Holder), 코킨 (John Garforth Cockin : 1846−1900). 이 세 사람은 한 달 후인 8월 20일 디흐 타우를 북릉으로 초등정했다.

는 것을 알았다. 오른쪽에 있는 주 산괴의 뒤쪽이 분명한 큰 탑이 마치 최고점인 것처럼 보일 뿐이었다. 이 의문과 그리고 많은 눈이 아직도 거대한 암벽에 쌓여있다는 사실이 등반을 시도하기 전에 무척 보고 싶었던 고개들을 먼저 넘을 결심을 하게 만들었다. 그러면 멀리서 바라보더라도 진짜 정상이 어느 것인지 의문도 풀 수 있을 것이고, 또 시간이 지나면 카프카스의 태양이 바위의 눈도 어느 정도 녹여 줄 것이었다. 미세스 코슈로 돌아갔을 때 행운이 내게 미소를 짓고 있는 것을 알았다. 캠프가 도착해 있었고 추르플루는 다시 일할 준비가 되어 있었던 것이다.

다음 두 주일은▲ 발카르, 스바네티아, 바실 수, 체젬의 계곡을 돌아다니는 데 바쳤다. 체젬에서 풀 덮인 고개를 넘어 투베넬리로 돌아온 우리는 다시 베젱기 빙하를 향해 나아갔다. 이 빙하의 기슭에 가까이 갔을 때, 짙고 축축한 안개가 신선한 우유를 구할 수 있겠다는 기대와 어우러져 우리를 쇠우리 옆에 걸음을 멈추게 하여 큼직한 둥근바위 곁에 천막을 쳤다. 밤중에 염소 한 마리가 우리 천막을 바위인 줄 알고 둥근바위에서 천막 위에 훌쩍 뛰어내려 그 속의 거주자들 한가운데에 떨어져 깜짝 놀랐다. 나는 돌풍에 노출된 바위 선반 위에서도 이런 구조의 천막은 실컷 견디어 낸다고 얼마든지 장담할 수

▲ 원저자 주 - "이들 골짜기와 고개에서 겪은 우리의 경험은 다음 장에서 서술한다. 디흐 타우에서의 나의 방황을 연속적으로 서술하는 것이 더 편리할 것 같다."

있는데, 대담한 산양의 공격 앞에는 도무지 상대가 되지 않는다는 것을 인정하지 않을 수 없다. 많은 노력 끝에 추르플루와 나는 엉망이 된 잔해 속에서 빠져나오는 데 성공하여 우리의 성곽을 다시 일으켜 세웠으나, 아침이 밝았을 때 보니 처량하도록 헐렁하고 꼴이 형편없었다. 아침을 먹는 동안 타타르 인 포터가 미세스 코슈의 거의 반대쪽 빙하의 왼쪽 기슭에 생활의 모든 사치품이 가득 찬 훌륭한 오두막이 있다고 알려 주었다. 날씨가 너무 험악해서 추르플루는 나더러 자꾸만 그 산속의 카푸아로 가자고 졸랐다. 거기서 우리의 위대한 원정을 위해 충분히 좋은 날씨가 굳어질 때까지 기다릴 수 있을 것이라고 그는 영리하게 말했다. 그것은 훌륭한 제안 같았으므로 우리는 즉각 캠프를 걷어 출발했다. 추르플루와 타타르 인은 곧 경쟁의 증상을 보이기 시작하더니, 저마다의 종족과 신조와 신발의 명예를 걸고 차츰 경보(競步)상태로 빠져 들어갔다. 나는 가담할 야심도 없었고 그들도 금방 시야에서 사라졌다. 추르플루가 미리 가르쳐준 방향, 타타르 인의 말을 충실히 통역했다고 그가 단언한 방향을 아무 분별없이 잡은 나는 왼쪽의 빙하 퇴석을 따라 나아갔다. 퇴석은 절벽에 기대어 수북이 쌓여 있었고 물길이 깊이 패어 있어서 추르플루가 통역으로서 무능하다는 것을 곧 깨닫게 되었다. 위험하다고는 할 수 없어도 얼마간 애를 먹은 끝에, 나는 빙하에 도착하는 데 성공하여 편편한 표면을 유쾌하게 성큼성큼 걸어 나갔다. 그러나 얼마 못 가서 골짜기에 짙은 안개가 끼어 어쩌면 오두막을 찾지 못하게 될지도 모른다는 생각이 들었다. 왜냐하면 불행히도 나는 그것이 어디 있는지 그저 막연하게 알고 있을 뿐이었다. 찾지 못할까 두려워하면서 약간 복잡한 크레바스를 따라 왼쪽 기슭으로 길을 더듬어 나가서 주인 없는 목초지를 발견했다. 커다란 둥근바위 밑에는 아주 근사한 동굴이 있었다. 자연벽이 아닌 데는 돌로 솜씨있게 쌓아 올렸으며, 전체가 널찍하고 청결하고 건조했다. 베젱기 상부에서 발견할 수 있는 가장 훌륭한 대피소라는 것은 의심할 여지가 없다. 그러나 목장에는 양 한 마리 없었고, 추르플루도, 양치기도, 포터도 아무 흔적이 보이지 않았다. 그래서 나는 다시 얼음 쪽으로 나가지 않으면 안 되었다. 이 곳의 얼음은 주름투성이로 갈라져서 험한 혼란 상태를 빚어내고 있었다. 꽤 긴 고투 속에 많은 스텝을 깎은 끝에야 겨우 제2의 오아시스에 도달했다. 여기도 역시 아무도 없는 것 같았다. 큰 바위를 돌아 나가면서 아까 발견한 그 동굴로 되돌아가야 하나보다 라고 생각하기 시작하고 있었을 때, 반가이 맞이하는 양의 울음 소리를 들었으며 나는 거의 곧장 추르플루의 가슴 속으로 뛰어 들어갔다. 그는 나의 안전을 대단히 걱정하고 있었다. 그는 잘못 해석으로 길에서 상당히 벗어나 가장 험악한 최악의 지점에서 빙탑에 붙었다. 이 최악의 통로가 통과할 수 있는 유일한 루트라고 믿은 그는 내가 이루 말할 수 없는 슬픔에 직면했을 것이라고 당연한 결론을 내리고 있었다.

    서로의 걱정을 덜게 되었으므로 나는 추르플루에게 그토록 자랑한 그 오두막에 데려다 달라고 했다. 처음 우리는 그것을 찾는 데 약간 곤란을 느꼈으나, 양치기가 와서 도와 절벽에 검은 표를 해둔 곳으로 안내했다. 이 검은 표는 그가 어쩌다가 땔나무가 있을 때 불을 피우는 자리의 표시였다. 지금은 땔나무가 하나도 없다고 그는 말했다. 그밖에 사람이 살 집이나 대피소처럼 보이는 것도 없었다. 심지어 타타르 인이 진 짐의 일부인 우리의 조그만 천막도 어디로 가고 없었고, 첫째 타타르 인 자체가 허공에 사라지고 보이지 않았다. 사실 추르플루는 어쩌면 어느 크레바스가 그의 영원한 안식처가 되었는지도 모른다는 생각을 떨치지 못했으나, 나는 그의 기술을 본 적이 있으므로 그가 극락의 처녀들과 어울리는 그런 별난 방법을 택하지는 않았을 것이라고 굳게 믿고 있었다. 이슬비가 도처에 번지고 있었다. 바위의 바람을 받지 않는 쪽도 받는 쪽과 다름없이 젖었다. 우리는 가장 명랑한 사람의 마음마저 차츰 침울하게 만드는 흠뻑 젖은 상태로 빠져 들어갔다. 더욱이 우리는 주변에 보는 싱싱한 양 두어 마리를 저녁 식사용으로 기대하고 있었는데, 산양을 양고기로 바꾸는 것도 불이 없으면 어려운 일이다. 우리는 미세스 코슈를 몹시 원통하게 생각했다. 그곳에는 ▲윌즈든 캠버스 천막과 상당히 많은 양의 땔나무가 동굴 속에 안전하게 저장되어 있었다. 나는 심지어 그리로 건너가자고까지 말했으나, 추르플루는 안개가 거치지

▲ 윌즈든(Willesden). 런던 서부의 도시로 방수 가공의 발상지.

않는 한 더이상 빙탑과 관련을 갖지 않겠다고 단호히 거절했다. 그러나 한 시간후, 우리의 슬픔은 기쁨으로 바뀌었다. 사냥꾼의 넓은 어깨가 수북한 땔나무 단 아래 묻힌 채 비탈진 풀밭을 끙끙거리며 올라오고 있는 것을 보았기 때문이다. 그는 땔나무가 없다는 것을 알고 자기 짐을 어느 돌 밑의 마른 구멍 속에 숨겨 놓고는 미세스 코슈로 건너가서 우리의 보급품을 가지고 온 모양이었다. 그렇게 해달라고 거의 아니, 전혀 부탁하지도 않은 사람들을 위해서 보수를 생각지 않고 한 대담하고 친절한 행동이었다.

양새끼 한마리가 쫓겨 다니다가 결국 잡히고, 곧 우리는 힘차게 타는 불가에 둘러앉아 양새끼의 각 부분이 긴 꼬챙이에 꿰어 지글거리고 있는 것을 지켜보고 있었다. 춤추는 불길의 후광 속에 모셔진 기름진 고기 덩어리를 생각하니 내 마음이 금방 흥겨워졌으며, 사냥꾼의 마음도 그래서 들뜨게 될 것으로 짐작되지만 날씨를 묻는 나의 질문에 그는 듣기 좋은 대답을 했다. 그러나 추르플루는 그 대답을 별로 좋아하지 않았다. 그는 '약시(Yak shi)'라는 말에 대한 나의 해석을 부정하고, 타타르 말을 하려고 하는 나의 노력에 심한 경멸의 시선을 던졌다.

이튿날 아침, 그의 비관론은 정당해 보였다. 안개가 더 짙어지고 더 축축해졌기 때문이다. 그러나 사냥꾼은 물을 때마다 여전히 '약시' 하고 대답했다. 그래서 추르플루의 바램과는 좀 어긋났지만, 캠프를 걷어 점심때쯤 사냥꾼이 앞장서서 훌륭한 길을 따라 안개 속을 나아갔다. 양치기도 우리 일행과 같이 가겠다고 하여 나는 짐 없이 걸어가는 좀처럼 없는 즐거운 특권을 누리게 되었다. 올라감에 따라 전날 추르플루가 한 걱정의 근원이 뚜렷이 드러났다. 사냥꾼은 추르플루가 빙탑 너머까지 빙하를 올라갔다가 이어 지금 우리가 더듬어 가고 있는 길을 따라 오두막으로 돌아가기를 바라고 있었던 것이 분명했다. 그러나 추르플루는 빙하를 너무 멀리 올라와 버린 사실을 깨닫고, 오른쪽으로 꺾어 앞을 내다볼 수 없는 안개 속을 있을 수 있는 최악의 지점에서 강행군하고 있었던 것이다. 사냥꾼은 당연한 일이지만 불신자에게 겁먹은 소리를 하고 싶지 않아 그 뒤를 따라갔던 것이다.

　우리는 빙탑을 지나 아무 어려움 없이 편편한 빙하에 도달했다. 가로질러 가는 도중에 멋진 뿔을 몇 개 주웠다―야생 산양의 뿔이었는데―지금은 마이링겐에 있는 추르플루의 집을 장식하고 있을 줄 안다. 여기서 가장 편리한 통로가 되고 있는 길고 편편한 빙하 퇴석에 이르는 짧은 사면을 오른 뒤, 우리는 사냥꾼이 신발을 고치는 동안 걸음을 멈추고 쉬었다. 그러나 그의 신발은 우리의 그 전날의 원정으로 해서 절망적으로 닳아 있었으며, 그는 피가 나는 발을 생각하고 몹시 화가 났다. 이윽고 그는 가죽 샌들의 잔재를 크레바스 속에 던져 넣더니 집에 돌아가겠다고 말했다. 솔직히 말하지만, 그 나름대로 까닭이 있었다. 훌륭한 신발을 신은 영국산악회 회원조차도 빙하 퇴석에서는 인내심이 시험을 받게 된다는 것을 나는 알고 있었다. 그러니 하물며 ▲'가엾은 미개의 이교도'에게 무엇을 기대할 수 있겠는가? 우리는 그가 계속 나아가도록 달래느라 애를 썼으나, 더없이 재주를 부린 아첨에도 그는 완고했다—어쩌면 우리의 말을 한마디도 알아듣지 못했기 때문인지도 모른다. 일을 하지 않으면 삯을 받지 못할 것이라는 취지를 적당한 몸짓으로 이따금 말을 섞어 가며 전달했으나, 다만 한 푼도 받을 생각이 없다는 대답을 이끌어 냈을 뿐이며, 이 역시 몸짓과 도무지 알아들을 수 없는 다량의 음성으로 표현되었다. 이러한 대화의 노력은 관계자를 아무도 만족시키지 못하고 많은 시간만 소비했다. 결국 4시가 훨씬 넘어서야 짐이 다시 나누어졌다. 다행히도 그때까지 안개는 뚜렷이 벗어지고 있었으며, 그 균열과 틈새로 구름 한 점 없는 햇빛 속에 반짝이는 슈하라의 긴 능선을 볼 수 있었다.

　우리는 빙하 퇴석을 뒤로 하고, 왼쪽으로 돌아 빙탑과 돌의 끝없는 사면을 오르기 시작했다. 여기서 양치기는 내가 힘들어 하는 것을 가엾게 생각하고, 내 냅색을 집어 들더니 자기가 지고 있는 방대한 짐 위에 올려 놓겠다고 우겼다. 그 무거운 짐을 지고도 그는 여전히 길을 안내할 수 있었으며, 성큼성큼 위로 걸어 올라갔다. 근육과 완벽한 균형의 멋있는 광경이었다. 6시께 제일 높은 지점에 도달했는데, 그곳에는 물이 있을 것같이 보였다. 위쪽에는 눈과 돌멩이의 긴 사면이 조그

▲ '가엾은 미개의 이교도'. 키플링의 「수단 토민병(Rudyard Kipling : Fuzzy Wuzzy)」에 나오는 말.

남쪽에서 본 디흐 타우 (셸라 쉐의 사진에서)

만 빙하로 이어져 있었다. 내가 2, 3 주일 전에 올라간 거대한 버트레스로부터 산정을 갈라 놓은, 안부 아래쪽에 있는 그 빙하다.

우리는 피켈로 돌멩이를 파내어 훌륭한 천막 자리를 만든 다음, 불을 피워 뜨끈뜨끈한 수프로 영국 비스킷과 카프카스 양고기를 즐겼다. 눈 앞에는 얼음이 들쑥날쑥 흉벽을 이룬 슈하라와 장가의 거대한 벽이 온기를 띤 대기 속에 높다랗게 솟아올랐고, 아래 쪽에는 몰려드는 저녁 안개가 그 사면을 따라 천천히 기어 오르고 있는 가운데 침묵하는 빙하가 어둡고 차갑고 침울했다. 우리의 천막 뒤에는 디흐 타우의 위대한 절벽이 치솟아 있었다. 거대한 미답(未踏)의 봉우리에는, 특히 저무는 하루 해의 햇빛에서 바라볼 때 이상하게 엄숙한 그 무엇이 깃든다. 농담이나 신소리는 모독인 듯하여 한쪽으로 제쳐 놓고, 사람들은 중세의 순례자들이 거룩한 성당을 숭앙하는 마음과 비슷한 기분으로 그 거창한 절벽을 응시한다. 길어지는 그림자가 그 벽면에 비뚜로 떨어져, 깊은 걸리와 톱니 같은 능선과 얼음에 번들거리는 바위와 틈새 하나 없는 화강암의 방대하고 비정한 슬랩을 드러냈다. 크랙에서 걸리로, 걸리에서 능선으로, 우리가 눈으로 훑어 나간 루트가 맨질맨질하고 거대한 절벽에 이르렀다. 그곳은 추르플루가 경건하게 중얼거렸듯이 "자비로우신 하느님이 무슨 구원의 손길을 내려주시기를" 바라지 않을 수 없는 곳이었다. 햇빛의 마지막 반짝임이 그 제일 높은 험악한 암봉에서 희롱하고 있는 것을 지

켜본 다음, 우리는 천막의 대피소 안으로, 그리고 슬리핑백 속
으로 기어들어갔다. 몸이 우리보다 튼튼한 타타르 인은 우리
옆에 제공된 자리를 마다하고 정확히 자기 종교의 의식에 따
라 머리와 발과 손을 씻고는 ▲큰 바위 곁의 노천에 드러누웠
다(울리, 홀더, 코킨 제씨가 몇 주일후에 캠핑한 곳도 같은 바
위 곁이 아니었을 턱이 없다). 추르플루는 이런 절차를 매우
슬픈 관심으로 지켜보면서 타타르 인은 날이 새기 전에 모진
바람으로 꽁꽁 얼어 죽게 될 것이라고 생각하고 있었다.

　새벽 1시, 타타르 인이 가엾게도 서서히 죽어가고 있을 것
을 탄식하며 자지 않고 있던 추르플루가, 그 과정이 어떻게
진행되고 있는가 살펴보기 위해 천막에서 기어나갔다. 몇분
후, 그는 이빨을 딸가닥거리면서, 그러나 정말로 기쁨을 띤 얼
굴과 목소리로 타타르 인이 아직도 그저 살아 있을 뿐만 아니
라 맨발이고 뭐고 다 드러내놓고 기분 좋게 잠을 즐기고 있는
것 같더라고 말했다. 이 점에서 마음이 놓인 추르플루는 오랜
시간 고생 끝에 불을 피웠다. 베젱기의 나무는 언제나 실컷
달래야 불이 붙지만, 새벽 1시가 되면 성인(聖人)의 인내와

▲ 원저자주－"우리 캠프는 앞 페이지 사진의 밑바닥에서 1인치, 왼쪽에서
　1³/₄인치 지점의 바위 부스러기 위에 세워져 있었다. 더 왼쪽에 있는 눈
　의 안부로 올라간 다음, 이어 두 정상 사이의 긴 쿨르아르 왼쪽에 있는
　두번째의 큰 능선을 향해 대각선으로 올라갔다. 큰 원근법 때문에 우리
　의 벽면 트래버스는 거의 수평으로 보이지만, 실제는 거의 직등에 가까
　웠다. 같은 이유로 사면은 겉보기에 실제보다 덜 가팔라 보인다. 바로 앞
　의 눈 사면도 실은 매우 가파르다."

마신(魔神)의 가장 숙련된 화부(火夫)의 솜씨를 시험하려 든
다. 불행히도 물을 영구히 공급해줄 줄 알았던 조그만 시냇물
이 속속들이 얼어서, 얼음을 녹이는 고달픈 절차를 밟지 않으
면 안 되었던 것이다. 내 구두도 꽁꽁 얼어서 신기가 너무 힘
이 들어 그때까지의 원정 중 가장 고통스러운 부분이 되었다.
그러나 이러한 예비적 곤란은 마침내 극복되고, 우리는 따뜻
한 천막의 대피소 안에서 따끈한 차와 비스킷을 즐길 수 있었
다.

2시 반이 지나자 곧 우리는 등반을 시작하여, 작은 빙하를
향해 뿌드득거리는 눈을 꾸준히 밟고 나아갔다. 빙하를 건너
서 전에 내가 남서 버트레스로 갈 때 택한 루트를 따라 안부
를 향해 사면을 올라갔다. 안부에 도착한 뒤 날카롭게 오른쪽
으로 꺾어 푸석푸석한 바위 탑을 한두 개 기어서 돌아 나가
보니, 암벽면에 꽤 높이 도달해 있었다. 곧장 위로 올라가면
서, 줄곧 오른쪽으로 붙어 나가자, 반 녹은 눈 덩어리가 아직
도 여기저기 더덕더덕 붙어있는 얕은 쿨르아르에 이르렀다.
추르플루의 피켈에 맞은 눈덩어리 하나가 몽땅 떨어져 나와
내 머리와 무릎과 손을 몹시 호되게 덮쳤다. 다행히 나는 그
에게 딱 들러붙다시피하고 있었는데도 나는 1, 2분 동안 멍하
니 무슨 일이 일어났는지 거의 알지 못했다. 만일 우리가 세
사람이나 네 사람이 한 자일에 묶여 있었더라면 아마도 심각
한 결과를 면할 수 없었을 것이다. 중대한 등산 활동을 위한
파티를 구성하는 데 있어서 두 사람은 너무 적은 것으로 간주

되고 있다는 것을 나도 안다. 그러나 썩은 바위 위라든지, 혹은 바위 선반이나 툭 튀어나간 험악한 암봉 같은 데에, 많은 언 눈이 느슨하게 붙어 있는 곳에서는 내가 판단할 수 있는 한 두 사람이 거의 이상적인 수(數)를 이루는 이점도 있다.

　다행히 5분을 쉬고 나니 흩어졌던 나의 감각도 되살아나서, 우리는 이 버릇 나쁜 걸리를 떠나 더 오른쪽으로 붙어서 삭은 바위와 느슨한 돌을 넘어갔다. 상당히 빨리 진행하여, 오전 7시, 커다란 붉은 바위 덩어리에 도달했다. ▲돈킨 씨가 덴트 씨와 함께 시도한 등반의 한계를 나타내는 표시라고 언급한 바 있는 바위다. 우리는 쉬지 않고 그냥 밀고 올라갔으며, 캠프에서 매우 두드러지게 눈에 띄었던 두 개의 긴 쿨르아르 가운데 작은 쪽에 도달하려고 줄곧 오른쪽으로 붙어서 나아갔다. 이 쿨르아르는 이 봉우리의 벽면을 뻗어 올라가서 정상 바로 가까이에 있는 남서 능선으로 향하고 있다. 추르플루는 전날밤 그 속에 눈이 차있을 것이라고 진단한 바 있는데, 바위는 거의가 얼음에 덮여 번들거리고 있어 어려울 것이 분명했으므로 되도록 빨리 그곳에 도달하는 것이 바람직스럽다고 생각했다. 마침내 그 가장자리에 이르렀을 때 그것이 생각한 것보다 훨씬 가파르다는 것과, 아일랜드풍을 써도 좋다면 그 눈은 얼음이라는 것을 첫눈에 알았다. 결국 우리는 그렁저렁 점잖은 진

▲ 돈킨(William Frederick Donkin : 1845−1888). 덴트(C. Thomas Dent)와 함께 1886년 8월 27일 게스톨라(Gestola : 4,856m)를 초등하고, 디흐 타우에 올랐다.

전을 이룰 수 있는 동안은 바위에 매달렸다가 한 걸음 한 걸음의 진행이 귀중한 분초를 허비하게 되었을 때 비로소 걸리로 꺾어 들어갔다.

혹평을 잘 하는 등산가들은 내가 스텝의 간격을 너무 넓게 잡고 깎는 버릇이 있다고 이따금 귀띔해 준다. 그런 트집쟁이들이 추르플루가 깎는 계단을 볼 수 있었으면 좋으련만. 그는 왼발을 위한 스텝밖에 깎지 않는 묘한 버릇이 있다. 그의 오른발은 대단히 맨질맨질한 얼음에 찰싹 붙어서, 그로 하여금 점프와 꿈틀거리는 몸동작을 결합하여 왼발을 한 든든한 발판에서 약 2미터 위의 다른 발판에 올려놓게 하는 기능이 있는 것이다. 그는 친절하게도 그 방법을 내게 가르쳐 주고, 그렇게 하면 시간이 크게 절약된다고 지적하면서 자기의 진행 방법을 흉내내 보라고 권했다. 그러나 조금만 실수하다가는 아래쪽 빙하와 부당하게 친해지는 결과를 가져오므로, 나는 그 사이사이에 스텝을 깎는 쪽을 택했다. 그리고도 한 스텝에서 다른 스텝으로 올라가는 일이 더 없이 힘드는 체조운동이 되었다. 다행히도 20여 분 동안 이런 심한 운동을 한 끝에 우리는 한 지점에 도달하여 거기서 걸리를 버리고 오른쪽 사면으로 향할 수 있었다. 이어 바위가 단단하고 튼튼해서 우리는 명랑하게 위로 올라가 두번째의 큰 능선에 이르렀다. 이 능선은 그 봉우리의 남면을 매우 뚜렷하게 표시된 두 부분으로 나눈다. 동쪽에는 두 정상 사이의 안부에서 바로 이 산의 기슭에 이르는 거대한 쿨르아르가 있고, 이 쿨르아르 너머에는 일련의 버트레스와 걸리가 미시르기 타우 쪽으로 한없이 뻗어 나가 있다. 한편 서쪽에는 남서릉에 이르는 덜 부서진 절벽이 솟아있다. 우리는 이쪽에 붙었다 저쪽에 붙었다 하면서 두번째 능선을 간신히 올라가다가, 이윽고 한 지점에서 앞이 가로막히고 말았다. 바깥쪽으로 툭 불거져서 험악한 큰 암봉이 되어 치솟은 지점인데, 암봉은 마치 어떤 거대한 해시계의 바늘처럼 산의 벽면을 가로질러 긴 그림자를 던지고 있었다. 이제 일은 아주 훨씬 더 심각해질 것이 분명했으므로 우리는 걸음을 멈추고 근사한 식사를 하고 남은 식량은 냅색에 넣어 큰 돌 밑에 간직해 두었다.

오른쪽 절벽을 살펴본 뒤 추르플루는, 그쪽은 아무것도 할 수 없다는 결론을 내렸다. 그래서 왼쪽 바위로 주의를 돌린 우리는, 곧 갖가지 자질구레한 주름과 얼룩의 도움을 빌어 거대한 슬랩을 트래버스하고 있었다. 다행히도 방향을 금방 위로 잡을 수 있었으며, 주로 손가락 끝과 구두의 측면에 의지하여 해시계의 돌출부 꼭대기까지 밀고 올라가 바로 거기서 능선으로 돌아 나갔다. 짧은 거리지만 능선은 거의 수평이었으며 지극히 날카로웠다. 정말이지 너무 날카로워서 우리는 인쇄물에서 본 외국 등산가들에 의해 많은 영향을 받은 덕분에 줄타기의 균형을 잡는 장대처럼 두 다리를 능선 양쪽에 벌리고 두 손으로 엉금엉금 기어 나갔다. 깊이 5미터의 갭이 이 면도날 같은 능선을 저편의 산괴와 갈라 놓고 있었다. 추르플루는 적당한 눈 바닥에 뛰어내려 즐거운 듯이 나아갔다. 그후 나도 곧 이 갭에 도달하여 즐겁게 상상한 대로 역시 뛰어내렸으나, 눈 바닥이 내 충격을 친절히 받아주지 않아 나는 그만 왼쪽의 조그만 쿨르아르 속으로 미끄러져 들어갔다. 다소 숨이 막힌 선생님은 갭에서 튀어나온 일종의 바위 난간에 대롱대롱 매달렸다. 다행히 우리 파티의 직업 등산가는 이 사건을 눈치채지 못했다. 내가 다행이라고 말하는 것은, 리더의 사기(士氣)란 흔히 연하게 자란 식물과도 같아서 모든 해로운 영향으로부터 조심스레 보호되어야 하기 때문이다.

이제 우리는 마지막 봉우리 위에 서있었다. 게스톨라 테트눌트와 장가는 우리의 발 아래 훨씬 밑에 있었고, 눈 처마가 달린 슈하라의 능선마저도 더 많은 모습을 보여줄 수 있을 것 같지 않았다. 불행하게도 이 위대한 능선 위에는 불길해 보이는 구름 덩어리가 몰려와 있었으며, 이따금 거기서 온갖 모양의 구름 조각이 찢겨 나가 거친 남풍을 타고 중간의 공간에 소용돌이치며 흩날렸다. 어떤 조각은 우리의 머리 위로 높다랗게 날아와서 반가운 태양의 온기를 가렸다. 공기만큼 가볍지 않은 것들은 간혹 아래쪽 능선에 엉겨서 톱니 같은 뾰족탑을 지우고, 주변 절벽이 어느 순간에 들여다볼 수도 없는 짙은 안개에 가려질지도 모른다고 우리에게 경고하고 있었다.

바로 머리 위의 암벽은 분명히 매우 만만찮은 것이었다. 나는 성공을 확신하는 마음을 견지하려고 했으나 대체 앞으로 어떻게 더 나아가야 할 것인지 알 수 없었다. 그러나 추르플루는 이런 비상시에 응변하여 꿋꿋이 일어서는 사람일 뿐 아니라 보기 드물게 뛰어난 록 클라이머다. 그는 이런 일을 능히 당해낼 수 있는 사람이었으며, 두 번 좌절하지 않겠다고 불멸의 신에게 맹세하고 있었다. 그가 가장 바람직스러운 공격선을 찾고 있는 동안, 나는 아침 일찍 안부에 올라가 있던 양치기의 외치는 소리에 응답했다. 그는 우리의 진행방법에 대단한 흥미를 느끼고 그 황량한 지점에서 살을 에는 광풍을 무릅쓰며 종일을 보내고 있었다.

　면밀히 조사한 후 추르플루는 다시 왼쪽으로 트래버스해야 한다는 결정을 내렸다. 우리는 바깥쪽으로 튀어나간 바위 선반과 도무지 만족스럽지 못한 바위 전에 매달려 거대한 절벽면을 기어가서, 이윽고 한 장소에 이르러 분투 끝에 간신히 불거진 암벽 위로 몸을 끌어올릴 수 있었다. 그 위는 각도가 덜 가팔랐으며, 몇 개의 크랙과 바위조각이 믿을 만한 손잡이에 도달할 수 있게 해주었다. 그러나 얼마 안 가서 두번째의, 말하자면 더 고약하게 불거진 곳이 나타났다. 추르플루의 우아한 동작을 가만히 지켜보고 절망적인 곤란과 싸우는 그의 가쁜 숨소리를 들은 나는, 자일 없는 파티는 카프카스의 이 제2의 봉우리를 오르지 말아야 한다는 것을 — ▲플리머스 동포 교회의 말마따나 — "나는 확신하기에 이르렀다." 그것은 「배드민턴 전영국총서」에 실린 젊은이와 완전 초보자를 위한 지

▲ 플리머스 동포 교회(Plymouth Brethren). 1820년대에 영국의 플리머스, 브리스틀, 그리고 더블린 등지에서 시작된 캘빈파의 종파. 개조는 존 다비(John Darby).

침으로 적혀있는 모든 규범에 어긋나는 것이 아닐까? 심지어 우리가 오르려는 봉우리를 경멸하는 기미마저 있다고 간주되지나 않을까? 나는 넌지시 이런 우려를 추르플루에게 비추어 보았다. 그는 자일을 매러 올라오겠는가, 아니면 자일을 내려줄까 하고 내게 물었다. 그는 내가 웅크리고 앉은 바위 선반이 자일을 사리기에 편리한 자리가 아니라고 지적하고, 자일을 매러 올라오라고 강력히 권하면서 어떤 숨은 이유에서인지 온 얼굴에 웃음을 가득 띄고 환하게 웃었다. 이 충고에도 불구하고 나는 주저없이 후자를 택하여 자일이 내려왔을 때 용케 붙잡아 고생고생하며 몸에 둘렀다. 여기서 이제 이상한 현상을 기록하지 않으면 안 되겠다. 한 순간 전만해도 눈 앞의 절벽은 절대로 수직이었다—나는 어느 법정에서나 선서할 수 있었을 것이다. 법정이란 보통 공정하기는 하지만, 그 법정이 공정했다면 나는 기꺼이 선서했을 것이다. 그런데 자일을 단단히 몸에 매기가 무섭게 절벽은 뒤로 기울어 고작 60도를 안 넘는 빈약한 것이 되고 만 것이다!

이제 우리는 봉우리의 네모난 모퉁이를 돌아 아래쪽 정상을 마주보는 벽면으로 나아갈 수 있었고, 건너편에 온통 눈에 덮인 코슈탄타우의 절벽을 바라볼 수 있었다—실로 우리는 아래쪽 정상과 거의 같은 높이에 올라와 있었던 것이다. 나는 이 부분을 오르는 데 줄곧 불안을 품고 있었으므로, 그 위에서 거의 길을 개척할 수 있는 긴 크랙을 발견했을 때는 여간 기쁘지 않았다. 이 우연한 크랙이랄까 단층(斷層)이 없었더라면 과연 이 암벽을 오를 수 있었을지 나는 확실치 않다. 우리는 한쪽 벽에 팔꿈치와 등을 대고, 반대쪽을 무릎으로 밀면서 재빨리 위로 올라갔다. 아래쪽 정상이 급속히 밑으로 가라앉고 그 봉우리 위로 멀리 눈이 보이기 시작했을 때, 우리는 승리의 환성을 지르면서 이를 반겼다. 이어 추르플루는 좁은 통로에 쐐기처럼 박힌 바위 뒤의 컴컴한 구멍 속으로 파고 들어갔다. 그 비좁은 틈새를 빠져나가기 위해 그는 필사적으로 몸을 비틀고 꿈틀거려야 했다. 그리고 우리는 크랙을 약 1미터 벗어나서 그 옆에 있는 큰 슬랩을 기어올라가야 했다. 다시 크랙으로 돌아와 계속 위로 올라가서 마침내 능선 위에 올라섰다. 능선 위란 말인가? 아니다, 바로 정상 그 자체의 위였던 것이다. 유럽의 모든 봉우리가 엘브루스 하나만 제외하고 우리의 발 아래 있었다. 우리는 5,198미터의 전망탑에서 너울져 나간 세계를 바라보았다. 왼쪽으로 꺾어서 몇 걸음 더 간 자리가 최고점이었다. 나는 이 부서진 바위의 산정에 앉았다. 거대한 구름이 이제 자꾸만 어두워지는 외투로 슈하라를 감싸고 있었으며, 장가의 긴 능선은 짙고 탁한 안개의 방천에 묻혀서 보이지 않았다. 안개의 방천 위쪽은 희고 밝았으나, 계속 내려가는 아래쪽 가장자리는 어둡고 음산했다. 코슈탄타우는 눈의 갑옷을 입고 빛났으며, 쌓여오른 폭풍의 검은 파도를 배경으로 하얗게 드러나 보였다. 엘브루스만은 깨끗하니 티끌 하나 없었으나, 하도 광대하여 너무나 가까워 보이는 바람에 우리가 무잘에서 바실 수로 넘어갈 고개는 지금 우리가 있는 자리와 그 봉우리와의 사이에 있다고 내가 말하자, 추르플루는 냉소조로 웃었다. 그는 엘브루스가 틱텐겐 가까이에 있다고 주장했고 지금도 그렇게 믿고 있는데, 신성 러시아 제국의 모든 측량기사도 그로 하여금 잘못 생각하고 있다고 확신시킬 수는 없을 것이다. 눈의 누르스름한 기미가 그것이 상당한 거리에 있다는 것을 시사한 것은 사실이지만, 그 엄청난 산괴(山塊)의 거대한 크기와 높이가 그 사이의 공간을 너무 협소하게 보이게 하고 있어서 그가 잘못 생각해도 나는 하등 놀라지 않는다.

내가 최고점을 물려주려고 하지 않자, 추르플루는 하는 수 없이 약간 낮은 지점에 돌무더기를 하나 쌓기로 했다. 그의 알뜰한 손길로 돌무더기는 차츰 크고 단단히 자라서, 마침내 지난 몇천년 동안 한 자가 더 높았던 라이벌의 정상을 자랑스레 넘어다 보게 되었다. 45분쯤 쉬었을 때 무서운 돌풍이 불어 우리는 두말 없이 얼른 일어나 오전 11시 30분 정상을 떠났다. 크랙을 요란스레 내려가 별로 크게 힘들이지 않고 남면으로 돌아갔다. 그러나 후에 나는 길을 잃는 공을 세워 명목상으로는 더 중요한 후미 자리로 밀려나고 말았다. 추르플루는 빛나는 기능을 발휘하여 우리가 올라온 바위 선반과 크랙의 등행선을 되찾아 어김없이 수평 능선에 도달했다. 이 성공에 매우 우쭐해진 우리는 아침의 꼴불견 과정을 피하여 그 좁은 가장자리를 따라 대담하게 성큼성큼 걸어갔다. 그 직후 추르플루가 나의 나쁜 선례를 흉내내어 옳은 하강루트를 잃어버렸다. 우리가 넵색을 안전하게 간직해 놓은 바위도 찾았고, 암벽 바로 위의 조그만 눈 조각에는 우리의 발자국도 남아 있었지만, 이 두 지점을 연결하는 길을 찾지 못했다. 결국 발가락과 손가락이 겨우 들어가는 쪼끄만 틈새랄까 크랙을 따라 아슬아슬한 하강을 하지 않을 수 없게 되었다. 그 아래쪽 끝은 허공에 입을 벌리고 있어 발판에 도달하려면 길게 옆으로 뛰어야 했다. 추르플루는 자일의 도움으로 건너갔다. 그리고 내가 건너가면 단단히 붙잡아 줄 수 있다고 말했다. 나는 내가 크랙을 따라 내려간 것을, 앞으로 몸을 내밀고 되도록 아래쪽까지 내려간 것을, 피켈 끝을 조그만 혹에 간신히 걸 수 있었던 것을, 그리고 거기에 내 무게를 얹어 추르플루를 향해 옆으로 몸을 훌쩍 날린 것을 지금도 생생하게 기억한다. 한순간 뒤 그는 나의 두 무릎을 꽉 움켜잡고 있었다. 그 열성이 너무나 헌신적이어서 나는 마치 빛나는 산에서 내던져진 거룩한 예언자가 어느 충실한 신자의 품 안에 내려 앉은 그 느낌이었다.

　이것으로 사실상 우리의 어려움은 끝났다. 몇 분 후, 넵색 있는 곳에 도착하여 곧 그 내용물을 깨끗이 먹어 치웠다. 포터는 아직도 안부에 앉아 우리를 지켜보고 있었다. 높은 곳에 있을 때의 스위스 인의 버릇을 잘 아는 추르플루는 포터가 캠프에 있는 식량을 찌꺼기도 남기지 않고 깨끗이 먹어버린 것이 틀림없다고 주장했다. 그래도 우리는 요란한 요델소리와 함께 승리의 피켈을 마구 흔들면서 그의 고함소리에 답했다.

식량을 완전히 먹어 없애고 점심을 일찌감치 끝냈으므로, 우리는 빈 냅색에 자일을 쑤셔넣고 다시 하강을 시작했다. 재빨리 내려가 이윽고 쿨르아르에 도달했다. 이곳 얼음이 너무 썩어서, 대부분이 바위와 그 밑의 얼음바닥에 단단히 얼어붙어 있지 않은 데다가, 걸리 전체에 낙석이 휩쓸고 내려갈 것이 너무나 분명해서 우리는 만장일치로 아침에 올라온 발자취를 더듬지 않기로 했다. 다른 반대 이유는 제쳐놓고라도, 내 인상으로는 추르플루조차도 우리가 올라온 그 두드러진 계단을 내려가는 것이 도무지 싫었던 것이다. 쿨르아르를 건너 바위에 붙었다. 곧 얼음으로 번들거리는 침니를 몇 군데 발견하고, 그렁저렁 그것을 기어내려갔다. 아침의 루트에 다시 들어서서 명랑하게 재빨리 내려가 붉은 바위 띠에 이르렀다. 새 봉우리에 등정하고 나면 서툰 사람도 용기를 얻고 민첩해지는 법이어서 나는 더없이 활기차게 종종걸음으로 추르플루를 뒤따랐다. 곧 포터가 연극의 재미는 끝났다는 결론을 내리고 자리에서 일어나 사면을 고달프게 내려가는 것이 보였다. 잠시후 추르플루는 이제 선생님도 크게 길을 잃지는 않을 줄 알고, 타타르 인에게 쉬운 사면을 트래버스하는 방법을 보여 주고 싶은 욕망에 사로잡혔다. 그리하여 익숙한 영양 사냥꾼처럼 날렵하고 우아하게 사뿐히 안부쪽으로 달려갔다. 사람이란 자기 동료보다 절망적으로 뒤져 있을 때, 그 동료가 아주 쉬운 하강루트를 놓치는 것을 볼라치면 언제나 매우 유쾌한 기분이 드는 법이다. 안부에 도착한 추르플루가 아침에 올라온 루트를 따라 내려가는 것을 보고 나는 유쾌함을 느꼈다. 전에 답사 등반을 한 적이 있는 나는 서서 지극히 빠른 글리세이드를 할 수 있는 눈이 가득 찬 편리한 걸리를 알 수 있었다. 그 신작로 같은 곳에 도착한 나는 작은 빙하로 쏜살같이 내려갔다. 이 빙하를 달려서 건너고는, 편안하게 모자를 깔고 앉아 긴 사면을 미끄러져 내려가 거의 천막 속으로 곧장 뛰어들다시피 했다. 천막 안에서는 추르플루가 아직도 바쁘게 호주머니 속의 눈을 털어내고 있었다.

나를 본 포터가 큰 소리로 외쳤다, "알라 일 알라! 밍기 타우, 알라, 알라!(오 알라 신이여, 흰 산이여, 알라 신이여!)"

우리는 곧 포터가 우리의 식량을 깡그리 먹어 치우기는 커녕, 굳은 빵껍질 한 조각도 입에 대지 않은 것을 발견했다. 그에게 이른 점심을, 아니 오히려 아침을 먹으라고 권했으나 그는 사양했다. 식사가 그리 바쁘지 않은 듯했다. 그는 매우 익숙한 솜씨로 모닥불을 다스려 잘 타지 않는 나무를 참으로 칭찬받을 만한 방법으로 활활 타게 만들었다. 다만 이따금 그 노력의 손을 멈추고 대견스럽게 보라는 듯이 내 등을 툭툭 치곤 했다. 아직도 시간은 일러 오후 4시였는데, 추르플루는 캠프를 걷어 내려가고 싶다는 뜻을 강력히 표시했다. 그러나 나는 이 잠자리가 즐거워서 도무지 그럴 마음이 솟아나지 않아 움직이기 싫다고 말했다. 바위 부스러기 위를 지친 발걸음으로 걷는다든지, 고르지 못한 빙하, 빙하 퇴석의 공포, 그리고 너무 흔한 일이지만 호텔로 다시 올라가는 일 등등을 모르고 지낸다는 것은 실로 카프카스 여행의 큰 기쁨의 하나다. 한 지점에서의 캠프는 실제로 다른 어느 지점에서의 캠프나 다름없이 아늑하다. 따라서 사람은 자리에 앉아 나른하게 게으름을 피우고 싶어지기가 무섭게 벌써 하루의 일과는 끝나고, 바위 부스러기와 빙하 퇴석은 내일의 달콤한 거리로 밀어놓고 만다. 이른 오후에 편안한 마음으로 앉아 서둘러야 한다든가, 빙하 퇴석이나 어둠 따위는 일체 생각지도 않고 자기가 그 속을 헤매어 온 거대한 절벽을 가만히 응시한다는 것은, 정말로 드문 즐거움이다.

저녁 때가 되자 몰려든 구름이 별안간 천둥을 울려대고, 빙하까지 곧장 이어져 내려간 발 아래 바위 부스러기를 우박과 눈이 분가루처럼 덮었다. 그러나 달이 뜨자 장막은 확 갈라지고, 갓 내린 눈으로 찬란하게 흰빛으로 반짝이는 위대한 능선이 베젱기 빙하의 컴컴한 심연 너머로 우리를 물끄러미 바라보고 있었다. 저녁에는 바람도 자고 비교적 따뜻했다. 와들와들 떠는 선생님이 슬리핑백과 몸부림을 치면서 추르플루의 평화로운 잠을 방해한 것은 한밤중이 거의 다 되어서였다.

이튿날 아침, 우리는 빙하를 미세스 코슈로 내려가 소지품을 꾸려서 투베넬리까지 성큼성큼 걸어갔다. 나르치크에서 새 보급품이 도착해 있었다. 늙은 촌장이 닭과 과자로 우리를 대접해 주었으나, 이같은 기쁨도 우울해진 추르플루를 위로해 주지는 못했다. 그는 곧장 집으로 돌아가는 것 이외에 아무것도 하지 않겠다고 한마디로 거절했다. 디흐 타우에서는 등반

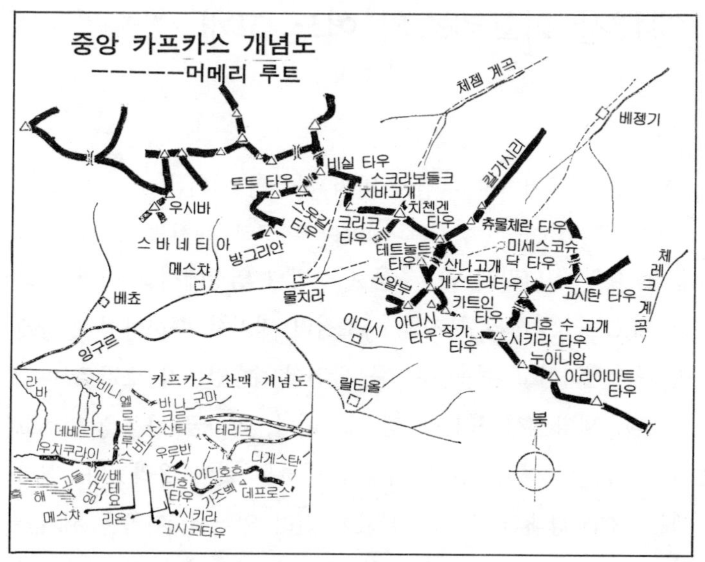

의 흥분이 그가 가진 모든 활력과 힘을 불러 일으켰으나, 이
제 그 분출도 끝나고 완전히 허물어져 버린 것이다. 그는 의
심할 것도 없이 매우 빈약해 보였으며 그 전의 자신의 단순한
유령, 몹시 수척하고 우울한 유령처럼 보였다. "그것은 나한테
어울리지 않는다"는 말은 훌륭한 철학인지 모르나, 이것이
▲라파엘 전파적(前派的) 육체 상태의 경향을 띠는 것은 의심
할 여지가 없다.

▲ 라파엘 전파적(pre-raphaelite). 1848년 영국에서 일어난 화풍. 라파엘
　이전의 이탈리아 사실 화풍을 존중한다. 여기서는 '왜곡없는 빈약한 육체
　그 자체'라는 뜻이다.

제13장 카프카스의 어느 고개

앞 장의 첫머리에 쓴, 추운 이틀밤의 영향에서 벗어난 우리는 디흐 수 빙하의 분지를 가로질러 거기서 슈하라의 정상에 이르는 편리하고 쉬운 루트를 발견할 수 있는지 보기로 마음먹었다. 새벽 4시 30분에 캠프를 떠나, 이따금 걸음을 멈추고 산의 벽면을 살펴보면서 베젱기 빙하를 걸어 올라갔다. 절벽에는 현수 상태의 빙하가 끝없이 걸려 있어서, 이쪽은 위기와 위험이 너무 클 것 같아 보였으나, 우리는 어떤 식으로든 계획을 수정할 생각은 조금도 없었다. 그러나 나중에(디흐 타우를 오를 때) 안 일이지만 거대한 빙하의 대지(臺地)가 우리의 위치로 말미암은 원근법 때문에 보이지 않았고, 또 사실은 굳이 빙탑투성이의 위치로 들어가지 않더라도 이쪽에서 등반을 해낼 수 있을지도 모른다. 그러나 이런 지식은 우리가 빙하를 성큼성큼 올라가 베젱기의 원두(源頭)로 향하면서, 그 빙하 절벽의 끝없는 테라스를 지나고 있었을 때는 우리의 머리에 떠오르지 않았다.

추르플루는 안부에서 능선을 따라 정상에 올라가자고 제의했다—그후 실행 가능한 것으로 증명된 루트지만, 나는 능선의 엄청난 길이에 압도되어 결국 원 계획대로 하기로 했다.

그리하여 발 아래 빙하로 곤두박질해서, 반 시간 후 착잡한 빙폭에 도달했다. 아래쪽으로 디흐 수 빙하의 깊은 골을 볼 수 있었으나, 타타르 인 포터가 빙탑을 따라 직접 내려가는 데 강한 반대 의사를 나타냈다. 그래서 추르플루는 오른쪽 능선에 난 조그만 눈금 같은 틈으로 기어올라가서 잠시 살펴보더니 따라오라고 불렀다. 그리하여 별로 힘들이지 않고 바위를 내려가는 길을 발견했으며, 오후 4시쯤 위대한 디흐 수 빙하 위 70, 80미터 지점의 풀 덮인 조그만 선반에 도착했다. 타타르 인은 명랑하게 냅색을 비우고는 얼음을 밟고 내려가 카라오울로 향했다. 양을 한 마리 사서 요리하고 그 조그만 부락의 자원이 제공할 수 있는 빵 같은 것을 구하는 임무를 띤 것이다. 추르플루와 나는 천막을 치고 불에 수프를 올려놓고는 우리가 목적하는 봉우리의 정상에 이르는 가장 좋은 길을 살폈다.

우리가 베젱기 원두에서 타고 내려온 큰 빙하는, 거의 직각으로 디흐 수 빙하의 주류로 떨어져 있다. 이들 두 빙하 사이에는 거대한 바위 버트레스가 솟아 슈하라의 북동쪽 토대를 이룬다. 긴 쿨르아르나 그 옆의 바위를 타고 오르면 큰 빙하 지대에 접근할 수 있는 것은 분명했으며, 거기서부터 목적하는 산의 가장 높은 능선에 붙을 수 있을지도 모른다고 우리는 생각했다. 전체적으로 우리의 전망은 꽤 양호하다고 느꼈으며, 우리는 더없이 흐뭇한 기분이 되어 캠프로 돌아갔다.

이튿날 이른 아침, 캠프파이어를 피워 차를 끓이고, 제 시간에 갈색 빵으로 검소한 식사를 했다. 천막을 방수 냅색에 단단히 쑤셔 넣어서 뒤에 남겨두고는 우리의 첫 '목표'로 점 찍어 둔 높은 대지를 향해 사면을 밟고 기어올라갔다.

절벽은 매우 쉬웠으며 주위의 봉우리에 간단히 오를 수 있다는 것을 알고 우리의 희망은 부풀었다. 대지에 올라서 보니 그곳은 얼음에 갇힌 거대한 암벽 밑이었는데, 이 암벽은 우리가 서있는 선반과 광대한 빙하를 가르는 능선을 형성하고 있으며, 슈하라의 거의 정상에서 전날 우리가 따라 내려간 빙하로 흘러 들어간다. 우리는 선반을 따라 명랑하게 나아가, 이윽고 능선에서 튀어나와 부분적으로 그 연속을 끊는 검은 바위의 커다란 버트레스에 이르렀다. 이 버트레스를 돌아 나가면 상당히 내려가는 과정이 되는데 그렇게 하든지, 아니면 능선으로 계속 올라가 그대로 따라 나가든지 해야 한다. 우리는 굉장히 긴 거리를 걸어온 것 같았고 매우 높은 지점에 올라와 있는 것이 분명했다. 그래서 정상 근처의 어느 곳에 도달해 있는 것이 틀림없다는 결론을 내렸다. 나중에 이것은 완전히 틀린 추측이었음이 드러나지만, 이 틀린 추측에 따라 행동한 우리는 절벽으로 향하게 되어 곧 정말로 심각한 작업에 착수했다. 얼음으로 번들거리는 바위, 얼음과 눈의 시멘트로 간신히 제 자리에 붙어있는 썩은 돌의 사면과 가파른 슬랩이 번갈아 나타나고, 슬랩은 우리 리더의 기능을 최고도로 시험했다. 능선에 가까이 가서 얼음 사면에 도달했는데 무척 고생스레 굉장히 많은 시간을 소비하여 그 위에 길을 깎아 올라가지 않

베쩽기 빙하에서 바라본 장가 (울리 씨의 사진에서)

스바네티아의 어느 마을 (울리 씨의 사진에서)

으면 안되었다.

거대한 눈 처마가 능선 북동쪽에 빙하 위로 오버행되어 있었다. 나는 아래쪽의 다른 사면에 있는 추르플루에 의해 조심스레 확보되어 몹시 겁에 질린 채 바로 눈 처마 꼭대기로 나아갔다. 우리의 소재와 능선을 어디까지 갈 수 있는지 그 가능성에 대해 약간의 지식을 얻기 위해서였다. 내 위치는 정말 근사했다. 눈 처마의 큼직한 구멍으로, 앞에서 언급한 끊어지지 않고 이어진 광대한 빙하까지 1천미터 이상 내려다볼 수 있는 한편, 발 아래 나무와 풀이 자란 고지대로 뻗어 나간 거창한 능선의 양쪽을 다 내려다볼 수 있었다. 남쪽으로 멀리 원추형 눈 봉우리 두 개가, 큰 것이 작은 것을 왼쪽에 거느리고 서 있었는데 그야말로 ▲아라라트 산 바로 그것이었다. 나는 이보다 더 맑은 공기를 통해 무엇을 바라본 적이 없었다. 또 발 아래 골짜기 깊숙이 흘러내리는 급류의 표시인 하얀 거품의 줄을 이리저리 꾸부리고 비트는 산의 주름살과 버트레스를 이토록 명료하게 하나하나 더듬을 수 있었던 적도 없었다.

그러나 추르플루는 보통 고상한 경치의 즐거움을 감상하지 않는다. 또 눈 처마가 지극히 단단하다든다, 그것이 쇠와 맞먹을 만큼 견고하게 언다는 사실을 인식하지 못하여 나더러 루트를 살펴보고 공중의 횃대에서 내려오라고 촉구했다. 능선을 따라 가기는 쉬웠다. 만일 행운과 눈 처마를 믿었더라면 아까

▲ 아라라트 산(Ararat). 터키 동부 이란 국경 가까이에 있는 산(5,165 m). 노아의 방주가 이곳에 상륙한 것으로 전해지고 있다.

운 많은 시간을 소비하지는 않았겠지만, 우리는 이 위험을 무릅쓸 생각은 없었다. 또 눈 처마 아래쪽의 가파른 벽면을 따라 딴딴한 얼음에 스텝을 깎았다면, 몇 시간이 아니라 며칠이 걸리는 작업이 되었을 것이다. 우리가 능선에 너무 지나치게 일찍 붙은 것이 분명했으며, 눈 처마를 큰길로 이용하는 무모한 편법이라도 써야 패배를 면할 수 있었다.

신중한 의논이 잘 진행되어 우리는 후퇴하기로 결정했다. 툭 튀어나온 바위로 형성된 편리한 선반에서 목적하는 산의 정상에 이르는 여러가지 유망한 루트를 세밀히 짜 보았는데, 이상하리만큼 해맑은 대기하며, 한 점도 없는 바람, 심한 열기 같은 것이 아무래도 어김없이 악천후가 다가오고 있는 조짐이었다. 이날은 정말 우리의 날이었지만, 내일은 폭풍우와 폭풍설의 날이 될 것임에 틀림없었다. 우리는 한편으로는 실패에서 오고, 또 한편으로는 뛰어난 경치, 따뜻함, 위안, 햇빛 등에서 오는 한정된 행복의 상태에서 점심을 먹었다.

빙하의 선반에 다시 붙는 데는 매우 조심해야 했다. 태양열이 푸석푸석한 사면을 하나로 지탱해 온 얼음의 속박을 느슨하게 풀어 놓은 것이다. 이따금 뒤집어져 자리를 박차고 돌진해 오는 바위는 신속하여 당할 수도 없었고, 산이 우리를 희생으로 무슨 하찮은 장난을 치려고 하는지 어깨 너머로 줄곧 뒤돌아보면서 조심해 하강할 필요가 있었다.

마지막 사면은 느슨한 돌과 얼음과 눈으로 이루어진 더없이 언짢은 혼성물이었으며, 이것과 관련을 갖고 싶은 생각은 아예 없었다. 많은 애를 먹고 찾은 끝에 조그만 쿨르아르에 깎아지른 바위의 선을 발견했다. 일단 그 쿨르아르 안에 들어가서는 구름처럼 피어오르는 눈가루 속을, 반가이 맞아주는 만년설의 눈밭으로 미끄러져 내렸다. 우리의 비박자리로 뻗어나간 가파른 사면 꼭대기로 밟고 돌아갔을 때, 추르플루는 큰 쿨르아르의 머리쪽으로 가더니 대담하게도 그 밑바닥까지 글리세이드하자고 제의했다. 쿨르아르는 굽어 있을 뿐 아니라 물과 낙하하는 빙설 데브리로 깊이 패인 홈이 한쪽에서 다른 쪽으로 가로지르고 있었다. 이 트인 쿨르아르를 글리세이드한다면, 결국 깊게 침식된 이 통로 속으로 갑자기 떨어질 것이었다. 추르플루는 이 곤란을 제거하기 위해 바로 그 홈 속을 글리세이드해야 한다고 주장했다. 쿨르아르의 지나치게 커 보이는 굴곡이라든지 여러 자질구레한 굽이와 주름살은 경사의 각도를 실질적으로 감소시켜 바닥의 미끄러운 성질을 어느 정도 벌충해주고 있었다.

추르플루는 이 통로를 쏜살같이 미끄러져 내려가, 첫 모퉁이를 휙 돌아 나갔다. 그리고 80, 90미터 밑에서 나타나더니 다음 커브에서 다시 사라졌다. 그러나 그는 매우 편안해 보였으므로 나도 그 홈에 몸을 맡겼다. 모퉁이를 무서운 속도로 휙 돌아 나간 나는 걸리 바닥에 얼어붙은 돌에 몇 번이나 발이 부딪쳐서 튀었다. 다행히도 조그만 굽이에서는 줄곧 활강 속도를 억제할 수 있었고, 자존심을 가진 등산가에게 걸맞는 태도를 되찾을 수 있었다. 설면으로 튀어나간 마지막 급강하는 오직 즐겁기만 했으며, 실패하는 날이라도 그 보상이 없는 것은 아니구나 하는 것을 느끼면서 추르플루와 합류했다. 하기야 대담한 영양 사냥꾼과 동행한 것이라든지, 그 스포츠에 적합한 방법과 묘수를 즐긴 것이 나의 만족감과 그 어떤 관계가 있었던 것은 의심할 여지가 없다.

캠프에 도착해 보니 타타르 인은 돌아와 있지 않았다. 식량 상자가 비어 있는 것을 보고 실망한 추르플루는 그만 우울증의 재물이 되고 말았다. 타타르 인은 크레바스에 빠진 것이며, 아마도 바로 이 순간에는 그 빙벽 사이에서 서서히 얼어 죽어 가고 있을 것이라고 그는 우겼다. 타타르 인은 빙하에서 '큰 뿔' 영양을 사냥하는 습관이 있고, 우리가 목격한 것처럼 알프스의 최고 등산가들이 부러워 할 만큼 숨은 크레바스를 쉽게 찾아낼 수 있다고 내가 지적했으나 헛일이었다. 타타르 인의 죽음과 그 결과로 저녁을 못 먹게 되었다는 생각이 계속 그의 마음을 지배하여 근심과 슬픔이 얼굴의 깊은 주름살 속에 자리 잡았다. 그러나 막 어두워지기 시작했을 때 그는 빙하 위에 움직이는 점 하나를 발견했다. 우리가 소리치자 목소리가 이에 호응했는데 어느 모로 보나 송장의 목소리 같지는 않았다. 오후 9시께, 타타르 인이 많은 양의 큼직한 양새끼 고기 덩어리와 엄청나게 큰 라이보리 과자 몇 개와 커다란 장작 다발을 지고 도착했다. 우리는 랜턴을 천막 지붕에 매달고 삶은 찬 고기와 더없이 어처구니 없이 큰 과자로 호화로운 식사를 했다.

폭풍우가 다가오고 있는 모든 징후와 더불어 날이 밝았다. 능선 위에 긴 구름 뭉치가 걸리고 변덕스러운 바람이 빙하의 골짜기로 소리도 요란스레 휩쓸고 내려왔다. 타타르 인은 고개를 저으면서 "카라오울?" 하고 물었다. 우리가 반대하자 그는 부르카(겉옷)로 몸을 감싸면서, 베젱기 원두에 올라가면 바람과 눈을 면치 못할 줄 알라고 말했다.

전에 우리가 빙폭을 돌아갔을 때 오른 가파른 바위를 올라가서, 상부 빙하를 향해 짧지만 매우 가파른 하강을 시작했다. 새로 생긴 단단한 눈 다리가 걸려 있는 균열로 빙하 자체가 바위와 단절되어 있었는데, 타타르 인이 어쩌다가 이 다리의 구멍에 물미를 박은 지팡이를 떨어뜨리고 말았다. 추르플루와 나는 그 무기를 찾을 가망이 없는 잃어버린 것으로 간주했으나, 타타르 인은 우리의 자일 끝에 자기를 묶어 깊은 균열 속으로 내려 달라고 떼를 썼다. 우리는 언 눈을 쳐서 치웠다. 그리고 캄캄한 깊이가 우리의 말보다 더 웅변이라는 것을 알게 될 것이라고 생각했다. 그러나 조금도 웅변이 되지 못했으며, 그는 오히려 그 암흑의 공포를 즐기는 것처럼 보였다. 우리는 그가 보이지 않게 될 때까지 내려 주었다. 5미터쯤 내려가더니 기쁨에 찬 고함소리가 들려왔다. 찾는 데 성공한 것 같아서 힘껏 줄을 당겨 끌어 올리니, 이윽고 타타르 인은 검은 머리와 수염에 눈과 얼음을 분처럼 묻혀 가지고 다시 나타났다. 그는 자기의 무기를 되찾은 것을 무척 기뻐하여 내 등을 대여섯 번이나 탕탕 쳐서 애정과 호의를 표시했다. 이어 그의 만족감은 더 유쾌한 형태로 나타나 자기 냅색에다 내 것까지 져 주겠다고 우겼다.

이틀 전에 통과한 고개를 넘어 돌아가는 대신 우리는 슈하라에서 60내지 90미터쯤 떨어졌고, 아마도 150미터는 더 높을 성싶은 갭에 이르는 조그만 빙하에 붙어서 올라갔다. 그리로 접근하는 편이 짐을 진 타타르 인에게는 오히려 더 쉽고, 베젱기쪽의 하강은 글리세이드하기에 감탄할 만큼 적합하다.

능선에 도달하자 거센 돌풍이 우리의 뒤쪽 사면에서 찢겨 온 언 눈과 얼음 조각의 구름 속에 우리를 묻었다. 우리는 구름이 감당할 수 없이 돌진해 오기 전에 달아나기 시작하여 글리세이드도 하고, 달리기도 하고, 거꾸로 넘어지기도 하면서 아래쪽 빙하를 쏜살같이 내려갔다. 빙하의 가장자리를 따라 오솔길처럼 뻗어 나간 퇴석에 도착하자, 포터는 장작 다발을 내려 큼직한 바위돌 밑에 조심스레 숨겼다. 이때쯤 폭풍우는 벌써 모든 능선을 우중충하고 고약해 보이는 구름 덩어리로 폭 싸고 있었다. 불길하게 으르렁거리는 소리와 길게 메아리 치는 우레 소리가 짐작할 수 없는 어둠 속에서 울려나와, 곧 비가 쏟아질 것을 암시했다. 우리는, 아니 말하자면 추르플루와 나는 빙하 퇴석을 따라 황급히 나아갔다. 타타르 인은 줄곧 바위에 앉아 우리를 기다리고 있는 것처럼 보였다. 그토록 쉽게 그는 이 알프스의 대표자들을 앞지를 수 있었던 것이다. 우리는 헐레벌떡 앞을 다투어 짧은 거리를 올라가 우리의 캠프가 서있는 풀밭의 오아시스에 도착했다. 그 순간 장대 같은 비가 우리 위에 쫙 쏟아져 내렸다.

알프스에서는 우천을 그리 크게 중요시하지 않지만, 카프카스에서는 극히 불편하다. 아주 자리를 잡은 악천후는 특히 그렇다. 옷을 말리는 유일한 방법은 천막 줄에 널거나, 따뜻해진 바위 위에 펼쳐 놓는 것인데 비가 계속되는 동안에는 적용되지 않는 방법이다.

우리는 가장 적시에 돌아온 것을 큰 소리로 축복한 다음, 식량 재고를 조사하기 시작했다. 비스킷, 초콜릿, 차, 수프 등 보급품을 구하러 불가피하게 투베넬리에 다녀와야 한다는 것을 분명히 알게 되었다. 타타르 인은 당장 떠날 수 있다고 쾌활하게 말했으며 우리는 그가 호우 속으로 사라지는 것을 지켜보았다. 한편 반대쪽 목장에서 온 양치기는 빈틈 없는 추르플루가 스위스에서 가지고 온 숫돌에 자기 단도를 갈았다. 양고기 커틀릿을 만들기 위한 바람직스러운 예비 작업이었다. 불운의 희생자, 운명지워진 성찬감은 억수로 쏟아지는 비도, 재빨리 성큼 다가오고 있는 마지막 운명도 아랑곳없이 여전히 무성한 풀을 뜯어먹고 있었다.

그 오후, 우리의 윔퍼 천막에 심각한 결함이 저절로 드러났다. 이 천막 구조의 양쪽 끝에는 지붕에 이 구조물을 받치는 폴이 쑥 나가는 구멍이 있다. 이들 구멍은 매우 작지만 장대비가 쏟아지자 방수포 바닥에 괼 만큼 물이 줄줄 흘러내렸다. 바닥에 구멍을 몇 개 뚫어서 괸 물을 뺐지만, 이용할 수 있는 좁은 공간에 두 군데나 젖어서 거처할 수 없는 자리가 생긴다는 것은 좀 불편한 일이었다. 추르플루는 한 순간의 영감을 얻어 호우 속으로 뛰쳐나가더니, 두 개의 폴 꼭대기에 구두를 한 짝씩 덮어씌웠다. 이 현명한 고안 덕에 우리는 비교적 즐거운 기분으로 되돌아갔다.

이튿날 오후 늦게, 포터가 다시 모습을 나타냈다. 녑색을 복잡하게 배열하고 — 하나는 가슴에, 하나는 등에 — 여기저기에 꽂은 장작 짐을 수북하게 지고는, 부르카로 어깨와 짐을 교묘하게 싼 몰골이 마치 기묘하게 어울리는 대기의 상태 속에서 조용히 운동을 즐기는 부풀어오른 우산처럼 보였다.

어두워지기 조금 전, 사나운 남서풍이 구름을 골짜기로 밀어 붙이자, 위대한 봉우리들이 희디흰 눈에 덮여 반짝이는 모습을 드러냈다. 밤 동안에 바람이 북풍으로 바뀌어 무서운 돌풍이 천막의 안전을 위협했다. 우리는 몇 번이나 천막이 완전히 망가지지 않게 하기 위해 결사적인 조치를 취하지 않으면 안되었다. 다행히 구름과 안개가 완전히 패주하여, 날이 새자 패배한 대군의 마지막 조각들이 허겁지겁 자네르 고개 너머로 달아나는 것을 볼 수 있었다.

내가 등산화를 신으려고 보니 이 귀중한 재산의 한 쪽이 완전히 자취를 감추고 보이지 않았다. 추르플루가 참으로 슬기롭게 내 구두를 천막 폴의 장식물로 이용했던 것인데, 밤중에 여느 때보다 사나운 돌풍이 불어 하나가 통째로 날려간 것이었다. 수색한 결과 흙탕물 웅덩이에 가라앉아 있는 것을 발견했다.

　반대쪽 목장의 양치기는 다시 와서 제2의 포터 노릇을 해주 겠다고 약속한 바 있었다. 그래서 그를 기다리는 동안, 구두를 적당히 씻고 내부의 물기를 되도록 깨끗이 닦아냈다. 우리는 또 추르플루의 망치와 모루를 사용하여 필요한 자리에 징을 박았다. 그런 다음 삶은 양고기의 여러가지 남은 덩어리를 살 펴보고, 악취가 제일 덜 나는 것과 몹시 상해 보이는 것을 가 려냈다. 드디어 넵색이 다 꾸려지고 준비가 완료되었으나 아 직도 양치기는 나타나지 않았다. 마침내 오전 6시, 그가 올 기 미가 보이지 않자, 우리는 짐을 다시 분배하여 그 사람 없이 출발했다.

　거대한 부르카에 거의 폭 파묻히다시피 한 우리의 통역은, 자네르 고개 방향으로 뻗어 나간 바위 부스러기를 8백~9백미 터쯤 올라갈 때까지 용감하게 기를 쓰고 따라왔다. 그러나 이 지점에서 우리는 질풍이 온 기세를 떨치고 있는 것을 느끼기 시작했으며 통역은 아브라함, 이삭, 야곱 등 신을 들먹이는 빈 도가 자꾸만 잦아지더니 이윽고 털썩 주저앉아 자기를 괴롭히 는 악령을 냉큼 쫓아버려야겠다고 말했다. 우리 일행은 그림 에 그린 듯이 너절한 모습으로 한 덩어리가 되어 그의 거동을 흥미롭게 지켜보았다. 차츰 정신을 차린 우리는, 이 같은 행동 아니 오히려 비행동(非行動)의 과정이 갖는 냉기까지는 아니 더라도 허황됨을 깨닫기 시작했다. 그 결과 언제나 하루의 일 과에 약간 더 부과되는 일을 좋아하는 타타르 인을 시켜 통역 이 모든 위기나 위험에서 벗어날 수 있도록 저 아래로 충분히 멀리 내려갈 때까지 따라가 주게 했다. 그런 다음 추르플루와 나는 고개를 향해 쉬지 않고 꾸준히 걸음을 옮겨 놓았다. 별로 많은 시간이 안 지나서 타타르 인이 따라붙었다. 통역은 골짜기로 발길을 돌리기가 무섭게 힘을 되찾았다고 그가 보고했다.

오전 10시, 목적하는 고개에 도달했다. 그리고 비록 바람이 북쪽 사면에서 운무의 흔적을 깨끗이 날려 보내기는 했어도 스바네티아는 전체가 매트를 깐 구름의 바다였으며, 그 속에서 위대한 봉우리들이 햇빛 속으로 탑처럼 솟아있는 것이 보였다. 바람이 무섭게 차가워서 우리는 즉각 발 아래서 축축하게 부풀어오르는 안개 속으로 뛰어들어갔다. 곧 지친 선생님에게도 우리가 산을 내려가고 있는 것이 아니라 올라가고 있다는 것이 명백해졌다. 내가 계속해서 점점 더 세게 온갖 항의를 하고 나서야 추르플루도 이 사실을 인정했다. 그러나 그는 모든 일이 거꾸로 진행되는 이 뒤죽박죽의 나라에서 내려가는 가장 좋은 방법은 바로 산 위로 올라가는 것인지도 모른다고 생각하고 있는 것 같았다. 내 근육이 이 교리(敎理)에 항의하여 우리는 온 발자국을 다시 더듬어서 얼마간의 거리를 되돌아갔다. 더 조사해 보니 주 능선과 평행하여 북동쪽으로 가면 완만한 내리막이 시작된다는 것을 알았다. 옅은 안개 속을 천천히 걸어가니 경사가 꾸준히 급해지고, 크레바스와 거대한 얼음 침봉들이 짙은 안개 속에서 몽롱하게 모습을 드러내기 시작했다. 추르플루는 외국 땅에 온 스위스 가이드에게 걸맞는 슬픈 기분을 잊고 고생을 기뻐하기 시작했다. 뚫어 볼 수 없는 짙은 구름에 둘러싸인 미지의 빙폭은 실로 어느 등산가의 마음에나 운동 본능을 불러 일으키기에 족한 것이다.

한 지점에서 우리는 거의 오도가도 못하게 되었다. 우리가 서 있는 빙탑은 암벽에 오버행되어 있고, 암벽의 발치는 짙은 안개에 묻혀 보이지 않았다. 직접 내려간다는 것은 불가능했으며, 빙탑 옆으로라면 약간 오른쪽에 있는 바위 사면에 접근할 수 있는 것이 분명했다. 그러나 추르플루는 빙탑이 무슨 조짐처럼 움직이는 것을 느꼈으며, 발판 깎기로 발생하는 그런 아주 조그만 충격도 거의 틀림없이 이 구조물 전체를 천둥치는 눈사태로 만들어, 옅은 안개가 가득 찬 아래쪽으로 깊숙이 굴러 떨어지게 만들지 모른다고 주장했다. 그래서 추르플루와 타타르 인은 튼튼한 발판으로 물러가고, 자일 끝에 몸을 묶은 나는 간신히 스텝을 깎아 좀 작은 빙탑으로 기어올라갔다. 사면에 더 안전하게 박힌 빙탑이었다. 일행이 따라왔다. 우리는 어떤 빙탑이 우리를 쫓아서 굴러올 마음을 먹을지도 모른다는 생각에 충동을 받아 전속력으로 바위를 타고 빙하로 내려갔다. 엷어지고 있던 안개가 이제는 분리된 덩어리로 부서지기 시작하고 있었으며, 이따금 스바네티아의 능선과 깊은 계곡들이 보였다. 앞으로 나아가면서 빙하의 큰 벽들이 우리 앞으로 다가서기 시작하고 겨우 좁은 협곡만 남았다. 이 골짜기 사이로 부서진 얼음 조각이 풀과 꽃과 숲의 세계로 뛰어들어간다.

이 고개에 대한 ▲프레시필드 씨의 저술 덕분에 우리는 현재 어디에 있는지 알고 있었으며, 급속히 좋아지고 있는 날씨에 흥이 나서 빙폭 왼쪽의 바위로 트래버스하여 이 바위의 도움으로 장해물을 피했다. 아래쪽 빙하에 도달하여 명랑하게 그것을 밟고 내려가, 오후 4시 반께 이윽고 얼음에서 벗어나 남쪽 사면의 무성한 초목 속으로 들어갔다.

우리의 타타르 인은 이제 더 이상 그의 마음을 차지할 등산의 어려움이 없어졌으므로 스바네티아 족(族)에 대한 자기의 의견을 들려 주었다. 1대 1로 그들과 대결할 때의 야성의 환희를 설명하는 그의 목소리에는, 진짜 분노가 깃들어 있었다. 하기야 전체적으로 그의 명확한 의견은, 교묘히 적에게 다가가 편리한 돌 뒤에 숨어 있다가 저격하는 데서 더 오래 가고 더 멋진 기쁨을 발견할 수 있다는 것이었다. 그의 이야기는 너무나 풍부한 몸짓과 손짓으로 묘사되어 말을 거의 완전히 알아듣지 못하는데도 그를 이해하는 데는 실질적으로 아무 지장도 없었다. 나는 실토하지만, 이런 과격한 감정의 전사(戰士)를 조상 대대의 원수가 우글거리는 마을로 데리고 들어가는 것이 과연 분별있는 짓인지 의심스러워 마음이 좀 착잡했다.

우리는 골짜기의 사면에 울창하게 들어찬 나무 사이로 나아갔다. 이따금 얽히고 설킨 덤불을 피하려다가 하마터면 들끓

▲ 프레시필드의 「카프카스 탐험기(D. W. Freshfield : The Exploration of Caucasus, 1896)」.

는 급류에 빠질 뻔하기도 했다. 서서히 골짜기가 트이고, 저녁 때가 다 되어 고상하게 늘어선 너도밤나무와 소나무가 그림자를 드리우고 있는 풍요로운 목장을 천천히 걸어 내려갔다.

첫 가옥에 도착하자 타타르 인의 거동에 대한 나의 두려움은 평안하게 가라앉았다. 그는 스타르시나의 집은 어느 쪽으로 가느냐고 물었는데, 그의 어조는 부드럽다고는 할 수 없었으나 가슴 속의 감정을 나타내는 표현은 조금도 비치지 않았다. 우리가 무잘에 있는 이 유지의 집에 도착했을 때는 아주 캄캄했다. 그의 집 문을 두드렸다. 온갖 개들의 맹렬한 공격을 받고 홍분하는 등 좀 시간이 지체되고 나서야 그는 나타나 의식적(儀式的)인 환영으로 우리를 맞이했다. 제일 좋은 옷을 입은 그는 영국의 어느 시장의 그것과 매우 흡사한 우스꽝스러운 체인을 꽃줄처럼 목에 걸고, 앞장서서 영빈관으로 안내했다.

칠흑같이 어두운 밤이, 쪼갠 소나무의 활활 타는 여덟 개의 횃불로 환하게 밝아졌다. 사람들의 긴 행렬 속에 김이 솟아나는 러시아의 주전자 사모바르가 눈에 띄었으며, 우리는 큼직한 바구니를 발견하고 마음이 흡족해졌다. 신뢰와 굶주림의 눈이 그 속에 영양분이 풍부한 많은 질좋은 물건이 들어 있는 것을 탐지한 것이다. 우리가 나아가는 동안 발 빠른 젊은이들 여러 명이 대열에서 어둠 속으로 흩어져 갔다. 나중에 알았지만 이 젊은이들은 러시아 빵과 신선한 버터와 밀크를 — 구두에 징을 박은 서양인들이 좋아하는 것으로 현주민들이 알고 있는 진미 식품을 사러 심부름을 간 것이었다. 좀 길게 걸어 결국 영빈관에 도착했다. 우리보다 먼저 달려간 발 빠른 젊은 이 하나가 벌써 활활 타오르는 불을 피워 놓고 있었다. 흥겹 게 춤을 추는 불꽃이 우리를 맞이하는 주인들의 이상한 얼굴 과 기묘한 의상을 비추고, 멀찌거니 구석진 곳에 도사린 컴컴 하고 기분 나쁜 그늘은 더 젊고 더 수줍은 현주민들이 일의 진행을 구경할 수 있는 즐거운 은신처를 마련해 주고 있었다.

금방 차와 효모를 안 쓴 과자와 달걀이 나오고 여러 젊은이 들이 숨을 헐떡이며 돌아오자 신선한 밀크와 버터, 효모를 넣 은 과자 같은 것이 보충되었다. 이 식사가 진행되는 동안 우 리는 스타르시나 집안의 여인들이 훨씬 더 복잡하고 근사한 만찬을 준비하고 있는 것을 알았다. 과거의 경험으로 이 만찬 이 아마도 새벽 1시나 되어야 준비가 끝날 것이라는 것을 알 고 있었으므로, 우리는 피로하여 잠이 필요하다는 구실로 스 타르시나에게 실례하겠다고 말했다. 그러자 활발한 젊은이 하 나가 급히 어둠 속으로 달려 나갔다. 나는 요리를 장만하는 수고를 중지시키는 데 성공했고, 숙녀들이 열두시 전에 잠자 리에 드는 당연한 허락을 얻을 수 있게 해주었다고 믿는다. 이어 우리를 위로해주기 위해 여러가지로 정성을 들인 준비가 마련되고 몰려든 구경꾼들은 가볍게 쫓겨갔으며, 빗장과 가로 장의 사용법에 대한 설명이 있은 뒤, 정중한 작별 인사가 나 누어졌다. 그리고나서 우리는 간신히 얻은 휴식을 마음대로 즐겼다.

주저주저 창문을 두드리는 소리에 잠을 깼을 때 덧문 사이로 눈부시게 번쩍이는 해가 비치고 있었다. 슬리핑백에서 기어나와 창문을 열어 보니 베란다에 아침 식사가 우리를 기다리고 있었다. 영빈관은 마을에서 꽤 떨어진 확 트인 공원 같은 시골에 아름답게 자리잡고 있었다. 훌륭한 나무와 졸졸 흐르는 시냇물이 주위를 둘러싸고, 머리 위에는 테트눌리트의 위대하고 흰 피라미드가 치솟아 있었다. 반대 방향에는 우슈바의 바위 정상이 낮은 능선 위에 고개를 내밀고 있었다. 나뭇잎 사이로 비쳐드는 햇빛이 달콤한 신선감과 아늑함을 시사해 주었으며, 가까운 냇물에 뛰어드니 이 느낌은 한층 더 두드러졌다. 이어 추르플루와 함께 주인이 마련해 준 맛있는 음식을 먹으러 갔다.

우리가 있는 구역은 너무나 묘하게 사람의 마음을 사로잡는 장소여서 아침을 먹은 뒤 타타르 인에게 닭, 빵, 달걀, 감자, 그밖에 무잘의 자원이 제공해 줄 사치품을 사오게 했다. 그 사이에 프랑스 어를 몇 마디 아는 원주민 한 사람이 나타나 우슈바의 경이(驚異)와 잉구르 계곡의 풍요로움 등에 대해 들려 주었다. 그러나 우리는 체젬으로 넘어갈 계획이었으므로, 우리의 이 친구에게 트비베르 고개로 가는 공인된 캠프장까지 우리를 데려다 줄 포터를 두 사람 구해 달라고 부탁했다.

2년 후, 나는 무잘 지구와 잉구르의 주 계곡을 가르는 낮은 능선 꼭대기를 따라 걷기도 하고 말도 타고 하면서 갔다. 즐거운 경치로 말하면 이 능선에 견줄 만한 것이 없다. 당당한 나무들이 그늘을 드리우고, 달콤한 옹달샘이 물을 대주는 풀이 무성한 잔디밭은 완벽한 캠프장을 제공해 준다. 멀리 북쪽에는 이 지역 전체에서 가장 장엄한 봉우리―쌍두(雙頭)의 우슈바가 지배하는 위대한 산맥이 솟았고, 남쪽에는 원주민들이 아직도 낯선 사람을 수상쩍은 눈으로 보는 숲에 덮인 골짜기와 담에 둘러싸인 촌락이 있다. 세나에서는 아직도 곡식을 밟아서 탈곡하고 있는 황소며, 곡물을 공중에 던져올려서 대충 알곡을 가려내는 광경, 그리고 소나무의 통나무를 깎아서 이 목적에 쓰이는 나무삽을 만들고 있는 것을 볼 수 있을지도 모른다. 여자들이 아직도 손으로 돌리는 예스러운 맷돌로 곡식을 빻고 있는 것도 볼 수 있을지 모르고, 마을과 관계있는 모든 것들이 사람의 마음을 문명의 초기 개척자들에게로 데려다 준다. 이 지역의 짙은 원시림하며, 급류가 거대한 소나무 뿌리를 뚫고 굽이굽이 흘러가는 골짜기하며, 조그만 풀의 오아시스와 맛있는 열매를 수북이 매단 나무딸기 줄기에 묻힌 방천하며가 너무나도 즐거워서 등산가는 자기가 갈 의무의 길을 잃고 풀 위에 하릴없이 드러누워 빈둥거리며, 나뭇잎 사이에서 춤을 추는 조그만 햇빛의 반점을 지켜보는 데 넋을 잃곤 한다.

지금도 나는 너무 열중한 나머지 당장해야 할 일에서 벗어나려 하고 있다. 오후 일찍 우리는 주인에게 작별 인사를 하고, 수목이 울창한 사면을 지나 측면 골짜기를 어슬렁어슬렁 걸어 올라갔다. 오후 4시쯤, 훌륭한 나무에 둘러싸이고 콸콸 흐르는 시냇물이 교차하는 확 트인 풀밭에 이르렀다. 그것은 이상적인 캠프터였다. 추르플루와 나는, 두 사람이 다 이제 오늘의 일과는 끝났다고 느꼈다. 후리후리하게 큰 양치류는 사치스러운 매트리스를, 썩어 가는 나무는 소리내어 타는 캠프파이어를 생각케 했다. 그러나 스바네티아 포터들이 이의를 제기했다. 한 시간 더 올라가야 적당한 캠프장이 있다는 것이었다. 내가 오솔길을 따라 몇 미터 더 가 보니 광활한 목초지가 나왔다. 협곡의 가파른 사면을 따라 오솔길이 덤불이나 나무로 변화되지 않은 초지를 누비고 꼬불꼬불 올라가 있는 것이 보였다. 아래쪽 캠프터가 좋다는 데는 이론을 달 수가 없었으며, 나는 나무에 폭 둘러싸인 빈터로 돌아왔다. 스바네티아 인들은 여전히 반대했다. 아마도 그들은 아직 정규 야영장에 도착하지 않았으므로 자기들이 받을 보수에서 그에 해당하는 몫이 공제될지 모른다고 생각한 모양이었다. 그렇지 않다는 것을 알자 그들은 긴 칼을 뽑아 양치류를 잘라 우리의 매트리스를 만들었다. 그런 다음 엄청나게 큰 모닥불을 피우고, 검소한 스위스 인이라면 겨우내 썼을 나무 등걸과 가지를 수북하게 긁어 모았다.

다음에 그들은 닭을 다듬어 가슴뼈를 세로 쭉 갈라 납작하게 쟁반처럼 펴서 나무 꼬챙이에 꿰어 요리하기 시작했다. 식량이 풍부하게 있었으므로 스바네티아 인들에게도 저녁을 같이 먹자고 청했다. 우리는 모닥불 주위에 쪼그리고 앉아 즐거운 시간을 보냈다. 그리고 진짜 카프카스 인의 풍습에 따라

서로의 무기를 살펴보고 식사를 마쳤다. 떠나갈 때 스바네티아 인들은 '후한 술값'을 받고 얼굴이 환해졌으며 마지막 작별의 소리를 지르고는 조용히 숲 속으로 사라졌다.

그 때 추르플루와 타타르 인은 닭고기는 냅색에 넣기가 무익하고 쓸모없는 식량이므로 남은 것들을 다 먹어버리는 것이 좋겠다는 데 의견을 같이했다. 그 결과 남은 닭을 장만하여 마찬가지로 꼬챙이에 꿰었다. 이때쯤 모닥불은 방대한 화덕처럼 커져서 조그만 닭고기를 굽기보다는 ▲사드락, 메삭, 아벳느고 등 세 유대인처럼 불 속에 걸어 들어갔다 나오는 연습을 하기에 더 알맞았다. 그러나 우리가 피켈로 맹렬한 공격을 가하여 불길이 번져 나가는 썩은 나무뿌리며 그밖의 잘 타는 재질을 충분히 잘라 내고 숲 자체가 더 이상 위험해지지 않을 범위로 불 기운을 줄일 수 있었다. 그런 다음 천막을 치고 이제야 추가 저녁을 먹을 준비가 되었다는 느낌이 들었다.

밤에 자려고 천막 안에 들어가 보니 숙사가 너무나 호사스러워 우리는 골짜기의 머리에 있는 조그만 암봉이나 공략할까 하는 결심을 절반쯤 했다. 그렇게 하여 더없이 근사한 이 빈터에서 둘쨋 밤을 보내는 구실을 갖자는 것이었다. 그러나 이런 생각이 단단한 결심으로 결정(結晶)을 맺기도 전에 잠이 우리를 사로잡고 말았으며, 다음날 아침에는 너무 졸려서 원

▲ 사드락(Shadrach), 메삭(Meshach), 아벳느고(Abednego). 「구약성서」의 〈다니엘 서〉 제3장. 느부갓네살 왕의 노여움을 사서 풀무 속에 던져졌으나 아무 상처도 입지 않고 불 속에서 나왔다.

계획을 고수하는 것 이외에 아무것도 할 수 없었다.

먼동이 트기 전에 출발한 우리는 숲을 뒤로 하여 풀밭을 밟고 넘어가, 트비베르의 급류 오른쪽 둑을 따라 걸어 보통 보는 야영지를 지나갔다. 지나가면서 우리들 스스로 술한 축하를 나누었다. 그보다 더 언짢은 캠프를 상상하기도 어려웠을 것이고, 캠프 생활에 제일 먼저 필요한 물을 구할 수 있었을지 의심스러울 정도가 아니었다. 이어 길이 없어졌다. 아니면 우리가 절망적으로 길을 잃은 것이다. 그래서 가파른 풀밭 사면을 기어올라가야 했으며, 이윽고 미친 듯이 허덕허덕 빙하로 기어내려갔다. 그리고 우리의 움직임을 지켜보고 있는 두 마리의 영양에게 겁을 주기 위해 거칠게 행동함으로써 얼음 위를 걸어 올라가는 단조로움을 깼다. 영양은 우리의 고함소리와 몸짓에 놀라지도 않고 여전히 사면을 어슬렁거리고 돌아다니더니, 이윽고 멀리 보이지 않게 사라졌다. 상부 빙하에 도달한 우리는 눈이 날려 층층이 높은 능선을 이루고 있는 것을 보았다. 그 사이의 고랑은 깊이가 적어도 40센티미터는 되었으며, 그것을 걸어서 넘어가기가 여간 따분하지 않아 큰 빙하를 버리고 왼쪽의 매우 뚜렷한 갭 쪽으로 나아가기로 했다. 스바네티아 인들이 그렇게 하지 말라고 일부러 경고해준 것은 사실이다. 어쩌면 부분적으로는 그 경고가 우리의 결심을 촉진시켰는지도 모른다. 현자의 축적된 지식을 어긴다는 것은 언제나 즐거운 일이기 때문이다.

바위 부스러기 너머로 상당히 올라간 뒤 눈 사면에 이르렀으며, 이것을 따라 나가니 고개가 나왔다. 전방에는 빙하 분지가 있고, 그 북쪽을 나지막한 톱니 바위의 벽이 둘러서서 가리고 있었다. 이 벽은 멀리 동쪽으로 휘돌아나가서 빙하의 머리를 감싸고 있는 것이 틀림없었다. 추르플루와 타타르 인은 우리의 루트가 그쪽 방향에 있어야 한다는 데 조금도 의심을 품지 않고 왼쪽으로 돌았다. 한순간 나는 우리가 어디에 있는지 도무지 알 수가 없었다. 그래서 정지를 명령했다. 그리고 몇 분 동안 생각해 보니 빙하가 우리 눈 앞을 굽이쳐 내려간 협곡의 전체 넓이를 막아선 위대한 봉우리가 우슈바 이외일 수는 없었고, 빙하 자체는 렉수르가 틀림없다는 확신이 들었다. 따라서 우리의 루트는 오른쪽에 있어야 하고, 그날 밤 바실 수의 양치기들과 저녁을 같이 먹고 싶다면 눈 앞의 능선을 가로질러 뚫고 나가야 한다는 것이 분명해졌다.

고도를 놓치지 않으려고 오른쪽으로 사면 기슭을 돌아나가니, 조금밖에 내려가지 않아서 탁 트인 빙하에 이르렀다. 이어 얼어 붙은 가파른 설벽을 오르기 시작하여 렉수르 빙하의 상단부에 있는 웅덩이로 나갔다. 그곳은 극히 좁았으나 상당히 길다는 것을 알았으며, 능선에 도착한 것은 오전 11시가 되어서였다.

강풍이 우리를 능선 꼭대기에서 몰아세워, 우리는 고개의 80, 90센티미터 밑 체젬 쪽에 있는 바위에서 걸음을 멈추었다. 30분을 쉰 뒤 바위를 탈 수 있는 데까지 타고 내려간 다음, 깊이 15센티미터 남짓한 비교적 잘 부착된 눈에 덮인 쉬운 얼음 사면에 붙었다. 타타르 인은 추르플루의 발판을 따라 가는 데는 아무 어려움도 없었으나, 불행히도 차츰 우리의 느린 진전을 참을 수 없게 되어 무엇을 하겠다는 암시도 주지 않고 대담하게 사면으로 성큼 걸음을 내디뎠다. 그 결과는 상상할 수 있을 것이다. 한순간 뒤, 그는 뒤로 벌렁 넘어지더니 뱀처럼 꼬불꼬불 쉭쉭거리는 눈덩어리 사이로 한줄기 번들거리는 얼음 자국을 남기면서 미끄러져 내려갔다. 그 바로 앞에는 트인 베르크슈룬트가 입을 딱 벌리고 있어서 "아이고, 저 사람 골로 간다!" 하고 외친 추르플루의 말은 피할 수 없는 사실로 여겨졌다. 어떤 범상찮은 행운에 의해 그는 깊은 균열 너머로 곤두박질 치더니 그 저편의 부드러운 눈에 가서 멈추었다. 그리고는 일어나서 옷의 눈을 털기 시작하는 것이 보였다. 우리는 안도의 숨을 내 쉬었다—그 거동으로 미루어 그가 겁을 먹지도 않았고 다치지도 않은 것이 틀림없었다. 그런 다음 그는 눈 위에 흐뭇한 듯이 앉아 조용히 휴식을 즐겼다. 그동안 우리는 고생스레 길을 치고 깎으면서 그에게 접근해 갔다. 일단 만년설 위에 이르자 추르플루는 자일을 꺼냈으며, 타타르 인은 효율적인 길잡이 끈의 구실을 하게 되었다.

빙하의 미끄러운 분지를 건너니 큰 빙폭 위로 나갔다. 원주민이 다니는 바실 고개를 넘어도 바로 이 분지로 올 수 있으므로, 빙하의 이쪽 둑이나 저쪽 둑에 쉬운 루트가 있을 것은 분명했다. 불운하게도 우리는 왼쪽 둑을 따라 가기로 했다. 힘들이지 않고 바위에 올라가서 바위 선반을 따라 짧은 거리를 나아갔다. 내려가는 다음 단계는 덜 간단했다. 약 20미터 절벽은 깎아지른 듯이 무척 험준했으나, 이 단계만 극복하면 밀고 내려가서 빙폭 아래 빙하에 다시 붙을 수 있을 것도 같았다.

얼마간 의논한 끝에 이 하강을 정면에서 부딪쳐 보기로 결심했다. 물론 우리가 온 길을 되돌아가서 빙하를 건너 오른쪽 기슭을 따라 내려가면 시간이 절약된다는 것을 알고 있었고, 오른쪽 기슭에는 원주민들이 다니는 오솔길이 있을 것도 틀림없었다. 그런데 추르플루나 나나 좀 진짜 등반을 해야겠다는 생각을 한 것이다. 따라서 냅색과 윗도리와 피켈을 집어던지고 샤모니의 침봉들을 떠나서 좀처럼 만나기 드문 일을 한 토막 할 준비를 했다. 바위는 먼저 빙하 운동으로 맨질맨질하게 닳았다가, 그후 수직의 단층선을 따라 풍화되어 있었다. 그런데 이 과정이 좀 지나치게 진행되어 단층 꼭대기의 바위는 너무 느슨해진 반면에, 아래쪽은 덩어리채 몽땅 떨어져 나가고 없었다. 이 선을 따라 하강을 강행하려고 하다가 너무 위험하다는 결론을 내렸다. 그렇다고 오른쪽에 있는 빙하 작용을 받은 바위에 붙는다는 것도 도저히 가망이 없었다. 그런데 이 통과 불가능한 두 선을 가르는 깎아지른 모서리가 있었다. 서리와 햇빛이 단층의 바위를 파괴한 틈새와 금의 일부가 여기까지 뻗어 와 있었는데, 이것들의 도움을 빌리면 간신히 내려갈 수도 있을 것 같았다. 나는 그렁저렁 약 20미터를 내려갔으나, 그 지점 바로 아래는 바위가 절단되고 없었다. 그래서 걸리랄까 단층 속으로 트래버스할 필요가 있었다. 이 트래버스는 매우 아찔해지는 종류의 것으로, 빙하 작용에 의해 동글 동글해진 바위혹 위를 지나가야 했다. 바위혹은 겨우 몸의 균형을 잡을 만은 했으나 위급할 때 잡을 것은 아무것도 남아 있지 않았고 발이 조금만 슬립하거나, 맨지르한 바위 위에서의 손가락의 마찰력을 조금만 오산해도 나는 자일에 매달려 허공에 붕 뜰 판이었다. 허공에 매달리게 되었다면 지극히 불행한 일이었을 것이다. 왜냐하면, 필경 나는 바위 모서리를 돌아서 미끄러졌을 것이고, 그러면 절벽에서 2미터 이상 떨어져서 매달리게 되었을 것이기 때문이다. 제3의 사나이를 20미터 정도 끌어올리는 것은 남자 두 사람의 힘에 겨운 일은 아닐지 몰라도, 이 문제를 판정하는 실험은 내 마음을 끌지 못했다. 나는 지극히 조심하여 단층에 안전히 도달하는 데 성공했으며, 꽤 안정된 틈새 속으로 간신히 비집고 들어갈 수 있었다.

그런 다음 자일 끝에 튼튼한 줄 한 토막을 이었다. 그렇게 해서 자일이 길어지면 내가 아래쪽 끝을 줄곧 잡고 있을 수 있고, 그러면 만일 타타르 인이 슬립하더라도 매달려서 대롱거리는 것을 막을 수 있었다. 그러나 그는 더 없이 훌륭한 기술과 결단을 보여 주었고 아무런 도움도 필요없이 내려왔다. 사실 그는 악마 ▲샤이탄을 들먹이기는 했지만 그것은 그저 건성으로 해본 하찮은 일에 지나지 않았고, 앞으로의 사태에 대한 건전하고 완벽한 그의 믿음과 조금도 모순되는 것이 아니

▲ 샤이탄(Shaitan). 이슬람 교에 전해지는 악마.

었다. 다음에 추르플루가 피켈과 다른 짐을 내려 보냈으나, 이 성가신 물건들을 다 걸리 속에 보관할 수는 없었다. 그래서 짐을 들여 놓을 여지를 만들기 위해 타타르 인은 하강을 계속하지 않으면 안 되었다.

이제 추르플루가 내려와야 했다. 그는 먼저 우리가 내려온 하강선에 붙어 보려고 했으나, 더 자세히 알고 보니 그것은 그에게 그리 매력적인 것이 못 되었다. 그래서 그는 단층(斷層)을 시도하더니 온갖 조각들을 내 머리 가까이에 기분 나쁘게 떨어뜨려 놓고는, 바위가 온통 너무 썩었다는 우리의 애초의 의견이 옳았음을 그도 인정했다. 얼마간 더 지체한 끝에 그는 구두를 벗는 편법을 채택키로 하고, 그 귀중한 물건을 참으로 사랑스럽게 아끼듯이 내려 보내면서 절대로 안전하게 간직해 달라고 신신당부를 했다. 그리고 마지막 노력에 잔뜩 신경을 긴장시키면서 절벽에 몸을 맡겼다. 비록 걸리로 들어오는 트래버스에서 내가 내민 손을 거절하지는 않았지만 ― 이것은 직업 등산가가 터득하기 드문 겸허한 마음 가짐을 시사하는 것이다 ― 그는 비교적 쉽게 내려오는 데 성공했다.

이용할 수 있는 여지를 모두 냅색, 피켈, 부르카, 구두 등이 차지하고 있었으므로, 추르플루가 앉아서 신발을 신을 공간을 만들어 주기 위해 부득불 나도 타타르 인을 따라 크랙을 내려가야 했다. 그래서 타타르 인의 냅색을 짊어지고 "틈새가 무척 쉽습니다요."라는 명랑한 장담에 크게 용기를 얻어 하강을 시작했다. 그러나 곧 냅색이 너무 불거져서 얼굴을 바깥쪽으로 돌리고 내려갈 수 없다는 것을 깨달았다. 얼굴을 바위쪽으로 돌리고 내려가려고 해보는 것도 마찬가지로 위험했다. 색이 너무 커서 어깨 너머로 다음 발판을 도저히 바라볼 수가 없었고, 너무 무거워서 균형을 잃을 급박한 위험 때문에 몸을 훨씬 밖으로 내밀고 넙색과 절벽 사이를 보는 가능성도 모두 막혀버렸다. 다시 고개를 들어 보니 타타르 인이 아래쪽의 편리한 바위 선반에 서서 내게 무언의 몸짓을 해보이고 있었는데, 그것은 사람의 몸이 떨어질 때 생기는 속도며, 인체가 단단한 바위나 얼음에 갑자기 부딪쳤을 때 일어나는 짜부라진 상태 같은 것을 나타내 보이기 위한 표현이었다. 타타르 인이 서 있는 선반에 색을 던져 내릴 수도 있을 것 같이 보였으므로, 나는 그쪽 행위의 위험을 한번 무릅써 보기로 했다. 그래서 그 얄미운 멜빵의 속박에서 팔을 뽑고는 위에서 들려 오는 다급한 애원의 소리, 거의 울먹인다고 할 만한 소리를 들은 체도 않고 귀중한 색을 인력의 법칙의 부드러운 자비에 맡겼다. 색은 매우 쉽게 바위 선반에 닿았다. 그리고 더 떨어지지 않으려고 안간힘을 쓰듯 휘청거리는 긴 손처럼 멜빵을 바위 위로 뻗었으나, 그 노력이 허사가 되는 것을 나는 공포에 질린 눈으로 지켜보았다. 그리하여 추르플루의 비통한 외마디 소리 속에 우리의 천막과 침구와 수프는 절벽 너머로 사라졌다. 나는 이 손실로 맛본 불쾌감보다 그렇게 해서 얻은 편한 동작의 즐거움이 잠시나마 더 컸다. 타타르 인은 천막이나 침구나 그밖에 서양의 사치품에는 전혀 관심도 없이 잘되었다는 듯이 미소를 지어 보였다. 여러 가지 말과 몸짓으로 미루어 그는 지옥이 믿음 없는 인간에게 할당하는 그 끔찍스러운 공포에 대한 생각은 벌써 잊어버리고, 내가 참된 예언자 모하메드의 가르침을 가슴에 안고 독실한 사람에게 주어지는 기쁨 속에 영원히 잠길 수 있는 또 한 번의 기회가 내게 내려진 것을 기뻐하고 있는 것 같았다.

추르플루에 대해서도 한 마디 해야겠다. 그는 곤란을 아무렇지도 않게 생각했다. 엄청나게 쌓아 올린 짐을 등에 진 채 더없이 훌륭하고 완성된 스타일로 내려왔다. 그의 쉽고 우아한 동작은 모범을 보임으로써 교훈을 주고 싶은 생각과 관계가 있었던 것은 의심할 여지가 없다. 어쨌거나 바위 선반에 도착한 그는, 우리가 내려온 신작로 같은 통로의 용이함과 편리함을 열띤 어조로 상세하게 지껄여댔다.

빙하의 가장자리에 도달한 우리는 얽히고 설킨 크레바스의 미로와 마주쳤다. 추르플루가 그 특성을 살피고 있는 동안, 나는 조금 돌아가서 혹시 냅색이 보이지 않나 하고 둘러보았다. 참으로 반갑게도, 곧 외딴 빙탑 위에 높다랗게 얹혀 있는 색을 발견했다. 내 친구는 내 눈을 축복해 준 그 광경을 모르고 끝내 비관스러운 생각을 버리지 못하여, 쓸데없는 수색에 시간을 허비하지 말라고 촉구했다. "왜냐하면요", 하고 그는 말했다. "그 색은 부딪쳐서 박살이 났을 뿐 아니라, 크레바스에 깊숙이 묻힌 게 틀림없거든요." 두말할 것도 없이 나는 단념하지 않았다. 그리하여 얼마간 힘든 노력 끝에 고스란히 보관

된 우리의 보물에 도달하는 데 성공했다. 나는 개가를 부르며 색을 짊어지고 돌아오고 비관주의는 혼란을 일으켰으며, 모든 예언적 비탄의 소리는 두 손을 들었다. 돌아온 탕아를 환영하기 위해 만장일치의 휴식 명령이 내려졌다. 보물처럼 간직된 담배가 은둔처에서 끌려나오고, 거룩한 불로 마음이 부드러워진 우리는 천체(天體) 중에서 가장 질서가 잘 잡힌 이 세상에서는 만사가 행복에 이어진다는 데에 의견을 같이했다.

다시 하강을 시작할 준비를 하면서 우리는 약간 곤란한 처지에 있다는 것을 깨달았다. 빙하의 왼쪽 둑에 이 이상 달라붙는다는 것은, 설령 가능은 하더라도 매우 위험할 것이 분명했다. 아디르 계곡과 바실 계곡을 가르는 능선 위의 큰 설원에서 흘러내리는 얼음의 지류가 바로 발 아래서 연속적인 사태가 되어 나직한 바위 벽 너머로 거의 끊임없이 떨어지면서, 나그네들을 아주 완전히 전멸시키려는 듯이 위협하고 있었다. 한편 빙하의 중심에 도달하기 위한 어떤 시도도 거의 불가능해 보였다. 우리 앞의 얼음은 극히 보기 드문 형태로 쫙쫙 갈라져 있었고, 칼날 바로 그것처럼 날카로운 바위 모서리와 썩을 대로 썩은 얼음장만이 방대한 크레바스의 시퍼런 깊이와 교차하고 있었다. 크레바스가 단지 단단한 얼음을 가르고 쪼갠 것으로만 간주될 수 있는 보통의 갈라진 빙하와는 달리, 여기서는 마치 하나의 거대한 깊은 균열이 얼어붙은 거품의 부서진 망으로 허약하게 분할되고 분리되어 있는 것처럼 보였다. 추르플루는 이런 크레바스들이 몹시 언짢아 보여서 현수 빙하 아래쪽의 절벽을 직접 살펴보러 갔다. 타타르 인은 분명히 추르플루가 거기 위험이 있는 줄을 모르고 있다고 생각한 듯, 자기의 경고가 진실이라는 것을 증언해 주십사고 알라 신과 악마 샤이탄의 이름을 번갈아 불러대며 고래고래 소리를 질러 그에게 충고했다. 그러나 추르플루는 그리 멀리 가지 않았다. 절벽은 비록 올라가지 못할 만큼 맨질맨질하고 가파르지는 않았으나, 단숨에 급히 해내기에는 너무 길었던 것이다. 우리는 하는 수 없이 빙하쪽으로 향하여 자일을 탱탱하게 건다든지, 멀리 훌쩍 도약을 한다든지 하는 성질의 좀 스릴에 찬 등반을 한 끝에 편편한 빙하 위로 나갔다. 이렇게 통과하는 동안 예언자 모하메드의 신봉자는 자유롭고 확실하고 쉽게, 그리고 완벽한 균형을 잡아 가면서 전혀 위험을 개의치 않고 움직였으며, 불신의 인간들은 그와 겨룰 흉내도 내지 못했다는 것을 인정하지 않을 수 없다.

　우리들의 어려움은 이제 끝났다. 잠시 더 내려가니 멀리 빙하 위쪽 사면에서 틀림없는 소들이 풀을 뜯고 있는 것이 보였다. 추르플루는 그 소들이 분명히 젖을 짜러 가는 도중이며, 우리가 제 시간에 달려가 젖 짜는 과정을 중단시키지 않으면 우유가 모두 시어터지게 될 것이라고 지적하면서 당장 달리기 시작했다. 오후 6시 30분께, 미친 듯이 설친 보람이 있어 우리는 한창 우유을 짜고 있는 오두막에 도착했다. 맛있는 우유 몇 갤런하고도 반을 탄성 고무 물주머니에 확보하는 데 성공했다. 원주민들이 사용하는 통은 언제나 산성이 되어 있어서,

추르플루의 견해에 따르면 그 속에 들어가는 우유는 완전히 못쓰게 된다. 마구 설쳐대는 소의 젖을 주둥이가 약간 좁고 잘 구겨지는 탄성 고무 주머니에 짜서 받는다는 것은 많은 참을성과 재치가 필요한 작업이고, 이용할 수 있는 일꾼 전원의 도움이 있어야 비로소 완수할 수 있는 일임은 두말할 나위도 없다.

이들 양치기들은 그동안에 번져 온 사치의 희생자가 되어 있어서, 다듬지 않은 돌로 손수 조잡한 오두막을 세우고 굵은 소나무 가지로 지붕을 이어 놓았다. 타타르 족의 변함없는 예절로 그들은 자기네 부르카를 깔더니, 우리더러 불 옆에서 쉬라고 권해 주었다.

그 동안에 포터는 양새끼를 사기 위한 사전 흥정을 벌였다. 나는 박하 소스와 그밖에 적당한 첨가물이 제대로 따르지 않으면 과연 양새끼 고기인지 아닌지 분간하지 못하고 좀 미심쩍었으므로, 그런 의무는 그에게 맡기는 것이 좋다고 생각한 것이다. 단 한번 내 자신의 생각으로 물건을 산 적이 있으나 성공하지 못했다. 그것은 베젱기에서였는데 산 물건은 닭이었다. 그 마을의 이 날개족 전부가 저마다 여자 소유주의 손에 다리를 거꾸로 매달려서, 내 앞을 지나가며 검열을 받았다. 촌장이 적당한 선택 방법을 보여 주었다. 그는 비명을 지르는 희생자들을 손가락으로 쿡쿡 찔러 보았는데, 이따금 경련의 몸부림을 일으키게 하고 날개를 퍼덕이게 만들어서 깃털이 후광(後光)처럼 떠도는 가운데 사려는 물건이 달아나 온 마을을 요란스레 울부짖는 소리로 채우게 하곤 했다. 이윽고 나는 매우 조심스럽게 쿡 찍어 본 다음 얼핏 보아 제일 젊고 살이 많이 붙은 놈으로 세 마리를 정했다. 그런데 그 뒤의 슬픈 경험은, 내 노력이 헛된 것이었음을 증명해 보인 것이다. 그러나 포터는 결코 실패하는 일이 없었다. 현재의 경우도 그는 훌륭하게 임무를 수행했다. 그는 양치기들에게 우리가 어떻게 절망적인 위험에 함께 직면했는가 설명하곤 하면서 참된 모하메드 신자에게 걸맞다고 할 만한 태도로 행동한 결과, 양새끼 값이 1루블로 정해졌다. 짐작컨대 그것은 주민들 사이에 거래되는 통상의 지방 시세일 것이다 — 어쨌거나 외국인은 보통 2루블에서 3루블 반은 지불해야 한다.

양치기들과 이야기를 나누려고 골짜기를 걸어 올라온 원주민 두어 사람을 정식으로 초대했다. 우리는 모두 해서 8, 9명이 불 앞에 쪼그리고 앉아, 그 속에서 큼직한 고기 덩어리가 마치 아직도 생명이 붙어 있는 것처럼 튀어오르고 서로 걷어차고 하는 큰 가마솥의 둘레를 핥고 있는 불길을 지켜보았다. 꼬챙이에 꽂은 얇은 고기는 틱틱거리는 굵은 소나무의 통나무 밑의 붉은 동굴 같은 구덩이 속에서 솜씨있게 구워졌다. 춤추는 불길이 예언자 모하메드의 수염이 덥수룩한 신자들의 얼굴을 비추어 내고, 한편 우리의 포터는 그들에게 이상한 외국인들이 그 사이를 헤매고 다니는 것을 즐거워하는 듯이 보인 깎아지른 절벽이며 치솟은 빙탑에 관한 이야기를 그림으로 보듯 생생하게 들려 주었다. 마침내 잔치 준비가 다 되기 시작했다.

어떤 이상한 자연의 법칙에 따라 이런 종류의 잔치에서는 잔치꾼들이 언제나 희생물의 내부 조직에 있는 부분부터 뜯어먹기 시작하여, 갈비를 거쳐 천천히 밖으로 뚫고 나와 큼직한 사지에서 끝을 낸다. 활활 타는 불길에 둘러싸인 부글부글 끓는 가마솥에서 사지를 꺼낸다는 것은 대단한 기술이 필요한 일이었으며, 일행은 숨을 죽이고 흥분되어 지켜보았다.

우리는 아침 늦게까지 잤다. 일어나보니 인정 많은 양치기들이 우리의 물주머니에 다시 우유를 가득 채워 놓았다. 이런 환경의 아침 식사는 오래 끄는 작업이었다. 추르플루가 느끼고 있었듯이, 그 귀중한 액체를 한 방울도 허비하지 않는 것은 의무였기 때문이다. 이 필요를 존중한 우리는 산을 넘어 아우주 수로 간다는 생각을 버리고, 그저 골짜기를 불룽구 쪽으로 걸어 내려가기로 했다. 그곳에 가면 우리의 많은 짐이 도착해 있겠지 하는 희망에서였다.

우리는 곧 조그만 숲에 도착하여 고마운 소나무 그늘 아래서 오랜 시간 낮잠을 즐겼다. 그리고 나는 얼음같이 찬 급류의 물속에서 즐겁게 멱을 감았다. 더 내려갔을 때 원주민 통장수를 만났는데, 그는 둥근 통나무 토막을 대롱처럼 뚫린 구멍만 남을 때까지 속을 파내는 힘드는 방법으로 서툰 나무통을 만들고 있었다. 그런 다음 밑바닥을 받치기 위해 속 아래쪽에 홈을 팠다. 밑바닥을 끼우려면 대롱 한쪽을 갈라서 약간 잡아당겨 벌려야 했다. 밑바닥이 알맞게 끼워지자, 대롱을 다시 죄어 거칠게 깎은 나무테를 두르고 못을 박았다. 통장수는 우유를 약간 가져다가 우리에게 대접했는데 우리가 그의 작업 과정을 흥미있게 지켜본 것이 퍽 기쁜 모양이었다.

우리는 바실 수의 상부 계곡이 아직도 꽤 광대한 숲을 자랑하고 있는 것을 알았으나, 그 속에서 도끼 소리가 끊임없이 울려 퍼지고, 양과 염소가 어린 나무를 모조리 파괴하고 있어서, 숲은 급속히 줄어들어 썩은 그루터기가 지난날의 한계선을 입증하고 있다. 숲을 빠져 나가니 별안간 탁 트인 땅이 나왔다. 잠시후 폐허가 된 탑을 하나 지나갔는데, 그것은 내가 타타르 어를 옳게 이해했다면 옛날 양과 소를 약탈해 가던 스바네티아 인들이 저지당하곤 하던 지점의 표시다. 그러므로 그것은 옛날 그 위로는 양이나 가축이 방목되지 않은 지점의 표시인 것으로 짐작된다. 이 지점 아래서는 한 그루의 나무는 고사하고 한 포기의 조그만 덤불조차 찾아 봐야 아마 헛일일 것이다. 골짜기를 걸어 내려가면서 나는 바실 계곡에 숲이 있고 없고는 양과 염소의 유무에 달렸다는 결론을 내리지 않을 수 없었다. 그리고 비록 매우 불충분한 자료로 일반론을 펴고 있는 것은 의심할 여지가 없지만, 나는 북부 계곡 일부에 나무가 없는 것과 남부 계곡에 울창한 숲이 있는 것 사이의 이상한 대조가 기후의 차이보다는 오히려 각 주민들의 부(富)의 존재 형식에 기인한다는 생각을 더 가지고 있다.

한 형식의 경우는 소와 말과 양과 염소고, 다른 경우는 잘 경작하여 깔끔하게 울타리를 둘러친 밭과 과수원이다. 얼핏 보기에 양과 염소가 그 넓게 펼쳐진 숲을 파괴할 수 있다고 믿기 어려울 것 같지만 상부의 빠실 수를 면밀히 살펴보면, 이 원인이 삼림지대의 계속적인 축소를 가져오기에 충분하다는 것을 알 수 있으며, 그 골짜기의 마지막 나무가 잘려서 불태워지는 때가 언제일까 하는 단순한 문제만 남는다.

불룽구에 도착한 우리는 고대하던 짐이 아직 도착하지 않았다는 것을 알았다. 그 결과 하는 수 없이 베젱기로 넘어가지 않으면 안되었다. 우리의 빈약한 옷가지 보따리를 슬프게도 보충할 필요가 있었기 때문이다. 그래서 이튿날 아침, 두 마을을 연결하는 낮은 초지의 고개를 말을 타고 넘어 도착해 보니 마을에는 한창 축제가 벌어지고 있었다. 나는 당장 축하 행사에 참가해 달라는 초대를 받아 키 큰 원주민의 뒤를 따라 갔다. 그의 주거까지 비교적 일직선으로 나아갔는데 이따금 집의 한쪽으로 올라가 풀이 나 있는 편편한 지붕을 걸어 지나가 반대쪽에 내려서곤 했다. 축제의 현장에 도착하자 화려한 색깔과 무늬의 큼직한 오리털 방석을 깐 좌석으로 안내되어 거기서 진행을 구경했다. 비단 옷과 갖가지 찬란한 빛깔의 바지를 입은 베젱기의 젊은이와 미인들이 많이 모여 있었으나 절실히 필요할 때 더러 일어나는 일이지만 춤 추는 남자가 너무 적었다. 편한 대로 문간에들 기대어 서서 자기들의 의무를 회피하려는 경향이 강하여 진행 담당자들이 열심히 소리를 질러 끌어 내야 했다. 그러나 촌장의 아들과 그의 술 따르는 담당으로 보이는 사람은 힘 드는 일을 하면서도 지칠 줄 몰랐다. 부인들은 다음 차례의 춤을 출 때까지 어디론가 사라졌으며,

그 사이 사이에는 ▲다게스탄 칼춤과 그밖의 비슷한 공연이 있었다.

이런 축제가 끝난 뒤, 우리는 다시 한번 디흐 타우의 위대한 침봉을 공략하기 위해 휴식을 가졌다. 그 뒤의 우리의 경험은 이미 기술한 바와 같다.

▲ 다게스탄(Daghestan). 카프카스 북동부, 카스피 해 서안에 있는 소련 자치 공화국.

제14장 등산의 기쁨과 벌칙

저명한 등산가는 그 의견이 매우 큰 비중을 갖기 마련인데, 최근 그들은 이제 등산의 위험은 존재하지 않는다는 신념을 천명했다. 기술, 지식, 등산 교본이 그런 위험을 분해된 교재용 차량 같은 망각의 자리로 내몰아 버렸다는 것이다. 나는 이 낙관적인 결론에 기꺼이 동의하는 바이지만, 그러나 일찍이 나를 같은 자일에 묶었던 ▲최초의 가이드, 그리고 심지어 「배드민턴 전영국총서」에서 발견할 수 있는 것보다 많은 산악 지식을 가졌던 사람—이라고 해도 될까?—은 그런데도 몽 블랑의 브뢰이야르 쪽에서, 그리고 더 최근에는 ▲그의 아들이 코슈탄타우에서 목숨을 잃은 것을 나는 잊을 수가 없다.

1879년 어느날, 마터호른 서벽을 오르고 있던 7명으로 구성된 떠들석하고 명랑한 두 파티에 관한 추억은 유령 같은 훈계를 지니고 내 마음 앞을 지나간다. 그리고 그 7명 가운데 ▲펜

▲ 요한 피셔(Johann Fischer). 1874년, 영국인 가스 마샬(Garth Marshall)과 함께 몽 블랑의 브뢰이야르 빙하에서 조난했다. 마이링겐의 가이드.

▲ 요한 피셔(장남). 1888년 8월, 돈킨(W. F. Donkin)의 카프카스 원정대에 참가하여 8월 31일 코슈탄타우 등반 중 돈킨과 함께 실종된다.

▲ 펜홀. 1882년 8월 3일, 마이링겐의 가이드 안드레아스 마우러(Andreas Maurer)와 함께 눈사태에 희생된다. ▲제1장 주 참조.

▲ 페르디난트 임젱(Ferdinand Imseng). 자스 계곡의 가이드.

홀 씨는 베터호른에서, ♠페르디난트 임젱은 몬테 로자의 마퀴냐가 쪽에서, 그리고 ♠요한 페트루스는 몽블랑의 프레스내 쪽에서 죽었다는 것을 잊지 말라고 경고한다. 이 사람들 가운데 어느 누구도 아직 살아 남아 있는 우리들보다 덜 조심스러웠다거나, 덜 유능했다거나, 혹은 또 등산가의 기술에 관한 모든 지식을 덜 가졌었다고 말하는 것은 참으로 어처구니없는 일이다. 우리의 최선의 노력도 이따금 행운이라는 위대한 여신의 지원을 받지 않으면 안 된다. 이 여신에게야 말로 영국산악회는 맹세와 감사를 드려야 할 것이다.

사실 우리가 잠시 등산이라는 스포츠의 진수를 생각해 보면, 그것은 등산가가 산이 대치시키는 곤란과 자기의 기술을 겨루는 데, 오직 그것 뿐이라는 것은 명백한 일이다. 기술은 도전하는 곤란의 증가와 보조를 맞추어서 증진한다. 우리는 마터호른의 브뢰이유 능선에서 드뤼 고개로, 드뤼에서 에귀유 드 그레퐁으로 넘어간다. 혹은 또 더 넓은 범위에 붙으려면, 몽블랑의 샤모니 쪽에서 브랑바 빙하와 에귀유 블랑슈 드 푀트레를 거쳐 같은 산으로 돌아간다. 우리들 근대 등산가들이 그레퐁 크랙을 오르는 것만큼, ♠베넨과 발터는 '랭쉴(壽衣)바

♠ 요한 페트루스(Johann Petrus). 체르마트의 가이드. 빌포 교수(Professor Balfour)와 함께 조난했다.

♠ 베넨(J. J. Bennen, 1824-1864), 발터(Anton Walter). 두 사람 다 로느 계곡의 가이드. 1862년 7월 27, 28 양일, 틴덜 교수와 함께 마터호른에 등반했으며, 베넨이 가이드의 우두머리가 되어 그때까지의 최고점(4,258m)에 도달했다.

위’ 위쪽의 절벽에 도전하기에 덜 적합했다든가, 혹은 또 ▲에밀 레이는 브랑바 쪽 퓌트레 봉의 무시무시한 절벽에 돌진할 수 있었으나, ▲자크 발마는 이에 비해 ‘옛 통로’를 앞장서서 오를 능력이 부족했다든가 하는 따위의 주장을 할 수는 거의 없는 것이다. 그러나 만일 등산가가 다루는 곤란에 비해서 그들의 기술이 증진하지 않았다는 것을 인정한다면, 필연적으로 등산이란 그 전보다 위험이 더해지지도 덜해지지도 않았다는 말이 될는지도 모른다.

암벽 등반 기술이 엄청나게 진보한 것은 사실이고, 따라서 오늘날 어느 암벽 등반을 들더라도 30년 전보다 훨씬 쉬워진 것은 사실이다. 그러나 이 스포츠의 진수는 정상에 오르는 데 있는 것이 아니라 곤란과 싸우고 그것을 극복하는 데 있는 것이다. 행복한 등산가는 늙은 ▲율리시스처럼 ▲‘대등한 적수와 싸우는 기쁨을 마신’ 사람이며, 이 기쁨은 등반하는 등산가의 힘을 최대 한도껏 짜내게 하는 절벽을 공격함으로써 비로소 얻을 수 있다. 초기의 등산가들이 오늘날 우리가 쉬운 바위라고 부르는 것을 공격했건, 근대 등산가들이 만만찮은 바위를 공격하건, 혹은 또 장래의 이상적인 등산가가 우리들이 오늘

▲ 에밀 레이(Emile Rey). 쿠르마이외르의 이름난 가이드.

▲ 자크 발마(Jacques Balmat, 1762-1834). 1786년, 파카르(Michel Ga-briel Pacard)와 함께 몽블랑 초등정.

▲ 율리시스(Ulysses). 그리스 시인 호머의 대서사시 「오디세이(Homer : Odyssey)」의 주인공.

▲ “힘이 서로 백중하는 자…”. 테니슨의 시 ‘율리시스’(Alfred Tennyson : Ulysses).

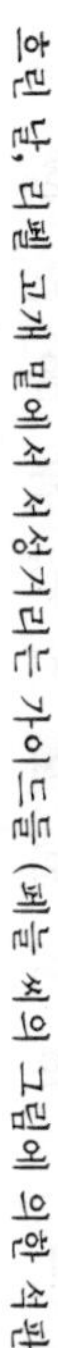

흐린 날, 더뿔 고개 밑에서 서성거리는 가이드들 (페늘 씨의 그림에 의한 석판화)

날 절망적으로 접근이 불가능하다고 간주하는 절벽을 공격하건, 이 투쟁에는 똑같은 위험이 포함되어 있는 것이다. 의심할 것도 없이 앞에서 언급한 위대한 권위자들과 나와의 차이는 주로 등산의 '존재 이유'에 대한 전적으로 다른 견해 때문이다. 스포츠로 간주한다면 거기에는 약간의 위험이 따르게 마련이며, 아마도 언제나 그러기 마련일 것이다. 그것을 고상한 풍경 속에서의 준과학적(準科學的) 탐구의 실습 수단으로 간주한다면 흥미있는 논문을 위한, 혹은 자랑과 허풍의 목적을 위한 소재로 간주한다면 30년 전의 등산가들에게 ▲리기 또는 필라투스의 등산이 안전했던 것처럼 안전해진다. 그러나 이같은 탐구는 영국산악회의 창설자들이 사용한 용어의 뜻으로서의 등산이 아니며, 또 선택된 사람—몸집이 작거나 심지어 여위고 쇠약해진 사람—이 현재 사용하고 있는 뜻으로서의 등산도 아니다. 어느 냉혹한 절벽과 싸우기 위해, 혹은 또 어느 황량한 얼음에 덮인 걸리를 밀고 올라가기 위해 육체적으로나 정신적으로 내가 가진 최대의 능력을 발휘한다는 것은 남자로서 할 만한 일이다. '침대에 누워서 손으로 잡을 자리, 발로 디딜 곳과 더불어 올라가는 길의 한 걸음 한 걸음을 머리 속에 환히 그릴 수 있는' 가이드의 뒤를 따라 바위 부스러기의 긴 사면을 허덕허덕 올라가는 것은, 향수와 화장 기름에 젖은 유행복에 풀 먹인 린넬 셔츠, 번쩍거리는 구두를 신고 기차로 체르마트에 내려서는 줏대없는 인간들이나 할 만한 일

______

▲ 리기(Rigi). 스위스 중앙부의 산군.

인 것이다.

　참된 등산가는 하나의 방랑자다. 내가 방랑자라고 하는 것은, 선인들의 발자취를 정확히 따라가면서 산 속을 이리저리 왔다 갔다 하는 데에 모든 시간을 소비하는 사람을 뜻하는 것이 아니다—하물며 자전거를 타고 영국의 고속 도로를 질주하는 사람을 의미하는 것은 더욱 아니다—내가 말하는 방랑자는 일찍이 인류가 도달하지 않은 곳에 가고 싶어하는 사람, 일찍이 인간의 손가락이 닿지 않은 바위를 붙잡거나, 혹은 또 '대지가 혼돈 속에서 일어난' 이래 안개와 눈사태에 그 음산한 그림자를 비쳐온 얼음으로 가득 찬 걸리를 깎아 올라가는 데에 기쁨을 느끼는 사람을 의미한다. 바꾸어 말하면, 참된 등산가는 새로운 등반을 시도하는 사람인 것이다. 그는 성공하거나 실패하거나 마찬가지로 그 투쟁의 재미와 즐거움에 기쁨을 느낀다. 황량하게 드러난 슬랩, 능선의 모난 깎아지른 발판, 그리고 거멓게 불거진 걸리의 얼음은 그의 존재에 대한 생명의 입김 바로 그것이다. 나는 이 감정을 분석할 수 있는 체하려고 하지는 않는다. 하물며 믿지 않는 사람들로 하여금 이것을 분명히 알 수 있게 할 수 있는 체할 생각은 더더욱 없다. 그것을 이해하려면 그것을 느껴야 한다. 그것은 행복에 대한 강력한 감정이다. 그것은 온 혈관에 욱신거리는 피를 흐르게하여 모든 냉소의 자국을 파괴하고 비관적인 철학의 뿌리 그 자체를 강타한다.

　우리의 비평가들은 너무나 기묘하게도, 우리가 산을 ♠기름 기둥으로 간주하고 있다는 ▲러스킨 씨가 처음 주장한 조소를 실질적으로 되풀이하고 있다. 나는 타고난, 고칠 수 없는 둔한 이해력 때문에 이 조소의 따가움을 느끼지 못한다고 고백해야겠다. 기름 문제는 니커보커 바지를 입은 등산가에게 주는 영향을 생각하면 불쾌하고 너무나 끔찍한 일이며—심지어 바위결이 파괴되고 있는 그레퐁 능선의 등성이와 바위 조각보다도 나쁘다—그러나 이 문제는 제쳐놓고라도 기둥 오르기의 죄업이나 죄악이 대체 무엇인지 나는 납득하지 못한다. 실토하지만 한때 나도 기둥 오르기 기술에 큰 기쁨을 느낀 적이 있었고, 내가 경험하는 한 그 취미는 여전히 영국의 젊은이들 사이에 널리 퍼지고 있다. 등산의 기쁨은 대부분 사실상의 육체적 노력에서, 그리고 이 노력이 그 신봉자에게 가져다 주는 완전한 건강 상태에서 얻는다는 것은 가능한 일, 아니 오히려 있을 수 있는 일이다. 이 범위 안에서 그것은 우리 젊은이들의 기둥 오르기와 나무 오르기의 단순한 연속이요, 발전으로 추측될는지도 모른다. 그것은 그럴 듯하게 들린다. 그 조소의 따가움은 짐작컨대 등산가들은 고상한 풍경을 즐길 능력이 없다는 것, 또 현대의 어떤 필자들이 만들어 낸 말마따나 등산

▲ 기름 기둥(greased poles). 기름을 바른 막대. 시골 축제 때 여흥으로 그 위에 오르기도 하고, 그 위를 걷기도 하고 하는 유희 도구.

▲ 러스킨(John Ruskin, 1819–1900). 「근대 화가론(Modern Painters, 1843–60)」의 저자로서, 그리고 심미적인 '산악 풍경론자'로서 유명하다. '기름 막대'의 비유는, 「깨와 백합(Sesame and Lilies, 1865)」의 제1부에 나온다.

가는 '단순한 체육인'에 지나지 않는다는 것, 이런 암시 속에 함축되어 있는 것 같다. 그러나 등산가가 암벽 등반의 육체적 및 비심미적(非審美的) 기쁨을 즐길 수 있다고 해서 왜 그가 심미적인 기쁨을 즐길 능력이 없다고 단정해야 하는가?

한 저명한 등산가는 등산 기술의 선인들은 '근육의 행사와 기능에 의해 육체적 장애를 극복하는 것'을 '등산의 주된 기쁨'으로 간주하지는 않았다고 주장하고 있다. 그러나 과연 그럴까? 등산 문학의 위대한 고전 ▲「유럽의 운동장」을 읽는 사람으로서, 이같은 장해의 극복이 저자의 주된 기쁨의 요소였다는 것을 느끼지 못할 사람이 있을까? ▲「봉우리, 고개, 빙하」나 초기에 나온 ▲「알파인 저널」을 읽는 사람으로서, 여러 필자들이 자기의 등산 기술 기법을 자랑으로 여기고 있다는 것을 느끼지 못할 사람이 있을까? 물론 '주된'이라는 능숙한 삽입어가 매우 효과적인 논법의 길을 열어주고 있지만, 결국 그것이 무슨 뜻이란 말인가? 건강과 희열과 '피의 소용돌이'에 자리를 잡은 기쁨을 어떻게 측정하여 순수 심미감과 비교할 수 있겠는가? 사람이 근육의 기능과 산에 대한 지식을 연마함에 따라, 그와 동시에 그 천성의 심미적인 측면이 위축되고

▲「유럽의 운동장(The Playground of Europe)」. 영국의 문학가이자 저명한 등산가인 레즐리 스티븐(Leslie Stephen)의 저서(1871년).

▲「봉우리, 고개, 빙하(Peaks, Passes, and Glaciers)」. 제1집은 1859년에 간행되었다. 영국산악회 회원들의 기행문집이다.

▲「알파인 저널(The Alpine Journal)」. 정기적으로 간행되는 영국산악회의 회보.

손상된다고 주장하기는 어려워 보인다. 만일 그렇다면 우리는 무릎이 약한 자, 무능한 자, 불구자, 절름발이, 장님을 찬미하고 그리스 인이 완벽한 인간의 이상으로 삼은 것을 허위라고 낙인찍게 된다. 의심할 것도 없이 이런 방향의 경향을 일부 현대 사상 속에서 탐지할 수는 있을지 모르나, 그 사상 속에 감추어진 유사한 다른 많은 것과 마찬가지로, 그것은 참된 금속의 소리는 울리지 않는다. 주위 환경의 완전한 주인이 되어 자일의 모든 긴장이나 위험의 공포를 잊고 능선 위에서 웃고 장난칠 수 있는 사람들은, 지저분한 가이드의 쉴 새 없는 수다와 퀴퀴한 싸구려 담배 연기 속에서 끊임없는 생명의 공포를 느끼며 움직일 수밖에 없는 사람들보다 훨씬 '영원한 산들'의 영광을 감상할 수 있는 것이다.

사람이 가파른 바위를 기어오르는 것을 즐긴다는 사실은, 결코 그를 자연 속의 아름다운 모든 것에 대해 무감각하게 만드는 것은 아니다. 이 두 벌의 감정은 사실 서로 전혀 관련이 없다. 등산을 좋아하면서도 산의 경치에는 전혀 관심을 안 갖는 사람도 있을 것이고, 경치는 좋아하지만 등산을 싫어하는 사람도 있을 것이며, 양쪽을 똑같이 좋아하는 사람도 있을 것이다. 짐작컨대 분명히, 몹시 산에 이끌려서 자주 끊임없이 자기들의 그 은둔처로 돌아가는 사람들은 이 기쁨의 원천을 둘 다 최대한으로 가진 사람들인 듯 훌륭한 스포츠의 재미와 환락을 위대한 산맥의 아름다운 모양과 명암과 색조에 의해서 유도되는 무어라 형용할 수 없는 기쁨과 결합시킬 수 있는 사람들인 듯싶다.

　나는 아무 거리낌없이 고백하지만 설령 바라볼 경치가 없더라도, 설령 할 수 있는 등산이 요크셔 계곡의 어둡고 음산한 구혈(毆穴) 밖에 없더라도 내 자신은 여전히 오를 것이다. 반면에 설령 육체적 또는 그밖의 결함으로 말미암아 설령 영겁의 세월이 지나 날개와 그밖에 천사의 부속 사지가 돋아나서 등산과 산사나이로서의 모든 것이 압도하는 과거 속에 가라앉더라도, 나는 여전히 고요한 안개와 지는 해의 붉은 섬광에 이끌려 나가서 높은 산의 눈 속을 헤맬 것이다.

　만일 등산에 어떤 종류의 위험이 따른다면 결코 그것에 열중해서는 안 될 것이라고, 심지어 더 잘 알고 있어야 할 사람들까지 흔히들 생각한다—아무튼 영국산악회 회원 같은 존경할 만한 사람들이 그렇게 생각하는 것이다—이 대단히 해로운 교의(敎義)를 생각하기 전에, 설령 등산의 위험이 「배드민턴 전영국 총서」의 번개 같은 섬광으로 깡그리 허공에 흩날려 버리지는 않을지라도, 그 위험들은 그리 크지 않다는 것을 기억해 두는 것이 좋다. 단 한번 예외는 있지만 여기까지의 이 책장에는 내가 경험한 모든 곤란에 관한 기사가 실려 있는데, 이 기사로도 재앙은 불의에 일어날 수 있다고 보는 것으로 여겨신다. 내가 이 스포츠에 심취하기 시작한 것은 1871년이고, 그후 줄곧 변치 않은 정력으로 계속해 오고 있으니 등산가의 위험이란—온건한 개인이 자신을 그 계층의 전형으로 생각하는 한—극히 적고 또 직면하는 일도 매우 드물다는 것이 분

명해질 것이다. 그러나 위험이 그렇다고 해서 나는 결코 그것
을 간과하지는 않았다. 위험에는 다른 학업에서 발견되지 않
는 교육과 정화(淨化)의 힘이 있으며, 사람이 자기가 '완전히
사치와 유약(柔弱)에 흐르지 않고 있다' 는 것을 아는 것은
매우 값진 일이다. 산은 이따금 일을 좀 지나치게 밀어부쳐서
교수대, 교수틀, 낙하 발판 등의 시설을 다 갖춘 사형 집행인
조차 도저히 더 훌륭하기를 바랄 수 없는 절박한 사멸(死滅)
의 환영(幻影)을 산의 신봉자들 앞에 펼쳐 보인다는 것은 인
정해야 할는지도 모른다. 그러나 사그라지는 저녁 노을이 절
규하는 바람과 눈에 쫓겨 발걸음을 재촉하고 복수의 여신들이
능선을 따라 미친 듯이 대상을 사냥할 때, 절벽은 흔히 냉혹
하고 절망적으로 보일는지 모르나 용감한 동료들과 불굴의 정
신은 몰려드는 위난의 거미줄을 잘라 내고, ▲"세월이 지나 옛
일을 회상하는 것도 즐겁노라"는 느낌 또한 언제나 있는 것이
다.

위대한 절벽과 광막한 침묵의 설원에 의해 솟구쳐오르는 독
립과 자신의 감정은 그 무엇 전적으로 기쁘기만 한 것이다.
한걸음 한걸음이 건강이요, 재미요, 즐거움이다. 인생의 근심
걱정은 금권주의(金權主義), 사회의 본질적 속악함과 함께—
김이 솟아 오르는 골짜기의 가장 낮은 밑바닥에 달라붙는 추
악한 독기처럼 — 아득히 저 아래쪽에 남는다. 위쪽에서 우리는

▲ "세월이 지나 옛 일을…"(forsan et haec olim meminisse juvabit). 로마
  의 시인 베르길리우스(Vergilius, 70−19 BC)

맑은 공기와 날카로운 햇빛 속에서 신들과 함께 걷고, 인간은 서로를 알며 자신이 무엇을 위해 존재하는가를 안다. 어떤 감정도 '우리 종족의 시조들처럼 충실한 동지들'과 더불어, 어느 냉혹한 절벽을 공격하러 전진하는 감정보다 영광스러울 수는 없다. 설령 바깥쪽으로 툭 튀어나간 기울어진 바위 선반 위에서 오로지 구두징 한 개의 마찰만으로 육체가 희박한 공기 속에 떨어져 내리는 것과, 영혼이 저 위 천국으로(그렇게 희망하자) 날아 오르는 것을 막고 있을 뿐일지라도 한 손의 손가락에 아직도 한 파티의 생명을 맡길 수 있고, 아랫도리에 '무릎이 풀어지는 공포'의 기미가 전혀 없다는 것을 아는 것보다 통쾌한 일은 없다.

물론 지금이 더 남자다운 덕목에 거의 관심을 안 갖는 시대라는 것과, 어떤 형태의 스포츠거나 극단적인 상상력의 확대로 위험하다고 간주될 수 있는 것을 곁눈질로 수상쩍게 바라보는 시대라는 것을 나는 안다. 그렇다 하더라도 매우 분명한 이유 때문이지만, 우리가 다 '진흙으로 범벅이 된 금전의 산란(產卵) 속에 허우적거리며' 기쁨을 얻을 수는 없는 이상 다른 스포츠가 가르치지 않는 인내와 상호 신뢰를 가르치고, 이따금 인간으로 하여금 죽음을 그 가장 음산한 국면에서 솔직히게 정면으로 직면하지 않을 수 없게 만드는 스포츠를 위해 확실히 무언가가 촉구될 수 있을 것이다. 왜냐하면 등산은 아마 다른 스포츠보다 더 위험할 것이 없을 텐데도, 의심할 것도 없이 그것은 사람의 마음에 더 자극적인 위험감을 통절히 느끼게 하기 때문이다. 사실 그 감정은 실제로 무릅쓰는 위험과는 전혀 균형이 안 맞는 것이다. 예를 들어 소(小) 드뤼의 그 어마어마한 절벽을 내려다볼 때, 추락하면 틀림없이 일어날 그 모든 인간적인 것의 완전한 붕괴를 각자가 저마다 신경에 느끼지 않을 수는 도저히 없는 것이다. 그런 뜻밖의 추락이 일어날지도 모른다는 생각은 자주 마음 속에 떠오른다— 실로 등산하는 동안 그것을 피하기 위해 끊임없이 정력적인 노력을 기울여야 하는 것이다. 내기를 좋아하는 것은 종교 선생님이 있거나 없거나 여전히 우리 민족이 타고난 것이지만, 악마도 이제 도박사의 영혼에는 파운드 은화를 걸지 않게 된 이 물질적인 시대에 아무튼 목뼈를 거는 것보다 더 큰 내기돈을 발견할 수도 없는데, 이 목뼈야말로 등산가가 상습적으로 끊임없이 걸고 있는 내기돈이다. 승산은 모두 등산가쪽에 있는 것은 사실이나, 그 좀처럼 없는 기회는 그의 성실한 사고를 고취시키고 퇴폐가 얼마나 깊이 내부 조직에 침투해 있는가 시험한다. 등산이 높은 교육적 가치가 있다는 것은, 정당한 판단을 내리는 데 필요한 지식을 가진 사람이면 거의 부정하지 않을 것이다. 등산이 나쁜 면도 있다는 것을 나는 솔직히 인정한다. 누구나 그 음울한 사망자 명단을 들여다본다면, 우리의 이 스포츠가 무서운 대가를 요구한다는 것을 느끼지 않을 수 없다.

등산이 위험에서 완전히 벗어난 스포츠가 아닌 이상, 이 위험이 올지도 모르는 방향과 보통 그것을 맞이하고 극복하는

방법을 생각하는 것은 우리의 의무다. 산 속에서는 다른 데서
와 마찬가지로 '예상치 않은 일이 언제나 일어난다.' 보통 재
난의 원인이 되는 것은 쉬운 장소에서의 순간적인 방심, 부주
의, 혹은 한눈을 파는 일이다. 이런 정도라면 위험을 피할 수
있을 것으로 보일지도 모르고, 앞에서 언급한 높은 권위자들
의 낙관주의도 정당화된다. 그러나 우리들 가운데 과연 누가,
사면과 동료에 대한 주의를 결코 게을리하지 않는다고, 자기
눈은 언제나 낙석과 느슨해진 바위와 하부가 절단된 얼음과
'자연부인(自然夫人)'이 '외로운 산들' 사이에 그토록 지천으
로 뿌려 놓는 모든 덫과 함정을 항상 감시하고 있다고 장담할
수 있겠는가? 위험의 주된 원천에는 이 끊임없는 주의가 필요
하고, 한순간의 망실이나 아주 하찮은 태만에 사정없이 벌을
주려고 하는 얼음과 눈과 바위에 변함없는 대비를 할 필요가
있다. 초보자가 배워야 하는 최초의 교훈은 언제나 스스로 조
심하라는 것인데, 이것은 매우 오래 된 등산가도 완전히 터득
하는 일이 드문 교훈이다. 불행히도 그것은 초보자 자신이 찾
아야 하는 교훈이고 터득해야 하는 습성이며, 쉴 새 없는 실
천 이외에 어떤 길도 결코 그곳에 인도해 주지 않는 교훈이
다. 지극히 곤란한 등산의 주된 위험은, 그 뒤에 오는 쉬운 장
소에서 발견되기 마련이라는 것과, 주된 위험은 험악한 암봉
과 결사적으로 씨름하는 긴장에 있다기보다, 오히려 그 작업
이 비교적 쉬운 자리로 돌아갔을 때 발생하기 쉬운 주의의 이
완에 더 많이 도사리고 있다는 것을 마음에 새기려면 오랜 경

힘이 필요하다. 사람이 대단히 만만찮은 등반을 한 뒤—「알파인 저널」에서도 이런 이야기는 읽을 수 있겠지만—올라갈 때는 초입의 어떤 바위들이 두드러지게 어려워 보였으나, 위쪽의 절벽과 무서운 씨름을 하고 나서 내려갈 때 보니 같은 바위라도 '우스꽝스럽도록 쉬워 보이더라'는 말을 듣는데, 이보다 더 흔히 듣는 말도 없다. 알프스의 희생자 명단을 불어나게 만드는 것은 바로 이 우스꽝스럽도록 쉬운 바위들이 보여주는 겉보기의 속임수 안전성이다. 나이가 많이 든 대단히 노련한 등산가들조차도 곤란은 끝났다고, 이제 조심은 필수적인 것이 아니다 라는 기분과 싸우지 않아도 될 사람은 거의 없다. 나는 이런 원인으로 일어날 뻔한 사고를 두 번 목격했는데, 두 경우 다 아름다운 행운의 여신이 아니었더라면 한 사람의 친구를 구하지 못했을 것이다.

우리가 신경 계통에 의지할 수 있는 시간의 길이가 얼마나 되는지, 이 역시 실제의 경험으로 밖에는 알 수가 없다. 긴 얼음 사면 위에서의 연장된 긴장은 사람에 따라 전혀 다른 방법으로 영향을 준다. 어떤 사람에게는 단지 그들의 능력을 날카롭게 연마해주는 것을 의미할 뿐이며 그들은 시간마다 발판 위에서 점점 더 확고해지고 안전해진다. 또 어떤 사람에게는 극도의 탈진과 좌절을 의미한다. 스스로 즐기고 있는 줄 안 동료가 갑자기 발판 위에 서있을 힘이 있는지 의심스럽다든가, 무릎이 부들부들 떨린다든가, 어느 순간에 슬립할지 모르겠다든가 하는 말을 한다면 분명히 유쾌한 일은 아니다. 그런 때는 영어에서 알려진 가장 강력하고 가장 속이 후련한 욕지거리를 내뱉어 주고 싶지만, 무엇보다도 가장 훌륭한 종교적 영향에 둘러싸여 성장한 사실 때문에 그러지도 못한다. 그런 사람은 등산을 하지 말아야 한다고 말할 수도 있겠으나, 그도 그렇게 될 때까지 그런 식으로 영향을 받게될 줄 어떻게 알겠는가? 사람은 시험해 볼 때까지 결코 자기의 능력을 알 수는 없으며, 이 시험 과정에 위기가 내포되는 것이다. 슬립해도 심각한 일이 일어나지 않을 장소를 넘어간다는 것은 아무 소용도 없다. 그런 사정이라면 그는 동료들과 능력이 같거나 조금은 나을지도 모른다. 그 사람을 지배하고 다스리는 것은 파티의 생명을 자기 손에 쥐고 있다는 인식이지, 사면의 단순한 기술적 곤란이 아니다. 그런 곤란은 자신을 위해 훌륭한 발판을 깎을 수 있는 사람에게는 사실상 없는 거나 같을 수 있다.

이 모든 위험은, 노련한 등산가보다 초보자들에게 훨씬 더 큰 압박을 주는 것은 틀림없을 것이다. 등산 기술을 배웠고 15년이나 20년의 여름을 산 속에서 보낸 사람이면, 자기 자신의 결함과 약점을 모른다는 것은 거의 있을 수 없으며, 일반적으로 항상 경계하고 있다고 믿어도 될 것이다. 그런 고참들이 당하는 위험은 대체로 다른 방향에서 오며, 주로 ‘새로운 원정’과 관련이 있다. 알프스에서는 여러 봉우리의 지금까지 오르지 않은 쪽에서만 그런 등반을 발견할 수 있는데, 정상에 오르면 쉽고 잘 알려진 루트로 내려갈 수 있다는 것을 등산가는 보통 알고 있다. 등반에 있어서는, 특히 아주 힘드는 일이 이미 지나갔을 때는, 끝까지 계속하고 싶은 유혹이 몹시 커지며, 파티는 후퇴하는 것이 무서워서 조급하게 앞으로 나가게 되는 수도 있다. 그러나 이 공포에는 결코 굴복하지 말아야 한다. 굴복하면 시간으로나 능력으로나 스스로 탈출할 수 없는 곤란 속으로 파티를 몰아넣는 결과를 가져오게 될는지도 모르기 때문이다. 내려올 수 없는 곳이라면 올라가지 말아야 하는 것이다.

약간 비슷하면서도 더 속기 쉬운 위험은, 이른 아침에 걸리를 올라갈 때 발생한다. 그 시간에는 비교적 안전하더라도 오후에는 눈사태와 낙석의 통로가 되는 것으로 알려진 곳이다. 어떤 예기치 않은 원인으로 파티가 높은 산 위에서 발이 묶이게 되면, 이제 안전한 하강선은 하나도 열리지 않는다. ▲라머와 로리아 양씨도 이런 식으로 마터호른 서벽의 반드르하게 얼음이 낀 바위 때문에 실패로 돌아가 부득이 후퇴하지 않을 수 없게 되었는데, 큰 쿨르아르에는 쉴 새 없이 돌과 눈이 쓸어내리고 있는 것을 알았다. 그런데도 고집스레 하강하던 그들은 눈사태에 휩쓸리고 말았으며, 비록 두 사람은 비상한 행운으로 목숨을 건지기는 했으나, 심한 중상을 입었다. 그러므로 등산가는 등반을 완수할 수 있다는 절대적인 확신이 없는 한 그런 걸리에 들어간다는 것은 최고로 위험한 일이며, 그렇게 하는 사람들은 자기들이 매우 중대한 위험을 무릅쓰게 된

▲ 라머(Dr. Guido Eugen Lammer). 오스트리아 인. 단독 등산가로서 알려져 있다. 로리아(Lorria)는 동료 등산가.

다는 것을 분명히 인식해야 할 것이다. 그러나 만일 그 위험을 무릅쓰고 올라가 높다란 산 위에서 오도가도 못하게 되었을 때는, 그날밤을 바위 위에서 보내고, 느슨해진 돌과 눈과 얼음을 서리가 굳혀 줄 때까지 기다리는 것이 일반적으로 더 나은 대책이다. 이것은 나의 오랜 가이드 알렉산더 부르게너가 자주 써온 편법이다. 콜 뒤 리옹의 그 잊지 못할 하강 때 그것이 귀스펠트 박사와 ▲그 자신의 두 목숨을 구한 것은 의심할 여지가 없다. 이 과정에는 기후의 악화에서 오는 약간의 사소한 위험과 추위와 어쩌면 굶주림으로 말미암은 극도의 고통이 따른다는 것을 나도 안다. 그러나 한기와 굶주림의 고통은 적당히 복장을 갖춘 강한 사람에게는 아주 하찮은 일에 지나지 않는 것이고, 기후의 악화에 대해서 말한다면, 서부 마터호른의 큰　쿨르아르 같은 장소는 지는 해가 상부의 큰 사면을 내리쬐고 있을 때보다 폭풍설 속에 있을 때가 훨씬 안전하다. 사실, 기온이 낮을 때 눈이 오면 눈으로 순식간에 물방울이 말라붙고 커다랗게 매달린 고드름은 더 녹지 않으며, 대체적으로 바위 조각이나 얼음 조각이 떨어지지 않게 된다. 그리하여 좋은 날씨에는 감히 오를 엄두도 내지 못하는 사면과 쿨르아르가 비교적 안전해지는 것이다. 반면에 빙점 이상의 따뜻한 바람을 동반하는 여름철의 눈보라는(드물지 않은 현상이다), 평소에는 아무 해도 없는 바위 사면을 돌과 자리를 뜬

▲ 원저자주 —「In den Hochalpen」

험악한 암봉으로 무장한 무시무시한 폭포수로 바꾸어 놓는다. 이렇듯 가장 정확한 판단에 필수적인 지식은, 등산가가 위험한 경험을 통해 폭풍우의 정확한 성질과 그것이 자기가 다루고 있는 사면에 미칠 영향을 파악할 때까지는 거의 터득할 수 없다.

등산가들은 이따금 돌이나 얼음이 낙하할 가능성이 있는 사면은 다 피할 수 있는 것처럼 쓰고 있다. 실제의 사실에 있어서 그 같은 낙하를 크게 예측할 수 있는 날이나 시간에는 어느 정도 그런 사면을 피할 수 있을지 모르나, 완전히 피할 수는 없다.

매우 넓은 경험을 가졌고 사려 분별이 매우 깊다는 인정을 받는 등산가들은, 심지어 영국산악회의 전·현직 회장들까지도 낙하하는 돌과 얼음에 의해 어느 순간에 꼭대기에서 바닥으로 휩쓸려 내려올지 모를 대피할 곳 하나 없는 돌과 얼음의 사면을 몇 시간씩이나 계속해서 내려온 것으로 알려져 있다. 정통파 비평가들은 항의할지 모르지만, 그런데도 새로운 고개를 해내고자 하는 사람들은 달리 견딜 만한 선택의 여지가 없는 위치에 자기들이 놓여 있는 것을 왕왕 발견하게 될 것이다. 그야 사이비 등산가는 이 같은 위험을 거의 다 피할 수 있는 것은 사실이다. 등산로의 한걸음 한걸음을 환하게 알고 있는 가이드를 데리고 대피할 자리가 꽤 많은 루트로 안내를 받거나, 아니면 대피할 곳이 전혀 없을 때는 출발하기 전에 그런 사실에 관한 이야기를 듣고 그에 따라 계획을 변경할 수도 있다. 그러나 무대 감독 같은 가이드의 엄격한 규칙 아래 정확히 시간을 맞춘 잘 조절된 연기의 되풀이로는 참된 등산가의 마음을 끌지는 못한다. 등산가가 이 스포츠에서 얻는 기쁨과 즐거움은 주로 불안정과 여러가지 곤란 바로 거기서 오는 것이며, 그런 것들을 제거하는 것이 그같은 가이드의 주된 기능이다. 설령 그것이 정확히 새로운 고개가 아니더라도, 등산가는 루트에 대한 정확한 지식 없이 그것에 부딪쳐 보고 싶어 하는 것이며, 정확한 지식을 가졌다면 그것은 단순히 여러 시간을 답파한 일로 격하되고 만다. 결과적으로 그는 언제나 반드시 모든 위험을 피할 수는 없는 것이다.

사실을 말하면 보통 관례적으로 하는 등반이라도, 얼음과 바위의 낙하를 완전히 피한다는 것은 극히 드물다. 심지어 몽블랑 고개에 오르는 샤모니 쪽 루트에도 이따금 에귀유 뒤 미디의 낙석이 통로를 휩쓰는 곳이 한 군데 있고, 돔 뒤 구테의 눈사태가 여행자를 위협하고 더러는 목숨까지 앗아가는 곳도 한 군데 있다. 사실 이같은 위험을 절대적으로 면할 수는 없는 것이다. 그러므로 젊은 등산가들은 가장 적절하게 그 위험을 이겨 낼 수 있는 여러가지 방법을 배우는 것이 바람직스럽다. 낙석을 감시하는 기술을 터득하는 것, 그리고 위험한 순간에 탄도(彈道)에서 봄을 피하는 것은 산사나이에게는 필수적인 것이다. 어디서 언제 얼음과 눈의 사태가 날 것으로 예측되는가 판단하는 데 필요한 지식을 획득하는 것도 마찬가지로 파티를 안전하게 인도하는 데 필요하다. 그러나 그러려면 가장 나이를 먹었고 가장 확고한 가이드가 가르쳐줄 만한, 고산의 눈에 대한 오랜 경험과 결합된 가장 훌륭한 지식이 있어야 한다. 파티를 인도하는 데 열중해 있는 사람은 이 문제에 대해 아무래도 크게 주의를 기울일 수 없으므로, 한편에서는 신설(新雪)이, 다른 편에서는 지속되는 좋은 날씨가 아래쪽 빙하 위에 치솟은 빙탑에 미치는 영향을 상당히 확실하게 판단할 줄 알아야 한다. 초보자는 그들의 통로 위에 도사리고 앉아 곁눈질하고 있는 괴물들 사이에서 오래 내리쬐는 햇살이 큰 혼란을 야기시킬 때보다, 시도 때도 없이 굴러 떨어지는 얼음이 훨씬 더 무섭다는 것을 잊기 쉽다. 원정을 기후에 잘 적응시키는 것이 결정적으로 중요할 때가 흔하다. 그것은 단지 성공과 실패의 차이를 만들 뿐 아니라, 건강 및 즐거움과 구제할 수 없는 재난의 차이까지 만들 수 있는 것이다.

이와 관련해서, 자일을 매지않은 파티가 자일을 맨 파티보다 안전하다는 것과, 산이 마음대로 날려보내는 바위나 얼음 조각에서 탈출하는 기회는, 적어도 파티의 크기에 반비례한다는 데에 주목하는 것이 바람직스럽다. 세 사람이 자일을 맺을 때 가운데 사람은 다소 위치가 고정되어 있어 바로 곁에 차폐물이 없으면 낙석으로부터 스스로를 구할 수 있는 기회가 거의 없다. 차폐물을 이용할 수 없다면, 파티가 바위 위에 상당한 범위로 흩어져 있다는 사실로 해서 선두와 후미의 진짜 탈출선이 각각 반대 방향이 될 가능성이 높아진다. 만일 그렇다면 즉각 움직일 수 없게 되고, 중간에 있는 사람은 가장 달갑

잖은 위치를 차지하게 된다. 내 개인으로서는 그런 곳에서는 어디서나 자일을 벗어 던지는 쪽을 택하겠지만, 그것을 바랄 수 없다면 허용할 수 있는 최대의 인원은 두 사람이라고 생각한다. 알렉스 부르게너와 에밀 레이 같은 사람들도 같은 의견이라고 덧붙여 말할 수 있다. 이 두 사람이 제3의 사람을 추가하는 데 반대하는 것을 나는 알고 있다. 세 사람이면 민첩성이 요구되는 곳에서 잽싸게 행동할 수 없게 된다는 이유에서다. 그리고 리더가 뒤집는 돌로 말미암아 매우 심각한 위험이 일어날 수도 있고, 대여섯 사람이 사면에 붙는 경우 돌은 제일 밑에 있는 사람을 지나갈 때 대단히 위험한 속도가 붙게 될지도 모른다. 체르마트에서 로트호른에 오른 ▲초등때 바로 이런 원인으로 일어난 재난을 아슬아슬하게 피한 적이 있다.

　돌을 제자리에서 절대로 움직이지 않아도 되는 걸리는 그리 많지 않으며, 그 결과 큰 파티는 부득이 '밀집'하지 않을 수 없게 된다. 이것은 낙석의 위험을 어느 정도 미연에 제거해주지만, 반면에 자일의 이점을 누리지 못하게 하는 것으로 흔히 선두를 제외한 모든 사람을 동시에 불리한 위치에 서지 않을 수 없게 만든다. 그런 때도 나는 사람이 그같은 돌에 맞아 중상을 입는 것을 몇번이나 목격했는데, 일부 설명이 되지 않은 사고도 제 자리에서 움직인 돌이 동료를 강타하여 발판에서 굴러 떨어지게 만들고, 그의 추락이 밀집된 파티의 일행을

▲ 원저자주―「Above the Snow Line」 49－50 페이지.
　역자주 : C. 덴트 「雪線 위에서」(Clinton Dent : Above the Snow Line. Mountaineering Sketches between 1870 and 1880, 1885).

한사람씩 차례로 홀드에서 끌어내린 결과로 일어났는지도 모른다는 결론을 물리치기가 어렵다. 또 매우 가파른 얼음 위에 있는 리더는 자기 발 아래 많은 인원의 일행이 있기 때문에, 결과적으로 피켈을 휘두를 때마다 얼음 조각을 조금씩만 깎아야 하기 때문에, 그리고 바위에 도착한 뒤에는 그 바위의 얼음을 깨끗이 깎아버리는 일은 절대로 하지 말아야 하기 때문에, 이따금 운신에 심각한 제약을 받는다. 그의 스텝에서 20, 30미터 밑에 있는 동료를 강타하고 남을 큰 얼음 조각을 내려보내는 기회는, 의지할 만한 발판을 얻는 이점보다 크다.

자일을 매는 것과 매는 인원에 대한 이같은 고려는 얼음 사태에서 발생하는 어떤 위험에나 더욱 큰 힘으로 적용된다. 자일을 매는 사람의 수가 많아진다는 것은 파티가 움직일 수 있는 최대한의 속도가 그만큼 심각하게 감소된다는 것을 의미하며, 극도로 놀란 파티가 안전을 바랄 수 있는 희망은 오로지 속도에 있는 것이다. 1871년, ▲터케트 씨 일행은 아이거에서 떨어지는 큰 눈사태에 하마터면 휩쓸려 내릴 뻔했는데, ▲그가 탈출할 수 있었던 것은 일행이 자일을 매지 않았다는 것과, 그 결과 자일을 맨 것보다 신속히 움직이는 힘이 훨씬 컸다는 사실의 덕이 컸다고 말하고 있다.

물론 능력이 모자라는 사람이 끼어 있다면 줄곧 자일을 매

▲ 터케트 씨(Francis Fox Tuckett, 1834−1913). 「알프스의 선구자(A Pioneer in the High Alps, Alpine Diaries and Letters of F. F. Tuckett, 1856−1874, 1920)」의 저자.

▲ 원저자주 「알파인 저널」 제2권 341 페이지 이하.

야 하고, 적어도 두 사람의 굳건하고 믿을 만한 등산가가 그의 독특한 성격을 지켜보아야 한다. 그러나 그래서 행동의 제약을 받는 파티는 슈렉호른으로 올라가는 도중에 있는 그런 걸리라든가, 그랑드 조라스의 콜 데 이롱델의 이탈리아 쪽에 있는 냉혹한 사면 같은 것은 피해야 한다.

　자일이 유능한 등산가의 위험을 심각하게 증대시키는 조건이 또 하나 있다. 눈사태가 발생하는 경우, 자일을 맨 파티는 거의 절망적이다. 일행 중의 개개인을 말한다면 격동하는 눈 속에서 흔히 탈출할 수 있을지도 모르는데, 만일 그가 자일을 매고 있다면 필연적으로 동료들에게 끌려가기 마련이다. 그런 경우 눈사태로부터의 탈출은, 쏟아내리는 눈에서 전원이 같은 방향으로 동시에 뛸 수 있을 때에만 가능하며, 그런 때라도 자일이 눈 속에 묻혀 있을 것이 확실하므로, 그 젖은 눈 덩어리 속에서 자일을 빼낼 수 있어야 가능하다. 파티의 한 사람 한 사람이라면 많은 탈출의 기회를 잡을 수 있을지 모를 상황이라도 전원이 동시에 그런 기회를 갖는다는 것은 거의 있을 수 없으며, 그런 경우 자일은 영락없는 죽음의 덫이다. 등산가가 최대한으로 할 수 있는 일이라야 눈사태의 파도인 마루 위로 계속 머리를 내밀고 있는 것이 고작인 큰 눈사태에서는, 자일을 맨 등산가는 격랑 속에서 헤엄치는 사람이 수족을 마음대로 움직일 수 없게 되듯이 뒤엉긴 동료들 때문에 행동의 제약을 받게 된다. ▲베넨의 죽음에 관한 기사만 읽어 봐도 자

▲ 원저자주－「알프스 등반기(Hours of Exercise in the Alps)」 204－205 페이지.

일이 얼마나 재앙이 될 수 있는지 깨달을 수 있을 것이다.

　나는 자일 무용론을 주창하고 싶은 생각은 조금도 없다. 다만 산악 문학을 위한 최근의 기고에서 실종된, 어떤 잘 알려진 사실을 지적하고 싶을 뿐이다. 일반적으로 자일은 극히 값진 것이며 등산가들이 고르지 못한 기술과 경험을 가졌을 경우, 우애와 신의의 기본적인 느낌 때문에 그 끊임없는 사용이 요구된다. 그러나 무모하고 무능한 사람들이 원정을 기도할 때, 그들이 아무리 경험이 얕고 아무리 부적합하더라도, 자일을 언제나 자기들을 구조해 줄 준비가 되어있는 일종의 신의(神意)로 간주할 위험이 좀 있다. 나는 지금까지 이따금 자일에 수반되는 불이익에 대해서 상당히 길게 이야기하면서도 자일이 그토록 끊임없이 보장해 주는 안전에 대해서는 거의 언급하지 않았는데, 그것은 다만 자일의 안전성이 간과되는 위험성은 없어 보여도, 그 불이익이 완전히 잊혀지는 위험은 커 보이기 때문이다. 뿐만 아니라 가이드 없는 파티의 행동이 주로 고려되었다는 것도 기억되어야 한다. 그런 파티의 각 구성원들은 절대로 슬립하지 않는다는 확신이 있어야 하므로, 이 조심의 단조로움은 많은 장소에서 자일의 안정성 때문에 때로는 심지어 그 이점 때문에 이완될지도 모른다.

　물론 나는 높은 권위자들이 파티는 언제나 자일을 매고 있어야 한다, 파티는 절대로 3인 이하로 편성되어서는 안 된다고 주장하고 있는 것을 안다. —「전영국 총서」에서도 "인원수는 얼마가 되어도 좋으나, 두 사람은 좋지 않다."고 그들은 주장한다. 그러나 솔직히 나는 이런 적당치 못한 견해에 도달한 이유를 이해하지 못한다. 오히려 가장 좋은 인원수는 상황의 변화에 따라 달라지고, 상황은 계획하는 원정에 따라 달라지는 것처럼 보인다. 이를테면 콜 뒤 리옹에서는 두 사람이 의심할 것도 없이 가장 좋고 가장 안전한 숫자다. 산의 소총부대와 대포에 제공해 주는 표적의 크기를 최소한으로 줄이는 것이 바람직스러울 뿐 아니라, 가능한 한 최고의 속도로 움직이는 것도 긴요하다. 어디서나 사정이 이렇다면 사람을 하나 더 추가한다는 것은 위험의 근원이 되는 것이다.

이 문제에 대한 훨씬 최근의 글을 보면, 가파른 사면이나 절벽에서는 두 사람보다 세 사람이 더 안전하다고 추정하고 있다. 그러나 이것이 잘못이라는 것은 분명할 것으로 보인다. 만일 리더가 슬립하면 그 파티가 파멸한다는 것은 거의 필연적이다. 아무튼 그가 추락하는 모든 충격은 같은 줄의 둘째 사람에게 갈 것이 틀림없고, 이 사람이 홀드에서 끌려나가면 낙하하는 두 사람의 충격을 셋째 사람이 지탱할 수 있다고 생각하는 것은 불합리하다. 트래버스하는 경우에도 정확히 같은 말을 할 수 있을 것이다. 만일 리더가 슬립하면, 가령 확보가 된다고 치면, 그는 같은 줄의 둘째 사람에 의해 확보될 것이다. 그렇지 못하면 그 뒤에 몇 사람이 있거나, 그들은 필연적으로 한 사람씩 차례로 홀드에서 끌려나갈 것이다. 리더가 같은 줄의 둘째 사람에 의해 확보된다면, 안전을 위해 두 사람이면 족하다는 것이 명백해진다. 만일 그렇게 확보되지 않는다면 세 사람이거나 더 많아져도 파멸의 운명을 맞는다. 이 문제에 대해 필자들은, 파티가 세 사람 혹은 그 이상일 때 자일에는 끝이라는 것이 없는—파티의 각자는 다른 두 사람 사이에 끼어 있다—그런 경우 의심할 것도 없이 비교적 효과적인 도움을 얻을 수 있다고 추정하는 것 같다. 그러나 이것이 불가능하다는 것은 지적할 필요도 없다. 어느 파티나 두 사람은 있는 것이고, 가파른 트래버스에서 그 중 한 사람이 슬립한다면 치명적은 아닐지 몰라도 극히 위험하다. 이 두 사람 사이에 제3의 클라이머를 끼운다면 당장 상상할 수 있는 상황 아래서 이 위험을 심각하게 증가시킬 수는 있을망정, 결코 축소시키거나 감소시키지는 않는다.

사실, 세 사람의 파티에서 제일 못하는 클라이머를 제거하면, 나머지 두 사람은 가파른 사면에서 세 사람 전체때보다 두드러지게 안전해 보일 것이다. 반대로 세 사람의 파티에서 더 유능한 사람 하나를 뺀다면, 나머지 두 사람은 대단히 불안전해질 것이다. 나는 등산가 한 사람과 서툰 사람 하나로 편성되는 파티가 좋다고 주장하는 것이 아니라, 클라이머의 기술에 관한 모든 것이 똑같이 유능하고 숙련된 두 사람으로 구성되는 파티가 좋다는 말을 하고 있는 것을 기억해야 한다.

더 가파른 사면에서 등산가를 공격할 수 있는 여러가지 가능성을 주의깊게 고찰해 보면, 두 사람의 파티가 너무 적은 것처럼, 세 사람이나 네 사람의 파티는 흔히 너무 많다는 결론에 이르게 되는 것같다. 시간의 손실과 뒤집힌 돌의 위험,

심지어 발판을 깎는 과정에서 깎여 나가는 얼음과 눈의 위험까지도 인원이 많은 이점을 상당히 상쇄하게 되는 것같다.

인원이 많은 이점이란, 둘째 사람이 리더에게 어깨를 빌려 주고 있는 장소에서 셋째 사람은 자일을 걸어 파티를 확보할 수 있을지도 모른다는 것이다. 혹은 또 균열의 위쪽 입술이 거의 손이 닿지 않을 때, 리더가 동료의 어깨에 올라가서 필요한 발판을 깎는 동안, 셋째는 그를 올려 주고 잡아 주고 하는 일을 실질적으로 도와줄 수 있다. 많은 지원 작업이 요구되는 모든 원정에서는, 둘째는 넵색이라든가 예비 자일 등 구차한 것들에서 벗어나는 것이 바람직스러우며 그러면 필연적으로 셋째가 포터의 구실을 하게 된다. 그러므로 더 가파른 사면에 관한 한 파티의 인원수는 원정의 성격에 적응되어야 하며, 어렵고 엄격한 규정을 적용하려고 하지 말아야 할 것 같다.

두 사람만의 등반에 반대하는 주된 힘은, 아마도 한 사람이 크레바스에 빠지면 그의 동료는 그를 끌어낼 수 없을 것이라고 일반적으로 믿고 있는 데서 발견된다. 이 지극히 불쾌한 가정에 대해서는 그가 빠져야 할 특별한 이유가 없다는 지적을 할 수 있다. 누가 왜 어둡고 차가운 깊은 균열 속에서 자일에 대롱대롱 매달려 있고 싶어하는가 하는 것은 도저히 풀 수 없는 일로 간주될 심원하고 불가해한 수수께끼의 하나다. 물론 그것은 전혀 일어날 필요가 없는 사고며, 아마도 일부 사람들이 생각하는 것처럼 그리 자주 즐길 수 있는 사고도 아니리라. 나도 꼭 한번 하마터면 크레바스에 빠질 뻔한 적이 있지만, 그때 나는 자일을 매지 않고 있었으므로 이런 추락의 과정이 제공해줄 그런 재미는 단념하는 것이 바람직스럽다고 느꼈다.

크레바스는 신설이 내린 직후를 제외하고, 누구든 그것을 찾는 수고를 아끼지 않는 사람의 눈에는 언제나 잘 보이는 법이다. 그리고 설령 리더가 부주의하여 빠져 들어가더라도 자일을 용의주도하게 기술적으로 사용한다면, 허리보다 깊이 빠지는 것을 막을 수 있을 것이다.

등산의 아주 초기때부터 두 사람의 가이드는 고개를 넘고 나면 해고되어 둘이서만 집으로 돌아가는 것이 관례로 되어 있는데, 기묘한 사실이다. 내가 알고있는 한, 그들이 크레바스에 빠진 사고는 한번도 일어나지 않았다. 가이드 두 사람이 습관적으로 건너간 그 광막하고 균열 많은 만년설의 설원 가운데는 콜 뒤 제앙, 묀히 요흐, 바이스 토르, 콜 테랑, 브레슈드 라 메쥬 등 루트가 그 너머로 가로질러 간 것들이 있다는 것을 상기할 때, 그런 파티에 대한 위험은 거의 혹은 전혀 존재하지 않는 것처럼 보일 것이다. 정말이지 만일 그런 가이드들이 앞에서 말한 위험에 노출된다고 가정한다면, 얼음 고개를 넘기 위해 두 사람을 데리고 갔다가, 사실상 둘이서 한 자일로 등반을 하게 되는 상황 아래 그들을 해고하여 돌려보낸다는 것은 분명히 범죄 행위나 다름없는 짓이다. 고용주에게는 무슨 일이 있어도 직면하지 말라고 경고하는 위험을, 가이드들에게는 무릅쓰게 한다는 것은, 줄잡아 말하더라도 일반 영국인의, 특히 영국산악회의 전통에 어긋나는 일일 것이다.

이 점에서 실천과 가르침을 일치시키는 어려움 때문에, 나는 어쩌면 그런 경고는 두 사람의 등산가로 된 파티가 아니라, 한 사람의 등산가와 서툰 사람 하나로 구성되는 파티를 겨냥한 것인지도 모른다는 생각을 하게 된다. 진실을 가장 크게 타락시키는 정중함 때문에, 우연히 우리 선생님들은 "하나 혹은 그 이상의 살아 있는 짐이 있거나 없거나, 파티는 항상 두 사람의 등산가로 편성되어야 한다."고 말하지 않고, "파티는 세 사람 이하로 편성해서는 안 되며, 그 중 두 사람은 가이드여야 한다."는 말을 즐겨 하기에 이른 것이다. 콜 뒤 제앙을 넘고 싶은 욕구에 사로잡힌 나의 오랜 친구 알렉스 부르게너와 에밀 레이가 만일 하는 수 없이 어떤 허약한 여학생이나 노쇠한 여행자의 도움을 얻고서야 비로소 그 고개의 위험과 맞설 수 있게 되었다면 정말 대단히 이상할 것이다. 그런데 이것은 우리 예언자들의 교의(敎義)가 필연적으로 이끌어 가는 결론인 것이다. 진실로 올림피아의 산보다 높은 곳에서 '고요한 신들'과 함께 거닐기를 열망하는 사람들은 진실을 가리는 형식적인 정중함을 피하고 무능한 사람들과 서툰 인간들의 감정에 상관없이 하고 싶은 말의 모든 뜻을 밝혀야 한다. 언젠가 내 친구 두 사람은 광대한 노르웨이 설원을 횡단하고 싶어했다. 산에 관한 책에서 지혜를 얻은 그들은 안전을 위해 제3의 사나이가 불가피하다는 것을 느꼈다. 그 사람을 발견하고, 그 뒤에 이어진 이틀 동안 그들은 그렇게 해서 얻은 안전을 기뻐할 수 있었다. 그런데 그 사람으로 말미암아 너무나 천천히 나아가지 않을 수 없게 되어 몹시 불편한 장소에서 밤을 지새워야 했을 뿐 아니라, 그는 자기의 노력이 성공할 가능성만 보이면 어느 때고 그들을 바위에서 끌어내리려고 있는 대로 안간힘을 썼다. 그뿐 아니라 나는 절대로 논쟁의 여지 없는 권위를 두고 확신하지만, 그는 때때로 가장 불경스럽고 어울리지 않는 말을 함부로 씨부려댔던 것이다. 그후부터 내 친구들은 세 사람으로 된 파티에서 제일 약한 멤버를 빼면 그 파티는 실질적으로 매우 강화되고 개선된다는 것과, 정통적인 등산 권위자들이 매우 소중하게 주장하는 가이드 두 사람에 여행자 한 사람의 파티보다는, 두 사람의 유능한 등산가가 훨씬 안전하고 훌륭한 파티를 구성한다는 교의를 확고히 믿는 개종자(改宗者)가 되었다.

그러나 긴 눈 다리가 무너져서 리더가 자일을 당겨줄 때까지 어느 깊이로 떨어진다는 것은 생각할 수 있으며, 이런 경우 두 사람의 파티라도 자일을 사용하여 역시 스스로를 구조할 수 있으므로, 그 방법을 설명해두는 것도 무익하지는 않을 것이다. 자진해서 해본 것은 아니나 꽤 여러 차례의 실험으로 증명된 것인데, 크레바스 속에 어느 깊이로 빠진 동료를 혼자서도 지탱할 수 있다는 것은 꽤 알려진 사실이다. 크레바스 가장자리에서의 자일의 마찰과 부드럽고 편편한 눈이 제공해주는 훌륭한 확보 장소 때문에, 그리 심각한 곤란없이 추락을 저지할 수 있다. 그러나 매우 중요한 점은 동료를 다시 밖으로 끌어내는 일이다. 이것은 일반적인 방법으로 자일을 사용해서는 불가능하다. 앞에서 언급한 실험자들 중에서 ▲페르디난트 임젱과 또 한 사람이 시도했다가 실패했는데, 그들의 경험은 결정적인 것으로 받아들여도 괜찮으리라고 생각한다. 그러나 만일 보통의 자일 대신 무게와 강도가 그 절반인 자일을 '두 가닥'으로 사용한다면 문제는 간단히 해결된다. 자일의 한 가닥에는 양쪽 끝에 슬링을 하나씩 연결하여 두 클라이머의 허리에 두른다. 눈 다리가 무너지는 경우, 추락이 저지되자마자 곧 남은 클라이머는 피켈을 눈에 박고 슬링이 달린 자일을 몸에서 벗겨 피켈에 건다. 이제 상황은 다음과 같다. 크레바스 속에 있는 사람은 피켈에 단단히 확보된 자일에 매달려 있다. 그의 허리에는 또 한 가닥의 자일이 매어 있고, 그 끝은 밖에 있는 동료의 허리에 매어 있었으며 동료가 그것을 잡고 있다. 크레바스 속의 사람은 피켈에 고정되어 있는 자일을 잡아당기고, 밖에 있는 사람은 동료의 허리에 맨 자일을 끌어당긴다. 바꾸어 말하면, 둘이서 한 사람을 끌어올리는 작업을 하는 셈이다. 하나 하나 작업으로 밖에 있는 사람이 안전하게 꾸준히 진행시킨다. 그는 자일이 느슨해지지 않도록 두 손으로 꽉 잡고 한발 한발 뒤로 물러난다. 그의 동료는 차츰차츰 크레바스의 가장자리로 올라온다. 가장자리에 도착하면 자일이 눈 속

▲ 원저자주 — "다행히도 이 사건 때마다 또 한 파티가 소리치면 들리는 거리에 있어서, 그 도움으로 매몰된 클라이머를 구조할 수 있었다."

깊숙이 묻혀 있을 것이므로, 추락한 사람은 허리에 맨 자일에 전 체중을 맡기기만 하면 된다. 그러면 나머지 자일을 눈 속에서 추스려 낼 수 있고, 더 높은 곳에 있는 홀드를 잡아 조금씩 조금씩 자기 몸을 탈출시킬 수 있다.

자일을 이렇게 사용하면, 이런 위험에 대해 상당히 효과적인 보호 수단이 된다 ― 아마도 세 사람의 파티가 자일을 일반적인 방법으로 사용한 것과 맞먹을 만큼 효율적일 것이다 ― 그러나 크레바스의 푸르고 깊은 속으로 뛰어들고 싶은 불가항력의 충동에 끊임없이 사로잡히는 사람들은, 두 사람 또는 그 이상의 동료들과 산에 가는 것이 현명할 것이라고 인정해도 될는지 모른다. 그런 파티는 여분의 운반 능력을 갖게 될 것이므로, 어쩌면 가벼운 휴대용 권양기(卷揚機) 같은 것을 마련한다면 현명한 투자가 될 것이다. 그러나 크레바스의 유혹에 저항하는 불굴의 정신을 가진 사람들은 초로 귓구멍을 틀어막고, 그 깊숙한 속에서 부르는 ▲사이렌들의 노래소리를 듣지 않으려는 사람들은 두 가닥의 자일을 사용하는 예방조치를 채택하여 그 효과에 상당한 확신을 느낄 수 있다. 그러나 두 사람만으로 빙하를 건널 때는, 두 사람의 사이가 적어도 15미터 이상은 떨어져야 한다는 것을 잊지 말아야 한다.

혼자서 등반하는 습성은 훨씬 더 심한 반대를 받기 쉽다. 극히 예외적인 상황 아래서, 이를테면 좋은 날씨가 굳어서 어

▲ 사이렌(sirens). 그리스 신화에 나오는 반녀반조(半女半鳥)의 바다의 정(精). 그 아름다운 목소리에 끌려서 선원들이 바다에 뛰어들어 죽었다고 한다.

느 크레바스나 다 똑똑히 보이게 되어 있을 때는, 설원도 이른 아침에는 별로 큰 위험없이 건널 수 있을지도 모른다는 것은 사실이다. 그와 같은 때에도 트리프트 요흐, 바이스 토르, 콜 뒤 제앙, 그리고 그밖의 고개를 혼자서 넘었는데 아무런 위험의 징후도 경험하지 못했다. 그러나 고독 같은 안개와 연무가 능선을 감싸고 소용돌이칠 때 거의 고통스러워지기까지 하는 감정은, 인간의 확고한 정신과 역량에 영향을 주기 쉽다. 그런 외로운 방황을 매우 위험한 한계 이상으로 강행한다는 것은 확실히 바람직스럽지 못하다.

　반면에 인간의 능력을 그만큼 빨리 완전하게 개발시켜 주는 것도 없다. 설원을 혼자서 가로질러 가는 데 익숙해진 사람만큼 쉽게 크레바스를 찾아내는 사람도 없다. 혼자서 길을 찾아 돌아가야 하는 암벽 클라이머만큼 등행선을 주의 깊게 마음에 새겨 두는 사람도 없다. 모든 책임과 모든 작업을 한 개인에게 집중시키면, 그는 다른 방법으로는 좀처럼 얻지 못하는 전반적인 기술을 획득하지 않을 수 없게 되는 것이다. 파티에 의한 등반은 일방적인 발전을 하기 쉽다. 한 사람은 스텝을 깎고, 또 한 사람은 바위를 오르고, 셋째 사람은 언제나 길을 알고 있다는 식이다. 노동의 분배는 의심할 것도 없이 훌륭한 일이고, 이를 지지하는 ▲아담 스미스이 모든 주장과도 우연히 어울리는 것이지만, 그것은 결코 이상적인 등산가를 개발시켜

▲ 아담 스미스(Adam Smith, 1723－1790). 스코틀랜드의 경제학자, 윤리학자. 「국부론(The Wealth of Nations, 1766)」으로 유명하다.

주지는 않는다. 인간의 의무 가운데 이 부문에 있어서 ▲윌리엄 모리스 씨는 더 건전한 조언을 하고 있다. 물론 이것은 단지 영양 사냥꾼은—바꾸어 말해서 단독 등산가는—가이드가 될 가장 좋은 소재라는 것을 다른 말로 표현한 데 지나지 않는다. 인간이 혼자서 등반하는 습성을 지녀왔다는 사실은, 그가 만일 어떤 식으로든 부주의하고 무능한 등산가였다면 적자생존(適者生存)의 법칙이 그를 제거할 충분하고 많은 기회가 있었음을 의미하는 것이다.

개인의 견지에서 본다면, 이런 제거는 아마도 전적으로 바람직스러운 일로 보이지는 않을지 모른다. 그러나 그 습성으로 판단할 때, 이타적(利他的)인 감정에 사로잡혀 오로지 장래의 동료들의 안녕만을 생각하는 충실한 등산가는 그 적자생존의 법칙이 자기를 완전한 사정(射程)거리 안에서 그 소사(掃射)속을 통과시켜 주기를 좋아한다. 아마도 비평가들은 다른 덜 유쾌한 동기를 제시할지도 모르고, 아마 내 자신도 그렇게 할 수 있겠지만, 그렇다면 무엇 때문에 숨은 적으로부터 그 통렬한 맹공격의 기쁨을 가로채는가? 아무튼 그의 동기가 무엇이건 그런 사람인 그는 자일에서 완전히 벗어나, 자일 없이도 자일을 매고 있는 것처럼 자유로이 움직인다. 스텝 하나하나는 안전의 집합이 구체화되는 것으로 간주될 수 있는데, 그는 스텝마다 그것을 늘려가고 있다는 것을 보여 준다. 반면에

___

▲ 윌리엄 모리스(William Morris, 1834—1896). 영국의 시인, 미술가.

등산 교과서의 지식이 주입되어 슬링이나 매듭의 구속만 벗어나면 무서워서 손도 발도 움직이지 못하는 사람들은, 이같은 안전의 집합을 줄여가고 있다는 것을 은연 중에 보여 주고 있다.

나를 단독 등반의 옹호자라고 생각해서는 안된다. 평균 아마추어 등산가의 사소한 지식만 가지고 정말로 단독 등반을 기도하다가는 적어도 십상팔구 목이 부러진다는 것을 틀림없이 느낄 수 있다. 내가 바라는 것은 오직, 가이드 없이 산에 가고 싶어하는 사람들에게 믿을 만한 동료를 구할 수 있는 방향을 지적하는 것이다. 두 사람의 훌륭한 가이드 사이에 끼어서 봉우리를 오르는 더 정통적인 방법에는 그 나름으로 권장할 만한 것이 많지만, 오로지 자신의 오른팔과 서서히 터득한 경험을 믿고 위대한 능선과 마주 대하기를 열망하는 사람은, 그런 방법의 신봉자는 피하는 것이 상수다.

사실 파티의 각 멤버는, 자일을 오로지 동료를 도와주고 보호해주는 것이라고 생각해야 한다. 반드시 줄곧 자일을 사용해야 마음에 위안이 된다고 느끼는 사람들은, 그것이 자기들의 힘에 겨운 원정을 하고 있다는 논란의 여지 없는 증거인 줄 알아야 한다. 그런 관행은 결코 자신에 찬 훌륭한 등산가를 만들어 주지 못한다. 산의 사면에서 안전하게 자유로이 움직일 수 있게 되는 것, 이것이야말로 젊은 등산가가 자기 앞에 설정해야 하는 하나의 목적이 되어야 한다. 이따금 부딪치는 '고약한 장소'에서 그는 동료에게 자기를 돌봐 달라고 정당하게 부탁할 수도 있을 것이고, 슬럼했을 때 실제로 도와달라거나 혹은 재난에서 구해 달라고 부탁할 수도 있을 것이다. 그러나 이렇게 도와 달라는 것은 아주 예외적인 것이어야 한다. 만일 어느 원정에서나 이같은 보호가 끊임없이 필요하다는 것을 알면 자기에게 적합하지 않은 등산을 하고 있음을 솔직히 인정해야 한다.

마터호른은 근대 아마추어 등산가들이 퇴화(退化)하는 과정을 기묘하게 그려 보여주고 있다. 초기의 등산가들은 산의 '어깨'에서 자일을 맸다. 1873년에는 해묵은 오두막에서 맸고 1886년에는 해묵은 오두막에서 좀 내려온 데서 맸다. 지금은 새 오두막에서 매고 있으며, 1893년에 ▲어느 신사가 이룩한 업적은, 장래의 등산가들이 회른리 능선에서 자일을 매는 것도 결코 불가능하지 않게 만들어주고 있다. 그러면서도 아직 이들 불운한 사람들은 자기들이 완전히 스스로의 힘에 겨운 일을 하고 있다는 것과, 모든 정당한 자존심 및 독립 독행의 남자다운 모든 감정이 파괴되는 방법으로 가이드들이 자기들을 보살펴주고 응석을 받아주고 있다는 것을 깨닫지 못하고 있는 것이다. 참된 등산가는 의심할 여지없이

▲ '……신의 가장 고상한 작품'

▲ '어느 신사'. 율리우스 쿠기(Julius Kugy)를 말한다. 오스트리아 인. 19세기 말엽의 저명한 등산가. 마터호른의 회른리 능 초등정. 「어느 등산가의 생애(Aus dem Leben eines Bergsteigers, 1926)」의 저서가 있다.
▲ '…신의 가장 고상한 작품'. 로버트 번즈(Robert Burns, 1759−1796)의 시 「농군들의 토요일 밤(The Cotters' Saturday Night, xix)」.

인 반면, 그들은 스위스 농민들에 의해 봉우리 위로 마구 끌려 올라가고 쫓겨 올라가며, 자기 자신을 전혀 돌보지 못하여 자일로 묶지 않고는 험한 암봉 위에 믿고 앉혀 놓을 수 없는, 쉽게 상상할 수 있는 경멸할 만한 물체 같은 물건이 되었다. 사람은 환경에 절망적으로 좌우되고 지배되는 장소에는 켤코 아는 체하면서 일부러 자신을 밀어넣어서는 안 된다. 그런 짓을 하는 사람은, 가이드들에게 일종의 '젖을 물린 수소' 요금과 '술값'을 울궈내는 편리한 자원, 시시한 농담이나 재담을 던지는 조소의 대상, 지방(脂肪)으로 더러워지고 가면과 베일로 장식하며, 체인 달린 이상한 각반을 단추로 잠그는 하나의 물체, 포도주와 브랜디로 끝을 내고, 여관 주인에게 안전하게 인도할 때까지 결코 눈을 떼서는 안 되는 하나의 물건으로 간주된다. 인생의 다른 부문에서는 자기들 각자의 위엄에 대해 조금도 부족함이 없이 충분한 자각을 가진 사람들이, 어째서 이런 식의 취급을 감수하고 있는지 이해하기 어렵다. 심지어 그것은 마치 그들에게 열려 있는 등산 원정의 유일한 형식 같지만 그렇지 않다. 최소의 능력밖에 없는 사람들이 그 힘의 범위 안에서 할 수 있는 등산은 알프스의 모든 골짜기에서 얼마든지 할 수 있으며, 그 대부분은 얼음과 눈의 더없이 고상한 경치에 둘러싸여 있다. 등산 기술이란 쉽고 안전하게 올라갈 수 있고, 자기의 기능을 상부와 주위에 있는 사면의 난이도에 연결시킬 수 있는 것을 말한다. 그리고 그것은 타고난 소질과 훈련이 아무리 적더라도 누구나 어느 정도 합리적으로 안전하게 자존심을 가지고, 견실하게 실행할 수 있고 즐길 수 있는 것이다. 필요한 것은, 다만 그렇게 과해지는 한계를 인식하는 것뿐이다.

등산 스포츠의 고도의 숙달은 타고난 소질이 오랜 세월의 실행과 결합될 때 비로소 이루어지며, 생명과 육체에 대한 어느 정도의 어쩌면 많은 위험 없이는 이루어지지 않는다. 다행히도 성실한 등산가는 인생의 책임에 아직도 단단히 휘어잡히기 전에, 그리고 이런 종류의 사항에 있어서 어느 정도 상당한 자유를 주장할 수 있는 나이에 이 기술을 획득하는 것이 보통이다. 반면에 그는 자기 자신에 대한 지식과, 자연 속의 가장 아름다운 모든 것에 대한 사랑과, 약동하는 청춘의 정력을 쏟을 다른 어느 스포츠도 제공해주지 않는 배출구를 얻는다. 아마 어떤 값을 매겨도 너무 비싸지 않은 것을 얻게 되는 것이다. 위대한 산릉이 때로 희생을 요구하는 것은 사실이지만, 등산가는 자신이 숙명적인 희생자가 되리라는 것을 알면서도 산에 대한 숭앙을 거의 버리지 못한다. 그러나 다행히도 우리들 대부분에게 있어 무한한 공간 속으로 기울어진 거대한 갈색 슬랩, 바람이 형성하는 눈처마의 직선과 곡선, 갈라진 눈의 미묘하게 너울져 나간 파도는 언제나 우리를 건강과 재미와 웃음으로 이끌어 주고, 시간과 생명이 반대하는 모든 악에 굳건히 항거하게 해주는 우리의 오랜 믿을 만한 친구들이다.

역자 후기

편자브 히말라야의 고봉 낭가 파르바트(Nanga Parbat 8, 125m)의 등반사는, 1953년 7월 독일·오스트리아 합동 원정대가 마침내 등정에 성공할 때까지 숱한 실패와 비극으로 점철되었다.

그중 중요한 것만 들어도, 1932년 독일의 빌리 메르클(Willy Merkl)대가 이를 공격했으나 폭풍으로 뒤돌아서야 했고, 1934년에는 역시 빌리 메르클이 빌로 벨첸바하(Willo Welzenbach)와 함께 재차 도전했다가 셰르파 6명과 함께 조난사했으며, 1937년에는 카를 빈(Karl Wien) 박사가 인솔하는 독일 원정대가, 제4캠프 부근에서 발생한 눈사태로 대장 이하 7명의 대원과 9명의 셰르파 전원이 눈 속에 묻히는 대참사가 일어났다.

그런데 낭가 파르바트 최초의 희생자가, 바로 '근대 스포츠 등산의 비조(鼻祖)'라 일컬어지는 이 책의 저자 A. F. 머메리다. 그는 이보다 훨씬 앞선 1895년에 이 산에서 불귀의 객이 되는 것이다.

머메리가 '근대 스포츠 등산의 비조' 혹은 '등반사의 일대 반역아(反逆兒)'라 일컬어지는 까닭은, 그가 안전하고 쉬운 루트를 통해서 오직 정상에 오르는 것만을 목적으로 삼던 당시의 일반적인 등산 풍조에 대항하여, 정상에 오른다는 사실 자체보다도 좀 더 어려운 루트를 택하는 새로운 모험적인 등반을 끊임없이 추구했기 때문이다. 등산이란 전인 미답의 땅을 찾아 그 곳에 도달하는 일이다. 산의 위험과 곤란에 직면하여 이와 싸우는 데에 등산의 참된 정신이 있다는 것이, '머메리즘(mummerism)'으로 표현되는 그의 주의이자 주창이었던 것이다.

알피니즘 또는 알피니스트라는 말의 어원이 암시하듯, 유럽 등산 사조의 변천은, 근대 등산의 변천 바로 그것이라고 할 수 있다. 험준한 고산을 이른바 '악마'와 '용'의 소굴로 알았던 중세기적 환영을 불식하고, 조직적으로 빙설의 산을 오른 것이 근대 등산의 시작이라는 것이 일반적인 이해인데, 구체적으로는 1786년의 몽블랑 초등을 그 발단으로 꼽는다.

그러나 근대 등산이라고는 하지만, 미등정의 산, 혹은 잘 알려진 산이라도 고산을 상대로 하는 모험적이고 스포츠적인, 오늘날의 뜻으로서의 등산과는 거리가 먼 것이었으며, 다분히 행락적인 혹은 학술적인 성격을 띤 등산이었다. 실제로 1786년에 샤모니의 의사 미셸 파카르(Michel Paccard)와 수정 채취자인 자크 발마(Jacques Balmat)가 몽블랑의 초등에 성공한 것도 상금을 타는 것이 목적이었고, 그 이듬해에 두 번째로 이 산에 오른 제네바의 저명한 과학자 드 소쉬르(de Saussure)도 빙하 연구에서 등산에 흥미를 갖기 시작했다고 한다.

따라서 알프스 등산은 어쩔 수 없이 행락적, 학술적 내지는 종교적인 풍조를 띠었으며, '산에 오른다'는, 등정 그 자체를 직접 목적으로 하거나 정열의 대상으로 삼는 순수한 등산 의식이 싹틀 때까지는 상당한 시간이 걸렸다.

그러나 필연적으로 근대 등산의 먼동은 트지 않을 수 없어, 18세기 말부터 19세기 초에 걸쳐 미등정의 산들이 하나 하나 등정되었으며, 그리하여 1854년 알프레드 윌스(Alfred Wills)의 베터호른(Wetterhorn) 초등으로 마침내 알프스 등산의 이른바 황금 시대가 열리게 된다.

1857년, 세계 최초의 등산 단체인 영국 산악회(알파인 클럽)가 결성되어 '황금 시대'의 초등정의 영예를 거의 다 그 회원들이 독차지 하게 되는 것도 주목할 만하며, 통계에 의하면 1859년에서 1865년까지 놀랍게도 149개의 고봉이 초등되었다고 한다.

이 황금 시대는 1865년 에드워드 윔퍼(Edward Whymper)에 의한 마터호른(Matterhorn)의 비극적인 초등으로 막이 내리지만, 등정에 성공하여 내려오다가 일행 7명 중 4명이 추락사하는 이때의 참사는 등산계에 커다란 충격을 주었고, 등산 금지론이 나올 만큼 영향이 컸다. 그리하여 유럽의 등산계는 이른바 '은시대(銀時代)'를 거치면서 저미(低迷)한 안일 속으로 빠져 들어가는 듯이 보였을 때, 혜성처럼 나타나 새로운 방향을 제시하고, 알프스의 최난 코스인 츠무트 능(Zmutt

Ridge)과 에귀유 드 그레퐁(Aiguille de Grepon)을 초등함으로써 스스로 그것을 실천한 것이 머메리였다. 이렇듯 과감한 스포츠 등산을 제창하고 등산의 새 시대를 연 그의 머메리즘의 영향은, 오늘날에 이르면서 수없는 등산가의 과감한 정신과 행동의 규범이 되고 있는 것을 생각할 때, 그를 '근대 등산의 비조' 또는 '등산사의 일대 반역아'라 부르게 된 까닭을 이해할 수 있는 것이다.

머메리는 1855년 9월 10일, 잉글랜드 캔트 주의 도버에서 태어났다. 1883년에 결혼했으며, 한때 형제와 함께 피혁업에 종사한 적도 있으나, 경제학 연구에 시종하여, 경제학자 J. A. 홉슨(J. A. Hobson, 1858-1940)과의 공저로 「산업 생리학 The Physiology of Industry, 1891」을 내놓고 있다.

등산은, 16세때부터 도버 해안의 암벽에 흥미를 느껴 열심히 등반을 한 것이 나중에 빛나는 기록을 세우는 밑거름이 되었다. 등산가로서의 그를 처음으로 유명하게 만든 것은, 앞에서 언급한 바와 같이 1879년 마터호른의 츠무트 능을 초등한 것이다. 이어 1880년에는 역시 마터호른의 푸르겐 능, 콜 뒤 리옹, 에귀유 데 그랑샤르모, 1881년에는 에귀유 드 그레퐁, 에귀유 베르트 남서면, 1887년에는 토이펠스그라트 등을 잇달아 초등했다.

카프카스에 원정한 것은 1888년이었으며, 카프카스 산맥 제2의 고봉 디흐 타우(Dych Tau)를 초등정하고, 이듬해에 재차 그 곳에 가서 아다이 코크에 올랐으나 성공하지 못했다.

그후 다시 알프스로 돌아간 그는, 1892년에 에귀유 베르트, 무안 능, 1893년에는 에귀유 뒤 플랑, 당 뒤 르캥 등의 초등을 기록했는데, 거의가 '가이드리스' 등반이었다.

1895년 6월 20일, 그는 오랜 산친구인 G. 헤이스팅즈(Geoffrey Hastings)와 N. 콜리(J. Norman Collie)와 함께, 배로 영국을 떠나 봄베이를 거쳐 낭가 파르바트의 원정 길에 오른다. 그리하여 한 산측에서 두 번 등정을 시도했으나 실패한 뒤, 8월 24일 다른 쪽에서 다시 시도하기 위해, 두 친구에게는 계곡을 우회하는 루트를 잡게 하고, 자신은 두 사람의 구르카 병, 라가비르 및 고만 싱과 함께 산괴를 횡단하여 북쪽에서 만나기로 하고 출발했으나, 그 떠나가는 모습을 보았을 뿐, 세 사람은 영원히 다시 나타나지 않았다. 그의 나이 39세였다.

헤이스팅즈와 콜리는 10월 초순까지 남아서 수색했으나, 헛일이었다. 이 등정과 수색에 관해서는, 1902년 콜리가 발표한 「히말라야 등반기 J. Norman Collie : Climbing on the Himalaya and Other Mountain Ranges」에 상세히 적혀 있다. 일체의 노력이 허사로 돌아간 것을 전하는 콜리의 글은 애절하기 이를 데 없어 독자의 많은 공감을 부른다. 그것은 다음과 같이 끝맺고 있다 :

"……그러나, 얼마나 큰 변화가, 크게 뜨고 응시하는 우리의 눈에 부딪쳐 왔던가! 그 곳을 처음 찾았을 때 무리져 피어 우리를 반겨 주던 들장미 나무들은 잎이 다 떨어지고 앙상한 가지만 남아 있었다. 수양버들 숲은 잎 없는 가느다란 가지를 차가운 공기 속에 흐느적거리며 고개를 숙여, 찬 바람에 흔들려서는 구슬픈 한숨을 내쉬었다. 석남화는 온통 가루를 흩뿌린 눈덩어리였다. 치라스의 양치기들이 경고했듯이, 겨울이 불과 한 달 전에 시작되고 있었던 것이다. 약 4킬로미터 떨어진 인더스 강변의 음달에서는 기온이 백도에 가까웠으므로, 그에 비하면 그 차이가 두드러졌다.

헤이스팅즈나 나나, 그 높은 빙하에서의 수색이, 이제 문제가 되지 않는다는 것을 금방 깨달았다. 우리가 그 전의 상부 캠프로 중도까지 올라가 보니, 식량이 아직 손도 대지 않은채 그대로 남아 있었다. 그러나 거기까지 가는 데도 한 자 가까운 눈을 밟아야 했다. 마지막으로 가루눈을 헤치고, 계곡의 남쪽을 150미터쯤 올라갔다. 머메리, 라가비르, 고만 싱이 조난한 계곡을 마지막으로 한 번 보기 위해서였다. 눈사태가 낭가 파르바트의 암벽을 굉연히 울리면서 떨어져, 눈가루를 흩날려 공기를 채웠다. 이 차가운, 기쁨을 모르는, 그리고 온통 눈에 덮인 산악 지대의 보루는, 적어도 확실한 소리로, 우리에게 떠나라고 명령하고 있었다. 서서히 우리는 산에서 내려왔다.

마지막으로 그 위대한 산과 흰 눈을 바라보았다. 그 어딘지 모르는 지점에, 우리의 산동무는 묻혀 있었다.

그러나, 설령 머메리가 우리와 함께 있지 않다고 하더라도, 설령 또 '앙상하게 드러난 슬랩, 능선의 모난 험준한 발판, 걸리의 튀어나온 눈'을 올라가 우리를 인도하고, 우리를 기쁘게 해줄 수는 없다고 하더라도, 그에 대한 추억은 지워지지 않을 것이다. ─그를 잊을 수 없는 것이다. 비정한 산은 그를 희생으로서 요구했다. ─그리고─눈을 깊이 덮어쓴 거대한 산들의 빙하 사이에서, 그는 휴식하고 있는 것이다. '바람이 만든 눈처마의 곡선, 균열을 띤 눈의 섬세한 파도'가 그를 덮고, 동시에 '음산한 낭떠러지, 깊이를 모르는 공간에 오버행된 갈색 바위하고, 그가 그렇게도 사랑한 눈 봉우리들이 쉴 새 없이 지켜보면서, 그가 잠들어 있는 지점을 수호하고 있는 것이다.' 「The Himalaya, Ⅷ. The Indus Valley and Third Journey to Diamirai Nullah, ibid. pp. 133─4」

머메리의 이 빛나는 등반 기록 「알프스에서 카프카스로」는, 부인의 서문에도 있듯이, 영국을 떠나기 직전인 1895년 6월 T. 피셔 언윈 출판사(T. Fisher Unwin Ltd. London)에서 간행되었으며, 윔퍼의 「알프스 등반기」와 더불어 산악문학의 고전으로서 불멸의 명저가 되었다.

이 번역의 텍스트는 영국 피셔 언윈 출판사의 제2판이며, 머메리 부인의 서문은 영국 바실 블랙웰 사(社)의 1946년판을 옮겼다.

1994년 1월 역자

吳正煥

1923년생
미국 인디애너 대학 대학원에서 언론문화 연수
동아일보 외신부 차장, 동화통신 출판국장,
한국산악회 총무 이사 등 역임
그리스·네팔·벨기에서 개최된 국제산악연맹 총회,
이탈리아에서 개최된 국제 OL연맹 총회에 한국대표로 참석
현재 사단법인 한국 OL연맹 회장
역서 : 스타인벡 「분노의 포도」 오스틴 「오만과 편견」
미첼 「바람과 함께 사라지다」 팔라지 「남자」
O. 헨리 「마지막 잎새」 메일러 「아메리카의 꿈」
로렌스 「채털리 부인의 연인」 버턴 「아라비안 나이트」

알프스에서 카프카스로

지은이 · 알버트 머메리
옮긴이 · 오정환
펴낸이 · 이수용
펴낸곳 · 秀文出版社

1994년 10월 25일 초판 인쇄
1994년 10월 30일 초판 발행
출판등록 1988. 2. 15 제7-35호
132-033 서울 도봉구 쌍문3동 103-1
전화) 904-4774, 994-2626 FAX) 906-0707

ⓒ 수문출판사
ISBN 89-7301-025-5